广视角·全方位·多品种

权威·前沿·原创

皮书系列为
"十二五"国家重点图书出版规划项目

中国社会科学院创新工程学术出版资助项目

中东黄皮书
YELLOW BOOK OF
THE MIDDLE EAST

# 中东发展报告 *No.15*
# （2012~2013）

ANNUAL REPORT ON DEVELOPMENT IN THE MIDDLE EAST
No.15 (2012-2013)

## 中国与中东国家政治经济关系发展
Development of the Political and Economic Relations between
China and Middle Eastern Countries

中国社会科学院西亚非洲研究所
主　编/杨　光

社会科学文献出版社
SOCIAL SCIENCES ACADEMIC PRESS (CHINA)

**图书在版编目（CIP）数据**

中东发展报告. 15，2012～2013：中国与中东国家政治经济关系
发展/杨光主编. —北京：社会科学文献出版社，2013.11
（中东黄皮书）
ISBN 978 - 7 - 5097 - 5254 - 8

Ⅰ. ①中…　Ⅱ. ①杨…　Ⅲ. ①社会发展 - 研究报告 - 中东 - 2012～
2013 ②中外关系 - 研究 - 中东 - 2012～2013　Ⅳ. ①D737.069
②D822.337

中国版本图书馆 CIP 数据核字（2013）第 265216 号

中东黄皮书
**中东发展报告 No. 15（2012～2013）**
——中国与中东国家政治经济关系发展

主　　编 / 杨　光

出 版 人 / 谢寿光
出 版 者 / 社会科学文献出版社
地　　址 / 北京市西城区北三环中路甲 29 号院 3 号楼华龙大厦
邮政编码 / 100029

责任部门 / 全球与地区问题出版中心　　　　责任编辑 / 高明秀　许玉燕
　　　　　（010）59367004　　　　　　　　责任校对 / 赵敬敏
电子信箱 / bianyibu@ ssap. cn　　　　　　责任印制 / 岳　阳
项目统筹 / 祝得彬　高明秀
经　　销 / 社会科学文献出版社市场营销中心（010）59367081　59367089
读者服务 / 读者服务中心（010）59367028

印　　装 / 北京季蜂印刷有限公司
开　　本 / 787mm×1092mm　1/16　　　印　张 / 25.5
版　　次 / 2013 年 11 月第 1 版　　　　　字　数 / 413 千字
印　　次 / 2013 年 11 月第 1 次印刷
书　　号 / ISBN 978 - 7 - 5097 - 5254 - 8
定　　价 / 89.00 元

# 主编简介

杨　光　先后就读于北京外国语学校、法国巴黎政治学院、中国社会科学院研究生院，研究生学历。现任中国社会科学院西亚非洲研究所所长，研究员，中国社会科学院研究生院西亚非洲研究系主任、教授、博士研究生导师，兼任中国中东学会会长。主要研究经济发展问题、能源安全问题、中国与西亚非洲国家关系问题。

# 摘　要

　　本年度的《中东发展报告》由中国社会科学院西亚非洲研究所所长杨光研究员主持并担任主编，作者来自西亚非洲研究所、商务部研究机构和宁夏社会科学院。内容分为主报告、专题报告、地区形势、市场走向和资料文献五个部分，全面反映了中东地区局势的快速变化和地区热点问题，分析了中东国家的货物贸易、建筑工程承包和投资金融市场的趋势，介绍了中国学术界中东研究的最新成果，并提供了中东地区大事记。

　　本报告以"中国与中东国家政治经济关系发展"为主题，以时代变迁为背景，以中国对外关系的总体战略为依据，比较全面地介绍了自新中国成立以来，中国与中东国家在政治和经济领域关系迅速发展的历程，对于影响中国与中东国家关系发展的主要因素，以及中国与中东国家关系的性质，进行了梳理和阐述。对于中国在阿以关系和中东和平进程、阿富汗问题、伊拉克问题、伊朗核问题、埃及变局、叙利亚危机、苏丹达尔富尔问题，以及亚丁湾和索马里反海盗巡航等一系列中东热点问题上的立场和举措，都在不同章节中进行了专门的论述；对于中国与中东国家的能源联系、货物贸易和服务贸易关系，以及投资和金融关系的发展，都进行了专章回顾与分析。报告还在调研基础上，介绍了中国青年学生对中东地区局势动荡的认识，并介绍了伊朗专家学者对中国历史和经济政治发展的看法。

　　报告认为，中国与中东国家的关系发展，经历了以革命与战争为主题和以和平与发展为主题的两个不同时代。从总体上看，在前一个时代，双方的关系主要集中在政治领域，在民族解放运动中相互支持，为双方关系提供了战略合作的基础；在后一个时代，双方关系的内容和基础都显著扩大，除了在政治上继续相互支持以外，经贸合作成为双方关系的新内容，双方在能源安全上相互依赖，经济关系的互补性日益提升，在许多重大的全球性问题上具有共识，大

大夯实了双方战略合作的基础。中国与阿拉伯国家合作论坛等一批相关的集体对话机制的建立，也为双方集体协调与合作提供了新的平台。因此，双方关系的基础牢固，完全可以经受得起各种考验，具有光明和稳定的发展前景。

本报告也对中国与中东国家关系中存在的问题和障碍进行了介绍和分析，认为这些障碍并不能代表双方关系的主流，并且可以通过深化政治、经济和文化方面的理解与合作，逐步得到缓解和克服。

# Abstract

The project of *Annual Report on Development in the Middle East No. 15 (2012 – 2013)* is led by senior research fellow and director-general of the Institute of West-Asian and African Studies of the Chinese Academy of Social Sciences Yang Guang as chairperson and chief-editor. The authors come from the Institute of West-Asian and African Studies, the research institution affiliated with the Ministry of Commerce and the Ningxia Academy of Social Sciences. It has 5 parts, namely the general report, special report, regional situation, market development and documentation. It includes analysis on the rapid changes of the hot-spot issues of the region, trade of goods and construction market, the development of investment and finance. It also surveys the latest research findings of the Chinese academic community about the Middle East and provides a chronology of the Middle East situation.

Under the theme "Development of Political and Economic Relations between China and Middle Eastern Countries", this report discusses in a comprehensive way the rapid development of relations between China and Middle Eastern countries in the political and economic fields in the context of changing times and based on the general foreign relations strategies of China, elaborates the enabling factors and defines the nature of the relations. Specific chapters and sections focus on China's position and policies on a series of hot-spot issues such as Arab-Israeli relations and the peace process; the issues of Afghanistan, Iraq, Egypt, Syria, Darfur, and Iran's nuclear program and the Chinese navy's participating in the international anti-piracy task forces patrolling the waters off Somalia and the Gulf of Aden. Separate chapters are devoted to evolution and analysis of energy ties, trade relations and financial relations between China and the Middle East. In addition, the report includes two articles showing the image of China in the eyes of an Iranian expert and how the changes in the Middle East are perceived by Chinese students.

The report argues that the relations between China and Middle Eastern countries have witnessed the time of revolution and wars and of peace and development.

Generally speaking, in the former period, the relations were concentrated on political field and mutual support in the movements of national liberation laid the foundation for the nature of strategic cooperation. In the latter period, both sides have seen the basis and dimensions of their relations expand significantly. In addition to continued mutual political support, trade and economic cooperation forms a new dimension. Mutual dependency for energy security, growing economic complementarities and consensus on a number of global issues have enlarged and consolidated the basis of strategic cooperation. The establishment of collective dialogue mechanisms such as the China-Arab States Cooperation Forum and other forums has provided new platforms for coordination and cooperation. Therefore, the mutual relations enjoy solid foundation, could stand up to all tests and have a stable and bright future.

The report also analyses the problems and obstacles to the development of mutual relations and concludes that they do not represent the mainstream of the mutual relations and could be gradually relaxed and resolved by deepening mutual understanding and cooperation at political, economic and cultural levels.

# 目录

## Ⅰ 主报告

Y.1 中国对中东国家政治经济关系的发展 …………………… 杨 光 / 001

## Ⅱ 专题报告

Y.2 阿以冲突与中国在中东和平进程中的作用 ……………… 余国庆 / 032

Y.3 阿富汗和平重建与中国在阿富汗的作用 ……………… 王 凤 / 045

Y.4 中国海军在亚丁湾和索马里海域的护航行动 ………… 李新烽 / 056

Y.5 中东能源及中国与中东国家的能源关系 ……………… 陈 沫 / 074

Y.6 中东对外贸易及中国与中东国家贸易关系的发展 ……… 刘 冬 / 103

Y.7 中东投资环境及中国与中东国家的投资合作 ………… 姜英梅 / 134

Y.8 中阿经贸合作论坛的背景、功能与前景 ……………… 马 平 / 171

Y.9 伊朗人眼中的中国历史文化和经济发展：评介和摘译

　　《耐心龙：中国的过去、现在和未来》 ……………… 陆 瑾 / 188

Y.10 中国大学生如何看待近年中东国家剧变

　　……………………………… 西亚非洲研究所国情调研组 / 202

## Ⅲ 地区形势

Y.11 新干预主义对中东地区安全及国际关系的影响 ………… 王林聪 / 211

Y.12 叙利亚危机与中东地区安全局势的新发展 ……………… 刘月琴 / 229

Y.13 埃及剧变对以色列安全环境和巴以问题的影响 ……… 王 建 / 249

Y.14 高油价和高粮价划分中东经济两个世界：2012 年中东
经济分析 ………………………………………… 姜明新 / 264

Y.15 中东的人口问题与可持续发展 ………………………… 仝 菲 / 293

## Y Ⅳ　市场走向

Y.16 2012 年西亚国家的外国投资 ………………… 李志鹏 / 318

Y.17 2012 年西亚国家的工程承包 ………………… 金 锐 / 330

Y.18 2012 年西亚国家的对外贸易 ………………… 周 密 / 341

## Y Ⅴ　资料文献

Y.19 国内外中东研究的新进展 …………………… 唐志超 / 355

Y.20 2012 年中东地区大事记 …………………………… 成 红 / 375

皮书数据库阅读使用指南

# CONTENTS

## Ⅰ  General Report

Ⅰ.1  Development of Political and Economic Relations between China and
Middle Eastern Countries                                    Yang Guang / 001

## Ⅱ  Special Report

Ⅰ.2  The Arab-Israeli Conflict and China's Role in the Middle East
Peace Process                                              Yu Guoqing / 032

Ⅰ.3  Afghanistan's Peaceful Reconstruction and China's Role
                                                            Wang Feng / 045

Ⅰ.4  The Chinese Navy's Convoy Operations in the Gulf of Aden and the
Waters off the Somali Coast                               Li Xinfeng /056

Ⅰ.5  Middle East Energy and the Energy Relations between China and
Middle Eastern Countries                                    Chen Mo / 074

Ⅰ.6  Middle East External Trade and the Development of Trade
Relations between China and Middle Eastern Countries        Liu Dong /103

Ⅰ.7  Middle East Investment Environment and China-Middle East
Investment Cooperation                                   Jiang Yingmei / 134

Ⅰ.8  Background, Functions and Prospects of the China-Arab States
Economic and Trade Forum                                    Ma Ping / 171

Ⅰ.9  Review of and Excerpt from *The Patient Dragon:China's Yesterday,
Today and Tomorrow*                                         Lu Jin / 188

中东黄皮书

Y.10 Recent Changes in Middle Eastern Countries in the Eyes of Chinese
Students *IWAAS Group of National Circumstances Studies* / 202

# Y Ⅲ   Regional Situation

Y.11 Neo-interventionism's Influence on Middle East Security
and International Relations *Wang Lincong* / 211

Y.12 The Syria Crisis and Middle East Security *Liu Yueqin* / 229

Y.13 Impact of the Egyptian Upheaval on Israeli Security and Peace Talk
*Wang Jian* /249

Y.14 Middle East Economy 2012: Split into Two Worlds by the High Oil
and Food Prices *Jiang Mingxin* / 264

Y.15 Demographic Problems and Sustainable Development
in the Middle East *Tong Fei* / 293

# Y Ⅳ   Market Development

Y.16 Foreign Direct Investment in West-Asian Countries *Li Zhipeng* / 318

Y.17 Construction Markets in West Asia *Jin Rui* / 330

Y.18 Foreign Trade in West Asian Countries *Zhou Mi* / 341

# Y Ⅴ   Documentation

Y.19 New Developments in Middle East Studies(2010-2012) *Tang Zhichao* / 355

Y.20 Chronology of the Middle East in 2012 *Cheng Hong* / 375

# 主 报 告

## General Report

# Y.1
# 中国对中东国家政治
# 经济关系的发展

杨 光\*

**摘 要：**

自从 20 世纪 50 年代以来，中国与中东国家的关系已经经历了革命与战争和和平与发展两个时代，其基础和内容都不断扩大。这种关系所具有的战略合作的性质，在 20 世纪 80 年代以前，主要是体现在双方在民族解放运动中的相互支持；最近 30 多年以来，则体现在双方在一系列重大问题上相互支持，在经济发展上日益密切合作，以及集体对话制度的建立。双方关系尽管面临挑战，但前景是光明的。

**关键词：**

中国外交 中东政治 中东经济

---

\* 杨光，中国社会科学院西亚非洲研究所所长、研究员，主要研究经济发展问题、能源安全问题及中国与西亚非洲国家关系问题。

中国与中东国家的关系，在历史上曾经有过"丝绸之路"的辉煌，但到新中国成立的时候，已经减弱到历史的低点。1955年的"万隆会议"掀开了双方关系的新篇章，使其重新进入快速发展的进程，并逐步具有了战略合作的性质。时代的变迁和双方战略利益的演变，特别是中国的外交睿智和改革开放以来的快速发展，为双方关系的发展不断注入新的活力。本文就是想对新中国成立以来中国与中东国家关系波澜壮阔的发展历程，特别是双方政治经济关系发展及其发展的动因和战略合作性质，进行梳理和分析。

# 一　革命与战争时代双方关系

20世纪50年代到70年代，在中国主要领导人的眼中，世界还处于革命与战争时代。[①] 社会主义和资本主义两大阵营激烈博弈，新中国面临险恶的外部环境和战争威胁，美国和苏联先后乃至同时对中国进行孤立和封锁，在中国的周边不断发动战争或挑起冲突，使中国长期处在紧张战备状态。实现外交突围，防止战争爆发，是那个时代中国对外关系的主要考虑。20世纪50年代，中国的外部威胁主要来自美国，中国领导人提出依靠苏联的"一边倒"战略。[②] 60年代中苏关系破裂后，中国不得不"两面出击"——"反帝""反修"。1969年珍宝岛事件以后，苏联军事威胁迫在眉睫，中国又转向建立国际反苏统一战线的"一条线"战略。但无论中国的大国战略如何变化，在民族

---

① 毛泽东在《新民主主义论》中表示，自从俄国十月革命以后，世界进入了"无产阶级的社会主义的世界革命"时代，"这种革命，以资本主义国家的无产阶级为主力军，以殖民地半殖民地的被压迫民族为同盟军"。（《毛泽东选集》第二卷，人民出版社，1991，第671页）1964年毛泽东曾批示：必须立足于战争，从准备大打、早打出发，积极备战。周恩来在1965年也提出：要准备"帝国主义跟修正主义联合打，甚至于打核战争"。（中共中央党史研究室：《中国共产党历史》第二卷下册，中共党史出版社，2011，第716页）邓小平也说过："过去我们的观点一直是战争不可避免，而且迫在眉睫。"〔《在军委扩大会议上的讲话》（1985年6月4日），《邓小平文选》第三卷，人民出版社，1993，第126～127页〕

② 周恩来总理在1952年4月30日发表的《我们的外交方针和任务》中指出："在1949年党的建立28周年纪念日，即在中华人民共和国成立的前夕，毛泽东在《论人民民主专政》一文中提出了'一边倒'的方针，宣布了我国站在以苏联为首的和平民主阵营之内。"〔见《周恩来选集》（下），人民出版社，1984，第86～88页〕

解放运动中陆续摆脱殖民地半殖民地状态的新兴亚非国家，始终被中国领导人看作一支可以争取和依托的国际力量。早在1940年，毛泽东就提出反帝的殖民地和半殖民地是"世界社会主义革命战线的同盟军"。① 1946年，毛泽东又提出了团结欧亚非三大洲国家和人民"反对美国反动派及其在各国的走狗的进攻"，第三次世界大战才能避免的论断。② 1961～1964年，毛泽东提出"两个中间地带"划分的战略思想，认为中间地带有两部分，一部分是指亚洲、非洲和拉丁美洲的广大经济落后的国家，一部分是指以欧洲为代表的帝国主义国家和发达的资本主义国家。这两部分都反对美国的控制。在东欧各国则出现反对苏联控制的问题。③ 中国领导人认为，其中第一个中间地带是中国的"直接同盟军"，我们应给以最大的支持并且联合它们。④ 1974年毛泽东又提出三个世界划分的战略思想：⑤ 以美苏为第一世界，以发展中国家为第三世界，以两者之间的发达国家为第二世界。三个世界战略思想进一步密切了中国与广大发展中国家的关系，中国把自己直接视为第三世界的一员。团结第三世界国家，争取第二世界国家，联合反对超级大国的控制和压迫，成为中国对外关系的重要方针。中国对前殖民地半殖民地国家战略地位的一贯高度重视，特别是毛泽东的一系列战略思想，指引了新中国前30年的对外关系实践，也是观察、认识中国对中东国家关系的基本线索。中国与中东国家的关系能够从很低的起点迅速发展并取得显著成就，离不开坚持毛泽东思想。

中国与中东尽管在古代有过辉煌的交往历史，但当代关系的起点很低。新中国成立之初，中国与中东国家之间因近代长期阻隔，相互接触十分有限。具有伊斯兰教文化传统并长期受西方影响的中东国家，对于新中国选择社会主义制度和实行共产党领导，也心存疑虑，误解颇深。在20世纪50年

---

① 毛泽东：《新民主主义论》，《毛泽东选集》第二卷，人民出版社，1991，第668页。

② 毛泽东：《和美国记者安娜·路易斯·斯特朗的谈话》，《毛泽东选集》第四卷，人民出版社，1991，第1193～1194页。

③ 毛泽东：《两个中间地带》，《毛泽东文集》第八卷，人民出版社，1999，第344页。

④ 中共中央党史研究室：《中国共产党历史》第二卷下册，中共党史出版社，2011，第659～660页。

⑤ 中华人民共和国外交部、中共中央文献研究室编《毛泽东外交文选》，中央文献出版社、世界知识出版社，1994，第600页。

代初中东已独立的 11 个国家中，只有以色列宣布承认新中国。1950 年苏联在联合国提出接纳中华人民共和国并开除台湾国民党当局的提案，遭到中东国家投票反对。1950 年 8 月阿拉伯国家联盟通过决议，继续承认国民党政府为中国的合法政府。① 朝鲜战争爆发后，土耳其派兵参加了"联合国军"，原来寻求与中国建交的以色列也转变了对中国的态度。② 当时的中东虽已进入中国领导人的视野，但在中国对外关系日程上尚未受到重视。周恩来总理在 1952 年曾表示："伊斯兰教国家，我们同它们关系较少，影响也小，工作可以逐步进行。"③

中国与中东国家关系的标志性起点是 1955 年 4 月的万隆会议。周恩来主持起草的参加亚非会议的方案提出，参加万隆会议的总方针是，争取扩大世界和平统一战线，促进民族独立运动，为同若干亚非国家的事务和外交关系创造条件。④ 中东地区共有 11 个国家和一些民族解放运动领导人参加了会议。⑤ 周恩来总理在会议期间会晤了埃及总统纳赛尔、巴勒斯坦领导人舒凯里（时任叙利亚代表团副团长），以及叙利亚、也门和沙特阿拉伯等国的代表，看到了阿拉伯国家在国际政治中的力量，以及巴勒斯坦问题在中东地区的重要影响，从而明确了在中东问题上站在阿拉伯国家一边的基本方针。此后，中国对于阿拉伯国家的反帝斗争给予了一系列重要的支持。1956 年，中国政府明确支持埃及对苏伊士运河实行国有化的行动，并且在苏伊士运河战争爆发时向埃及提供了资金和医药物资援助。毛泽东主席甚至向埃及提出了反侵略战争的军事部署和战略方针的建议。⑥ 1954 年阿尔及利亚掀起反对法国殖民主义的武装斗争后，中国给予了道义支持和无偿援助，1958 年阿尔及利亚临时政府在埃及的

---

① 肖宪主编《世纪之交看中东》，时事出版社，1998，第 420 页。
② 以色列早在 1950 年 1 月即宣布正式承认新中国，并于 1950 年在联合国投票赞成恢复中华人民共和国席位。中以从 1950 年开始进行接触。但朝鲜战争爆发后，以色列于 1951 年 2 月在联合国投票赞成把中国视为"侵略者"。1954 年在联合国投票赞成美国提出的关于暂不讨论中华人民共和国席位的提案。
③ 《周恩来选集》（下），人民出版社，1984，第 90 页。
④ 中共中央党史研究室：《中国共产党历史》第二卷上册，中共党史出版社，2011，第 321 页。
⑤ 参加万隆会议的国家共 29 个，其中包括埃及、叙利亚、伊拉克、沙特阿拉伯、约旦、黎巴嫩、也门、利比亚、伊朗、土耳其和苏丹等中东国家。
⑥ 王泰平主编《新中国外交 50 年》（上），北京出版社，1999，第 540 页。

开罗成立以后，中国成为阿拉伯世界以外第一个给予正式承认的国家。20 世纪 50 年代，中国对于大多数阿拉伯国家反对美国在中东拼凑中东司令部、中东防御组织计划、巴格达条约等亲美军事集团的图谋，给予了坚决支持，并把美国的这一图谋直接视为建立"对苏联、中华人民共和国和人民民主国家的大包围圈"。[①] 1958 年，黎巴嫩人民举行起义，要求亲西方的夏蒙政权下台，伊拉克发生推翻费萨尔王朝的革命并宣布退出巴格达条约，美、英以保护黎巴嫩和约旦为借口，分别出兵黎巴嫩和约旦，受到中国和苏联的联合反对。台湾当局利用中东紧张局势连日举行军演并在大陆沿海挑衅。为支持中东人民解放斗争、教训美国、严惩蒋介石集团的骚扰破坏，毛泽东等中央领导人 1958 年 8 月作出了炮击金门的决策。[②] 中国对阿拉伯国家的支持增进了双方的了解，迎来了中国与中东国家的第一次建交高潮。中国在 1956 年与埃及、叙利亚和也门建交，1958 年与伊拉克、摩洛哥和阿尔及利亚（临时政府）建交，1959 年与苏丹建交。

20 世纪 60 年代中国更加迫切地需要从新兴亚非国家寻找外交突破口和战略依托。当时，中苏关系已全面恶化，中国同时面临美国和苏联两个方面的威胁。正是在这种背景下，毛泽东在 1961～1963 年提出了"两个中间地带"战略思想。为了落实这一战略思想，周恩来亲率代表团在 1963～1965 年三次出访非洲，其中包括访问埃及、阿尔及利亚、摩洛哥、突尼斯（访问时两国尚未建交）和苏丹等同属中东范围的北非国家，就拓展和巩固与新兴亚非国家的关系，作出了巨大的努力。他在访问埃及时提出了中国处理同阿拉伯和非洲国家关系的立场，即支持阿拉伯各国人民反对帝国主义、争取民族独立的斗争；支持阿拉伯各国政府奉行和平中立的不结盟政策；支持阿拉伯各国人民用自己选择的方式实现团结和统一的愿望；主张阿拉伯各国的主权应得到所有其他国家的尊重，反对来自任何方面的侵犯和干涉。[③] 同时还提出了关于中国对亚非国家提供援助所遵循的原则，即援助是相互的，不使受援国变成依赖经

①　周恩来在中国人民政治协商会议第二届全国委员会第一次全体会议上的政治报告（1954 年 12 月 21 日），中国政府网，2008 年 2 月 20 日，www. gov. cn。
②　中共中央党史研究室：《中国共产党历史》第二卷下册，中共党史出版社，2011，第 635 页。
③　王泰平主编《新中国外交 50 年》（上），北京出版社，1999，第 624～625 页。

济，援助人员不要求特权等原则。① 这些原则受到到访国家的普遍欢迎。周恩来针对阿拉伯领导人对中国意识形态的疑虑，对纳赛尔总统表示，阿拉伯各国的革命、建设和联合等问题应该由阿拉伯人民自己决定，革命不能从外国输入。② 与此同时，中国坚定支持巴勒斯坦人民解放事业，进一步赢得了阿拉伯国家的欢迎和信任。1963 年 3 月，巴勒斯坦解放运动法塔赫领导人阿拉法特等应邀来华访问。1965 年 3 月，巴勒斯坦解放组织执行委员会主席舒凯里应邀来华访问，受到毛主席接见。双方于 3 月 22 日发表的联合声明称："巴勒斯坦问题的实质，是以美国为首的帝国主义和犹太复国主义的侵略与巴勒斯坦阿拉伯人民和阿拉伯各国人民的反侵略问题，中国方面将尽一切努力从政治方面和其他方面支援巴勒斯坦阿拉伯人民返回家园的斗争。"双方同意巴勒斯坦解放组织在北京设立办事处。1967 年 6 月第三次中东战争爆发后，中国政府多次发表声明，反对美国支持以色列对阿拉伯国家发动武装侵略。周恩来总理亲自致电埃及总统纳赛尔、叙利亚总理阿塔西、巴勒斯坦解放组织主席舒凯里，表示对阿拉伯国家和人民反侵略斗争的支持。中国政府向埃及、叙利亚和巴勒斯坦解放组织分别提供了紧急援助。尽管 60 年代的中国中东外交也受到了"文化大革命"的冲击，但中国与中东国家关系发展的大趋势并没有逆转。中国对新兴亚非国家独立和建设的大力支援，以及在巴勒斯坦问题上的坚定立场，为扩展和巩固中国与中东国家的关系发挥了重要的作用。突尼斯和民主门两个中东国家分别于 1964 年和 1968 年和中国建交。

---

① 这些原则后来在 1964 年 1 月 15 日周总理访问加纳时正式发表，这八项原则是：第一，中国政府一贯根据平等互利的原则对外提供援助，从来不把这种援助看作单方面的赐予，而认为援助是相互的。第二，中国政府在对外提供援助时，严格尊重受援国的主权，绝不附带任何条件，绝不要求任何特权。第三，中国政府以无息或低息贷款的方式提供经济援助，在需要的时候延长还款期限，以尽量减少受援国的负担。第四，中国政府对外提供援助的目的，不是造成受援国对中国的依赖，而是帮助受援国经济逐步走上自力更生、独立发展的道路。第五，中国政府帮助受援国建设的项目，力求投资少收效快，使受援国政府能够增加收入，积累资金。第六，中国政府提供自己所能生产的、质量最好的设备和物资，并且根据国际市场价格议价。如果中国政府所提供的设备和物资不合乎商定的规格和质量，中国政府保证退换。第七，中国政府对外提供任何一种技术援助的时候保证做到使受援国的人员充分掌握这种技术。第八，中国政府派到受援国帮助进行建设的专家，同受援国自己的专家享受同样的物质待遇，不容许有任何特殊要求和享受。

② 王泰平主编《新中国外交 50 年》（上），北京出版社，1999，第 625 页。

20 世纪 70 年代中国外交战略调整带动了中国与中东国家关系的新发展。60 年代末中苏关系恶化，边界冲突频繁发生，1969 年珍宝岛事件发生后，苏联图谋对中国发动核打击，[①] 中苏关系恶化到极点，致使中国领导人作出了苏联社会帝国主义是中国面临的主要威胁的判断，并对外交战略进行了重大调整。中国以 1971 年"乒乓外交"为契机，转向缓和中美关系，开始采取"一条线"战略，构建反对苏联社会帝国主义的国际统一战线。中国外交战略的调整得到了美国的积极回应。1971 年美国国务卿基辛格两次访问中国后，一批长期因大国关系而在与中国建交问题上举棋不定的中东国家，下决心与中国建立外交关系并在联合国支持恢复中国的合法席位。因此，1971 年中国不仅迎来了在第 26 届联合国大会上恢复合法席位，而且迎来了与中东国家建交的第二次高潮。[②] 联合国恢复中国合法席位的两个提案国之一是阿尔及利亚；而在 76 个投赞成票的国家中，既有已经与中国建交的阿尔及利亚、阿富汗、埃及、伊拉克、科威特、民主也门、利比亚、摩洛哥、苏丹、叙利亚、突尼斯、阿拉伯也门、伊朗和土耳其，也有尚未与中国建交的以色列，共计 15 个国家。尚未与中国建交的巴林、约旦、黎巴嫩和卡塔尔等 4 国投了弃权票。投反对票的中东国家只剩下沙特阿拉伯。

值得强调的是，包括采用"一条线"战略在内的中国外交战略调整，并没有改变中国支持中东国家关系的独立自主和紧紧依靠阿拉伯国家的稳定特征。无论是一些中东国家不堪忍受苏联的干涉和控制，毅然脱离苏联集团，例如埃及 1972 年驱逐苏联专家，1976 年废除同苏联的《友好合作条约》，取消苏联海军对埃及港口的使用权，1977 年苏丹解除苏联军事专家的工作合同，还是阿拉伯石油输出国组织对在第四次中东战争中支持以色列的美国等西方国家进行石油禁运，都得到了中国政府的明确支持和大力声援。在 1974 年的联合国大会上，中国等 47 国的联合提案获得通过，使巴勒斯坦问题被列入大会

---

① 关于这方面的报道和回忆文章很多。主要参见美国《华盛顿星报》（1981 年已破产，其资产被《华盛顿邮报》收购）1969 年 8 月 28 日有关苏联计划对中国核基地进行外科手术式核打击的文章。

② 1971 年科威特、土耳其、伊朗、黎巴嫩、塞浦路斯与中国建交，1977 年约旦与中国建交，1978 年阿曼和利比亚与中国建交。

议程，阿拉法特得以首次在联合国大会发言。1982 年第五次中东战争爆发，中国政府对以色列入侵黎巴嫩进行了强烈谴责。中国在中东问题上高举反对霸权主义的旗帜，在巴勒斯坦问题上秉持鲜明立场，赢得了广大阿拉伯国家的高度赞赏和感谢，为巩固和发展中国与中东国家关系的大局，发挥了十分重要的作用。

## 二 和平与发展时代的双方关系

20 世纪 70 年代末中国开启了改革开放的伟大事业，把全国工作重点转移到经济建设上来。以邓小平为代表的中国领导人对时代作出新的判断，认为"在较长时间内不发生大规模的世界战争是有可能的，维护世界和平是有希望的"。① 邓小平在 1984 年谈到时代问题的时候指出，现在世界有两个突出问题，一个是和平问题，要争取和平就要反对霸权主义和强权政治；另一个是南北问题，解决南北问题单靠南北对话还不行，要加强第三世界国家之间的合作。② 邓小平所讲的南北问题，就是经济问题或发展问题。③ 在此基础上，中共十三大报告强调了关于和平与发展是当代世界的主题的理论观点。④ 实际上，那时中国已经开始围绕和平和发展两大主题，调整外交格局和党的对外关系。面对新的时代，通过反对霸权主义和强权政治争取世界和平，通过推动南南合作实现经济发展，特别是为中国的和平发展创造有利的外部环境，成为中国外交的新任务。时代和任务的转变，必然表现在中国对中东国家的关系层面上。

---

① 《在军委扩大会议上的讲话》（1985 年 6 月 4 日），《邓小平文选》第三卷，人民出版社，1993，第 127 页。
② 《维护世界和平，搞好国内建设》（1984 年 5 月 29 日），《邓小平文选》第三卷，人民出版社，1993，第 56 页。
③ 《和平和发展是当代世界的两大问题》（1985 年 3 月 4 日），《邓小平文选》第三卷，人民出版社，1993，第 105、106 页。
④ 中共中央文献研究室编《中国特色社会主义理论体系形成与发展大事记》，中央文献出版社，2011，第 159～160 页。

## （一）促进地区和平，反对霸权主义

中国促进中东地区和平，反对霸权主义，体现在对一系列的热点问题的处理上。

### 1. 在阿以冲突问题上劝和促谈

阿以冲突是影响中东地区和平的最突出问题，曾经五次引发地区性战争，但自 20 世纪 70 年代和 80 年代之交和平解决的转机出现时开始，中国就对其给予了积极的支持和推动。1979 年埃及与以色列实现单独媾和、埃及总统萨达特访问耶路撒冷、埃及与以色列签署戴维营协议和埃以和平条约，以及 1982 年阿拉伯领导人在摩洛哥的菲斯开会，通过了沙特阿拉伯国王法赫德提出的关于和平解决中东问题的方案，即菲斯方案，改变了对以色列不承认、不和解、不谈判的政策，均受到中国时任领导人的肯定和赞扬。1988 年 11 月，巴勒斯坦解放组织在阿尔及尔开会，宣布成立巴勒斯坦国，并接受联合国安理会第 242 号和 338 号决议，承认以色列的存在，确认巴以分治、两国共存的原则。1991 年 10 月 30 日至 11 月 1 日，美国、苏联两国元首主持召开马德里中东和会，会议确定了中东和平进程"以土地换和平"的基本原则。1993 年巴勒斯坦解放组织和以色列实现相互承认并签署了关于加沙－杰里科自治等协议，1994 年约旦和以色列签署了《和平条约》。为支持中东和平进程，中国政府多次明确提出解决中东问题的主张，积极参与了中东和平进程的多边谈判并开展了斡旋行动。1989 年 9 月，中国提出解决中东问题的五点主张，其中包括召开中东问题国际和会、巴以直接对话、领土换安全、巴以两国相互承认等内容。[①] 1992 年 1 月，中东和会第三阶段会议在莫斯科举行，中国代表团参加了会议。中国还派团参加了中东和谈关于军控与安全、经济与发展、水资源、环境、难民等各多边工作小组的会议，并于 1993 年 10 月在北京举办了中东和

---

① 这五点主张是：1. 中东问题应通过政治解决，各国都不诉诸武力；2. 支持召开联合国主持下、有五个常任理事国和有关各方参加的中东国际和会；3. 支持中东有关各方进行他们认为合适的、各种形式的对话，包括巴以直接对话；4. 以色列必须停止在占领区对巴勒斯坦居民的镇压，撤出占领的阿拉伯领土，相应的，以色列安全也应得到保证；5. 巴勒斯坦国和以色列国相互承认，阿拉伯民族和犹太民族和平共处。

会水资源第四次会议。阿拉伯国家与以色列的相互承认,为中国与以色列建立外交关系创造了条件。中国与以色列在1992年正式建交后,在巴以之间的斡旋调解更加主动和频繁。1995年以色列总理拉宾遇刺身亡后,中东和平进程陷入僵局。为促进中东和平进程的恢复,钱其琛副总理在1997年12月提出包括遵循土地换和平原则,履行已达成的各项协议,摒弃恐怖主义和暴力行为等内容的中国政府的五点主张,对和平进程给予推动。① 2002年由美国、俄罗斯、欧盟和联合国组成推动中东问题解决的"四方机制",中国被排除在外。于是,中国从这一年起设置了中国政府中东问题特使,专门从事阿以问题的劝和促谈工作。2004年12月,唐家璇国务委员对巴勒斯坦和以色列进行访问,提出了中国对中东和平问题的四点主张,其中包括巴以停止暴力活动,尽早建立独立的巴勒斯坦国,充分保障以色列安全,尽早恢复叙以、黎以谈判,支持联合国主持召开中东问题国际会议等。② 2007年11月,杨洁篪外长在美国安纳波利斯市参加中东问题国际会议时,又就中东和平进程走出僵局提出五点主张,其中包括:启动最终地位问题谈判,推动解决边界、难民、水资源等问题,建立独立的巴勒斯坦国;摒弃暴力,排除干扰,巴勒斯坦内部实现和解和民族团结;

---

① 这五点主张是:1. 以联合国有关中东问题的各项决议为基础,遵循马德里和会确定的"以土地换和平"原则,将中东和谈进行下去;2. 认真履行已达成的各项协议,避免一切有碍中东和平进程的行动;3. 摒弃任何形式的恐怖主义和暴力行为,各国的安全和人民正常生活应得到充分保障;4. 随着和平进程的发展,加强地区经济合作,中东各国之间,包括阿拉伯各国同以色列之间逐步建立相互信任,消除敌意,实现共同发展与繁荣;5. 国际社会有责任同中东有关各方一道为实现全面、持久的和平作出共同努力。中国愿为此作出自己的努力。

② 这四点主张是:1. 建立互信,恢复和谈。在当前形势下,以色列和巴勒斯坦应停止暴力冲突,特别是针对平民的军事行动;确保巴大选自由、顺利进行,尊重巴民选政府的地位和作用,改善巴勒斯坦人道主义状况;采取措施,建立互信,重启和谈。2. 重启"路线图"计划,建立独立的巴勒斯坦国。中东和平"路线图"计划是当前解决中东问题现实可行的方案。应以联合国有关决议和"土地换和平"原则为基础,同步履行"路线图"中规定的义务。尊重巴勒斯坦人民的合法民族权利,尽早建立独立的巴勒斯坦国,同时充分保障以色列的安全。3. 积极谋求实现中东全面持久的和平。叙以、黎以谈判是中东和平进程的重要组成部分,应尽早恢复。同时应随着中东和平进程的发展,加强地区国家的经济合作,推动经济繁荣,促进本地区和平与稳定,最终实现阿拉伯民族与犹太民族的和睦相处。4. 国际社会应加大促和力度。国际社会在发出强有力的和平呼声的同时,应在保障巴选举、支持巴经济重建等方面采取切实有效的举措,为恢复和谈创造条件。中国支持联合国尤其是联合国安理会发挥更大作用,包括主持召开中东问题国际会议,形成国际社会对中东和平进程更广泛的支持。中国将一如既往地积极参与国际社会的促和努力,发挥建设性作用。

全面推进，适时重启叙以、黎以和谈，与巴以和谈形成相互促进的局面；重视发展，促进地区国家的经贸往来，加大对巴勒斯坦的人道援助和发展援助；建立平衡有效的多边促和机制、监督机制和执行机制等。① 2013 年 5 月 5 ~ 10 日，巴勒斯坦总统阿巴斯和以色列总理内塔尼亚胡先后应邀访华，并与习近平主席会晤，习近平主席亲自对巴以和平进行推动，并提出了四点主张，② 反映出中国在阿以问题上的劝和促谈活动，又迈上了一个新台阶。中国在中东和平问题上的不懈努力和公正立场，受到中东国家，特别是阿拉伯国家的普遍欢迎。

**2. 在伊拉克问题上秉持国际公正**

1990 年 8 月，伊拉克悍然违反国际法准则，对主权国家科威特实施了军

---

① 这五点主张是：1. 尊重历史，彼此兼顾，把握和谈方向。以色列建国已近六十年，然而巴勒斯坦人民建立自己独立国家的愿望迄今仍未实现。在中东局势发生深刻变化的今天，有关各方应面对现实，顺应潮流，迈出勇敢的步伐。在"路线图"计划和"阿拉伯和平倡议"的基础上，启动最终地位问题谈判，推动解决边界、难民、水资源等问题，建立独立的巴勒斯坦国，这不仅符合巴以人民的根本利益，也是实现未来阿拉伯和犹太两大民族和平共处的历史性进步。2. 摒弃暴力，排除干扰，坚定和谈信念。武力不可能带来持久和平。耐心、对话乃至必要的妥协，方能铸剑为犁，共享和平。有关各方应承担起各自的义务，显示勇气和智慧，采取互信举措。中方希望巴勒斯坦内部实现和解，只有民族团结之舟才能带领巴人民驶向和平的彼岸。3. 全面推进，平衡发展，营造和谈氛围。巴勒斯坦问题与中东其他问题彼此影响。应适时重启叙以、黎以和谈，与巴以和谈形成相互促进的启动局面。同时从推进整个中东和平与稳定的大局出发，稳妥处理好该地区其他热点问题，为和谈创造有利的外部环境。4. 重视发展，加强合作，夯实和谈基础。有关各方和国际社会应创造条件，促进地区国家的经贸往来，让阿以双方人民真正分享到和平成果。中方呼吁国际社会加大对巴人道援助和发展援助，赞赏有关方面提出的区域经济合作计划。一个独立、繁荣的巴勒斯坦将成为地区安全的坚实基础。5. 凝聚共识，加大投入，加强和谈保障。国际社会应密切合作，建立广泛参与、平衡有效的多边促和机制、监督机制和执行机制，为和平提供保障。中方欢迎一切有利于和平进程的促和努力。

② 这四点主张是：1. 应该坚持巴勒斯坦独立建国、巴以两国和平共处这一正确方向。建立以1967 年边界为基础、以东耶路撒冷为首都、拥有完全主权的独立国家是巴勒斯坦人民不可剥夺的权利，也是解决巴勒斯坦问题的关键。同时，以色列的生存权和合理安全关切也应该得到充分尊重。2. 应该将谈判作为实现巴以和平的唯一途径。巴以双方应该顺应时代潮流，坚持走和谈之路，互谅互让，相向而行。当务之急是在停建定居点、停止针对无辜平民的暴力活动、解除对加沙地带封锁、妥善解决在押巴勒斯坦人问题等方面采取切实措施，为重启和谈创造必要条件。巴勒斯坦内部实现全面和解有助于重启并推进巴以和谈。3. 应该坚持"土地换和平"等原则不动摇。有关各方应该在"土地换和平"原则、联合国有关决议、"阿拉伯和平倡议"等既有成果基础上，全面推进中东和平进程向前发展。4. 国际社会应该为推进和平进程提供重要保障。国际社会有关各方应该增强责任感和紧迫感，秉持客观公正立场，积极劝和促谈，并加大对巴勒斯坦人力资源培训、经济建设等方面的援助。

事占领。中国在危机发生后即表明反对伊拉克武装入侵科威特、要求伊拉克从科威特撤军的立场，在联合国安理会投票赞成对伊拉克实施制裁的第660号和661号决议。在1990年11月钱其琛外长为和平解决危机斡旋未果之后，中国虽对不能和平解决危机抱有遗憾，但仍在联合国安理会于11月29日表决允许"使用一切必要手段"解决海湾危机的第678号决议案时投了弃权票，为使用军事手段恢复科威特主权开了绿灯。海湾战争以后，中国坚持在联合国框架内通过政治和外交手段解决战后伊拉克的问题，并高度关注缓解联合国制裁给伊拉克人民带来的人道主义灾难。为此，中国在联合国安理会于1991年4月投票赞成要求伊拉克销毁大规模杀伤性武器并成立联合国特别委员会负责此项工作的第687号决议，在1996年12月投票赞成允许伊拉克以石油换食品的第986号决议。当时，美国凭借在中东取得的一超独霸地位，单边主义倾向已初露端倪。对于美国等西方国家未经联合国安理会同意，于1991～1992年在伊拉克境内设立"禁飞区"并在1998年以伊拉克拒绝与联合国武器核查小组合作为由，对伊拉克连续进行大规模空中打击的"沙漠之狐行动"等霸权主义行径，中国均表示了明确反对。美国在2002年1月把伊拉克列为"邪恶轴心"国家后，编造伊拉克拥有大规模杀伤性武器和与"基地"组织有联系等理由，蓄意武力推翻萨达姆政权。中国、俄罗斯、法国等安理会常任理事国则坚持对伊拉克的武器核查，反对授权对伊拉克动武，并在2002年11月在联合国安理会投票通过了与此相关的第1441号决议。尽管美国和英国等少数国家未经联合国授权，于2003年3月20日悍然发动伊拉克战争，但后来的事实证明，所谓当时伊拉克拥有大规模杀伤性武器和与"基地"组织有联系，完全是无中生有。中国和国际社会根据联合国决议，为防止战争而进行的努力是完全正当的，得到了国际社会的普遍赞赏。

**3. 在达尔富尔问题上成功斡旋**

2003年，苏丹西部达尔富尔地区的黑人居民成立武装组织，以政府未能很好保护当地居民利益为由，要求实行自治并对政府展开武装斗争，达尔富尔问题爆发并造成大量人员伤亡。美国总统布什一方面出于竞选连任需要，欲争取美国黑人的选票；另一方面希望推翻苏丹现政权，以配合其全球反恐战。英、法、德等欧洲国家则打着人权旗号，推动对苏丹进行制裁。西方国家污蔑中国为获得苏丹的石油利益而支持政府镇压反政府武装，威胁要在达尔富尔建立禁飞区，甚至抵制预定在北京举办的奥林匹克运动会。苏丹与中国是友好国家，有中国企业在海外最大的石油投资项目，因此，中国始终主张和平解决达尔富尔危机并为此进行了卓有成效的努力。2004 年 7 月和 9 月，联合国安理会通过向苏丹政府单方面施压的第 1556 号和 1564 号决议，中国在成功要求删除决议草案中有关在达尔富尔设立禁飞区的内容并增加了尊重苏丹主权和突出非盟主导作用等内容后，投了弃权票。2006 年 8 月 31 日，联合国安理会通过了有关向达尔富尔派遣联合国维和部队的第 1706 号决议后，苏丹政府因担心西方国家利用联合国维和部队损害苏丹主权，不愿把维和任务交给联合国。为了缓和紧张局势和维护中国的利益，胡锦涛主席在 2006 年 12 月中非合作论坛北京峰会期间和 2007 年 2 月访问苏丹期间，亲自做苏丹总统巴希尔的工作，并在访问苏丹时提出包括尊重苏丹主权在内的处理达尔富尔问题的四项原则。① 中国在斡旋过程中，还提出了把维和行动与推动民族和解的政治进程相结合的"双轨"战略，以及发挥苏丹政府、非洲联盟和联合国作用的"三方机制"主渠道作用等建设性意见，并向苏丹提供了人道主义援助，向非洲维和部队提供了捐款，最终促成苏丹政府于 2007 年 4 月接受 2006 年 11 月时任联合国秘书长的安南提出的在达尔富尔部署非盟和联合国混合维和部队的方案。2007 年 5 月，中国为处理达尔富尔问题设置了中国政府苏丹达尔富尔问题特别代表（后改称中国政府非洲问题特使），继续围绕达尔富尔问题进行沟通和斡旋工作。2007 年 7 月 31 日，中国在担任联合国安理会主席国期间，推动联合国安理会通过第 1769 号决议，决定在苏丹达尔富尔地区部署联合国和非盟混合维和部队。该决议很快被苏丹政府接受，中国也派遣工兵分队，直接参加了联合国在达尔富尔的

---

① 这四项原则是：1. 尊重苏丹的主权和领土完整。解决达尔富尔问题，必将有利于苏丹全国民族和解进程，有利于维护苏丹国家统一，有利于地区和平稳定。2. 坚持对话和平等协商，通过和平方式解决问题。有关各方应着眼大局和长远，彼此尊重和照顾对方的合理关切，通过对话和谈判，找到共同的利益基础，推动问题的公正持久解决。3. 非盟、联合国等应在达尔富尔维和问题上发挥建设性作用。有关各方应运用智慧和创造力，提供各种协助，增强在达尔富尔地区维和的效能，为实现和平创造条件。中方支持政治解决达尔富尔问题进程。4. 促进达尔富尔地区局势稳定，改善当地人民生活条件。当务之急是实现全面停火，加速政治谈判进程，吸收未签署《达尔富尔和平协议》的派别尽快加入和平进程。同时，确保人道主义救援物资发放到位，改善当地人民生活条件，并在这一基础上实现逐步发展。

维和行动。中国的外交努力使达尔富尔问题得到了明显缓解，使苏丹避免了不利的后果，保护了中国的重大利益，也获得了国际社会的肯定。

### 4. 在伊朗核问题上主张谈判解决

2002 年，伊朗重启核计划的事情被曝光，一个关系中东地区安全和中国发展安全的热点问题迅速形成，并多次出现剑拔弩张的危机局面。伊朗公开宣称不发展核武器，但拒绝停止铀浓缩活动；国际社会担心伊朗发展核武器，西方不断加紧单方面制裁；海湾国家忧心忡忡，以色列威胁进行军事打击。中国在伊朗有重大的石油投资和进口利益，在应对伊朗核问题上同样面临与西方国家推行单边主义的较量。在伊朗核问题爆发初期，中国为避免事态扩大，主张在国际原子能机构范围内解决问题。2006 年伊朗核问题被美国提交到联合国以后，中国作为联合国常任理事国，直接参与了处理伊朗核问题的进程。中国对于联合国安理会通过的四个包含制裁措施的相关的决议，① 都投了赞成票，积极参与了伊朗核问题六方谈判机制举行的所有会议。② 中国在伊朗核问题上的基本立场和主要外交活动，大致可以概括为以下四个方面。第一，尊重伊朗和平利用核能的权利，但反对伊朗发展核武器。早在 2007 年 3 月 24 日，中国常驻联合国代表王光亚在安理会通过第 1747 号决议后表示，"中方尊重并承认伊朗和平利用核能的权利，但也对伊方迄今未能积极回应国际原子能机构和安理会的要求感到失望"。2012 年 1 月，温家宝总理在多哈的记者招待会上明确表示："中国坚定地反对伊朗制造和拥有核武器，而且主张中东地区建立无核区。"③ 关于伊朗和平利用核能，外交部发言人姜瑜在 2010 年 9 月 7 日曾表示，希望伊朗与国际原子能机构充分合作，建立国际社会对其核计划和平性质的信任。第二，解决伊朗核问题可采用"双暂停"方案，即把伊朗停止浓缩铀活动与缓解对伊朗的制裁挂钩。2007 年 3 月 7 日，中国常驻维也纳联合国代表唐国强大使在国际原子能机构理事会会议上强调，巴拉迪不久前提出的伊

---

① 2006 年以来，联合国安理会总共 4 次就伊朗核问题通过包含制裁措施的决议。这些决议是 2006 年 12 月 23 日通过的 1737 号决议、2007 年 3 月 24 日通过的 1747 号决议、2008 年 3 月 3 日通过的 1803 号决议和 2010 年 6 月 9 日通过的 1929 号决议。

② 伊朗核问题六方谈判机制由美国、英国、法国、俄罗斯、中国和德国组成，形成于 2006 年。

③ 中国新闻网，2012 年 1 月 19 日。

朗暂停铀浓缩活动、安理会同时暂停对伊制裁的"双暂停"建议是个好思路，值得各方重视并认真考虑。中国参加的 2006 年六方会议明确表示支持通过国际合作的方式在伊朗建设轻水反应堆，并由在俄罗斯的铀浓缩工厂定期提供燃料的具体方案。2006 年和 2007 年中国参与的两次六方会谈，都为伊朗停止浓缩铀活动提出了明确的奖励措施。联合国安理会通过的第 1747 号和第 1803 号等决议也把伊朗履行决议要求与放松或解除对伊朗的制裁联系在一起。第三，中国支持在联合国范围内对伊朗采取制裁和接触相结合的"双轨制"，但也努力维护中国的合法权益，不同意滥用制裁。2010 年 4 月 13 日，中国外交部发言人姜瑜表示，中方支持"双轨"战略。中国外交部部长杨洁篪 2010 年 5 月 18 日应约与土耳其外长达武特奥卢以及巴西外交部长塞尔索·阿莫林通电话时表示，中方在伊朗核问题上始终坚持"双轨"战略。但 2010 年中国驻联合国代表李保东明确表示，（对伊朗）制裁不能影响能源供应，不能影响正常的贸易和经济往来，也不能影响伊朗人民的正常生活。[①] 第四，反对单边主义和诉诸武力，以免影响中东地区的局势稳定。2010 年美国通过了对伊朗强化制裁的单边主义制裁方案，欧盟也随之通过了类似的制裁方案，把从伊朗进口石油和在伊朗投资也列入制裁范围。对于这种严重忽视中国利益并对地区局势稳定构成威胁的单边主义行径，中国表示反对。2010 年 7 月 30 日，中国外交部发言人姜瑜明确表示，中方不赞成欧盟对伊朗实施单方面制裁。2012 年 2 月 20 日，中国外交部发言人洪磊表示，对伊朗进行军事打击只会加剧对抗，导致地区陷入更大动荡。国际社会各方围绕伊朗核问题的博弈，迄今仍在进行之中。

**5. 在"阿拉伯之春"运动中不失原则**

从 2010 年开始，十多个阿拉伯国家相继发生不同程度的局势动荡，即所谓"阿拉伯之春"运动。这场运动的原因复杂，是相关国家现代化过程中一些矛盾集中爆发的结果。但一些西方大国出于自身利益，对发生政治动荡的国家横加干涉，甚至置国际法准则和联合国权威于不顾，乘机动用武力变更政权。中国面对这场运动，坚持"尊重各国人民要求变革和维护自身利益的诉

---

① 中新社联合国 2010 年 5 月 18 日电。

求"的立场，① 但也坚持推动和平解决出现的争端，反对大国乘机推行新干涉主义的原则。2011 年 2 月，利比亚爆发反政府示威，后演化为政府军与反政府武装力量之间的内战。2011 年 6 月 10 日，联合国安理会一致通过第 1970 号决议，对利比亚实施武器禁运、旅行禁令和资产冻结等制裁措施。2011 年 3 月 17 日，安理会出于保护平民的动机通过了包含在利比亚建立禁飞区在内的第 1973 号决议。中国与俄罗斯等国投了弃权票。但两天后，以法国为首的西方国家多国部队（后由北约统一指挥）便借用这一决议，对利比亚发动了空中打击，武力推翻了卡扎菲政权。针对西方国家滥用联合国安理会决议的行为，3 月 20 日中国外交部发言人"对向利比亚进行军事打击表示遗憾"。② 这一事件进一步提高了中国和俄罗斯等国对西方国家滥用联合国名义武力实现政权变更的警惕性。叙利亚 2011 年 3 月爆发大规模的反政府民众示威后，也演变为政府军与多种反政府武装的军事冲突。美国早已将叙利亚现政权列入"支持恐怖主义国家名单"；叙利亚局势动荡以后，美国和主要西欧国家纷纷宣称巴沙尔总统已失去合法性并应当下台。它们试图重演利用联合国安理会决议实现政权更迭的故伎，但遭到俄罗斯和中国等的警惕和抵制。中国在叙利亚问题上明确表述了反对外部军事干涉、促进对话解决的立场，并在 2011 年 10 月、2012 年 2 月和 2012 年 7 月，与俄罗斯等国在联合国安理会否决了西方国家提出的单方面指责叙利亚政府并有可能导致军事干预的决议草案。中国外交部发言人刘为民明确表示，安理会在叙利亚的行动，应符合《联合国宪章》的宗旨和原则以及有关国际关系准则，应有助于缓解紧张局势，有助于推动政治对话、化解分歧、有助于维护地区的和平与稳定。③ 与此同时，中国对于和平解决叙利亚危机进行了积极努力。2011 年 10 月 12 日，中国外交部发言人呼吁叙利亚加快落实改革承诺，尽快开启包容性政治进程，回应叙利亚人民的合理期待和诉求，通过对话与协商妥善解决问题。2012 年 2 月，中国人民外交学会邀请叙利亚反对派全国民主变革力量民族协调机构代表团访华，进行沟通。同月，中国外交部副部长出访叙利亚，会见巴沙尔总统、反对派，表示愿

---

① 温家宝总理在多哈答记者问，中国新闻网，2012 年 1 月 19 日。
② 中国外交部网站，2011 年 3 月 20 日。
③ 中国外交部网站，2012 年 2 月 6 日。

意同叙利亚政府、反对派和阿盟以及阿拉伯国家合作，找出解决问题的办法。2012年3月，中国与安理会其他理事国一致同意支持联合国—阿盟叙利亚问题联合特使安南提出的关于解决叙利亚危机的六点建议。① 中国代表2012年6月30日出席了由联合国—阿盟叙利亚问题联合特使安南在日内瓦召开的叙利亚问题会议，与联合国的其他四个常任理事国的代表以及土耳其、科威特、卡塔尔和伊拉克的外长，以及联合国秘书长潘基文、阿盟秘书长阿拉比、欧盟外交和安全政策高级代表阿什顿等人，达成了要求在叙利亚建立包括叙利亚现政府成员和反对派在内的过渡政府，以结束冲突并安排自由选举的一致意见。2013年8月21日叙利亚发生使用化学武器伤害大量人员事件后，美国在未公布证据情况下断定是政府军所为，并积极准备对叙利亚进行武力打击。俄罗斯外长则在9月9日提出对叙利亚化学武器进行国际监督和销毁，以避免美国对叙利亚采取军事行动的建议。9月27日，中国与联合国安理会其他成员国一致通过关于消除叙利亚化学武器并呼吁尽快召开叙利亚问题国际会议以落实日内瓦公报的第2118号决议。中国再次坚持了叙利亚问题的政治解决方向，维护了联合国在解决叙利亚问题上的权威。

## （二）开展经济合作，实现共同发展

### 1. 改革开放前经贸关系的基本特点

中国与中东国家都是发展中国家，通过贸易和经济合作实现经济发展，是双方的重大国家利益。然而，在20世纪80年代以前，由于中国与中东国家的经济互补性并不明显，双方的贸易和经济合作都是十分有限的。贸易类一般仅包括货物贸易，服务贸易是很少的。即便是货物贸易，由于当时中东国家的单一原料出口并非中国经济建设所必需，而中国尚无力提供中东国家大量需要的工业制成品，特别是资本货物需求，双方贸易规模也不大。中国与中东国家的经济合作，基本上还局限在中国对一些中东国家提供经济技术援助上，其他形式的经济合作还没有开展。受到当时时代的限制，双方经贸关系在一定程度上

---

① 这六点建议是：1. 承诺与联合特使合作推进一个叙利亚人领导的政治进程，以解决人民的合法诉求和关切；2. 在联合国监督下立即实现有效停火；3. 对于受到战斗波及的地区及时提供人道主义援助，其中包括每天人道停火两小时；4. 进一步推进被无理由拘押人员的释放；5. 实现新闻记者在全国范围内的自由行动；6. 尊重和保障和平示威的权利和结社的自由等。

难免受到反帝政治斗争需要的影响，一些贸易也带有援助的色彩。

早在万隆会议后的 1955 年 8 月，中国就与埃及贸易代表团在华签署了政府间贸易协定，在中国与埃及尚未建交的情况下，中方允许埃方在中国设立商务代表处，中国同意购进大量埃及棉花，尽管双方实行记账贸易，但为照顾埃及外汇困难和受到当时棉花滞销影响，中国有一部分用现汇支付。中国与苏丹建交后，中国根据苏丹方面的愿望，也大量购买苏丹生产的长纤维棉。在 20世纪 50 年代伊拉克椰枣滞销的时候，中国大量购买，帮助伊拉克渡过难关。中国依照灾区"同等优先"的原则和适当照顾的办法，在品种、质量、价格相同条件下，优先购买这些国家生产的化肥、磷酸盐、棉花、棉纱、阿拉伯胶、橄榄油等，并尽力出口这些国家需要的绿茶、红茶、冻羊肉，以及轻纺产品。由于双方都有外汇短缺问题，20 世纪 80 年代以前的贸易主要采用记账贸易方式，80 年代逐渐改为现汇贸易。中国与中东国家的贸易额在 1950 年只有1176 万美元，其中中国出口 889 万美元，进口 287 万美元。万隆会议后显著增加，1956 年上升到 5099.3 万美元，其中中国出口 2163.3 万美元，进口2936 万美元。1978 年达 1.09 亿美元，其中中国出口 0.72 亿美元，进口 0.37亿美元。① 但这一数额与中国和中东国家各自的对外贸易总额相比，仍然是微不足道的。

尽管当时中国的经济实力远不如今天，但出于战略考虑，对中东国家提供的援助可圈可点。中国对中东国家的援助遵照周恩来总理 1964 年提出的中国对外经济技术援助八项原则，一方面支持中东国家的民族解放运动，另一方面支持中东国家独立后的经济社会发展。主要援助形式包括成套项目援助、技术援助、物资援助和现汇援助。1956 年 11 月，为在苏伊士运河战争中支持埃及，周恩来总理致电纳赛尔总统，代表中国政府赠送埃及政府 2000 万瑞士法郎；中国红十字会也致电埃及红新月会，向埃及捐赠 10 万元人民币的医药物资。在阿尔及利亚民族解放运动时期，以及阿尔及利亚建国初期，中国政府也为阿尔及利亚提供过许多物资援助。在 1967 年第三次中东战争中，中国向埃及、叙利亚和巴勒斯坦解放组织分别提供了紧急援助。中国政府自 20 世纪 50

---

① 王泰平主编《新中国外交 50 年》（上），北京出版社，1999，第 639 页。

年代起援建也门公路；60 年代派遣专家帮助摩洛哥种植茶叶，并开始向阿尔及利亚、也门、苏丹、突尼斯、摩洛哥、科威特和利比亚等国派遣医疗队；70 年代援建了苏丹的渔业基地、突尼斯西水东调 120 公里长的水渠、伊拉克的底格里斯河大桥、也门的医院和学校，此外，在叙利亚、也门、阿曼、苏丹、阿尔及利亚、埃及等国援建纺织、食品加工和建材企业等，受到中东国家的欢迎，为中国对中东国家提供援助留下佳话。

**2. 改革开放以来经贸关系的发展变化**

这是中国与中东国家关系的新内容，也反映了双方寻求发展的共同利益。

改革开放以后，中国与中东国家的经贸关系发展迅速。其重要原因在于，一方面，中国经济发展迅速，对中东石油的进口需求从 20 世纪 90 年代中期以来不断上升，同时资本货物和轻工业产品的制造能力也显著提升，因此显著提升了中国与中东国家之间的经济互补性，为贸易关系的发展打下了牢固的基础；另一方面，中东国家的民族独立已经实现，中国逐渐改变了单纯提供援助的做法，对外经济合作逐渐转为有出有进、有给有取和多种形式的互利合作，对外建筑工程承包、劳务合作和利用外资等多样化的互利合作形式逐渐发展起来，对外援助与经济合作之间的联系日益密切。1982 年中国政府提出经济技术合作十六字方针或四项原则，即平等互利、讲求实效、形式多样、共同发展，就是这种转变的标志。

中国与中东国家的货物贸易的增长速度从 20 世纪 90 年代开始显著加快，主要动力是进入 21 世纪以来中国对中东国家石油进口的不断增加和国际油价的上涨并居高不下，以及中国制造业生产和出口能力的提高。1978～2011 年，中国与中东国家的货物贸易额由 6.0 亿美元扩大到 2742.2 亿美元，年均增长率达 19.7%，明显超过同期中国对外贸易的平均增长速度。货物贸易结构最显著的变化是机电产品在中国对中东国家出口中的比重大幅提高，近年已占双方贸易额的将近 2/5，成为中国对中东国家出口的主要货物；石油在中国从中东国家进口中的比重显著上升，进入 21 世纪以来历年都占中国从中东货物进口额的 2/3 左右，成为中国从中东国家进口的主要货物。中国以工业制成品换取中东国家的石油已经成为中国与中东国家货物贸易的显著特征。中国在中东地区的主要货物贸易伙伴不是沙特阿拉伯和伊朗等主要石油输出国，就是阿联

酋和土耳其等中国工业制成品的主要进口国。也是由于同样的原因，中国对中东国家的贸易有不平衡的现象，对主要石油输出国通常呈现逆差，而对非石油输出国则呈现顺差。

进入 21 世纪，中东地区的建筑工程承包市场重新活跃。中国与中东国家的服务贸易，以中国在中东承包建筑工程为主，其发展始于 20 世纪 70 年代末中国改革开放以后；但由于 20 世纪八九十年代国际油价低迷，中东建筑工程市场不景气，未能迅速发展。其真正的大规模发展出现在 21 世纪国际油价上涨和中东建筑工程市场复苏以后。中国企业在中东完成的项目承包额在 1979～1991 年总共只有 42 亿美元，当时中国公司承担的项目多以分包土建工程为主。而 21 世纪以来，中国建筑工程承包企业依靠人力成本低的优势、守时保质的信誉和不断提高的机电产品及成套设备供应能力，在中东地区完成的建筑工程承包营业额实现高速增长，2010 年达到年完成营业额 261 亿美元的高峰。由中国企业以 EPT（设计、采购和建筑）方式总包的项目数量不断增加，承包项目的规模不断扩大，2001～2008 年，中国在海合会国家签订的每项合同平均金额从 472 万美元提高到 5240 万美元，远远超过同期中国海外工程承包合同平均金额 1932 万美元的水平。[①] 从 20 世纪 90 年代以来，中国企业先后在伊朗、沙特、阿联酋等中东主要建筑工程承包市场，获得一批单项数额达十亿美元以上的轻轨、铁路和油管等大型承包项目。中国企业已经成为中东建筑工程承包市场的一支生力军，2008 年已在中东建筑工程承包市场核心区域海湾地区占有 6.5% 的市场份额，成为中东国际建筑工程承包市场上的第 5 大国。[②] 以完成营业额计算，中东已经成为中国的重要建筑工程承包市场，2011 年在中国的国际建筑工程承包中的份额已经达到 22%，实现营业额 227 亿美元。[③]

中国与中东国家的投资合作，起步于 20 世纪 80 年代中期。中东国家对中国的投资，一般而言，是受到中国经济快速发展、投资环境良好和市场规模巨大的吸引；就海湾地区主要石油输出国而言，也有通过在主要石油进口国的石

---

① 根据中国商务部年鉴公布的数据计算。
② 《美国工程新闻记录》2009 年 8 月，转引自《国际经济合作》2009 年 10 月号。
③ 国家统计局贸易外经统计司编《2012 中国贸易外经统计年鉴》，中国统计出版社，2012，第 620～621 页。

油工业下游产业投资控股，推行所谓国际一体化战略，从而巩固未来国际原油销售市场的长期战略考虑。中东国家对中国的直接投资以 1984 年中国与科威特和突尼斯在秦皇岛合资建立化肥厂为开端，逐渐扩大到天然气开发、纺织服装、塑料加工、农业、电子、金融、酒店、房地产等领域。21 世纪以来，是海湾国家对中国投资快速增长的时期。特别是 2007 年以来，海湾石油输出国在福建炼化项目、福建加油站项目、天津石化项目、湛江炼化项目和台州炼化项目等一批大型石油工业下游产业大举投资，使中东国家对中国投资出现高潮。中东国家对中国投资流量 2003 年只有 2300 万美元，2011 年达到 7.18 亿美元。至 2011 年年底，中东国家在中国投资存量已达到 132 亿美元。沙特和阿联酋是最大的投资者。

中国企业对中东国家的直接投资直到 21 世纪之初还微不足道，在 2003 年只有 0.26 亿美元。随着中国企业"走出去"国际战略的实施并随后正式列入国家第十个五年规划，中国对中东国家的直接投资大幅上升，2011 年已经上升到 27.19 亿美元。中国石油企业到中东国家投资于石油天然气工业的上游和下游领域，对于中国在中东地区的投资发挥了关键性作用，构成了中国在中东投资的绝大部分。截至 2011 年，中国在中东地区投资存量的 3/4 以上，都集中在苏丹、伊朗、阿联酋、阿尔及利亚、沙特阿拉伯和伊拉克等 6 个主要石油天然气资源国。① 2008 年以来中国对阿富汗铜矿的投资，也使该国成为中国在中东地区的主要投资对象国之一。除此之外，中国对中东非资源开发领域的投资也不断扩大，迄今已经涉及钢铁冶金、机械制造、汽车组装、家电生产、轻纺服装等制造业，以及信息、交通、金融等服务业。

中国与中东国家的援助关系也出现新特点。从 20 世纪 90 年代以来，特别是 21 世纪以来，中国对外援助的形式明显多样化了，除了传统的援助方式以外，免除一些受援国的债务、免税进口一些受援国的产品等新的援助形式也越来越重要，其中苏丹在零关税输华商品受惠国名单榜上有名，从 2010 年开始享受这项援助；2009 年中国在上海合作组织阿富汗问题特别国际会议上宣布把承诺向阿富汗提供的 7500 万美元优惠贷款全部转为无偿援助；2010 年中国

---

① 根据中国统计出版社 2012 年 8 月出版的《2011 年度中国对外直接投资统计公报》数据计算。

国务院批准减免伊拉克欠华债务的 80%，即 68 亿美元等。① 在企业"走出去"战略指引下，中国政府提供的贴息优惠贷款援助越来越多地与企业在中东地区开展直接投资或承包建筑工程结合起来。中国企业从 20 世纪 90 年代起在埃及建设苏伊士经济合作区，在苏丹大规模投资发展石油工业等大型企业"走出去"项目，在融资方式上，都综合利用了企业自筹资金和政府援外优惠贷款。值得一提的是，一些中东海湾国家也对中国提供了援助。科威特通过科威特阿拉伯经济发展基金会从 1982 年起开始向中方提供优惠贷款，到 2012 年已向中国的 35 个发展项目提供优惠贷款 8.89 亿美元，② 支援了中国的经济建设和发展。2008 年中国四川遭受大地震后，沙特阿拉伯提供了最多的国际捐助。③

中国与中东国家经贸关系的大发展，给双方都带来重大的发展利益。中东国家成为中国的新的货物和服务出口市场，而中东也已经成为中国石油进口的主要来源。对于重视国家而言，中国对其石油进口的急剧增加，为其提供了新的市场前景，并且支持了国际高油价，显著改善了石油输出国的贸易条件。中国对中东国家的直接投资，不仅使中国企业在国外获得了发展的机会，也为投资对象国的利用外资、创造就业、增加税收、扩大出口、引进技术作出了贡献。中国直接投资企业，特别是大型资源开发型企业，普遍重视履行企业社会责任，为企业所在社区的公益事业和社会发展，作出了显著贡献。特别值得提到的是，在中国政府推动下，天津泰达集团在埃及兴建了苏伊士经济贸易合作区，为埃及吸引外资创造了条件优良的特区小环境。

## （三）搭建新型对话平台，形成集体合作机制

### 1. 中阿合作论坛的创建和运行

21 世纪以来，随着中国与中东国家关系的快速深入发展，越来越多的中

---

① 新华网转引《伊拉克之声报》2010 年 1 月 31 日讯，http：//xinhuanet.com，2010 年 2 月 2 日。

② 中国金融信息网，2012 年 9 月 13 日，http：//www.news.xinhua08.com。

③ 沙特阿拉伯捐助了 5000 万美元现金和价值 1000 万美元的物资，后追加捐助 8.5 万套帐篷和大量篷布、毛毯，以及 1460 套活动板房，并负责运输和安装。新华网，2008 年 5 月 15 日和 20 日，以及 5 月 29 日，http：//news.xinhuanet.com。

东国家出现"向东看"的势头，显著提升对发展与中国关系的重视程度，建立中国与阿拉伯国家集体对话和合作平台逐渐水到渠成。2000 年 3 月，阿拉伯联盟外长理事会通过决议，提出成立"阿中合作论坛"的建议。翌年 12 月，阿盟秘书长穆萨在中国外交部部长唐家璇到访阿盟总部时，递交了《阿拉伯—中国合作论坛宣言》草案。中方则在此草案基础上，于 2003 年 8 月向阿盟秘书处递交了《中国—阿拉伯国家合作论坛宣言》和《中国—阿拉伯国家合作论坛行动计划》两个文件草案。2004 年 1 月 30 日，时任中国国家主席胡锦涛在访问埃及的时候，会见阿盟秘书长穆萨和阿盟 22 个成员国代表，提出建立中阿新型伙伴关系的四项原则。① 同一天，李肇星外长与穆萨秘书长宣布成立"中国—阿拉伯国家合作论坛"（以下简称"论坛"），并发表了《关于成立"中国—阿拉伯国家合作论坛"的公报》。

中阿合作论坛是中阿双方"在平等互利基础上的集体对话与合作框架"，它的最初目的是建立中阿之间"平等、全面合作的新型伙伴关系"。② 论坛的长期机制是每两年轮流在中国或阿盟总部或任何一个阿拉伯国家召开部长级例会，每次会议均发表会议公报和行动计划两个主要文件，分别阐明双方对政治经贸和文化关系发展的原则性共识，以及合作的举措。2004 年 12 月，中方成立了"中阿合作论坛事务中方秘书处"，秘书处由中国相关政府部门的 6 个司局组成（2011 年 3 月扩充到 8 个司局），秘书长由中国外交部西亚北非司司长担任。在论坛的运行过程中，陆续形成了论坛框架下的一批定期或不定期的合作机制，其中包括用于筹备部长级会议和落实部长级会议决定的高官委员会，以及企业家大会、专题经贸研讨会、能源合作大会、中阿关系暨中阿文明对话研讨会、高教与科研合作研讨会、环境保护合作机制、文化交流机制、新闻合作论坛、人力资源培训、中阿友好大会等。

---

① 这四项原则是：以相互尊重为基础增进政治关系；以共同发展为目标密切经贸往来；以相互借鉴为内容，扩大文化交流；以维护世界和平、促进共同发展为宗旨加强在国际事务中的合作。

② 《中国—阿拉伯国家合作论坛文件汇编》（2004 年 9 月～2010 年 5 月），世界知识出版社，2010，第 3 页。

　　每次部长级会议都发表宣言或会议公报，以及行动计划，前者一般是双方对共同关注的重大政治经济文化问题达成的原则性共识，后者的重点则是就双方的经贸合作和文化关系提出思路和举措。

　　就双方关注的重大国际和地区政治问题而言，宣言和会议公报是阐述双方共识的重要平台。纵观论坛成立以来发表的历次文件，双方在以下政治问题上的共识都有清晰的表述。双方都一再重申，坚持相互尊重主权和领土完整、互不侵犯、互不干涉内政、平等互利、和平共处的原则，尊重和支持各国根据本国国情和能力自主选择发展道路。在中国主权和领土完整问题上，阿拉伯国家坚定奉行一个中国政策，反对任何形式的"台湾独立"，不与台湾地区建立官方关系和进行官方往来；认为涉藏问题属于中国内政，支持中国政府在此问题上的原则立场和政策；反对宗教极端势力、民族分裂势力和恐怖主义势力从事反华分裂活动。在中东和平进程问题上，中方支持阿拉伯国家根据联合国有关决议、"土地换和平"原则、"阿拉伯和平倡议"以及中东和平"路线图"计划实现中东地区全面、公正、持久和平的战略选择，建立以1967年边界为基础、以东耶路撒冷为首都、拥有完全主权的独立的巴勒斯坦国，支持巴勒斯坦成为联合国正式成员国。支持叙利亚根据联合国有关决议通过和平谈判收复被占领的戈兰高地；支持黎巴嫩的主权、领土完整及收复被占领土的合法权利，要求以色列从黎巴嫩尚未撤出的被占领土上撤军。在其他地区冲突问题上，双方支持通过谈判和根据国际法准则和平解决阿联酋与伊朗之间的三个岛屿争端；强调北南苏丹尊重在1956年1月1日边界基础上划定的边界，停止敌对，重启谈判；支持索马里的民族和解进程，打击索马里海域和亚丁湾的海盗活动。在反恐问题上，双方谴责一切形式的恐怖主义，反对将恐怖主义与特定的国家、民族和宗教挂钩，反对在反恐中使用双重标准；在核问题上，双方呼吁中东地区所有国家加入《不扩散核武器条约》，使中东成为无核武器区，缔约国有和平利用核能的权利。在其他重大国际问题上，双方同意安理会改革应优先增加包括阿拉伯国家在内的广大发展中国家的代表性；以增加包括中国和阿拉伯国家在内的新兴市场和发展中国家的发言权和代表性为重点，推进国际金融体系改革；国际社会共同应对气候变化的挑战，特别要遵循公平原则、"共同但有区别的责任"原则和各自能力原则；应尊重各国人民的宗教和文化特性，促进不同文明间的对话。① 这些政治共识充分体现出在关系双方核心重大利益的问题上双方相互支持的承诺，体现了双方战略合作的政治基础。

就经贸和文化合作而言，每次部长级会议都有新的思路和举措提出。

论坛的第一届部长级会议于 2004 年 9 月 14 日在阿盟总部召开，通过了《中国—阿拉伯国家合作论坛宣言》和《中国—阿拉伯国家合作论坛行动计划》两个文件。"宣言"阐述了论坛的性质、目的、中阿合作的原则基础和具体目标，"行动计划"则确定了双方对话合作的基本领域和主要机制。李肇星外长在 2004 年 9 月 14 日出席论坛首届部长级会议时提出对论坛建设的四点设想，即加强中阿集体对话，提高经贸合作水平，扩大文化交流和开展人力资源培训。② 他具体指出，中阿应逐步开展投资、贸易、工程承包和劳务、能源、交通、通信、农业、环保、信息等领域的对话与合作，突出了对双方经贸合作的高度重视；他强调论坛将造福于双方人民，彰显了致力中阿共同发展的理念。

第二届部长级会议于 2006 年 5 月 31 日至 6 月 1 日在北京举行，《2006 年至 2008 年行动执行计划》推出了把 2005 年开始举办的中阿企业家大会改为每两年定期举行，双方轮流举办中阿投资洽谈研讨会、推动建立中阿能源合作对话机制，中方在 2006～2008 年期间每年为阿拉伯国家培训 500 名各类人才，建立中阿环境合作机制，支持召开中阿友好大会等新举措，并对 2005 年开始在论坛框架下举办的中阿关系暨中阿文明对话研讨会所取得的成果表示赞赏，同意继续积极开展双方学术界的交流。双方就在 2010 年把贸易额提高到 1000 亿美元，以及加强反恐合作等达成共识。③

第三届部长级会议于 2008 年 5 月 21～22 日在巴林举行。杨洁篪外长在会上特别感谢阿拉伯各国政府和人民对中国四川地震的慰问和援助。会议通过的《会议公报》提出了促进金融领域的合作，加快中国与海合会的自由贸易谈判

---

① 参见世界知识出版社 2010 年版《中国—阿拉伯国家合作论坛文件汇编》（2004 年 9 月～2010 年 5 月）和中国—阿拉伯国家合作论坛网站（http：www.cascf.org）2012 年 6 月 1 日公布的历届部长级会议发表的宣言和会议公报。

② 新华网，2004 年 9 月 14 日，www.xinhuanet.com。

③ 《中国—阿拉伯国家合作论坛文件汇编》（2004 年 9 月～2010 年 5 月），世界知识出版社，2010，第 23～25 页；新华网，2006 年 6 月 1 日，www.xinhuanet.com。

进程，以及双方定期轮流举办艺术节、鼓励双方在对方设立文化中心、鼓励双方旅游合作和增加新闻机构间友好合作等新举措，"行动计划"则提出了建立双方轮流举办投资研讨会机制并将该机制与中阿企业家大会机制相结合，中方在阿拉伯国家建立防治荒漠化试验示范区并帮助阿拉伯国家建立防治荒漠化体系，中方在2008～2010年3年内每年为阿拉伯国家培训1000名各类人才，制定中文和阿文各学科重要著作的互译计划，协商举办中阿大学校长论坛并逐渐形成机制等新举措，还提出了开展经济管理经验交流和中小企业间合作等新思路。①

第四届部长级会议于2010年5月13～14日在中国天津举行，发表了《中国—阿拉伯国家合作论坛关于双方建立战略合作关系的天津宣言》《会议公报》和《行动执行计划》。温家宝总理发表主旨演讲，指出中方更加坚定地支持阿拉伯国家探索符合自身实际的发展道路，更加积极地促进中东和平进程和阿拉伯国家恢复合法民族权利的正义事业，阿拉伯国家也在涉及台湾、西藏、新疆等关乎中国核心利益的问题上给予中方大力支持。双方经贸往来更加密切，人文交流日趋活跃。"宣言"宣布，"在中国—阿拉伯国家合作论坛框架内建立全面合作、共同发展的中阿战略合作关系"，标志着继20世纪90年代以来在中国已经与阿尔及利亚、埃及和沙特阿拉伯等国建立战略伙伴关系的基础上，中阿关系的定位被全面提升到战略伙伴关系的新高度。"公报"提出了共同推动核能、风能、太阳能等清洁能源、新能源和可再生能源的开发和利用的新思路，并明确指出了加强"在石油和天然气领域的合作，实现共赢"，"一方面为中国的经济社会发展提供必要的能源，另一方面为阿拉伯国家的石油和天然气提供稳定的市场"。《行动执行计划》则提出了研究建立双方贸易争端解决机制、2010～2012年中方每年为阿拉伯国家培训1000名各类人才等新举措。②

第五届部长级会议于2012年5月31日在突尼斯的哈马麦特举行，尽管中

---

① 《中国—阿拉伯国家合作论坛文件汇编》（2004年9月～2010年5月），世界知识出版社，2010，第35～43页。
② 《中国—阿拉伯国家合作论坛文件汇编》（2004年9月～2010年5月），世界知识出版社，2010，第59～67页。

东北非地区局势急剧动荡，但没有阻挡中阿关系发展的步伐，中阿合作力度明显提升。会议以"深化战略合作，促进共同发展"为主题，双方签署的《中国—阿拉伯国家合作论坛第五届部长级会议公报》和《中国—阿拉伯国家合作论坛2012~2014年行动执行计划》提出了到2014年将中阿双边贸易额提升到3000亿美元、中方在2012~2014年的3年之内为阿拉伯国家培训5000名各类人才等新目标，提出了相互交流治国理政和发展领域的经验、鼓励双方产业界开展技术转让合作，阿拉伯国家学习中国在运输、物流及交通基础设施方面的经验、致力于建立中国—阿拉伯国家农业合作机制等新思路，提出举办两次或两次以上农业经贸与投资合作研讨会等新举措。① 杨洁篪外长在闭幕式讲话中认为，中阿战略合作关系的基础更加坚实，利益纽带更加紧密，沟通与协调的紧迫性更加突出，论坛对中阿合作的引领作用更加强劲。② 这些新的合作思路和举措，对双方经贸和文化合作发挥了重要的规划和指导作用。

除了部长级会议以外，论坛框架下的各种机制也顺利运行。截至2013年，高官会已经举行十届，中阿关系暨中阿文明对话研讨会已举办五届，企业家大会、能源合作大会、新闻合作论坛和中阿友好大会均已举办三届。

**2. 其他集体合作新平台的建立**

从2010年开始，中国为促进中东伊斯兰国家与中国的经济贸易关系，开始在宁夏回族自治区首府银川每年举办"中国（宁夏）国际投资贸易洽谈会暨中国·阿拉伯国家经贸论坛"，到2012年共吸引76个国家和地区及国际机构、5000多家国内外企业参展，签订合同金额人民币2547.56亿元，③ 并与中国中东学会每年联合举办中阿经贸论坛理论研讨会。为进一步推动中国的向西开放，2012年国务院批准自2013年起将论坛更名为"中国—阿拉伯国家博览会"，博览会由中国商务部、中国贸促会和宁夏回族自治区人民政府共同主办，每年举办一届。首届博览会已于2013年9月15~19日在宁夏举办，成为推动中国和阿拉伯国家经贸关系的国家级新平台。2012年国务院还批准在宁夏设立内陆开放型经济试验区和银川综合保税区，以加强向西开放的能力和手

---

① 中国—阿拉伯国家合作论坛网站，2012年6月1日和4日，http：www.cascf.org。
② 新华网，2012年6月1日，www.xinhuanet.com。
③ 中国—阿拉伯国家博览会网站，www.casetf.org。

段。一个推动中阿经贸关系发展的桥头堡正在形成。

中东国家埃及、苏丹、利比亚、突尼斯、阿尔及利亚、摩洛哥等国地处北非地区。根据中非双方共同倡议2000年成立的"中非合作论坛"直接影响了中国与这些国家关系的发展。论坛是中非关系机制化的结晶,奉行平等磋商、增进了解、扩大共识、加强友谊、促进合作的宗旨,每3年轮流在中国和非洲国家召开一次部长级会议,并且在2006年在北京召开了峰会。论坛设中方后续行动委员会,成员包括27家省部级单位,外交部部长和商务部部长为委员会名誉主席,两部主管部领导为两主席,委员会秘书处由外交部、商务部、财政部和文化部有关司局组成,外交部非洲司司长任秘书长。迄今为止,论坛已经召开过5次部长级以上会议,其中2006年为北京峰会暨部长级会议,决定建立中非新型战略伙伴关系。2009年部长级会议在埃及的沙姆沙伊赫举行。每次会议均为中国帮助非洲发展做出3年规划并提出一系列新举措,涵盖内容十分广泛,已成中国对非洲国家开展发展合作的基本框架。在此框架内,北非国家分别从减免债务、零关税输华商品、教育和人力资源培训、科技合作、派遣医疗队、优惠信贷、建立经贸合作区、学者智库合作、联合国维和行动、人道主义援助等多种项目中获得中国方面的发展合作。

## 三 结论和展望

新中国成立60多年来,中国与中东国家的关系取得了显著的发展。中国中东国家的外交关系从无到有,在20世纪90年代最终实现了全面建交。双方关系涵盖的领域日益广泛,从最初以政治关系为主,逐渐覆盖了政治、经济、文化领域。双方关系的主体日趋多样化,除政府部门以外,在最近30年来,企业和文化事业单位作为双方关系主体,数量急剧增加。双方关系机制从国与国之间的双边关系发展到建立起多种集体对话与合作平台。纵观中国与中东国家关系的发展,至少可以得出以下三个结论。

第一,中国与中东国家关系具有战略合作性质。中国与中东国家的关系之所以能够长期顺利发展,与其战略合作性质关系密切。这种战略合作关系是建立在双方战略利益的一致或互补基础之上的。革命与战争时代,双方的共同战略利益主要表现在反对帝国主义和殖民主义，争取民族独立和国家主权方面。和平与发展时代，双方的战略利益基础从政治领域进一步扩大到经济和安全领域。在政治领域，中东国家在台湾问题、涉及新疆和西藏的问题、反对"三股势力"问题等关乎中国国家主权和安全的重大问题上支持中国；中国在巴勒斯坦问题上长期坚定地站在阿拉伯国家一边，在处理地区热点问题上能够遵守国际法准则，并能够在联合国安理会为中东国家的合理诉求仗义执言。在能源领域，中国为中东石油输出国提供了最大且最具潜力的石油出口市场，未来还将提供重要的天然气出口市场；中东石油输出国则已经成为中国最大的石油进口来源，未来还有可能成为重要的天然气（LNG）进口来源。在经贸领域，中东国家为中国的货物和服务提供了快速增长的市场；而中国则为中东国家提供了广阔的投资场所和新的投资来源，未来还可能在大规模向中东国家转移劳动密集型技术，帮助中东国家解决就业问题方面，发挥显著的作用。此外，中国与中东国家，特别是与阿拉伯国家在坚持和平共处五项原则、应对气候变化、国际金融秩序改革、联合国改革、尊重文明多样性和开展文明对话、建立中东无核武器区、反对在"反恐"斗争中使用双重标准等重大国际和地区问题上，具有共同或相似的立场和相互合作的基础。这些既有的共同战略利益的存在和新战略利益的不断生成，决定了双方关系具有战略合作性质和不断充实的合作基础，也决定了双方的战略合作不可能由于一时的困难而瓦解，而是具有广阔和稳定的发展前景。

第二，中国与中东国家关系超越双方关系本身。中东历来是大国博弈的舞台。不管中国是否愿意，在发展与中东国家的关系时，都必须在这个舞台上处理与世界主要大国的关系。纵观过去60多年中国与中东国家的关系，从来无法避免大国关系的影响。甚至可以说，中东就是中国处理大国关系的一个重要舞台。尽管中国与世界大国，特别是美国，在实现中东地区稳定、保障世界石油供应、维护通道安全等方面，具有相似的利益，但在实现这些利益的观念和手段上有很大的差异。冷战结束以后，美国利用在中东地区取得的支配地位和强大的军事实力，在20世纪90年代采取"东遏两伊，西促和谈"战略，曾给地区带来一段时期的相对稳定。但自90年代后期以来，美国霸权主义逐渐膨胀，奉行"新干涉主义"，根据自身利益和标准判别是非，不时抛开联合国实施单边主义的制裁措施，甚至使用武力或以武力相威胁，并乘动乱之机颠覆美国所敌视国家的政权。而中国在应对中东危机时，则强调尊重联合国的权威和国际法准则，坚持和平共处五项原则和不干涉内政原则，寻求以和平方式解决争端，树立维护和平和制约战争的形象。[①] 目前，美国在中东地区仍居优势地位，但大国在中东的力量对比正在悄然变化。美国因国内财政吃紧、战略重心东移、地区盟友减少等多种原因，在中东地区的影响力有所下降，已从伊拉克撤军并即将从阿富汗撤军，而俄罗斯等国在中东地区事务中的影响力有所上升。中国与西方国家在中东的分歧还会存在，但在地区格局多极化趋势下，大国互动的机会也会增加。中东问题对中国调整大国关系的影响，进一步增添了双方关系的战略意义。

第三，中国与中东国家关系不断面对新的挑战。中东地区矛盾错综复杂，其中既有阿拉伯人、波斯人、犹太人、突厥人、库尔德人等之间的民族矛盾，也有伊斯兰教与其他宗教之间以及伊斯兰教逊尼派与什叶派之间的宗教和教派矛盾。有些中东国家之间还存在边界领土纠纷，经济利益纠葛，以及政治制度和意识形态的显著差异。这些矛盾经常以冲突甚至战争的形式爆发，不仅使地区国家之间关系复杂，也常给外部势力的干预提供可乘之机。2010 年以来爆发的"阿拉伯之春"运动，推翻了一些中东国家的威权主义政权，也使这些国家长期遭受重压的五花八门的政治势力获得"解放"，从而导致这些国家国内政局出现长期动荡的局面。国家间的冲突与国内的动荡相互交织，使中东地区的局势更加动荡复杂。这种情况难免会给中国在该地区维持全面友好关系、反对霸权主义和"新干涉主义"行径，以及推行和平外交，提出新的挑战。中国和绝大多数中东国家都是发展中国家，某些产业存在竞争关系，贸易摩擦时有发生，中国与海湾合作委员的自由贸易谈判多年难以结束。从总体上说，双方的人民也还缺乏足够的相互了解。这些问题虽不能反映中国与中东关系的性质和主流，但也是双方关系发展绕不开的现实障碍。坚持维护和平的外交方针和国家形象，推动和参与地区和平机制的建设；综合平衡双方的经贸利益，

---

① 邓小平曾说，中国的发展是和平力量的发展，是制约战争力量的发展。现在树立我们是一个和平力量、制约战争力量的形象十分重要，我们实际上也要担当这个角色。〔《在军委扩大会议上的讲话》（1985 年 6 月 4 日），《邓小平文选》第 3 卷，人民出版社，1993，第 128 页〕

灵活处理"取"和"予"的关系；加强双方的直接文化交流和智库合作，提升中国在中东国家的文化影响力，将有助于推动中国对中东国家关系的新发展。

# Development of Political and Economic Relations between China and Middle Eastern Countries

*Yang Guang*

**Abstract**：Since 1950s, relations between China and Middle Eastern countries have been through two periods, namely the period of revolution and war and the one of peace and development. Both the basis and dimensions of these relations have expanded. These relations are characterized by strategic cooperation, which was reflected in mutual support in the movements of national liberation before 1980s, mutual support on a number of important issues, and the increasingly closer economic cooperation and the establishment of collective dialogue mechanisms over the past 3 decades. Despite some challenges, mutual relations show a bright future.

**Key Words**：Chinese Diplomacy；Middle East Politics；Middle East Economy

# 专题报告

Special Report

## Y.2
## 阿以冲突与中国在中东和平
## 进程中的作用

余国庆*

**摘　要:**

阿以冲突是当代中东持续最久和影响最大的地区性国际冲突。新中国的中东政策不可避免地受阿以冲突格局的影响。改革开放以前中国的中东政策深受冷战格局和意识形态的影响。1991 年 10 月马德里中东和会启动了中东和平进程，中国支持阿以冲突有关各方通过谈判解决阿以冲突和实现和平的努力。1992 年年初，中国与以色列建立外交关系，开始以更加公正、客观和开放的心态参与中东和平进程。2002 年中国设立中东问题特使，与国际社会中东问题"四方会谈"一起推动陷入僵局的巴以和谈进程。2013 年 5 月上旬，以色列与巴勒斯坦领导人相继访问中国，显示中国将更加重视参与中东和平进程。中国国家主席习近平在与巴勒斯坦领

---

\* 余国庆，中国社会科学院西亚非洲研究所副研究员。

导人阿巴斯会谈时，阐述了中方关于推动解决巴勒斯坦问题的四点主张。中国多年来为推动中东和平进程所作努力受到了有关各方的肯定和国际社会的积极评价。

关键词：

　　阿以冲突　和平进程　中国作用

# 一　中国在阿以冲突及中东问题上的基本立场

如果以 1948 年 5 月 14 日以色列国宣布成立为起点，阿以冲突已有 60 多年的历史。在以色列宣布成立及随后发生的巴勒斯坦战争期间，中国共产党领导的人民解放战争正在如火如荼地进行。新中国成立后的外交重点是与苏联及社会主义国家结盟并致力于打破帝国主义的封锁；之后不久发生的朝鲜战争也牵制了中国对中东问题的关注。因此，从阿以冲突爆发到 20 世纪 50 年代初期，中国与阿以冲突主要当事方并没有直接的利害冲突关系，对阿以冲突的是非曲直并没有鲜明的政治站队倾向。新中国在 20 世纪 50 年代初期还一度与以色列就相互承认和建交问题进行过初步接触，但由于以色列的亲美立场渐浓，中国主动放弃了与以色列的进一步交流。1954 年万隆会议的召开，在中国与中东关系的历史上翻开了新的一页，中国在阿以冲突问题上的立场也深深地打上了新中国这一时期外交特色的烙印。

在 1955 年召开的万隆会议上，在 29 个与会国家中有 9 个阿拉伯国家，但当时我国与这些阿拉伯国家无一建交。1956 年，我国与埃及、叙利亚、也门建交。在 1956 年、1967 年和 1973 年的中东战争期间，中国政府领导人和一些群众团体纷纷发表声明，明确站在阿拉伯国家一边，支持阿拉伯和巴勒斯坦事业，可以说，在 20 世纪 70 年代以前的阿以冲突中，中国基本上是一边倒地支持阿拉伯国家和巴勒斯坦人民的正义事业。随着 1979 年以色列与埃及实现和平及中国和美国关系的改善，中国也及时调整了中东政策。1980 年我国首次比较全面地提出了解决中东问题的三原则：以色列必须撤出 1967 年占领的阿拉伯领土；巴勒斯坦的民族权利包括自决权应该得到恢复；中东各国都有独

立和生存的权利。① 1991 年 10 月，马德里中东和会召开，国际社会加大了调解阿以冲突的力度，中国认识到应更加全面和公正地参与国际社会的促和努力。1992 年 1 月中国与以色列建立外交关系，开始以积极的姿态参与和推动中东和平进程。

中东和平进程启动后，中国政府经常在一些重要的国际场合就中东问题和中国的中东政策阐述立场。我国重要领导人在访问有关中东国家时也经常就中东和平问题发表讲话。2000 年 4 月 12 ～ 18 日，中国国家主席江泽民访问以色列和巴勒斯坦，在与以、巴领导人会见时，江泽民主席用中国的传统思想"和为贵"概括了中国对解决巴以冲突的立场和态度，希望巴以"化干戈为玉帛"。他指出，解决中东问题，需要的是和谈而不是武力，需要的是合作而不是对抗，需要的是相互理解而不是相互排斥。2007 年 11 月 27 日，中国外交部部长杨洁篪出席在美国马里兰州安纳波利斯市举行的中东问题国际会议并发表讲话，就推动中东和平进程走出僵局提出了中国政府的五点主张。（一）尊重历史，彼此兼顾，把握和谈方向。有关各方应面对现实，顺应潮流，迈出勇敢的步伐。在"路线图"计划和"阿拉伯和平倡议"的基础上，启动最终地位问题谈判，推动解决边界、难民、水资源等问题，建立独立的巴勒斯坦国，这不仅符合巴以人民的根本利益，也是实现未来阿拉伯和犹太两大民族和平共处的历史性进步。（二）摒弃暴力，排除干扰，坚定和谈信念。武力不可能带来持久和平。耐心、对话乃至必要的妥协，方能铸剑为犁，共享和平。有关各方应承担起各自的义务，显示勇气和智慧，采取互信举措。中方希望巴勒斯坦内部实现和解，只有民族团结之舟才能带领巴人民驶向和平的彼岸。（三）全面推进，平衡发展，营造和谈氛围。巴勒斯坦问题与中东其他问题彼此影响。应适时重启叙以、黎以和谈，与巴以和谈形成相互促进的局面。同时从推进整个中东和平与稳定的大局出发，稳妥处理好该地区其他热点问题，为和谈创造有利的外部环境。（四）重视发展，加强合作，夯实和谈基础。有关各方和国际社会应创造条件，促进地区国家的经贸往来，让阿以双方人民真正分享到和

---

① 孙必干：《中东问题的历史困境和中国的中东政策》，《中国浦东干部学院学报》2010 年第 4 期，第 7 页。

平成果。中方呼吁国际社会加大对巴人道援助和发展援助，赞赏有关方面提出的区域经济合作计划。一个独立、繁荣的巴勒斯坦将成为地区安全的坚实基础。（五）凝聚共识，加大投入，加强和谈保障。国际社会应密切合作，建立广泛参与、平衡有效的多边促和机制、监督机制和执行机制，为和平提供保障。中方欢迎一切有利于和平进程的促和努力。

2013 年 5 月 5 日至 10 日，以色列和巴勒斯坦领导人相继访问中国，表明中国愿意用更加积极的姿态推动中东和平进程。中国国家主席习近平在同巴勒斯坦总统阿巴斯举行的会谈中，就推动解决巴勒斯坦问题提出四点主张。第一，应该坚持巴勒斯坦独立建国、巴以两国和平共处这一正确方向。建立以1967 年边界为基础、以东耶路撒冷为首都、拥有完全主权的独立国家是巴勒斯坦人民不可剥夺的权利，也是解决巴勒斯坦问题的关键。同时，以色列的生存权和合理安全关切也应该得到充分尊重。第二，应该将谈判作为实现巴以和平的唯一途径。巴以双方应该顺应时代潮流，坚持走和谈之路，互谅互让，相向而行。当务之急是在停建定居点、停止针对无辜平民的暴力活动、解除对加沙地带封锁、妥善解决在押巴勒斯坦人问题等方面采取切实措施，为重启和谈创造必要条件。巴勒斯坦内部实现全面和解有助于重启并推进巴以和谈。第三，应该坚持"土地换和平"等原则不动摇。有关各方应该在"土地换和平"原则、联合国有关决议、"阿拉伯和平倡议"等既有成果基础上，全面推进中东和平进程向前发展。第四，国际社会应该为推进和平进程提供重要保障。国际社会有关各方应该增强责任感和紧迫感，秉持客观公正立场，积极劝和促谈，并加大对巴勒斯坦人力资源培训、经济建设等方面的援助。① 习近平主席在会见以色列总理内塔尼亚胡时强调，当今世界正在发生深刻复杂变化，国与国之间应该倡导并建立平等、包容、互利的新型国家关系。中东地区饱经战火，至今动荡不安。谋和平、求稳定、促发展是地区国家共同愿望，通过政治途径化解争端，是符合各方根本利益的战略选择。习近平主席也阐述了中国政府在有关中东和平进程中一贯的立场："包括以色列在内的中东各国人民都应

---

① 《习近平同阿巴斯总统会见时强调：中方坚定支持巴勒斯坦人民的正义事业》，《人民日报》
2013 年 5 月 7 日，第 1 版。

该享有平等的生存和发展权利。只有保障各国合法权益,尊重彼此关切,才能真正实现地区长治久安。"①

虽然在各个不同时期中国对阿以冲突和中东和平问题的态度和立场有所侧重,但总体来说,中国对中东和平遵循了一些基本思路,那就是:坚持公正,主持正义,支持国际调解;立足自身力量和影响,推动特使外交;寻找合适时机促谈促和。由于阿以冲突自身错综复杂,即使美国这样对中东有巨大影响的国家在斡旋时也显得捉襟见肘,因此,中国在促和促谈时应该是对冲突各方晓之以理,宣扬和谈和平首先对冲突双方自身有利;同时,充分考虑随着中国国际影响力的增加,在中东这个对我国有重大利益关系的地区,在中东实现和平这个得民心顺民意的重大问题上顺势而为、有所作为的问题。

## 二 中国支持中东和平谈判,多种形式参与中东和平事务

1991 年 10 月马德里中东和会召开后,由于以色列与阿拉伯国家全面实现和平的条件还不具备,在 1993 年巴以双方签署《奥斯陆协议》后,中东和平进程集中体现在以色列与巴勒斯坦国如何实现和平的问题上。

从 20 世纪 50 年代开始,中国一直支持阿拉伯国家争取民族权益和维护领土完整的斗争。无论是在发展与阿拉伯国家双边关系时还是在多边国际场合,中国都把维护阿拉伯国家的民族利益放在优先的地位,为此,在相当长时期内,中国对与以色列接触和建交持低调态度。

中国对巴勒斯坦事业的支持,一个重要的体现是支持巴勒斯坦人民的正义斗争。1965 年 3 月,巴解组织在建立不久后就在北京设立了享有外交机构待遇的办事处。包括已故巴勒斯坦领导人阿拉法特和现任巴勒斯坦民族权力机构领导人阿巴斯在内的巴勒斯坦许多重要领导人都曾多次访问中国。1988 年 11 月 15 日,巴勒斯坦全国委员会通过了《独立宣言》,阿拉法特宣布建立巴勒斯坦国,同年 11 月 20 日,我国宣布承认巴勒斯坦国,两国建交。1988 年 12

---

① 《习近平会见以色列总理》,《人民日报》2013 年 5 月 10 日,第 1 版。

月 31 日，巴解驻北京办事处改为巴勒斯坦国驻华大使馆，其主任改任巴勒斯坦国驻华大使。1990 年 7 月 5 日，中国驻突尼斯大使兼任驻巴勒斯坦国特命全权大使。巴实行自治后，1995 年 12 月，中国在加沙设立驻巴民族权力机构办事处。2000 年，以色列与巴勒斯坦爆发严重武装冲突，中国是少数几个在巴勒斯坦特别困难时期坚持在加沙维持官方外交机构的国家之一，是巴勒斯坦最艰难时刻的珍贵朋友。

马德里中东和会召开后，为了更全面和客观地参加到中东和平进程中去，1992 年 1 月 24 日，中国与以色列建交，以色列因而成为最后一个与我国建交的中东国家。中以建交后的第二天，时任中国外交部副部长杨福昌率中国代表团出席在莫斯科召开的中东问题多边国际会议。1992～1996 年，在中东和平进程框架下，联合国、国际组织及有关国家推动召开中东和平进程中的经济合作与发展、环境、水资源、难民、军控与地区安全等 5 个多边谈判，中国都派代表参加。1993 年 10 月，中国政府在北京主持召开了中东多边谈判第三阶段水资源专题会议。1993 年以色列与巴勒斯坦签署《奥斯陆协议》后，中国积极支持以色列与巴勒斯坦通过谈判解决双方冲突。

2000 年 4 月 12～18 日，中国国家主席江泽民访问以色列和巴勒斯坦，这是中国国家元首首次出访巴以。在与巴以双方领导人会面时，江泽民主席用中国的传统思想"和为贵"概括了中国对解决巴以冲突的立场和态度，希望巴以"化干戈为玉帛"。他指出，解决中东问题，需要的是和谈而不是武力，需要的是合作而不是对抗，需要的是相互理解而不是相互排斥。

2003 年 12 月 17 日，联合国巴勒斯坦问题亚太区域会议在北京举行，代表们围绕巴勒斯坦被占领土局势、加强对和平解决巴勒斯坦问题的国际支持、亚洲国家支持巴勒斯坦人民行使不可剥夺权利等三个主题进行了深入的探讨，取得了一系列共识。在会议结束时，联合国巴勒斯坦人民行使不可剥夺权利委员会负责人维克托·卡米莱里介绍了会议的最后文件。与会代表对巴勒斯坦局势的恶化和巴勒斯坦人民遭受的痛苦表示关切。与会代表讨论了中东和平"路线图"计划，强调"路线图"计划依然是推动和平解决巴以冲突的主要机制，并对民间社会提出的《日内瓦倡议》表示欢迎。与会代表对联合国安理会一致通过的第 1515（2003）号决议也表示欢迎，并呼吁当事各方同四方合

作，根据"路线图"计划履行义务，实现以色列和巴勒斯坦两国在和平与安全中比邻共存的愿望。与会代表希望联合国继续保持对巴勒斯坦问题所有方面的永久责任，直到按照联合国各项有关决议并根据国际法圆满解决巴勒斯坦问题。与会代表们还认为，中国作为安理会常任理事国兼委员会观察员在谋求该区域的全面、公正和持久和平方面发挥了积极和建设性的作用。2003年12月18日，参加这次联合国专门会议的专家还在北京继续参加由联合国与北京大学联合主办的"支持中东和平"公共论坛。

中国始终对国际社会的调解持赞赏态度，并积极参与。2007年11月27日，在美国东海岸的小城安纳波利斯，由美国总统布什主持的中东问题国际会议召开，中国外交部部长杨洁篪出席了会议，并在发言中阐述了中国政府在中东问题上的立场和主张。他说，中方欢迎会议发表的谈判解决巴以问题的共同谅解文件，高度赞赏有关各方作出的积极努力。杨洁篪还就推动中东和平进程走出僵局提出五点主张：尊重历史，彼此兼顾，把握和谈方向；摒弃暴力，排除干扰，坚定和谈信念；全面推进，平衡发展，营造和谈氛围；重视发展，加强合作，夯实和谈基础；凝聚共识，加大投入，加强和谈保障。杨洁篪外长表示，中国政府非常重视安纳波利斯会议，认为这次会议是国际社会推动解决巴以问题的重大努力。杨洁篪外长还在出席中东问题国际会议期间，会见了巴勒斯坦民族权力机构主席阿巴斯，并与以色列总理奥尔默特进行了交谈。

2013年5月5~10日，应中国政府的邀请，巴勒斯坦领导人阿巴斯和以色列总理内塔尼亚胡相继访问中国。中国国家主席习近平分别与巴、以领导人举行了会谈。习近平就推动解决巴勒斯坦问题提出四点主张，强调中方坚定支持巴勒斯坦人民的正义事业，愿同巴方一道，传承和发展中巴友好合作。习近平表示，半个多世纪以来，中国人民和巴勒斯坦人民始终相互理解、相互信赖、相互支持，成为好朋友、好伙伴、好兄弟，中巴关系不断取得新发展。中方将继续为巴勒斯坦发展建设提供力所能及的帮助，加强农业、投资、基础设施建设、文化、教育和政党等领域的交流合作，共同谱写中巴友好新篇章。习近平指出，巴勒斯坦问题是中东问题的核心。这个问题持续半个多世纪未能得到解决，给巴勒斯坦人民带来了深重苦难，也成为中东地区长期动荡不安的重要根源。巴勒斯坦人民合法民族权利得不到恢复，巴勒斯坦和以色列的和平就不可能实现，中东地区和平稳定也无从谈起。任何时候都不能忽视巴勒斯坦问题，必须把解决巴勒斯坦问题放在重要而突出的位置。

2013 年 6 月 18 日至 19 日，应联合国巴勒斯坦人民行使不可剥夺权利委员会要求，中国政府在北京承办了联合国支持巴以和平国际会议。会议主题是"推动国际社会共同努力，通过'两国方案'解决巴以冲突"。会议审查了联合国各机关针对违反国际法行为采取的行动，特别是在巴勒斯坦作为非会员观察员国加入联合国之后采取的行动。会议提请国际社会注意实现两国方案的紧迫性，并探讨国际社会为双方恢复有意义谈判创造有利条件的可能方式。会议邀请了相关国家政府、联合国等国际组织代表及专家学者等出席会议。中国外交部副部长翟隽和中国中东特使吴思科出席了这次由联合国与中国共同主持的会议。

## 三　中国中东政策的外交创新：设立中东问题特使

在 2000 年中国国家主席江泽民访问巴勒斯坦期间，巴解领导人阿拉法特提出，希望中方任命中东问题特使，在推动中东和平进程方面发挥与中国的大国地位和影响相称的重要作用。

2002 年，我国政府决定设立中东问题特使，这是我国外交史上首次在一个特定地区设立的"无任所"使节。中国设立中东特使的重要背景是：2000 年，巴勒斯坦和以色列爆发严重冲突，国际社会纷纷加紧调解和斡旋。2002 年 7 月，由美国牵头召开讨论中东问题的"四方会议"，欧盟、俄罗斯和联合国作为另外三方参加，而中国被排除在外；同年 9 月，再度召开讨论巴勒斯坦建国问题的四方会议，中国又再次没有被邀请参加。中国作为联合国安理会的五个常任理事国之一，如继续游离于全球聚焦的中东事务之外，显然与其大国地位不相称。中国作为一个大国，一个安理会常任理事国，对世界的和平与稳定负有责任。同时，中国一贯希望在中东和谈问题上发挥应有的作用。许多阿拉伯国家也呼吁中国发挥更大的作用，希望中国派出中东特使。中国政府设立中东特使，就可以看作是对这一呼吁的回应。这也是我们国家中东政策和立场的延续与加强。另外，作为中国的传统朋友，阿拉伯国家也纷纷呼吁中国在巴以问题上发挥作用。如时任巴勒斯坦驻华大使穆斯塔法·萨法里尼博士曾多次对

中国被排除在中东会议之外愤愤不平，屡次强调中国在中东问题上所持的立场是"最为公正的"，中国完全有资格也有义务参与中东问题的解决。时任约旦驻华大使更是直接强烈要求中国向中东地区派遣特使。作为阿以冲突一方的以色列不仅重视对华关系，而且一直十分看重中国在国际社会中的大国地位，也非常在意中国对中东问题的态度，希望中国能够运用自身的影响力，对阿拉伯国家进行"说服"工作。

2002年11月5日，中国中东问题特使王世杰启程前往中东。王世杰特使在其首次中东之行中访问了埃及、黎巴嫩、叙利亚、约旦、以色列、巴勒斯坦等国。访问期间，他与六国领导人和外长、阿盟秘书长分别会面，还会见了美国、俄罗斯、欧盟及联合国中东问题特使，阐述了中国在中东问题上的立场，并与中东各方进行了建设性的、富有成果的会见和会谈。王世杰说，中国一贯主张，在联合国有关决议和"土地换和平"原则基础上推进中东和平进程，早日解决中东问题，不仅符合该地区国家和人民的根本利益，也有助于中东乃至世界的和平、稳定与发展。作为安理会常任理事国，中国有责任，也有义务推动中东地区早日实现和平与稳定。正是本着这一原则，中国始终致力于推动中东和平事业，从事情的是非曲直出发，在以阿间积极劝和。中国首次向中东地区派遣特使，表明中国对中东的外交政策在发生变化，加大了对中东问题的参与力度。中国作出向中东派遣特使的决定，既是为了适应国际形势，特别是中东地区形势的变化，也是随着中国国力增强、自身大国地位进一步提升，对地区事务影响力增加的客观情况使然。

中国设立中东特使的目的和作用主要体现在两个方面。一是可通过双边接触，推动中东和平进程。中国同中东有关国家保持着良好和互信的双边关系，可通过双边渠道来推动有关工作。二是可通过联合国等多边场合开展有关工作。中东问题是国际社会所关注的问题，中国没有忘记自己的责任，一直在坚持不懈地做劝和促谈的工作。

值得注意的是，中国中东特使设立后，初期开展的主要工作围绕的是巴以和谈这个当时中东面临的突出问题。随着中东局势的发展，各个时期中东地区面临的迫切重大问题有的也纳入了中国中东特使的外交工作。我国首任中东问题特使王世杰在担任特使的3年里，先后8次出访中东并出席有关国际会议。

2006 年 4 月，资深外交官孙必干接替王世杰担任中国中东问题特使。在2006～2009 年的 3 年里，孙必干特使出访中东 5 次，为调解以色列和巴勒斯坦的冲突及推动中东和平进程作了不懈的努力。2009 年 3 月，中国政府决定由吴思科接替孙必干担任中国中东问题特使。吴思科担任特使期间，多次出访中东，除了在巴以问题上传递信息和推动和谈外，还在利比亚和叙利亚等急迫的中东重大问题上及时表明了中国的立场。

从 2002 年 11 月到 2013 年 5 月，中国三任中东特使先后十多次访问中东相关国家，在不同的国际场合表示中国一直致力于推动中东和平进程以及其他重大的地区热点问题的解决。特别应该指出的是，自 2011 年以来，中东形势发生了巨大变化，一些国家政局持续动荡，叙利亚境内武装冲突愈演愈烈，地区局势越来越复杂，以阿以冲突为核心的中东问题正与其他地区热点问题交织并相互影响，中国的中东特使能否根据中东情况的变化而拓展外交斡旋的使命和范围，将是一个充满挑战和机遇的问题。不管中东地区形势发生什么变化，中国都将致力于推动中东问题通过谈判得到解决，实现中东持久、全面的和平。

**附表**

## 中国历任中东特使出访中东情况

| 中东特使 | 出访时间 | 出访国家 | 主要议题 |
|---|---|---|---|
| 王世杰，2002 年 9 月 17 日 至 2006 年 4 月 1 日在任 | 2002 年 11 月 6～14 日 | 埃及、黎巴嫩、叙利亚、约旦、以色列和巴勒斯坦 | 调解以色列和巴勒斯坦之间严重的暴力冲突，推动中东和平进程，推动有关各方政治谈判，以达成各方都能接受的解决方案，最终实现中东地区全面和持久和平。传递中国政府在中东和平进程中的立场 |
| | 2003 年 5 月 18～30 日 | 叙利亚、埃及、黎巴嫩、沙特、以色列和巴勒斯坦 | |
| | 2003 年 10 月 19～29 日 | 叙利亚、埃及、黎巴嫩、沙特、巴勒斯坦和以色列 | |
| | 2004 年 6 月 1～8 日 | 巴勒斯坦、约旦和叙利亚 | |
| | 2004 年 9 月 6～16 日 | 埃及、黎巴嫩和以色列 | |
| | 2005 年 3 月 30 日至 4 月 7 日 | 以色列、巴勒斯坦和埃及 | |
| | 2005 年 9 月 12～22 日 | 巴勒斯坦、以色列、约旦、埃及和摩洛哥 | |

续表

| 中东特使 | 出访时间 | 出访国家 | 主要议题 |
|---|---|---|---|
| 孙必干，2006年4月1日至2009年3月在任 | 2006年6月25日至7月1日 | 埃及、约旦、以色列和巴勒斯坦 | 宣传我国对中东问题的政策，劝和促谈，传递信息。主张在联合国有关决议、"土地换和平"等原则的基础上通过谈判，政治解决阿以之间的冲突，支持阿拉伯倡议以及其他有助于实现和平的努力 |
| | 2006年8月6~16日 | 叙利亚、黎巴嫩、约旦、巴勒斯坦、以色列、埃及和沙特 | 在黎巴嫩和以色列爆发冲突之际，主张政治解决黎以问题。呼吁国际社会继续努力，确保决议得到有效执行；呼吁黎以冲突双方立即停止敌对行动，尽快实现无条件停火，避免黎巴嫩出现更严重的人道主义灾难 |
| | 2007年4月9~18日 | 沙特、巴勒斯坦和以色列 | 主张按照联合国有关决议和"土地换和平"的原则，通过外交谈判和平解决巴以争端，最终实现两个国家、两个民族的和平共处 |
| | 2008年5月21~23日 | 巴勒斯坦和埃及 | 了解中东问题最新进展，与有关各方交换看法，劝和促谈 |
| | 2009年1月12~15日 | 埃及、以色列、巴勒斯坦 | 在以色列进攻加沙之际（2008年12月27日至2009年1月17日），中方主张解决加沙冲突和中东问题，当务之急是实现停火，缓解加沙人道主义危机 |
| 吴思科，2009年3月至今 | 2009年6月20日至7月4日 | 埃及、巴勒斯坦、以色列、约旦、叙利亚、黎巴嫩。 | 传递中国政府在中东问题上的政策主张，继续通过各种形式与中东问题有关各方保持密切联系，积极劝和促谈，为推动中东和平进程而努力 |
| | 2009年7月25日至8月2日 | 卡塔尔、阿尔及利亚、叙利亚和伊朗 | |
| | 2010年1月13日 | 约旦 | |
| | 2010年3月27日 | 利比亚 | 参加在利比亚举行的第22届阿拉伯国家首脑会议开幕式 |
| | 2010年6月6~13日 | 以色列、巴勒斯坦、黎巴嫩、叙利亚、沙特 | 就中东和平进程和中东地区局势以及中东问题的最新进展与有关方面交换看法，并做劝和促谈工作 |
| | 2010年10月11~23日 | 约旦、以色列、巴勒斯坦、土耳其和埃及 | |
| | 2011年3月23日至4月2日 | 以色列、巴勒斯坦、叙利亚、黎巴嫩、卡塔尔 | |

续表

| 中东特使 | 出访时间 | 出访国家 | 主要议题 |
|---|---|---|---|
| 吴思科，2009年3月至今 | 2011 年 10 月 26～30 日 | 叙利亚、沙特、埃及 | 就叙利亚局势、中东局势等交换看法 |
| | 2012 年 1 月 12 日 | 埃及 | 双方就中东和平进程等地区问题和如何深化中阿合作深入交换看法 |
| | 2012 年 2 月 19～23 日 | 以色列、巴勒斯坦和约旦 | 就叙利亚问题介绍中方立场与政策。中方呼吁停止暴力、保护平民、开启政治对话 |
| | 2012 年 5 月 2～8 日 | 阿联酋、约旦、巴勒斯坦、以色列 | |
| | 2012 年 10 月 19～28 日 | 以色列、巴勒斯坦 | 就中东和平进程和地区局势与有关各方交换意见，开展劝和促谈工作 |
| | 2013 年 3 月 28 日至 4 月 6 日 | 沙特阿拉伯、巴林、卡塔尔 | 就双边关系和地区局势与有关国家交换看法 |
| | 2013 年 4 月 27～29 日 | 巴勒斯坦、以色列 | 主要就阿巴斯总统、内塔尼亚胡总理访华的有关事宜和中东和平进程等问题交换意见 |

# The Arab-Israeli Conflict and China's Role in the Middle East Peace Process

*Yu Guoqing*

**Abstract**：The Arab-Israeli conflict is the longest and most influential regional conflict in contemporary Middle East. China's Middle East policy is inevitably affected by the pattern of Arab-Israeli conflict. Before China's reform and opening up to the outside world, China's policy in the Middle East was ideologically influenced by the Cold War. The Peace Conference held in Madrid in October, 1991 marked the beginning of the peace process in the Middle East. China supports the efforts of concerned parties of the Arab-Israeli conflict to reach peaceful resolution through negotiations. In early 1992, China established diplomatic relations with Israel, and from then on, China has participated in and promoted the Middle East peace process

with a more fair, objective and open attitude. In 2002, China set up a special envoy to the Middle East to help restart the stalled Israeli-Palestinian peace process in parallel with the "Quartet talks". In early May 2013, Both Israeli and Palestinian leaders visited China, which showed that China will take its participation in the peace process in the Middle East more seriously. The Chinese President Xi Jinping elaborated on the four points in China's proposal for promoting the solution to the Palestinian problem in talks with Palestinian President Mahmoud Abbas. For many years China's efforts to promote the Middle East peace process have generated positive feedback from concerned parties and the international community.

**Key Words**: Arab-Israeli Conflict; Peace Process; China's Role

# Ⅶ.3
# 阿富汗和平重建与
# 中国在阿富汗的作用

王 凤*

**摘 要:**

2001 年 "9·11" 事件和美国攻打阿富汗后,阿富汗建立了新政府,迎来了和平重建的历史时期。从那时起到 2013 年年初,阿富汗和平重建进程经历了稳步推进、面临严峻挑战与进入新的转折期等三个阶段。前两个阶段大致以 2005 年为界限,2011 年后进入新阶段。作为阿富汗的邻国,立足于和平共处五项原则,中国向阿富汗和平重建提供了必要的政治支持与经济援助,以推动阿富汗走向和平、稳定与发展。近些年,伴随美国开始从阿富汗撤军,中国明显加大了参与阿和平重建的力度,包括与阿富汗建立战略合作伙伴关系,与阿周边国家加强对话或合作,以共同应对未来阿富汗局势可能出现的各种不确定性。

**关键词:**

和平重建　美国撤军　适度参与　战略合作伙伴

## 一 阿富汗和平重建及其阶段划分

2001 年 "9·11" 事件震惊世界,随后,在国际社会支持下,美国攻打了阿富汗,并在两个月内摧毁了该事件的幕后主谋——"基地" 组织及其支持

* 王凤,法学博士,中国社会科学院西亚非洲研究所副研究员、创新工程项目 "中东热点问题与中国应对之策研究" 执行研究员。主要从事中东国际关系、伊斯兰教研究以及阿富汗、伊朗国别跟踪研究。

者塔利班政权。自此,阿富汗结束了 20 多年的大规模战乱,迎来了和平重建的历史时期。从 2001 年年底到 2013 年年初,阿富汗和平重建进程可以大致分为三个阶段。前两个阶段以 2005 年为界,2011 年进入新的阶段,各个阶段特征明显。

(一) 第一个阶段:和平重建的稳步推进

这个阶段有两个基本特点。第一个特点是,在以美国为首的西方国家和国际社会的积极支持下,阿富汗和平重建逐步向前推进,主要体现在政治重建、经济重建和军事重建三个方面。

政治重建取得了重要成就。以 2004 年颁布宪法为标志,阿富汗逐步建立了一套具有西方民主特点的共和政体。这种政体的基本特点是:本质上阿富汗是一个政教分离的世俗国家;总统是国家元首兼政府首脑,掌握大权,通过普选产生;实行两院制议会,下院 (人民院) 权力较大,议员通过普选产生;以民族、宗教、军事为后盾的政治势力,在政治军事事务中占据重要地位。据此,2004 年 10 月和 2005 年 9 月,阿富汗分别举行了塔利班政权垮台后的首次总统选举和议会选举,组建了以卡尔扎伊为总统的正式政府和首届议会。

在国际社会积极援助下,阿经济重建进入起步阶段。从 2001/2002 财政年度到 2003/2004 财政年度,阿国内生产总值 (不包括毒品产值) 由 26.18 亿美元增至 44.89 亿美元,人均国内生产总值由 122 美元增至 207 美元。[1] 从经济生活看,阿富汗工农业、基础设施、电信、教育、财政等领域,开始从荒芜、停顿转到恢复和起步阶段。

在美国和其他西方国家的帮助下,军队建设也进入创建阶段。截至 2005 年 6 月,阿富汗国民军已拥有 2.47 万人,配备有重型武器装备。

第二个特点是,在安全领域,美国攻打阿富汗的战争尚未结束,不过主体战事已经告一段落。美国攻打阿富汗,是一种大规模战争行为。此前,美国总统布什曾将 "9·11" 事件定性为 "战争行为"。阿富汗战争主体战事基本结

---

[1] EIU, *Country Profile*, *Afghanistan*, 2004, p. 34; EIU, *Country Report*, *Afghanistan*, 2004, p. 5; EIU, *Country Profile*, *Afghanistan*, 2005, p. 29.

束的标志是，在 2001 年 12 月中下旬，曾试图在阿富汗一统天下的塔利班，作为一个政权已被摧垮，它所支持的"基地"组织已经溃散，阿富汗新政权业已建立。主体战事结束后，美军及其西方盟友的军队的作战任务发生了变化：此前是为了摧毁"基地"组织和塔利班，此后是为了消灭"基地"组织和塔利班在阿富汗的残余势力，并扶持新生的阿富汗政权。在这个时期，塔利班和"基地"组织没有销声匿迹，它们还经常袭击阿富汗新政府机构和驻阿外国军队。当时，阿富汗政权只能有效控制首都喀布尔及其附近地区，其他区域的安全状况并不令人满意。如果没有驻阿美军和国际安全援助部队的军事支持，阿富汗新生政权的安危令人担忧。另外，之所以强调阿富汗战争没有结束，是因为美国没有正式宣告战争的结束，也没有从阿富汗完全撤军。

### （二）第二个阶段：和平重建面临严峻挑战

在这个阶段，阿富汗和平重建继续推进，同时伴随安全形势的持续恶化。

一方面，在美国及其盟友和国际社会的持续援助下，阿富汗和平重建在艰难中继续向前推进。从政治和军事重建看，阿富汗分别于 2009 年和 2010 年举行了第二次总统大选和议会选举，组建了第二届政府和议会。此外，截至 2009 年年底，阿富汗军队和警察部队人数已分别增至 10 万和 9.5 万，作战能力有一定提高。① 再者，自 2004 年以来，阿经济呈现高增长态势。2009/2010年生产总值增长率竟高达 22.5%。② 另外，从 2004~2009 年，国内生产总值增长了将近 3 倍，达 142 亿美元。③ 这个时期，基础设施建设也取得一定进展，包括通信业在内的服务业发展迅速。不过，阿经济发展水平依旧非常低下。2009 年，按阿人口 2820 万计算，当年人均国内生产总值仅 500 美元左右。④ 此外，政府管理水平低下，国防等财政开支仍严重依赖外援，工农业停

---

① http：//www. fmprc. gov. cn/chn/pds/gihdq/gj/yz/1206/；http：//www. chinadaily. com. cn/hqjs/2010－01/21/content_ 9357987. htm.

② EIU, *Country Report*, *Afghanistan*, April, 2011, p. 6；EIU, *Country Report*, *Afghanistan*, January, 2011, p. 16.

③ EIU, *Country Report*, *Afghanistan*, April, 2011, p. 6；EIU, *Country Report*, *Afghanistan*, January, 2011, p. 16.

④ EIU, *Country Report*, *Afghanistan*, April, 2011, p. 6.

滞不前，粮食不能自给。

另一方面，2005年前后，阿富汗安全状况持续恶化，和平重建面临严峻挑战。2005年，全国约有1600人死于各类袭击事件，其中驻阿美军死亡人数超过90人。2006年，全年有逾4000人死于各种袭击。2007年，共造成1700人伤亡。2008年，共有2118名平民死于各类冲突，驻阿外国军队伤亡人数为295人。2009年，共有2412名平民死亡，驻阿外国军队死亡人数为520人。[1] 2010年，仅阿富汗平民伤亡人数就达2700名。[2] 截至2011年，美军在阿富汗死亡人数至少超过1522人。[3] 安全形势恶化，严重阻碍了和平重建的稳步发展。总统和议会大选被迫延期，外部援助无法进行或无法深入到边远地区，外国投资者也望而却步。

阿安全形势的严重恶化，主要在于2003年后美国将中东战略重心转移到了伊拉克。这极大地牵制了美国在阿富汗的投入。2005年前后，塔利班、"基地"组织等反政府武装借机进行重组，并东山再起。不仅如此，2007年前后，阿富汗邻国——巴基斯坦境内的塔利班组织的崛起，既加剧了巴基斯坦的动荡，也使阿、巴动荡地区连为一片。伴随"基地"组织和塔利班袭击行为的日益上升，为了稳定阿富汗局势、巩固卡尔扎伊政权，美国及其西方盟友也不断增兵，发动各种军事攻势来清剿塔利班和"基地"组织。2005年、2006年，驻扎在阿富汗的美军有6万~7万人。增兵后，美军人数最多时，即2011年年初，达到了10万余人。因此，敌对双方的对抗烈度不断上升。

### （三）第三个阶段：和平重建进入新的转折期

伴随2011年驻阿美军和北约领导下的国际安全援助部队（简称"北约盟军"）开始从阿富汗逐步撤出，阿富汗和平重建进入新的转折期。2009年，奥巴马总统上台后，美国开始进行战略调整，其中一个主要内容是撤军，即2011~2014年，美国及其北约盟军将逐步撤出主要作战部队。自2011年7月起，美军及北约盟军已经开始撤军，截至2012年年底已撤出大约3万人，其

① http：//af. mofcom. gov. cn/aarticle/jmxw/201001/20100106758886. html.
② 莫斯科《晨报》网站，2011年5月31日。
③ 中国中央电视台综合频道，《新闻30分》，2011年6月23日。

余大部分军队以后将分阶段撤出。在美军和北约盟军逐步撤出后，阿富汗军警将承担起保卫阿富汗稳定和现政权安全的职责。少量美军和北约军队将来可能留在阿富汗，主要承担训练阿富汗军警并向阿富汗提供军事技术、后勤、顾问等辅助性工作。也就是说，伴随美国撤军，阿富汗现政权将失去原有的军事和安全保障，从而使阿富汗和平重建进程面临新的考验。

## 二 中国在阿富汗和平重建中的作用

中国是阿富汗的邻国。自1955年建交以来，两国一直保持睦邻友好关系。20世纪60年代，中国向阿富汗提供了一些经济援助，援建了医院、水利工程等，划定了边界，促进了中阿友好合作关系的发展。由于阿内战加剧，出于安全考虑，1993年2月，中国撤离了驻阿使馆工作人员。

2001年年底，卡尔扎伊政府建立后，中国在促进阿富汗和平重建，尤其是经济和社会重建方面发挥了积极作用。中国参与阿富汗的和平重建也可分为前后两个阶段，以2011年前后美国开始撤出阿富汗为划分标志。第一个阶段是适度参与阿富汗和平重建时期，推动了阿富汗的和平、稳定与发展。第二个阶段，中国明显加大了参与力度，以应对美国退出阿富汗后可能出现的各种不确定状况。

### （一）第一个阶段是适度参与期

主要表现在以下五个方面。

第一，中国给予阿富汗新政府外交支持。"9·11"事件后，中国和国际社会其他成员一道，在美英攻打阿富汗塔利班和"基地"组织期间，给予了必要的支持。塔利班政权被摧垮后，中国出席了安排阿富汗和平重建的国际会议——波恩会议。2001年年底，阿富汗新政府建立后，中国即派代表与其建立联系。2002年2月，中国驻阿使馆复馆，曾经中断的中阿关系得以恢复。

第二，两国高层互访不断，带动双边关系向前发展。2002年以来，中国外长、副外长多次访阿，阿总统、议会主席、副总统、外长、副外长等也多次访华。两国最高首脑还多次在多边场合会晤，比如在上合组织会议期间等。中

阿两国因此于 2002 年 12 月、2004 年 3 月、2006 年 6 月相继签订了《喀布尔睦邻友好宣言》《喀布尔睦邻友好禁毒宣言》《中阿睦邻友好合作条约》。两国还签署了多项贸易、经济技术合作协定。这些条约和协定，为两国在农业、基础设施、贸易、边境管控、反恐、禁毒等领域开展不同形式的合作创造了条件。

第三，为稳定阿富汗局势并促进其和平重建，中国向它提供了必要的经济和社会援助。2002～2009 年，中国向阿富汗提供了约 2 亿美元的经济援助。2004 年，中国宣布免除阿政府所欠的全部到期债务。中国还重建了喀布尔共和国医院、帕尔旺水利工程，修建了总统府多功能厅等。从 2007 年起，中国开始帮助阿富汗培训各种专业人才。2007～2009 年，每年向阿富汗提供 30 个奖学金名额。2010 年起，名额增至 50 个。2008 年，中国还在喀布尔大学开办了孔子学院，招收了 60 名学生。

第四，中国积极在阿富汗进行投资，以促进阿能源和矿产资源的开发，减轻其对外依赖。2008 年，中国成功投资阿富汗艾娜克铜矿。该工程投资总额达数十亿美元，可为阿民众提供近万个就业岗位。阿政府每年还能获得不菲的税收和矿山租赁费等。阿矿产资源比较丰富，迫切希望国际社会进行投资。近年来，除推出铜矿开发计划外，它还相继推出了铁矿、石油等矿产资源的投资计划。但是由于安全等原因，一些投资计划常常落空。当然，开发阿铜矿资源，也符合中国经济建设的需要。

第五，在中阿共同推动下，两国经贸关系也不断向前发展。2002～2010 年，两国贸易额从 1743 万美元增至 1.79 亿美元。[1] 工程承包也是经贸关系的重要组成部分。2003～2009 年，中国在阿承包工程总数为 39 个，合同金额总计 5.6 亿美元。[2] 中国在阿工程承包主要是公路和电信建设。另外，为促进中阿经贸发展，中国政府还决定自 2010 年 7 月 1 日起，给予阿富汗输华产品——共 4721 个税目——零关税待遇。

总之，在这个阶段，中国给予了阿富汗和平重建以适度、必要的政治与外

---

① 中国商务部等主编《对外投资合作国别（地区）指南》（阿富汗），2010，第 21 页；http：//www. gzly. mofcom. gov. cn/website/face。

② http：//www. gzly. mofcom. gov. cn/website/face.

交支持和经济援助。不过，与美国和西方相比，中国在阿富汗和平重建中的作用相对有限。阿富汗的和平重建，主要由美国等西方国家推动。正是在它们的军事打击和战后安排下，塔利班政权才被摧垮，阿富汗卡尔扎伊政府得以建立。阿富汗战后政治体制的建立及其实践，也是它们拟定和推动的结果。驻阿美军和北约盟军还是阿富汗新生政权和重建工作的重要保障。此外，在经济援助阿富汗方面，美国和西方也占主导地位，阿富汗其他周边国家也提供了较多的帮助。

### （二）第二个阶段是加大力度参与期

主要表现在四个方面。

第一，建立中阿战略合作伙伴关系，进一步推动阿富汗的和平、稳定与发展。2012 年 6 月，阿富汗总统卡尔扎伊赴北京参加上合组织元首理事会第十二次会议并访华。其间，中阿两国发表了《关于建立战略合作伙伴关系的联合宣言》，从战略和长远角度规划了未来中阿双边关系的发展前景。《联合宣言》指出，将从政治、经济、人文、安全以及国际和地区合作五个方面，建立中阿战略合作伙伴关系。一是加强高层交往，增进政治互信。二是深化两国经贸投资合作。中方将一如既往地向阿富汗提供力所能及的帮助，同时在2012 年向阿方提供 1.5 亿元人民币无偿援助。三是大力促进文化、教育、卫生、新闻媒体等领域交流与合作。中方将继续为阿富汗提供专业技术人员培训，为更多阿富汗青年来华留学提供包括政府奖学金在内的便利，支持阿富汗国家发展。四是加强两国安全领域的交流与合作。中阿将共同打击恐怖主义、非法移民、非法贩运武器和毒品等跨境威胁活动，加强情报交流和边境管控。五是加强双方在联合国等多边框架内的协调与合作，就重大国际和地区问题保持沟通，协调立场。

第二，通过高层互访，推动两国之间的政治安全合作。阿富汗总统卡尔扎伊以及其他政府高官曾多次访问中国。2012 年 9 月 22 日，中共中央政治局常委、中央政法委书记周永康访问了阿富汗。这是 1966 年以后中国党和国家领导人首次访问阿富汗，旨在推动两国政治安全合作，落实两国《关于建立战略合作伙伴关系的联合宣言》。其间，中阿两国签署了关于加强安全和经济合

作的协议，其中一项涉及帮助阿富汗"训练、资助和装备警察"。此后，中国开始协助阿富汗训练警察，并且与美国联合培训阿富汗外交官。2012 年 5 月，中国完成了中美联合培训阿富汗外交官项目中的中方部分。同年 12 月，中美联合培训阿富汗外交官项目中的美方部分也正式开班，参加培训的阿富汗青年外交官共有 15 名，培训期为 15 天。

第三，开拓能源合作新领域，使中阿双方相互受益。2011 年 9 月，中国石油天然气集团公司通过竞标，高价获得阿富汗北部阿姆河沿岸三处油田的开采项目。12 月，中阿双方正式签署总价值约 7 亿美元的开采协议。据此，中石油将与阿富汗瓦坦集团组建合资公司，共同开采这三处油田，开采期限为 25 年，油田总储量约 8000 万桶。作为阿富汗和平重建以来的第一个大型油田开发项目，该项目将为当地增加数百个就业机会，同时在未来 25 年里为阿富汗提供 70 亿美元的收入。中石油将向阿富汗政府支付 15% 的开采税，并将利润的 30% 作为企业所得税上交。另外，中石油还将斥资 3 亿美元在当地修建一座炼油厂。2012 年 10 月，阿富汗矿产部部长沙拉尼表示，中石油在阿姆河盆地油田的石油生产已达到每天 1950 桶，对于帮助阿富汗实现石油自给自足和经济独立起到了重要作用。① 同时，由于中国的一部分西气东输管道气源来自毗邻阿富汗的土库曼斯坦阿姆河地区，因此该项目的实施也将使中国在阿富汗以及中亚地区的未来能源开发和运输中占据更加有利的地位。

第四，主动加强与阿富汗周边国家的对话或合作，共同促进阿富汗走向持续稳定与发展。由中国、俄罗斯、中亚等国组成的上合组织，近些年已就阿富汗问题召开了多次国家级会议和副外长级磋商，并制定了较为详尽的合作计划，加大同阿富汗在反恐、禁毒、打击跨国犯罪以及发展经济等方面的合作。2012 年 6 月，上合组织正式决定接纳阿富汗为观察员国。中国外交部发言人刘为民特别指出，上合组织支持阿富汗成为独立、和平、繁荣、没有恐怖主义和毒品的国家，愿意在阿富汗今后和平重建进程中发挥更大作用。② 此外，中国与印度也试图抛开争议，寻求在阿富汗问题上的共同合作。截至 2013 年 3

① http://www.guancha.cn/Neighbors/2013_03_22_133584.shtml.
② http://www.china.com.cn/international/txt/2012-06/06/content_25581942.htm.

月，中印两国原则上已同意针对阿富汗问题展开双边对话，并就首场对话展开研究。不仅如此，2013 年 2 月 20 日，中国、俄罗斯、印度三国就阿富汗问题举行首场安全事务高级代表会晤，中国外交部副部长程国平、俄罗斯安全会议秘书帕特鲁舍夫和印度国家安全顾问梅农出席了会议，并就相关局势交换了看法。另外，在 2012 年，中国、阿富汗、巴基斯坦三国也建立了三方对话机制，已在北京和巴基斯坦举行了两轮对话，第三轮对话将于 2013 年在喀布尔举行。

## 三　中国对阿政策及其调整的原因分析

综上所述，中国一直致力于阿富汗的和平重建，并在阿和平重建中发挥了积极作用。近些年经过调整，参与力度也不断加大。那么，中国对阿富汗的基本政策是什么？政策调整的原因何在？笔者认为，主要考虑如下。

一是，与周边国家发展睦邻友好合作关系，营造一个和平友好的周边环境，是中国的一项基本国策。一个稳定而友好的阿富汗，既造福阿富汗国家和人民，也有利于中国保障西部边疆的安定，有利于中国打击民族分裂势力、宗教极端势力和恐怖主义三股势力。和平和友好的周边环境，也有利于中国开展双边或多边经贸合作，使中国与周边国家互通有无、互利合作。

二是，坚持在和平共处五项原则基础之上，发展与周边国家和世界各国的友好关系，是新中国成立以来就奉行的一项基本外交政策。这种原则的一个基本特点是，不干涉内政，尊重所在国家和人民的自主选择。因此，对于阿富汗内政、安全等问题，中国主要尊重阿富汗人民的自主选择，最多是应阿富汗国家和人民的需要，予以必要的政治和外交协助。此外，和平共处五项原则还在很大程度上决定了中国发展对外关系的主要手段和方式，即以政治合作、经贸往来、经济援助和社会交往等非军事手段为主，较少使用军事手段。因此，中国参与阿富汗的和平重建，主要以外交协助和经济援助为主，始终没有向阿富汗派兵。

三是，经济援助阿富汗等不发达国家，一直是中国外交政策的一个重要方面。中国商务部副部长傅自应曾于 2011 年指出，中国一直将最不发达国家作为援助重点，用实际行动帮助最不发达国家，向它们提供不附带任何政治条件

的经济和技术援助。2009 年，中国对最不发达国家的援助占当年对外援助总额的 40%，2010 年超过 50%。中国还向国际货币基金组织增资 500 亿美元，明确要求优先用于最不发达国家。中国对最不发达国家还减免债务，促进受援国可持续发展。不仅如此，为帮助最不发达国家提高贸易能力，中国对有关最不发达国家（包括阿富汗在内）的多数对华商品实施了零关税，以帮助受援国产品对中国的出口，带动当地产业的发展。中国还为最不发达国家培训各类官员和技术人员 2.6 万名，2011 年起 5 年内将另外培训 8 万名各类专业人员，以增强最不发达国家的自主发展能力。①

不过，中国只是一个发展中国家，这个因素限制了前些年中国参与阿富汗和平重建的力度。不可否认，经过改革开放以来 30 多年的高速发展，中国取得了举世瞩目的成就，国力大为提高。从国内生产总值看，近 10 年来中国实现连续跨越，截至 2010 年，已首次超越日本，位居美国之后，排在世界第二。当年中国国内生产总值达 39.7983 万亿元人民币，按平均汇率折算达 5.8791 万亿美元。② 但是，中国只是发展中国家，并非世界强国。不论从综合实力，还是单纯的经济实力、科技创新力、国防力量或是人民生活水平方面看，中国都与世界发达国家有较大的差距。2008 年，中国国内生产总值排名世界第三，但是人均国民总收入仅在世界上排第 127 位，③ 大约只有日本的 1/10，不到世界平均水平的一半。

四是，尽管如此，随着美军开始从阿富汗撤出，中国以及阿富汗其他周边国家均对阿富汗局势可能出现的不确定性深感忧虑。这促使中国加大了对阿富汗和平进程的参与力度，并且希望通过加强与俄罗斯、中亚、印度、巴基斯坦，甚至西方的合作，共同促进阿富汗的稳定，避免阿富汗在未来成为新的地区冲突中心。这种忧虑，首先源自伴随美国撤军，阿富汗现政权将失去原有的军事和安全保障，尽管美国承诺此后仍将长期向阿富汗提供全方位支持，包括向阿富汗提供军事装备。其次当前阿富汗现政权经济上难以自立，军事力量也不堪一击，后者对政府的忠诚度也难以保障。如果没有外部力量的继续扶持，

---

① http://news.xinhuanet.com/world/2011-05/11/c_121405753.html.

② http://www.chinanews.com/cj/2011/03-01/2874951.shtml.

③ http://www.stats.gov.cn/tjsj/qtsj/gjsj/2009/t20100407_402632520.html.

阿政府军很难独自与塔利班反政府力量抗衡。最后，美国撤军后，塔利班也将进一步坐大。塔利班的长远目标是将一切外国军队赶出阿富汗，推翻"腐败的"现任世俗政府，建立政教合一的伊斯兰政府。美国开始撤军后，塔利班的反政府活动更加活跃，针对阿军政机构、驻阿外国军队的袭击更加频繁。塔利班将美国撤军视为战略胜利，决心继续战斗，直到美国被完全打败。美国及其西方盟友愿意与塔利班公开和谈，也是对当前塔利班政治、军事地位和能力的无奈认可。

# Afghanistan's Peaceful Reconstruction and China's Role

*Wang Feng*

**Abstract**：Following the September 11 attacks, the Taliban was toppled by the alliance dominated by the U. S. for sheltering Osama Bin Ladin, and the process for peaceful reconstruction in Afghanistan has been pushed forward since then. The reconstruction process has gone through three phases：steady progress phase (2001 – 2005), facing serious challenges phase (2005 – 2011), with the withdrawal of the U. S. troops in 2011, the process for peaceful reconstruction in Afghanistan has stepped into a transitional phase. As its neighbor, being based on Five Principles of Peaceful Co-existence, China has provided political support and needed economic assistance to Afghanistan in order to stabilize this country. Corresponding to the withdrawal of the U. S. troops, China has tried to play more positive roles in the process of reconstruction in Afghanistan, including establishing the Sino-Afghan partnership for strategical cooperation and enhancing cooperation with other neighboring countries, in order to jointly meet any likely challenges facing Afghanistan in the future.

**Key Words**：Peaceful Reconstruction in Afghanistan；Withdrawal of U. S. Troops；Moderate Participation；Partnership for Strategical Cooperation

# Ⅴ.4
# 中国海军在亚丁湾和
# 索马里海域的护航行动

李新烽*

**摘　要：**

索马里海盗泛滥成灾，威胁着世界海洋安全和中国海外利益。中国海军于 2008 年 12 月 26 日起程，首次远赴亚丁湾、索马里海域护航。这次护航创造了海军历史，值得一书的重大事件接二连三。此后，在实现护航常态化的同时，中国海军探索出了一套科学护航的规律，有效遏制了海盗的犯罪行为，展示了中国海军的威武形象，诠释了中国积极参与中东和平的形象，彰显了中国负责任大国的形象。在国际社会的共同努力下，索马里海盗猖獗的态势得到了有效遏制，海盗作案的次数大幅下降，然而，让索马里海盗最终销声匿迹仍任重道远。

**关键词：**

中国海军　护航　索马里海盗　亚丁湾、索马里海域

中国军舰护航亚丁湾、索马里海域是继郑和七下西洋以来，即 15 世纪以来，中国最大的海军远征。在四年时间里，中国海军连续守候在这一多事水域，护航、解救、救助，为中外商船提供保护，在商船与海盗之间建立了一道安全屏障，有力威慑了海盗的犯罪行为，为世界海洋安全作出了自己的重大贡献。在书写中国海军历史、展示中国军人威武形象的同时，向世界表明中国是一个负责任的大国，是维护中东和平的积极力量。

---

* 李新烽，中国社会科学院西亚非洲研究所社会文化研究室主任、研究员、博士生导师。

根据联合国安理会有关决议①并参照有关国家的做法，同时受到索马里过渡政府的邀请，中国政府决定派遣军舰远赴亚丁湾、索马里海域护航。2008年12月26日中午13时45分，中国人民解放军海军舰艇编队从海南三亚起航，赴亚丁湾、索马里海域执行护航任务。护航编队由"武汉"号和"海口"号导弹驱逐舰、"微山湖"号综合补给舰3艘军舰和两架"卡-28"舰载直升机和部分特战队员组成，共800余名官兵。这是一支新生的海上武装力量，它能够为一支特混舰队甚至航母编队提供防空和反潜作战支持，随行的补给舰能够支撑舰艇编队长时间远离沿岸港口的行动。这是中国首次使用军事力量赴海外维护国家经济和战略利益，首次在远海保护重要运输线安全，也是中国军队首次组织海上作战力量赴海外履行国际人道主义义务。

自出发之日到2012年年底，中国舰艇编队严格按照联合国安理会有关决议和相关国际法执行护航任务，并积极参与人道主义救援和国际多边行动，彰显了中国是一个努力承担国际义务的负责任大国。"13批护航编队34艘次舰艇，完成500多批5000余艘船舶的伴随护航，其中近一半为外国船只，护航成功率达100%，这是中国海军自2008年12月起向亚丁湾、索马里海域派出舰艇护航4周年来交出的一份完成任务清单。"② 中国"蓝水"为世界和平保驾护航的积极行动受到国际社会的一致称赞。

## 一 开局之年 创新历史

2009年是中国海军护航的开局之年，从抵达任务区到开始护航、从威慑

---

① 2008年6月2日，联合国安理会一致通过关于索马里海盗问题的第1816号决议。这是应索马里过渡联邦政府请求、依据《联合国宪章》第七章规定，授权有关国家进入索马里领海打击海盗的第一个联合国决议。10月7日，安理会又通过第1838号决议，再次呼吁打击索马里海盗。同年12月2日通过第1846号决议，将各国与索马里过渡联邦政府合作在索马里海域打击海盗的授权延长了12个月。2008年12月26日，安理会再度通过第1851号决议，邀请在索马里沿海打击海盗行为的所有国家、区域组织与愿意羁押海盗的国家订立特别决议，以便允许各国执法人员登陆，调查并起诉海盗的武装抢劫行为。联合国安理会在半年时间内接连通过四个决议，显示了索马里海盗问题的严重性和国际社会联合打击海盗的迫切性。

② 邱永峥、刘畅：《4年护航考验中国"蓝水"实力，护航成世界"海军擂台"》，《环球时报》2012年12月25日，http://military.people.com.cn/n/2012/1225/c1011-20000735.html。

海盗到保护商船、从定期轮换到有序轮休、从中外交流到护航合作、从友好访问到后勤补给、从联合护航到联合军演……这一系列紧张而有序的行动，谱写了中国海军史的新篇章。

2009年1月6日，中国海军抵达亚丁湾、索马里海域的任务区不久，即投入到工作之中，开始首次护航行动。中国"河北翱翔"号、"晋河"号、"观音"号、"哈尼河"号等4艘商船有幸成为中国护航舰艇编队实施伴随护航的第一批商船。在刚刚抵达的中国海军的护卫下，4艘中国商船安然通过海盗频繁出没的这一多事海域。商船上的中国海员因为有了祖国海军的护卫而强烈感受到祖国强大给自己带来的安全、喜悦与幸福。

同样是在2009年1月，中国海军首批护航舰艇编队接到呼救信号后，"武汉"号导弹驱逐舰立即派出直升机和特战队员，以最快的速度成功解救一艘被海盗围堵的希腊商船。这是中国海军护航编队首次解救遇袭商船，这一天是1月29日。

2009年2月21~23日，中国海军首批护航舰艇编队"微山湖"号综合补给舰停靠也门亚丁港进行综合补给。600年前，郑和船队访问西亚和东非沿岸时，曾访问亚丁（当时称阿丹）受到当地民众热情欢迎。600年后，中国海军再次访问这个港口，亚丁从而成为中国海军护航编队在国外商用港口进行补给的第一个港口。

在前两个月成功完成护航、解救和补给任务之后，中国海军护航编队开始与外国同行进行交流。首次与外军在护航海域开展指挥员登舰交流的对象是美国海军。2009年3月14日，应美国海军的邀请，中国海军首批护航舰艇编队指挥员杜景臣一行访问了美国海军"拳师"号两栖攻击舰，与美海军151特混编队指挥官麦克奈特少将会面。

2009年4月28日，中国海军首批护航舰艇编队圆满完成护航任务返回三亚。首次护航，开创了海军发展史上的多个第一：第一次组织舰艇、舰载机和特种部队多兵种跨洋执行任务，第一次与多国海军在同一海域执行任务并开展登舰交流与信息合作，第一次持续高强度在陌生海域组织后勤、装备保障……

根据有关规定，并参照国际惯例，中国海军远洋护航每批的任务期约为三个月，即每三个月进行轮换。定期轮换、有序接替、轮流休整才能保证护航行动持久实施，进而圆满完成这一长期而艰巨的任务。2009年4月2日，中国海军第二批护航舰艇编队"深圳"舰、"黄山"舰从湛江某军港起航，于4月16日接替首批编队执行护航任务，中国海军首次远洋护航行动从此进入有序接替阶段。两个多月后，6月21日至7月1日，中国海军第二批护航舰艇编队3艘舰艇，分别在阿曼塞拉莱港进行了为期3天的轮流休整，开辟了中国军队成建制在国外休整的先河。8月5日第二批护航舰艇编队"黄山"舰和"微山湖"舰抵达巴基斯坦卡拉奇港，8月8日"深圳"舰抵达印度科钦港，分别对上述两个港口进行了为期3天的友好访问。这是中国海军舰艇首次在海外长期执行任务后，未作休整即进行的外事访问活动。8月21日第二批护航舰艇编队"深圳"舰、"黄山"舰和"微山湖"舰圆满完成任务返回湛江某军港，其中"微山湖"舰连续执行两批护航任务，历时8个月，书写了中国海军远洋保障的多项新纪录。

2009年7月16日，中国海军第三批护航舰艇编队"舟山"舰、"徐州"舰和"千岛湖"舰从浙江舟山某军港起航，于8月1日开始正式执行护航任务。9月10日在亚丁湾，第三批护航舰艇编队"舟山"舰与俄罗斯海军护航编队"特里布茨海军上将"号大型反潜舰执行联合护航任务，9月18日又与俄罗斯海军护航编队共同组织代号为"和平蓝盾-2009"的海上联合反海盗演练。这表明，中国海军护航舰艇编队首次与外国海军实施联合护航和在域外进行联合军演的对象都是俄罗斯海军。

2009年10月，中国海军第三批护航舰艇编队安全护送商船13批174艘，刷新了单月护送船舶数量最多的纪录。11月9日，在亚丁湾，第三批护航舰艇编队"舟山"舰与"白鹭洲"号商船举行首次军地联合反海盗演练。12月14~17日，第三批护航舰艇编队"舟山"舰、"徐州"舰返航途中访问了新加坡和马来西亚，在停靠香港期间，受到特区政府和市民热烈欢迎，7000余名香港市民登舰参观。12月20日，第三批护航舰艇编队"舟山"舰、"徐州"舰顺利返回浙江舟山军港。

2009年10月30日，中国海军第四批护航舰艇编队"马鞍山"舰、"温州"舰从浙江舟山某军港起航前往指定海域执行护航任务。11月20日，中国

海军第三批和第四批护航舰艇编队联合为 26 艘中外商船护航,创下单批护送船舶数量之最。12 月 21 日,中国海军导弹护卫舰"巢湖"舰抵达亚丁湾海域,与第四批护航编队汇合并执行护航任务。此次行动属于正常护航安排,是中国政府为完成护航任务而采取的新措施。

"中国海军赴亚丁湾、索马里护航行动一年来,共派出 4 批 280 名特战队员随编队出征,他们始终战斗在最危险的地方,展现出过硬的战斗能力,被誉为亚丁湾的'蛟龙突击队'。"① "从 2008 年 12 月 26 日到 2009 年 12 月 26 日,中国海军护航编队共完成 149 批 923 艘船舶伴随护航任务,其中香港地区船舶 367 艘,台湾地区船舶 10 艘,外国船舶 23 艘;共为 382 艘外国船舶、7 艘香港地区船舶和 8 艘台湾地区船舶实施了附带区域掩护;实施解救被海盗追击船舶行动 15 次,其中解救中国船舶 8 艘、外国船舶 13 艘。"②

## 二 远洋护航 步入常态化

2010 年是中国开始护航的第二年,相对于第一年,经验不断丰富、部署更加合理、实施护航任务已步入常态化。

就在 2010 年到来之际,亚丁湾、索马里海域的海盗活动明显增多,出现了两个鲜明特点:一是在这一海域过往的各国商船遇袭的频率明显加大;二是海盗活动的区域不断向东南西北四个方位拓展,特别是向南已拓展到塞舌尔群岛。根据这一新情况,从 2010 年 1 月 1 日零时起,中国海军护航编队再次延伸护航航线:将亚丁湾、索马里海域原护航路线东部会合点再向东延伸 50 海里。中国海军第一次延伸护航航线是第三批护航编队将护航航线向东延伸了 120 海里。两次延伸共增加护航航线 170 海里。"编队指挥员邱延鹏表示,护航路线的再次调整延伸,是护航编队针对海盗活动日益猖獗、护航形势更加严峻做出的积极应对策略,进一步彰显了中国海军维护被护船舶安全的决心,体

---

① 《我海军护航行动一年共派出 4 批 280 名特战队员》,中国广播网,2009 年 12 月 31 日,http://mil.cnr.cn/zgjd/hj/200912/t20091231_ 505832955.html。

② 《中国护航编队完成 149 批 923 艘船舶伴随护航任务》,中国新闻网,2009 年 12 月 25 日,http://www.chinanews.com/gn/news/2009/12 - 25/2038280.shtml。

现了中国负责任大国形象。"①

2010年新年伊始，中国海军"巢湖"舰和"千岛湖"舰就奉命执行第153批护航任务。1月2日，护航编队采取伴随护航的方式，同时派出舰载直升机加强巡逻警戒，护送"河北锦绣""银河"等13艘中外船舶。1月3日凌晨4时，3艘可疑船只从护航编队左翼快速接近，"巢湖"舰判明态势后立即出发，同时发射两枚信号弹警示，疑似船只见势不妙，当即逃离。1月4日下午，13艘船舶顺利抵达亚丁湾西部预定海域。元旦假期护航结束不久，2月15日农历大年初二，护航编队又护送"振华13""凯福""马士基亚利桑那"等14艘中外船舶安全到达亚丁湾西部解护点。

正在亚丁湾、索马里海域执行护航任务的欧盟海军465编队由意大利"埃特纳"号补给舰、西班牙"纳瓦拉"号导弹护卫舰、法国"莱尔米尼埃司令"号和"絮库夫"号导弹护卫舰、德国"不莱梅"号导弹护卫舰、希腊"萨拉米斯"号导弹护卫舰组成。1月16日上午，欧盟海军465编队指挥官古梅罗少将一行3人登上中国"马鞍山"舰，与中国海军护航编队指挥员邱延鹏进行交流。双方相互介绍了各自的护航兵力和护航组织方式，共同分析了当前亚丁湾、索马里海域护航形势，并对维护这一海域过往船舶的安全、应采取的防范措施提出了积极建议，表达了继续加强合作交流的愿望。

就在2010年1月份，中国商船就受到过海盗威胁。22日12时，两艘中国商船"乐从"轮和"鸿达"轮发现自己受到携带武器的快艇的追击，它们立即发出求救信号。中国海军护航编队接到信号后，12时9分，"马鞍山"舰、"温州"舰、"巢湖"舰分别从不同方位向事发海域驰援，舰载直升机搭载特战队员紧急升空搜索查证。12时28分，在舰载直升机的引导下，"巢湖"舰锁定了正转向"鸿达号"商船的疑似海盗快艇，立即发射3枚信号弹警告，"马鞍山"舰迅速派出2艘小艇靠近，特战队员将海盗快艇驱离。

2010年1月初，新加坡籍印尼货轮"帕拉莫尼"号在亚丁湾海域遭到索马里海盗劫持，船上共24人，其中有5名中国船员。2月26日货轮获释，应新加

---

① 《中国海军护航编队再次延伸护航航线》，国际在线，2010年1月1日，http://gb.cri.cn/27824/2010/01/01/2225s2720629.htm。

坡方面请求,中国海军护航舰艇"巢湖"号前往接护,并对货船进行了必要的补给和医疗救助,船员身体健康,情绪稳定。继 2 月 26 日顺利接护"帕拉莫尼"号获释货轮后,28 日凌晨应希腊方面请求,中国海军又成功接护了被索马里海盗释放的"阿波龙"号商船。

2010 年 1 月 24 日,中国海军护航编队"马鞍山"舰停靠吉布提港补给休整,这是中国海军护航编队首次停靠吉布提港。6 月 8 日,中国海军第五批护航编队"广州"舰靠泊阿曼苏丹国塞拉莱港,这是"广州"舰执行护航任务以来第三次靠港补给休整。至此,护航舰艇靠港补给休整逐步实现了常态化,采取轮流靠港补给休整方式,平均一个月左右靠港补给休整 1 次,每次为 5 天左右,补给休整港口为塞拉莱港、吉布提港和亚丁港。

3 月 15 日,中国海军第四批和第五批护航编队在亚丁湾东部预定海域举行会合仪式。自执行护航任务以来,海军第五批护航编队所属的"广州"舰、"巢湖"舰和"微山湖"舰累计安全航行 68254 海里,共完成 41 批 588 艘各类船舶的护航任务,创造了中国海军护航编队单批护送船舶总数量最多的新纪录。

6 月 30 日,第六批护航编队从广东湛江某军港起航,前往接替第五批护航编队。第六批护航编队包括南海舰队"昆仑山"号船坞登陆舰、"兰州"号导弹驱逐舰和正在执行第五批护航任务的"微山湖"综合补给舰,以及 4 架舰载直升机和部分特战队员,整个编队有 1000 余人。这次护航编队的 3 艘战舰都是由我国自主研发、装备先进武器的现代化战舰。其中"昆仑山"舰排水量为 1.85 万吨,是中国海军目前吨位最大的水面作战舰艇。

进入 8 月份后,印度洋季风减弱,亚丁湾海况好转,海盗日趋活跃。8 月 28 日下午,第六批护航编队正在亚丁湾西部海域执行第 237 批 21 艘船舶东行护航任务,3 批疑似海盗小艇连续袭扰编队,被护航船队成功驱离。随着索马里海盗日益猖獗,要求中国军舰护航的船只数量不断增加,中国两艘在亚丁湾执行护航任务的军舰最多曾护航 30 多条船只。我国有关方面表示,两艘军舰护航军力有限,只能保障在亚丁湾海域一般情况下的需要。

11 月 2 日,由东海舰队"舟山"号、"徐州"号国产新型导弹护卫舰和"千岛湖"号综合补给舰,两架舰载直升机、数十名特战队员组成的第七批护航编队，在舟山某军港鸣笛起航，赴亚丁湾、索马里海域执行护航任务，这支编队的三艘舰艇是第二次执行护航任务。护航编队780余人，随舰的25名女舰员担负医疗救护、心理咨询、通信值班等任务。

2010年12月13日中午12点58分，正当"徐州"号导弹护卫舰和"千岛湖"号综合补给舰护送第275批19艘商船行驶在亚丁湾中部海域时，编队最后的中国商船发现一艘可疑快艇从1海里外高速驶来。接到报告后，编队立即进入一级反海盗部署，"徐州"号导弹护卫舰迅速调头高速驶向编队尾部，发射2发红色信号弹和4发爆震弹，对海盗进行强烈警告。然而，快艇已冲入我编队，向低船舷的巴拿马籍商船右舷接近，并悬挂长梯试图攀登。护航编队一边指挥商船转向并喷射高压水，一边命令直升机紧急起飞、特战队员向海盗快艇正上方警示射击，5名海盗见势迅速丢掉油桶、长梯和枪支仓皇逃离。次日晚，一艘日本公司运营的船只在索马里海域遭到袭击，船上有21名船员，部分人受伤。一艘中国海军舰船驶近出事附近海域，吓跑了可疑船只。

从2009年1月6日中国海军首批护航编队在亚丁湾开始执行第一次护航我国远洋商船的行动以来，两年的时间里，连续7批护航编队14艘军舰共计6000多名官兵远涉重洋，成功完成了281批3000多艘次中外船舶航行保护任务，护航成功率100%，彰显了中国形象。与此同时，中国海军护航编队着眼共同履行维护海上运输通道安全的国际义务，共同推进和谐海洋建设，加强与多国护航海军交流和务实合作，先后与美国主导的151特混舰队、欧盟465特混舰队、北约508特混舰队建立信息共享机制和指挥官会面制度，与俄罗斯、韩国等国护航编队进行联合护航与联合演练，并共同解救遇袭商船，使国际合作与交流在共同遏制日益猖獗的海盗活动中发挥了重大防范和威慑作用。

从第二批护航编队开始，中国海军逐步建立了结合护航任务组织护航舰艇友好访问活动的新机制，护航编队的航迹遍布亚、非、欧三大洲，成功对印度、巴基斯坦、阿联酋、新加坡、缅甸、埃及、意大利、希腊、沙特阿拉伯、斯里兰卡和巴林等14个国家进行了友好访问。中国海军的护航行动打开了世界各国观察中国、认识中国军队的新窗口。

# 三 解救接护 展示威力

2011年，中国海军护航编队从第七批到第十批连续执行任务，其中第八批执行时间最长，历时6个多月。在实现护航常态化和制度化转变的同时，每一批护航编队均会遇到新情况和新挑战。面对亚丁湾、索马里海域依然严峻的安全形势，护航编队官兵以实际行动续写了连续护航、准时护航、安全护航的新篇章。

从首批护航只有4艘，到2011年平均每批达12艘；从首批护航只有预先申请的中国船舶，到第八批护航编队护送的外国商船达到近七成，中国海军护航编队用出色的表现赢得了世界各国的认可和信任。2011年伊始，中国海军与外国同行的交流与合作就相继展开。2011年1月8日上午9时，应中国海军第七批护航编队邀请，北约508特混编队指挥官、荷兰海军米歇尔·西蒙斯准将一行9人登上了中国军舰，双方就加强反海盗行动的交流与合作、共同维护国际航运安全进行了坦诚交流。2月15日，中国海军第七批护航编队指挥员、东海舰队副司令员张华臣海军少将，应邀登上欧盟465特混编队旗舰、西班牙海军护航舰艇"加那利群岛"号护卫舰，与编队指挥官胡安·罗德里格斯少将进行了海上会面交流。

2011年2月10日傍晚，中国海军第七批护航编队成功解救一艘遭到多艘海盗小艇追击的韩国商船。当天，护航编队执行第294批船舶护航任务，将11艘商船护送到亚丁湾西部海域解护点，并继续延伸护航50海里，护送接护商船安全进入曼德海峡。16时45分，"徐州"舰顺利完成任务返航时，未料12艘小艇尾追接护后的一艘韩国商船，小艇上人员携带自动步枪、火箭筒和长梯，气势汹汹。韩国商船见势不妙，即刻向中国海军发出呼救，中国海军护航编队指挥所立即命令距事发海域约40海里的"徐州"舰出动，舰载直升机携带3名特战队员起飞，对海盗小艇实施警告，直升机扩大范围搜索巡逻，海盗船只随即停止尾追，向四面逃离。

2011年2月21日，第八批护航编队在中国浙江舟山某军港解缆起航。本批护航编队由"温州"舰和"马鞍山"舰组成，这两艘导弹护卫舰都是第二次赴亚丁湾、索马里海域执行护航任务。

鉴于索马里海盗活动区域发生变化，从 2011 年 3 月 1 日起，我护航编队将亚丁湾西部汇合点调整为北纬 11°52′，东经 44°12′，向东南移动了 34 海里。3 月 1 日 14 时，海军第七批护航编队完成第 32 批 17 艘中外商船护航任务，这是中国海军护航编队完成的第 300 批船舶护航任务。第七批护航编队执行护航任务 4 个多月来，已经完成 36 批 555 艘中外船舶的护航任务，解救中外船舶 9 艘，挫败了海盗袭击我护航编队商船的行为。

2011 年 3 月 16 日，中国海军第七批护航编队与第八批护航编队"温州"号和"马鞍山"号导弹护卫舰在亚丁湾会合，并组织了第一次共同护航。

3 月 28 日，第八批护航编队在为 22 艘中外船舶护航途中，首次驱离可疑海盗母船。28 日凌晨 2 时 20 分，"温州"舰雷达值班员大声报告："左舷 40 度，距离 9 海里，发现可疑商船，航速 7 节，正向编队靠拢。"与此同时，位于编队前出位置的"马鞍山"舰和"夏斯塔"号商船也发现了该可疑目标，并用甚高频向编队其他船只示警。"搜索可疑船只信息，查证身份。"当更的"温州"舰舰长府小良大声命令。2 分钟后，情报部位报告："可疑船只没有任何身份信息。"此时，可疑商船距离编队越来越近，雷达显示仅有 2.4 海里。"'马鞍山'舰密切监视可疑商船动向。""甚高频用国际频道呼叫可疑商船。"府小良再次下达一连串口令。在如此危险的航线慢速兜圈行驶的商船始终与编队若即若离，极有可能是寻机作案的海盗母船。当雷达部位再次报告"可疑目标距编队 1.5 海里"时，府小良果断下令开强光探照灯警示驱离。只听"啪"的一声，5000 多瓦的探照灯发出一道光柱划破夜空直刺海平面，紧接着又向空中打出两枚红色信号弹进行警戒威慑。可疑目标意识到无机可乘，迅速转向，消失在漆黑的海面上。①

3 月份以来，亚丁湾、索马里海域海况良好，海盗活动频繁，共发生海盗袭击事件几十起，其中劫船事件 2 起。为增强航经亚丁湾、索马里海域中国船舶防海盗能力，护航编队专门成立了"防海盗安全指导小组"。3 月 31 日，中

---

① 《中国第八批护航编队成功驱离可疑海盗母船》，《解放军报》2011 年 3 月 28 日，转引自新华网，http://news.xinhuanet.com/world/2011－03/28/c_121237240_2.htm。

国海军第八批护航编队首次在亚丁湾、索马里海域护航集结点，利用漂泊待机时间，对被护中国船舶进行了防海盗安全指导和教育。

4月9日，中国海军第八批护航编队首次依托被护船舶展开反海盗演练。这次反海盗演练，主要是训练指挥所、各舰直升机和特战队员熟悉在实际海域、实际船舶的实战环境，提高处置突发事件实战能力。5月10日，中国海军第八批护航编队"马鞍山"号导弹护卫舰成功驱逐了24艘疑似海盗船的高速小艇。

5月20日，两名遭索马里海盗劫持400余天的中国福建籍船员张志平、李亚雄在中国海军第八批护航编队的帮助下，先登上"温州"舰，再由舰载小艇将他们送上事先协调好的中国香港籍商船"安宁"轮，被护商船编队抵达亚丁湾东部海域解护点后，"安宁"轮继续向东航行，踏上回家的航程。5月26日上午，第八批护航编队"马鞍山"舰，为刚被海盗释放的多哥籍叙利亚货船"哈利德·穆赫迪恩"号提供了人道主义物资援助。

7月3日上午，中国海军第八批护航编队"马鞍山"舰从索马里柏培拉港附近海域出发，开始单独护送世界粮食计划署租用的"梦想"号商船。这是第八批护航编队第二次为世界粮食计划署船只护航。

截至2011年7月15日，中国海军第八批护航编队护送中外船舶达到471艘。第八批护航编队历时6个多月，共完成46批507艘船舶伴随护航任务，接护被海盗释放船舶1艘，解救被海盗追击船舶7艘，救助外国船舶2艘，确保了被护船舶和编队自身的安全。两年多来，连续8批编队共计6800余名海军官兵，用坚如磐石的毅力、勇闯大洋的魄力和忠诚使命的奉献精神，枕戈待旦，一次次保卫中外商船免遭海盗的劫掠，成为亚丁湾上最可信赖的"保护神"。至此，中国海军护航编队累计护送中外商船总数突破4000艘。

2011年7月2日，由南海舰队"武汉"舰、"玉林"舰和"青海湖"舰组成的我海军第九批护航编队，从广东湛江某军港解缆起航，接替第八批护航编队。第九批护航编队共有官兵878名，搭载2架直升机和数十名特战队员。2011年11月2日，中国海军第十批护航编队从广东湛江某军港解缆起航，奔赴亚丁湾、索马里海域接替第九批护航编队执行护航任务。第十批护航编队由

"海口"舰、"运城"舰以及正在亚丁湾、索马里海域执行第九批护航任务的"青海湖"舰组成,共 800 余名官兵。其中"海口"舰曾执行第一批护航任务。

## 四  交流信息  科学护航

在 2011 年,海盗活动依然猖獗,并出现了新特点:海盗团伙分化组合,实力明显增强;作案范围不断延伸,活动海域更广;作案方法不断翻新,更显老练狡猾;作案装备改进提高,行动更趋暴力。在各国联合护航、加强自卫、增加威慑的合力作用下,进入 2012 年后,海盗的嚣张气焰有所收敛,出现衰败迹象。

新的一年,中国海军在科学护航、安全护航、合作护航以及成功解救、接护和救助中外船舶方面均取得了令人称赞的功绩。在各国合力作用下,亚丁湾、索马里海域逐渐恢复平静。

2012 年 2 月 13 日,中国海军第十批护航编队将"凤凰理想""翠安内""威鹏·凡·瑞斯登"等 13 艘中外商船安全护送到亚丁湾东部海域解护点。其中的外国商船来自美国、英国、日本、德国、新加坡等 10 个国家,有些外国商船早在一周前就提出申请并与中国海军护航编队保持密切联系、通报航行状态。随着中国海军护航编队影响力的不断增强,越来越多的外国商船调整航行计划,以便加入中国护航编队。

2 月 21 日上午,中国海军第十批护航编队"海口"舰缓缓驶入阿曼塞拉莱港开始靠港休整。塞拉莱是一座历史名城,位于阿曼南部的佐法尔地区。这次休整期间,除进行正常的装备检修、后勤补给外,还分批次组织官兵外出观光,了解当地历史文化和风土人情。为此,编队及时对官兵进行当地习俗、外事纪律、安全保密等教育,制定了安全警戒方案和行政管理规定。

2012 年 2 月 27 日,中国海军第十一批护航编队从青岛胶州湾某军港解缆起航,奔赴亚丁湾、索马里海域接替第十批护航编队执行护航任务。这是中国海军自 2008 年 12 月开展护航行动以来,第一次由北海舰队组织执行护航任务。

中国海军第十一批护航编队由"青岛"号导弹驱逐舰、"烟台"号导弹护卫舰和"微山湖"号综合补给舰组成，编队含舰载直升机 2 架、特战队员 70 名，整个编队共 800 余人。北海舰队副参谋长杨骏飞、政治部副主任夏克伟分别担任护航编队指挥员、政治委员。

1995 年开始服役的"青岛"舰先后参加过重大战备演习任务 50 余次，5 次代表中国海军出访 17 个国家的 19 个港口，被誉为"外交明星"舰；"烟台"舰 2011 年服役，该舰采用先进的武器装备和舰体的优化设计，实现了信息资源共享和武器综合控制，是中国海军现代化水平较高的战斗舰艇；"微山湖"舰曾连续执行第一、二批和第五、六批护航任务，创造了世界海军史上补给舰执行护航任务时间最长、补给次数最多、单次伴随护航时间最长、单日补给数量最大、护送商船最多等纪录。

2012 年 3 月 11 日，中国海军第十一批护航编队在印度洋海域组织了导弹驱逐舰"青岛"舰、导弹护卫舰"烟台"舰和舰载直升机间的跨昼夜联合协同反海盗训练，这是中国海军编队自起航以来组织进行的首次跨昼夜舰机联合协同反海盗训练。

兵无常势，水无常形。为探索和掌握现代反海盗技术和用兵科学规律，中国海军第十一批护航编队自起航以来，通过互联网、甚高频舰间通信等方式，主动与各国海军和商船建立热线联系，以获取更多信息。这一举措得到外国同行的积极响应，有的护航编队传来自己的反海盗作战用图，有的护航编队主动提供所掌握的海盗装备情况等情报，有的护航舰艇要求详细交流反海盗战术……形成了多国海上护航力量信息共享和指挥官会面的常态化机制。这一合作机制为反海盗带来了实际效应。2012 年 4 月 6 日，中国"祥华门"商船在伊朗海域突遭海盗登船袭击，中国护航编队奉命高速驶往事发海域组织营救。然而，对于远在一千多海里之外的中国海军护航编队来说，即便用最快的速度赶往事发地，也需要 30 多个小时的时间。中国海军第十一批护航编队积极协调国际海上力量实施武力营救。仅仅 9 个小时，在多国海军的合作之下，"祥华门"商船最终被伊朗海军成功营救。

与外国同行加强信息合作与共享的同时，中国海军护航编队努力探索科学护航规律。5 月 6 日，"青岛"舰在补给休整返回任务海区后马上投入新一轮护航任务，针对被护的 11 艘中外船舶航速快慢不同、排水量大小不等，船舶干舷结构不一的特点，编队按照航速快慢将被护船舶分成两组，安排两艘舰艇分别护送前行，并在一次护航中相继采取了伴随护航、派特战队员随船护卫、接替护航等多种方式，较好地避免了出现"以快等慢""以早等晚"的情况，既提高了护航效率，又减少了兵力使用的强度。

在实践中，编队还努力探索海军执行远洋护航行动后勤保障的新手段和新方法，完善物资装载品种，优化食品包装运输和储存保鲜方法，合理搭配远航官兵的营养饮食，加强各种远洋常见疾病的预防与控制。护航以来，编队成功实践了依托国外商用港口以商业化模式实施大批量综合补给、在远洋组织多种应急卫勤救护行动等保障模式。

2012 年 4 月 27 日，在亚丁湾，中国海军第十一批护航编队指挥员与北约 508 特混编队指挥官实现了首次互相登舰会面交流，积极携手国际反海盗力量，与亚丁湾上云集的 20 多个国家和地区的战舰建立联系，共同维护黄金航道安宁。

5 月 14 日，应法国护航舰艇"卡萨尔"号驱逐舰舰长科诺上校邀请，正在吉布提共和国吉布提港补给休整的中国海军第十一批护航编队"烟台"舰实习舰长张在歌一行登上"卡萨尔"号驱逐舰。双方分析了当前亚丁湾、索马里海域安全形势，就近期反海盗情况进行了友好交流，就加强中法海军舰艇间合作等问题进行了探讨。

5 月 15 日，中国海军第十一批护航编队在亚丁湾执行第 451 批中外商船护航任务途中，与 70 余艘疑似海盗小艇进行了四个多小时的较量。护航编队启动"一级反海盗部署"，动用舰载直升机，发射机枪弹 100 余发，在强大的威慑下，如恶狼一般的疑似海盗小艇群终于无机可乘，仓皇而逃。

从亚丁湾东部会合点到红海南部近 800 海里，中国海军第十一批护航编队"烟台"舰执行第 459 批中国渔船护航任务竟花费了近 70 小时，原因一是等候、二是救治、三是护卫。6 月 9 日，受印度洋大风浪影响，中国福州宏东远洋渔业有限公司的"福远渔"号 5 艘渔船错过会合时间，编队指挥所决定由"烟台"舰留下等候。这次护航是海军护航编队第二次为福州宏东远洋渔业有限公司的"福远渔"号渔船护航。途中，"福远渔"970 号渔船大副赵盛源因

输尿管结石，腹部疼痛难忍，请求救治，赵盛源被接到"烟台"舰诊治。接着，"烟台"舰发现7艘疑似海盗小艇高速向编队左右接近，随即进入二级反海盗部署，编队在警告无效后，果断使用重机枪发射3组16发子弹进行拦阻警告射击，迫使疑似海盗小艇放弃追逐。

7月3日，中国海军第十二批护航编队在浙江舟山某军港解缆起航，赶赴亚丁湾、索马里海域接替第十一批护航编队执行护航任务。9月13日，北海舰队举行隆重仪式，欢迎中国海军第十一批护航编队凯旋。中国海军第十一批护航编队于2012年2月27日从青岛起航赴亚丁湾、索马里海域执行护航任务，并对乌克兰、罗马尼亚、土耳其、保加利亚和以色列等5国进行了正式友好访问。整整200天的征程，编队安全护送43批184艘中外船舶，驱离可疑海盗船只58批126艘，确保了被护船舶和人员、编队自身"两个百分之百"安全，创造了中国海军护航编队任务时间最长，单架直升机飞行时间最长、指挥所编成人数最少、访问国家最多等多个"之最"。

6月17日，中国海军第十二批护航编队的"益阳"号导弹护卫舰与美国海军"温斯顿·丘吉尔"号导弹驱逐舰举行了课目为"联合登临检查"的联合演练。在5个多小时的演练过程中，双方演练了两军混合编组突击小队乘小艇和直升机登临被劫商船，交替掩护进行舱面搜索、抓捕海盗等课目，演练为中美两国护航编队在联合实施反海盗行动方面进行了有益尝试。

10月20日，结束靠港补给休整的第十二批护航编队"常州"舰在返回亚丁湾海域的航渡途中，在红海接到巴拿马籍香港商船"德航"轮的紧急呼救，"常州"舰立即启动一级反海盗部署，高速接近"德航"轮，在危机情况下首先使用爆震弹警示射击，巨大的声响让海盗惊慌失措，驾驶快艇迅速减速转向。当"常州"舰赶到"德航"轮旁边时，正好行驶在四艘海盗小艇与商船之间，海盗们只好将火箭筒和枪支等武器丢入海中，高速逃窜。

2012年11月9日，中国海军第十三批护航编队从南海舰队驻广东湛江某军港起航，接替第十二批编队执行护航任务。第十三批护航编队由南海舰队导弹护卫舰"黄山"舰、"衡阳"舰和综合补给舰"青海湖"舰，以及2架舰载直升机和部分特战队员组成，编队官兵近800人。

## 五　展示威力　海盗匿迹

由于国际社会采取多种措施，特别是各国积极护航，打击了海盗的犯罪行为，从而遏制了海盗行为的肆意蔓延，2012 年索马里海盗从活跃走向衰败，成为海盗活动的一个转折点。海盗袭船和劫持船舶数量锐减，全球海盗袭船数量降至 2009 年以来最低水平，索马里海盗袭船数量也降至 2008 年以来的最低水平。"国际海事局提供的数据显示，海盗袭击和劫持事件逐年减少。在 2009 年和 2010 年，索马里海盗分别劫持了 46 艘和 47 艘船只。2011 年发生了 237 起海盗袭击事件，有 25 艘船被劫持。到了 2012 年，共发生 75 起海盗袭击事件，14 艘船被劫持。"2013 年 5 月，"索马里海盗问题联络小组主席唐娜·莉·霍普金斯表示，打击索马里海盗行动取得巨大成功，相关海域已经接近一年没有发生海盗劫持案件。霍普金斯认为各国海军在协作打击海盗方面取得成绩，也称赞相关安保人员的优异表现。她同时表示，21 个国家关押了 1140 名索马里海盗，这也是海盗行为减少的重要因素之一"。①

国际海事局与索马里海盗问题联络小组主席对海盗袭击数量减少原因的认识是一致的。"国际海事局局长波滕加尔·穆昆丹说，各国海军介入和过往船只安全防范能力的提高有力抑制了海盗袭击。联合国索马里监测小组报告日前也指出，海上私人安保公司护航日益增多和改进后的反洗钱跟踪措施等对打击海盗也起到了重要作用。不过有分析指出，索马里局势走向稳定燃起了索马里人心中的希望才是根本原因。""索马里政治逐步稳定抑制了海盗活动。肯尼亚《东非人报》报道，随着索马里新总统和新总理的就职，索马里正在展现出生机和希望。英国《卫报》指出，新议会和新总统给索马里带来的稳定导致索马里海盗活动下降，索马里人对海盗行为日益不满，正把希望寄托在新的中央政府上。"②

中国海上搜救中心总值班室主任、交通运输部海事局副局长智广路认为，

---

① 《打击索马里海盗取得成效，海盗行为逐年减少》，中国日报网，2013 年 5 月 3 日，http：//www. chinadaily. com. cn/hqgj/jryw/2013 – 05 – 03/content_ 8934110. html#blz – insite。

② 《国际海事局称索马里海盗袭船数量锐减》，《人民日报》2012 年 11 月 2 日。

2012 年是索马里海域发生海盗劫持船舶和袭击商船事件最少的一年，全球共发生 278 起海盗劫持事件，劫持船舶 27 起；在索马里海域发生海盗袭击事件 71 起，13 艘船被劫持。中国交通运输部对索马里海盗活动减少的分析，重点放在海上情况的变化方面，认为索马里海盗袭击和劫持数量减少的主要因素：一是各国加强了对海盗打击和防范的力度，遏制了海盗行为的蔓延，打击了海盗的嚣张气焰，致使海盗们收敛了其犯罪行径；二是除世界大国加强护航外，各国还加强了船员自身的防范工作和防海盗袭击的设备，如培训船员如何防范海盗、怎样防止海盗登船等，通过自身能力建设，减少海盗袭击的成功率；三是除军舰护航外，各国积极雇佣武装人员到商船上承担保卫的工作，有效遏制海盗袭击，阻止海盗登船；四是受航运经济危机的影响，海上营运船舶数量下降，通过亚丁湾、索马里海域的船舶数量减少，客观上降低了发生海盗袭击事件的数量。①

索马里海盗的产生与演化具有特定的社会环境。1991 年 1 月，西亚德政权被推翻后，索马里陷入军阀混战、"绝对自由"的无政府状态。从陆地到海洋，无政府无管理。在这种情况下，一些不守规矩的外国船只也趁火打劫，浑水摸鱼。它们随意到索马里近海捕捞，满载而归，因为那里盛产金枪鱼等名贵海产品；它们把污染环境的有害物质运到索马里近海任意倾倒，因为无人过问无人管理。目睹这种情形，索马里渔民就自发组织起"执法"队伍，惩罚那些外国船只，维护本国的海洋利益，这就是索马里海盗的最初起源。

"陆地上的无政府状态、大海上的无人管理，称王称霸而无后顾之忧，花天酒地而不问'今夕是何年'，这一失常的社会秩序和变态的生活方式促使海盗的队伍像滚雪球一样越滚越大。……海盗问题的根子不在海上，而在索马里国内，没有这个国家的和平稳定、人民的安居乐业，海盗也就不会自然从海上绝迹。多方协调、共同努力实现索马里的国内和平，才是最终解决海盗问题的唯一出路。否则，头痛医头、脚痛医脚式的打击行动，实难解决根本问题，也不可能长期奏效。"②

① 《交通运输部详解索马里海盗袭击和劫持数量减少原因》，人民网，2013 年 1 月 24 日，http：//finance. people. com. cn/n/2013/0124/c1004 - 20315412. html。
② 李新烽：《如何收拾索马里海盗》，《人民日报》（海外版）2008 年 12 月 9 日，第 1 版。

总之，索马里海盗从小到大、从猖獗到收敛再到走向衰败，两大因素不可忽视：世界各大国派出军舰护航功不可没，索马里国内局势走向稳定贡献重大。索马里海域和陆地的安全密切相关，实现索马里的永久和平与发展，国际社会仍需共同努力，以铲除滋生海盗问题的气候和土壤。否则，没有索马里国内的稳定与进步，索马里海盗问题还会出现反弹，一些金盆洗手的海盗有可能重出江湖。因此，索马里问题的最终解决，既需要各大国继续护航、对海盗保持高压态势，更需要国际社会加强协调、共同帮助索马里实现国内和平。①

# The Chinese Navy's Convoy Operations in the Gulf of Aden and the Waters off the Somali Coast

*Li Xinfeng*

**Abstract**：When Somali Pirates threatened world maritime security and China's overseas interests, Chinese warships went to the Gulf of Aden and off the coast of Somalia to conduct escort mission on December 26, 2008. Although it is a new task, the Chinese Navy soon realized the escort normalization and explored a set of scientific escort rules while completing the task which shows the powerful image of the Chinese Navy and highlights China's image of a responsible big country. International security measures have led to a decline in piracy, but seafarers should remain vigilant in the waters around Somalia. These waters are still extremely risky and the naval presence must be maintained.

**Key Words**：The Chinese Navy；Convoy；Somali Pirates；The Gulf of Aden and the Waters off the Somali Coast

---

① 本文的资料主要来源于新华网、人民网、《解放军报》、国际在线、中国广播网等媒体。

# Y.5
# 中东能源及中国与中东
# 国家的能源关系

陈 沫*

**摘 要:**

中东能源在世界油气市场上保持的优势地位决定了中东油气出口国的能源政策对世界市场有着重要的影响。面对"阿拉伯之春"、伊核问题及地区安全问题等地缘政治因素及国际油价的波动的影响,欧佩克成员国中的中东油气出口国运用市场战略维护本国利益,并积极发展新能源及天然气产业,促进经济的可持续发展。中国未来从中东进口油气仍将面临地区国家局势动荡的风险。

**关键词:**

中东能源 油气市场 天然气 新能源

## 一 中东能源在世界油气市场中的
## 地位及其变化趋势

长期以来,中东以世界能源库著称,在可以预见的未来,中东仍将是国际能源市场上主要的供应来源。

### 1. 石油储产量保持优势地位

中东石油探明储量在世界石油探明储量中一直保持优势地位。1992 年中东石油探明储量为 6616 亿桶,占世界总储量的 63.7%,北美占 11.7%,中南美占 7.6%,欧洲及原苏联地区占 7.5%,非洲占 5.9%,亚太占 3.6%。2002 年中东

---

* 陈沫,中国社会科学院西亚非洲研究所副研究员,中东研究室副主任,主要研究中东经济和能源问题。

石油储量为 7413 亿桶，占世界总储量的 56.1%，北美占 17.3%，中南美占 7.6%，欧洲及原苏联地区占 8.3%，非洲占 7.7%，亚太占 3.1%。2012 年中东石油储量为 8077 亿桶，占世界总储量的 48.4%，北美占 13.2%，中南美占 19.7%，欧洲及原苏联地区占 8.4%，非洲占 7.8%，亚太占 2.5%。①（见图 1）

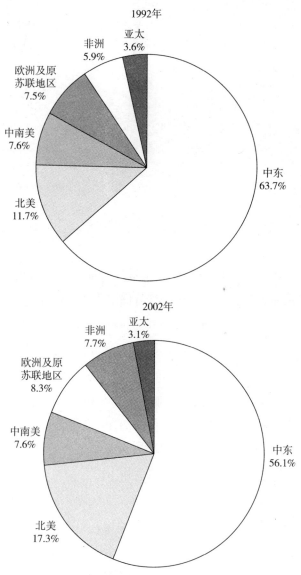

①　*BP Statistical Review of World Energy*，June 2013，p. 6.

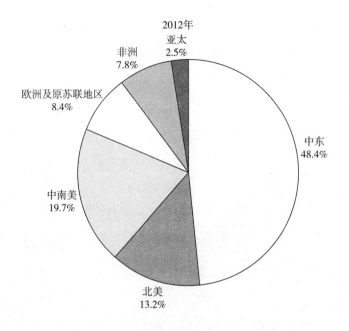

**图1  1992年、2002年、2012年世界石油储量**

从单个国家的石油储量看，2012年世界石油储量排名前7位的国家除委内瑞拉和加拿大外，都在中东地区。沙特储量为365亿吨，居世界第二位，占世界总储量的15.9%；伊朗储量为216亿吨，居世界第四位，占世界总储量的9.4%；伊拉克储量为202亿吨，居世界第五位，占世界总储量的9.0%；科威特储量140亿吨，居世界第六位，占世界总储量的6.1%；阿联酋储量130亿吨，居世界第七位，占世界总储量的5.9%。①

随着石油勘探技术的发展，石油资源的探明储量也在变化。近年来，中亚里海地区、西非几内亚湾、东亚的南海海域及美洲的石油勘探都有新的进展。中东地区探明储量占世界总储量的比重有所下降，但在中东地区也有新油田被发现。而且，中东地区的石油储量在世界石油总储量中依然占据主要的地位。

中东地区的特大油田多于世界上其他地区，可采储量在6.95亿吨以上的超级油田，全世界共有42个，中东占了29个。可采储量在0.68亿吨以上的

---

① *BP Statistical Review of World Energy*, June 2013, p. 6.

巨型油田，全世界共有 328 个，中东占 120 个。① 近年来伊朗、伊拉克等地也
继续有大油田被发现。

中东地区不仅石油储量在世界石油总储量中占最大份额，而且生产和出口

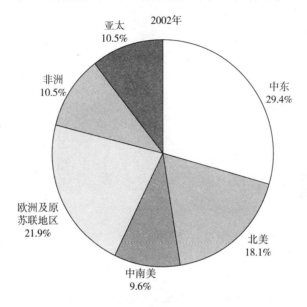

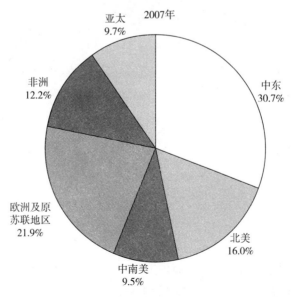

① 美国《油气杂志》2003 年 12 月 22 日号。

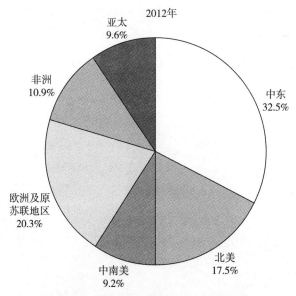

**图2 2002 年、2007 年、2012 年世界石油产量**

也占有最大份额。长期以来，中东地区石油产量基本上直线上升。2002 年，中东石油产量为 10.6 亿吨，占世界总产量的 29.4%；北美占 18.1%，中南美占 9.6%，欧洲及原苏联地区占 21.9%，非洲占 10.5%，亚太占 10.5%；2007 年中东石油产量为 12.1 亿吨，占世界总产量的 30.7%；北美占 16%，中南美占 9.5%，欧洲及原苏联地区占 21.9%，非洲占 12.2%，亚太占 9.7%；2012 年中东石油产量为 13.4 亿吨，占世界总产量的 32.5%；北美占 17.5%，中南美占 9.2%，欧洲及原苏联地区占 20.3%，非洲占 10.9%，亚太占 9.6%。[①]（见图2）

中东地区石油出口量也保持上升的趋势，2002 年中东地区石油出口量为 1806 万桶/日，占世界出口总量的 40.5%；北美占 10.8%，中南美占 6.6%，欧洲及原苏联地区占 17%，非洲占 12.9%，亚太占 8.6%；2007 年中东石油出口量为 1968 万桶/日，占世界的 35.4%；北美占 10.6%，中南美占 6.4%，欧洲及原苏联地区占 23.2%，非洲占 14.7%，亚太占 10.8%；2012 年中东石油出口量为 1979 万桶/日，占世界的 35.6%；北美占 15.8%，中南美占

---

① *BP Statistical Review of World Energy*，June 2013，p. 10.

6.9%，欧洲及原苏联地区占 10.8%，非洲占 13%，亚太占 11.6%。①

**2. 天然气储产量保持增长**

中东地区天然气储量占世界天然气总储量的最大份额，而且探明储量持续

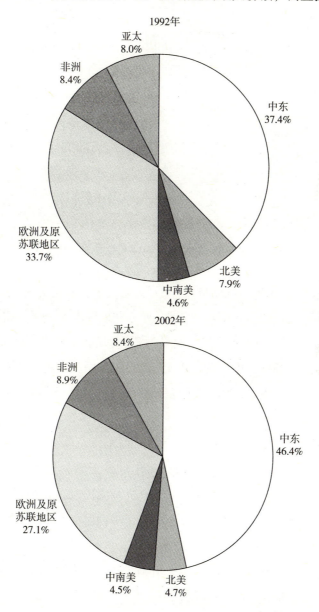

① *BP Statistical Review of World Energy*，June 2013，p. 18.

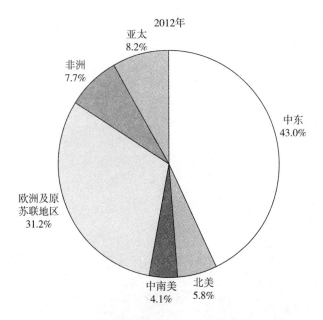

**图3 1992年、2002年、2012年世界天然气储量**

增长。1992年，中东天然气储量为44万亿立方米，占世界总储量的37.4%；北美占7.9%，中南美占4.6%，欧洲及原苏联地区占33.7%，非洲占8.4%，亚太占8.0%；2002年中东天然气储量为71.8万亿立方米，占世界总储量的46.4%；北美占4.7%，中南美占4.5%，欧洲及原苏联地区占27.1%，非洲占8.9%，亚太占8.4%；2012年中东天然气储量为80.5万亿立方米，占世界总储量的43.0%；北美占5.8%，中南美占4.1%，欧洲及原苏联地区占31.2%，非洲占7.7%，亚太占8.2%。[①]（见图3）

从单个国家的天然气储量看，2012年世界天然气储量排名前7位的国家，除俄罗斯和美国外，其他5个均为中东海湾国家。其中，伊朗在世界天然气储量中位居第一，卡塔尔位居第三，沙特和阿联酋分别位居第六和第七。

天然气探明储量持续增加，其中增幅最大的是伊拉克，增幅为13.1%。另外，随着以色列天然气田的发现，中东天然气储量又有增长。

---

① *BP Statistical Review of World Energy*，June 2013，p. 20.

近年来，中东地区天然气产量持续快速增长，2002～2012 年，天然气产量增长了 148.1%；从 2002 年的 2472 亿立方米增加到 2012 年的 5484 亿立方米。2012 年，中东天然气产量在世界天然气总产量中位于欧洲及原苏联地区和北美之后，居第三位，占世界天然气总产量的 16.3%[1]。

中东地区天然气的出口主要是 LNG，2012 年卡塔尔及其他中东国家 LNG 的出口占世界 LNG 总出口的 40%[2]。

### 3. 中东能源继续在世界油气市场中保持优势地位

中东石油储产量继续在世界油气市场中占优势地位，增产前景依然可观。中东主要石油输出国为扩大生产能力继续努力，沙特为适应世界石油需求和确保其世界主要产油国地位，明确提出要保证其占世界原油总产量的 12% 以上和欧佩克产量 1/3 的战略目标。随着优质轻油消费需求的增加，沙特从 1993 年起，大力发展轻油的生产能力。随着战后石油工业重新对外开放，伊拉克石油产量增速迅猛，2012 年 8 月份达到 320 万桶/日，超越伊朗成为欧佩克第二大产油国。其产量增长主要来自艾克森美孚作业的西古尔纳（West Qurna）油田和中石油与 BP 作业的鲁迈拉（Rumaila）油田。

随着油气勘探的持续活跃，中东地区未来产能将大幅增长，市场地位将继续巩固。近年来，伊拉克库尔德地区和以色列都成为勘探的新热点。2012 年 4 月，英国石油勘探公司 Afren 公司在库尔德地区的 Ain Sifi 勘探区块发现 9.17 亿桶的远景石油储量。同时，伊朗在南部的湖泽斯坦和中部的吉蓝省发现大型油田，储量约为 60 亿桶。在里海发现储量在 80～100 亿桶的石油储量。

2012 年，新项目投产及卡塔尔天然气产量的持续增加使中东天然气产量保持增长的势头。沙特的 Karan 气田、以色列的 Tamar 气田和 Dalit 气田的投产，将使中东地区的天然气产量进一步提高。

由于中东主要产油国普遍实施以石油出口为主导的经济发展战略，石油生产的目的主要在于供应世界市场，所产原油 80%～90% 向国际市场出口，因

---

[1] *BP Statistical Review of World Energy*，June 2013，p. 6.

[2] *BP Statistical Review of World Energy*，June 2013，p. 6.

此，中东地区一直是世界原油生产和出口中心。2002～2012 年，中东石油供应量占世界石油供应量的比重逐年上升，由此可见，中东地区对世界的石油供应发挥着重要的作用，现在是世界最大的国际石油供应来源，今后仍将保持优势地位。随着全球环境保护意识的增强，对天然气需求的增加，中东天然气供应也将继续保持增长。

## 二　中东国家的能源政策

中东能源供应在世界市场的优势地位决定了中东油气出口国的能源政策对世界市场有着重要的影响。

### 1. 维护油气出口的稳定与市场安全

由于中东产油国具有显著的资源优势，因此，其能源政策就是要利用这种优势地位维护油气出口的稳定与保持出口市场的安全以获取最大的经济利益。

沙特的石油政策是维护石油供应的长期稳定和保证石油出口市场的安全。沙特经济以石油工业为主要支柱，财政收入的 80% 以上来自石油出口收入。所以，石油价格的变化对沙特经济有举足轻重的影响。沙特的石油产量与出口量在一定程度上也对世界石油市场的石油价格构成一定的影响。石油工业的发展是其经济多样化发展战略的重要基础，对石化、钢铁、建筑材料、食品加工、机械、化学和金属制造等工业部门，以及农业和服务业的发展都具有至关重要的作用。因此，保障石油出口的稳定是沙特国家经济安全的重要保证。

由于拥有剩余产能，沙特不仅重视石油出口价格的稳定，而且还通过欧佩克积极发挥对国际石油市场石油供应的调控作用，在世界市场供应不足的情况下，充当机动产能国，避免石油价格的上涨或是石油供应的中断导致的世界经济衰退、世界石油需求的下降，以保证沙特石油收入的稳定。当石油市场出现油价过高或投资不足的时候，沙特会增加对石油上游领域的投资，在上游开发项目上及时采取国际合作的形式，也会收取较高的租金收益，并且会重视先进技术的应用。

另外，沙特重视石油需求安全，并积极推进国际炼化一体化的进程，加大对本国炼化产业的投资，力图实现石油出口产品的多元化，提高石油出口产品的附加值。同时，通过对有潜力的石油生产国的石油生产的下游进行投资，建立炼厂等一系列下游产业链，并签署由沙特阿拉伯向这些设施供油的长期协议，以确保沙特阿拉伯原油的长期供应。为此，积极发展与石油消费国的能源关系，如拓展与中国的能源关系：沙特阿莫科与中石化在天津建的炼厂；沙特阿美、美国和中石化在福建建炼厂等。

阿联酋的石油出口政策是维护国家的经济利益，保障石油出口收入的稳定。由于石油工业是阿联酋经济的重要支柱，所以石油收入是阿联酋经济发展重要的资金来源。因此，维护石油出口的稳定直接影响到社会的稳定和君主政权的稳固。阿联酋在油价上一直坚持低油价的政策以维护长期的竞争力，并且十分重视维护国际石油市场的供应安全以防止石油供应中断危害世界经济进而威胁阿联酋在海外的巨额投资。另外，由于阿联酋在军事和经济上严重依赖西方发达国家的支持，因此，其石油出口政策也顾及西方国家对石油供应安全和油价稳定的需求。

与沙特相似，阿联酋也十分重视石油下游领域的投资和海外市场的开拓。为了推进国际石油一体化战略，阿布扎比政府在1984年建立了国际石油投资公司（IPIC），该公司主要负责海外石油市场的开拓。

伊朗的石油出口政策是保持和提高石油出口能力，实现在国际石油市场上的利益最大化。为此，伊朗调整了石油出口方向，从1997年以后停止向美国出口原油，转而以亚洲，特别是日本、中国、印度和韩国为主要出口市场。同时，为避免美国的袭击，寻求拓展其他绕开霍尔木兹海峡的出口通道，如从伊朗的杰伯里斯到亚美尼亚的艾拉斯赫的石油管道等，并积极发展本国原油运输船队以提升海运实力。

受近年来美元对欧元、人民币等货币贬值的影响，伊朗贸易条件恶化，石油出口收入的实际购买力下降，而且还受到美国的制裁。为摆脱石油贸易对美元的依赖，伊朗欲用欧元作为石油贸易结算货币。在2010年7月欧洲决定配合美国对伊朗的单方面制裁后，伊朗为了抵制西方的制裁，宣布把美元和欧元都从伊朗的外汇交易中剔除，在石油等商品的贸易中更多使用伊朗本国货币里

亚尔以及其他愿意与伊朗合作的国家的货币进行结算。伊朗还计划创办自己的石油交易所，但由于难以确定石油交易结算货币和遭受国际制裁等，建立石油交易所的计划至今尚未实现。

中东产油国各国情况不同，油气政策皆以本国目标利益为原则，侧重点有所不同。一些想扩大生产能力而缺乏资金的产油国，如伊拉克、阿尔及利亚和苏丹等国的能源政策主要侧重扩大本国的石油生产能力，获取更多外汇收入。由于缺乏石油投资需要的技术和资金，为提高产量需要采取与国际石油公司合营的方式，通过向国际石油公司让渡部分石油地租收益以提高本国的生产能力。对资金的需求使这些国家会以向国际石油公司提供更多的油气勘探区块的形式换取本国需要的资金支持，或者以石油为交换条件获取贷款等。

**2. 发展国内新能源产业**

面对国际油价的波动对经济发展造成的压力，中东石油出口国采取扩张性的财政金融政策，大力发展非石油产业，刺激非石油部门的经济增长，以增强抵御油价下降风险的能力，实现经济多元化。特别是积极开发清洁能源供国内消费，以新能源替代或减少国内石油的消费，在油价高企的时候出口石油以增加国家财政收入，实现国家的可持续发展。

近年来，中东国家在优化能源结构，确保经济可持续发展方面进行了积极的尝试。例如，2012 年 4 月 15 日，在迪拜召开的全球能源论坛上，迪拜推出了"2030 年综合能源战略"，提出到 2030 年，迪拜将实现从化石能源向生态能源的转化。届时，迪拜 70% 的能源将来自天然气，12% 依靠清洁煤炭和核能，5% 来自太阳能等可再生资源。① 迪拜政府在打造可再生和可持续能源全球中心这一目标上取得进展，其中最突出的当属穆罕默德·本·拉希德太阳能公园项目及"迪拜 2030 年综合能源战略"，这些举措将推动实现地区能源可持续供应和减少温室气体排放等长期愿景。②

迪拜政府近年来致力于推进能源结构多元化发展。在其"2030 年综合能

---

① http：//news. xinhuanet. com/world/2012 - 10/24/c_ 113477703. htm.

② http：//www. nea. gov. cn/2013 - 04/17/c_ 132316390. htm.

源战略"框架下，迪拜2011年年初启动总投资约33亿美元、占地48平方公里、发电能力1000兆瓦的太阳能公园项目，这是目前海湾地区最大的太阳能工程，预计将于2030年完工。2012年2月，迪拜市水电局启用阿联酋首座"环保"办公楼，它通过了美国绿色建筑评估体系的绿色建筑认证，成为该地区可再生能源解决方案的示范工程之一。2012年1月，迪拜还推出了32.7亿美元的太阳能计划以支持太阳能电站的建设。这对太阳能企业而言是巨大的发展机遇。①

在核能建设方面，阿联酋政府在2008年就发表了和平利用核能政策白皮书，阐述了阿联酋未来和平利用核能的有关政策，并计划建设民用核电站以促进电力的发展。

伊朗则计划增加对太阳能、风能、生物燃料等替代能源项目的投入。同时，为保障石油天然气资源的供需平衡和可持续利用，伊朗政府在国内实施了一系列新经济政策，如提高燃料利用率、规范燃料消耗、鼓励改变国内能源消费模式等。

2013年2月，沙特阿卜杜拉国王原子与新能源中心（K. A. CARE）公布的沙特新能源发展规划，拟在3个月内招标建设装机容量为500~800MW的光伏电站，并将在5年内建成装机容量约达5.1GW的光伏电站。还将投资约1100亿美元以在2020年前建成新能源发电总量约达23.9GW，2032年约达54.1 GW，② 以实现能源多元化发展战略目标。

沙特在投资新能源领域方面位列全球第十二位。沙特对太阳能技术以及碳利用和存储技术投入巨资，其中最大的项目是位于麦加的太阳能项目。沙特在努力实现经济结构多元化，以改变对碳氢能源的过度依赖。③

在核能建设方面，沙特于2010年4月成立了核能和可再生能源城，开启了沙特和平利用核能实践的大门，在遵循国际和平利用核能领域的相关法规的前提下，研究并利用相关领域的技术，满足沙特国内日益增长的电力和淡化水需要，减少国家对碳氢能源的依赖，同时为国家工业、农业、医疗卫生事业发

---

① http：//www. solarzoom. com/article - 18032 - 1. html.

② http：//www. mofcom. gov. cn/article/i/jyjl/k/201302/20130200036258. shtml.

③ http：//sa. mofcom. gov. cn/article/jmxw/201212/20121208473396. shtml.

展作出贡献，提高人民生活水平，改善生活质量。

### 3. 发展天然气产业

发展天然气产业是中东拥有天然气的国家可持续发展和保证国家安全的能源政策的组成部分。

伊朗是天然气资源大国，2012年天然气储量33.6万亿立方米，占世界总储量的18%，位居世界第一。产量为1605亿立方米，占世界总产量的4.8%，居世界第三位。[①] 因此，加快天然气工业发展，有利于伊朗的可持续发展和国家安全。天然气既可以成为新的资金积累来源、新兴石化工业原料和替代石油的清洁能源，为国家的社会经济发展和军事发展提供新的动力。

面对美国奥巴马政府以减少对化石能源的依赖，减少对中东拉美的石油需求，大力发展可再生能源，如太阳能、风能等可替代能源为核心的新能源政策，伊朗采取的应对方式之一就是利用天然气生产的优势地位，发展天然气产业，加强与天然气资源国合作，进一步提高在国际能源供应中的话语权，从而在复杂的地缘政治斗争中获得更大的主动权。

卡塔尔是世界第三大天然气储藏国、世界第四大天然气生产国。发展天然气产业也是其能源政策的重点之一。卡塔尔副首相兼能源与工业大臣阿卜杜拉·本·哈马德·阿蒂亚2007年4月在第六届天然气出口国部长级会议上强调"卡塔尔的能源战略是最大限度地利用天然气资源，发展多元化的利用方式，比如气转油（GTL）、液化天然气（LNG）、管道输气和天然气发电。对这些方式逐项地加以研究将有助于从天然气资源中取得最大效益，促进卡塔尔工业的发展"。[②]

2011年，卡塔尔GDP增长率高达17.6%，财政收入占GDP的比重达40.3%，[③] 是中东国家中经济增长最快的国家。而快速增长主要得益于液化天然气、石油等能源产品出口总额的增长及其价格的上升，尤其是价格上涨因素，2011年全球原油价格上涨39.5%，液化天然气价格也随之上升。[④]

---

① *BP Statistical Review of World Energy*, June 2013, p. 6.

② http://qa.mofcom.gov.cn/article/jmxw/200704/20070404562114.shtml.

③ EIU, *Country Report: Qatar*, December 2012, p. 28.

④ http://qa.mofcom.gov.cn/article/jmxw/201202/20120207987520.shtml.

## 三 中东产油国的油气市场战略

世界市场油气价格的变化与世界经济有密切的关系，世界经济的增长促进石油需求的增加，导致石油价格上升；而过高的石油价格则危及世界经济的增长，导致石油需求减少，石油价格下行。中东产油国对油气出口的依赖使其经济发展受制于油气市场价格的变化，中东产油国油气市场战略旨在运用产量及产能调节石油市场价格，积极促进天然气的发展进程，维护国家经济的持续发展。

### 1. 欧佩克的市场战略

中东产油国大多是欧佩克成员国，欧佩克的市场战略基本上显示了中东产油国的市场战略。欧佩克的市场战略主要是通过产量和产能调节石油市场价格以达到成员国的利益最大化。利益最大化首先是要获得最优价格，欧佩克确定最优价格主要取决于四大因素：一是石油收入的实际购买力因素；二是抑制石油替代能源发展；三是维护世界经济稳定增长；四是确保欧佩克的石油市场份额。为此，欧佩克在油价的不同阶段采取相应的减产保价、低价扩额等市场战略。

减产保价。受 20 世纪 70 年代高油价的刺激，非欧佩克的高成本油田得以开发，使欧佩克在国际石油市场上所占的市场份额从 70 年代的约 70% 缩小到 1985 年的 43.6%。高油价的刺激也使得替代能源的开发和节能技术得以发展。同时，国际石油市场由于西方国家为预防石油危机建立了充足的石油储备而出现了严重的供过于求，致使油价大幅下跌。在这种情况下，1982 年 3 月 19～20 日，欧佩克第 63 次特别会议正式决定采用产量配额制度，开始实行减产保价战略，通过集体减产保油价。

低价扩额。欧佩克实行减产保价战略使其市场份额被非欧佩克石油输出国大量占有，丧失了国际石油市场的主要供应者地位。1984 年 10 月，非欧佩克成员的英国和挪威再次降低石油价格，与欧佩克之间实际上形成了价格战。欧佩克在减产保价无望的情况下，选择了收回市场份额的战略。在与非欧佩克石油输出国对市场份额的竞争中，采取压低价格的策略，试图把一部分石油生产

成本较高的非欧佩克石油输出国挤出石油市场。在这场价格战中，欧佩克虽然收回了一定的市场份额，但是，国际石油价格也因此下降到低于 10 美元/桶，欧佩克的石油收入遭受了巨大损失。所以，在整个石油市场上，没有非欧佩克石油输出国的配合，欧佩克的减产保价战略难以获得成功。

平衡价格政策。欧佩克在经历了 20 世纪 70 年代到 80 年代中期的油价波动对经济产生的不利影响及价格战以后认识到，无论油价过低还是过高对欧佩克都是不利的。油价过高会威胁世界经济的发展，会刺激替代能源的开发以及促进非欧佩克势力的壮大。油价过低则使欧佩克在石油资源和石油收入方面遭受损失。因此，对欧佩克来说，维持相对稳定并能够使石油进口国和出口国都能接受的石油价格，是其最佳选择。因此，在价格战以后，欧佩克采取了平衡价格政策。

为了维持世界经济和世界石油需求稳定并收复市场份额，欧佩克于 1986 年将欧佩克一揽子石油价格的目标确定在较低的 18 美元/桶的标准。2000 年，欧佩克又根据石油贸易结算货币美元贬值等情况，把这一价位调整为每桶22 ~ 28 美元的目标价格带。这种既可以提高石油输出国收入，也不至于过分刺激替代能源开发和损害世界经济增长的平衡价格政策和目标价格政策也得到了非欧佩克国家的认同。因此，从 20 世纪 80 年代中期开始，欧佩克在与非欧佩克国家的合作下，使这个目标价格逐步得以实现。

欧佩克使用平衡价格政策来维护国际石油价格的相对稳定，在国际石油价格上涨的时候，采取增产措施，将油价重新拉回合理水平。如 1990 年伊拉克入侵科威特以后，以及 1991 年海湾战争爆发的时候，国际市场石油供应中断，油价迅速攀升，欧佩克使用平衡价格政策，及时采取了扩大生产配额以及临时全部放开配额管制的措施，迅速缓解了国际石油价格暴涨的紧张局面。

与非欧佩克国家的合作。欧佩克单独减产未能产生促价效果。当亚洲金融危机的爆发再次引发世界经济增长减缓，石油需求下降，国际油价在 1998 年一度下跌到 10 美元/桶的低点的时候，欧佩克与非欧佩克国家的石油收入骤减。在这种情况下，欧佩克于 1999 年 3 月与非欧佩克石油输出国挪威、俄罗斯、墨西哥、阿曼和安哥拉等国合作进行了联合限产促价，终于使油价止跌回升。事实上，由于欧佩克在国际石油市场上所占份额不大，所以，虽然可以通过产量调整对国际石油价格产生影响，但并不能完全控制国际石油供应，限产促价的成功往往需要得到非欧佩克国家的合作。

维护世界经济的稳定。2008年爆发的国际金融危机严重打击了美国、欧盟、日本等经济合作与发展组织成员国的实体经济，影响了短期内国际金融市场的稳定和投资者信心的恢复。石油需求进一步下降，国际石油市场供大于求。自2008年7月起，国际市场石油价格一路下滑。油价下跌导致产油国财政收入减少，经济发展受挫，社会稳定也受影响。

为维护世界经济的稳定，推动油价上升，促进欧佩克国家经济的发展，2008年10月24日欧佩克做出了减产的决定，试图以减产政策阻止石油价格的进一步下滑。此次减产促进了油价的上升，体现了欧佩克在维护世界经济稳定及维持其在世界市场上影响石油价格的作用。这个作用在2011年油价再次上涨中也可见一斑。2011年随着石油价格的上涨，沙特等欧佩克成员国为满足市场需求，增加了产量。欧佩克12个成员国在2011年12月14日的维也纳会议上一致通过了将2012年上半年的石油产量上限提高到每日3000万桶的决定。这是欧佩克三年来首次上调产额上限。该决定立即对市场造成严重打击，导致油价暴跌。①

值得注意的是，尽管欧佩克国家对减产或增产可以达成共识，但由于每个成员国的具体国情存在差异，所以往往导致欧佩克国家在确定具体目标价格时无法达成统一的欧佩克目标价格。欧佩克成员国分成"鸽派"和"鹰派"。"鸽派"以沙特为代表，比较强调保持世界经济稳定增长和对石油的长期需求，抑制替代能源的开发和维护欧佩克市场份额，并主张以充分的石油供应和比较低廉的价格为手段达到这些目的。"鸽派"控制欧佩克的市场战略的重要手段是其拥有剩余产能，可以在短期内大幅增加供应，迫使油价跌回其偏好的水平。但是，这种手段在国际石油市场供过于求或供求大体平衡时显著，但在石油需求上升过快的石油危机期间效果则不明显。

"鹰派"以伊拉克、阿尔及利亚以及20世纪70年代以来的伊朗等国为代

---

① http://roll.sohu.com/20111216/n329213994.shtml.

表。这些国家国内资金紧张，急需获得大量石油收入。这些国家经济相对独立于国际市场，对西方国家经济依赖性相对较低，主张把提高石油价格作为打击西方国家的斗争武器。"鹰派"在世界石油需求高涨时期作用显著，但在石油市场疲软时不明显。伊朗在伊核问题上面对美国的武力威胁，经常在两国关系最紧张的时刻，把提高油价当做与美国较量的武器，甚至威胁封锁霍尔木兹海峡运油通道中断石油供应。而且，由于伊朗与世界经济联系不密切，并不考虑高油价可能对世界经济造成的影响，所以积极推动欧佩克提升油价。在进入21世纪以来的高油价时期，欧佩克很少做出增产压价的决策，原因固然复杂，但伊朗等国的政策影响是重要原因之一。

**2. 世界天然气出口国论坛的动向**

世界各国改善环境和促进经济可持续发展以及世界性削减二氧化碳排放的运动促进了能源需求向天然气的转移。作为世界天然气储产量名列前茅的中东天然气出口国与世界上其他天然气出口国一起，从自身利益出发，为维护天然气供应安全，保持市场稳定及天然气生产国和消费国的利益加强了合作，并于2001年成立了世界天然气出口国论坛（GECF）。其成员国拥有世界天然气储量的43%，产量的16.3%，管道贸易的38%和85%的液化天然气（LNG）的生产。其13个成员国和4个观察员国中，有8个是中东国家。世界天然气出口国论坛的建立与发展，使中东天然气出口国天然气生产与出口得到了有力的支撑。

世界天然气出口国论坛成立伊始并无建树，直到2008年12月23日在莫斯科举行的第七届部长级会议通过了组织宪章，宪章规定组建执委会和秘书处才标志着此前仅维持松散联系的天然气出口国论坛开始正式升级为一个更正式的国际天然气组织。2009年6月30日，在多哈举行的第八届部长级会议强调天然气输出国之间应加强合作和协调，以抵御全球金融危机对天然气市场造成的冲击，以确保天然气市场稳定发展。

受金融危机的影响，天然气需求量下滑，2008～2010年，国际市场上的天然气价格下跌了近50%。对此，2010年4月19日，世界天然气出口国论坛第十届部长级会议要求天然气出口国共同削减产量以遏制供应过剩，并提出天然气价格与油价的联动，以体现天然气作为清洁能源的价值。

2013 年 7 月 1 日，第二届世界天然气出口国论坛在莫斯科举行，论坛的主要议题包括全球天然气市场的发展前景、促进天然气消费和维护天然气出口国利益的措施。此外，峰会还继续探讨建立天然气与石油产品价格挂钩的机制，以平衡两者之间的价格落差，认为将天然气价格与石油产品价格挂钩并签订长期的天然气供应合同有利于稳定世界天然气市场价格。这次论坛的另一个重要议题涉及页岩气的开采。

虽然世界天然气出口国论坛发展势头强劲，希望进一步加强对全球天然气贸易流向和定价机制的控制，但是，这个希望面临论坛内部和外部的挑战。随着美国页岩气的开发和液化天然气产量的大幅增长，北美天然气进口市场萎缩，卡塔尔液化天然气转向欧洲市场，与俄罗斯形成竞争的态势。而在亚太地区则意味着机遇，在日本福岛核电站事故的影响和中国面临经济增长和环保压力的情况下，两国天然气消费量剧增，使卡塔尔天然气出口有了更广阔的市场。

但是，天然气出口国论坛本身是否有能力控制国际天然气市场以实现组织成员的利益也面临挑战，该论坛是否能够以统一的立场来引导和促进全球天然气市场的发展还是个未知数。另外，未来中东天然气出口国在亚太天然气市场也将面临来自俄罗斯、澳大利亚和美国的液化天然气的激烈竞争，中东天然气出口国面临重大的考验。

## 四　地缘政治因素对中东油气供应的影响

中东地区地缘政治因素历来是世界石油供应中断的主要原因，对石油出口和石油业的投资有重大的影响。石油供应中断造成的能源短缺和石油供应中断或者由于对石油供应中断的预期而造成的石油价格暴涨是威胁石油供应安全的主要因素。从历史上看，二战后石油供应实际发生 10 多次中断，其中多次规模较大，达到 200 万桶/日。分析这些石油供应中断的原因可以清楚地看到，绝大多数石油供应的中断都是地缘政治因素造成的；而造成动乱的地缘政治事件几乎全部发生在中东地区。近年来中东地区发生的事件也对中东油气供应产生着重要的影响。

### 1. "阿拉伯之春"的影响

"阿拉伯之春"对中东油气供应的影响主要是市场担心动乱对中东主要产油区能源供应构成威胁。2010 年年底,中东地区阿拉伯世界由于国内经济、政治、宗教及民族等错综复杂的矛盾冲突和国际金融危机的冲击,以及西方国家干预等因素的影响,普遍爆发了政治动乱,埃及、突尼斯、也门、利比亚等国发生了政权更迭,利比亚和叙利亚爆发了内战。动乱一开始就造成了利比亚的石油供应中断,达 140 万桶/日。虽然利比亚石油产量及出口量在全球所占份额较小,但利比亚石油出口的中断对欧洲原油的供应,尤其是轻质原油的供应产生了很大的影响。最主要的是对人们的心理预期产生了影响——人们担心动乱蔓延到中东主要产油区而影响未来石油供应。

苏伊士运河作为国际石油供应的重要通道之一,其航行安全也一度因埃及的国内动乱而风险增加,因此,国际油价在利比亚战争期间曾经发生明显波动。

"阿拉伯之春"可能对国际石油供应造成的影响还存在更大的风险,因为动乱逼近了世界主要油气产区——海湾地区。这场动乱以反对个人专制的民主运动形式出现,对中东地区政治民主化程度最低的君主国产生了重要影响。尽管海湾国家依靠巨额的石油收入和较高的福利水平可以暂时延缓动乱的冲击,但反对君主制、要求教派平等和民主权利的活动已经开始在海湾地区涌动。

2011 年巴林爆发了要求改善伊斯兰什叶派地位和取消君主制的多次游行示威,动乱在沙特和阿联酋联合出兵干涉后得到制止。阿曼也爆发了反对物价上涨的群众示威,在沙特等国的资助下,王室以增加补贴暂时缓和了矛盾。而沙特的 200 万伊斯兰什叶派居民,对长期不能享有和逊尼派相同的政治经济权利而产生的不满也是沙特发生动乱的潜在隐忧。沙特国内受过西方教育的现代知识阶层及中产阶级反对绝对君主制的呼声也日益高涨。2011 年动乱期间,沙特也出现了中产阶级和知识阶层上书国王,要求改绝对君主制为立宪君主制的请愿活动。另外,沙特的王室继承问题也令人担忧。2011 年沙特年迈的王储先于国王去世,且其王室第二代亲王年事已高,兄弟继承的制度已近终结。而第三代亲王继承王位的制度还不存在。而且,在沙特第三代亲王中,许多人受过西方教育，思想活跃，对沙特王室现存的继承制度及君主制不满，因此，继承问题在沙特政局的前景中具有极大的不确定性。而沙特是世界产能和剩余产能最大的国家，其不稳定将对世界油气供应产生重大的影响。

由此看来，海湾地区大规模的变化尚不能准确预料，但其政治变革正在酝酿之中，发生在所难免。巴林的动乱波及了海湾诸国，并引发了不同程度的动乱，石油价格也出现了上升趋势。海湾地区发生大规模动乱将对国际石油市场产生重要影响。

**2. 伊朗局势的影响**

伊朗局势主要是伊核问题，伊核问题对油气供应安全的影响主要体现在对油气生产和运输方面的影响。

在油气生产方面，伊朗是世界主要油气资源国和生产出口国，又地处海湾油气富集区，因此，伊朗与周边国家、国际的战争与和平都会影响国际石油供应的安全。在运输方面，伊朗扼守世界石油运输的主要通道霍尔木兹海峡，全世界石油运输量的 1/3 和中东地区石油运输量的 80% 都要经过这个国际石油供应的关键水道。伊朗局势的动荡及伊朗与周边国家的战争与和平都会影响国际石油供应的安全。伊朗伊斯兰革命、两伊战争对国际石油供应安全的影响证明了伊朗在国际石油供应中的重要地位。因此，伊核问题及伊朗局势是中东油气供应安全的重要因素，备受世界关注。

长期以来，伊朗一直想充当中东地区的大国，坚持发展核计划。伊朗与中东地区另一强国以色列的矛盾由来已久。以色列长期以来对周边安全极其忧虑。中东地区动乱以来，以色列周边安全环境急剧恶化。对伊朗安全最大的威胁就是伊朗具有发展核武器的可能，一旦伊朗拥有了核武器，中东地区的战略平衡将会发生不利于以色列的重大变化。以色列是中东地区迄今唯一拥有核武器的国家，并据此对其他中东国家形成战略威慑。以色列对中东地区的伊斯兰国家拥有核武器采取零容忍态度，对叙利亚、伊拉克的核设施都发动过外科手术式的打击，只要发现就全部清除。对于伊朗的核计划，以色列已经为发动空袭进行过多次演练。但伊朗军事实力强大，而且核设施分布较为分散，彻底清除也非易事。

中东黄皮书

伊朗为其大国情结与以色列抗衡，坚持发展核计划。而且，朝核问题、印度核问题的结果，都使伊朗在核问题上受到鼓舞。美国在中东地区影响力的下降及面临的财政困难，也使得伊朗对发展核计划坚定了信心。因此，伊朗坚持推动核计划的立场不会轻易改变，而且在同步发展核运载工具及导弹。与此同时，伊朗还利用其在中东地区的影响力对叙利亚巴沙尔政权、黎巴嫩真主党、巴勒斯坦哈马斯以及沙特、巴林等国的伊斯兰什叶派进行大力支持，这些行为都对美国在中东地区的利益及其盟友的安全构成威胁，使得美国和伊朗的矛盾难以调和。

面对伊朗的强硬态度，美国将其视为当前在中东地区最大的敌手之一，对伊朗发展核计划持强硬态度。而伊朗也数次扬言，如果遭到美国和以色列的攻击，将中断石油出口予以报复，并将封锁霍尔木兹海峡，攻击美国在伊朗周边的基地。假如果真如此，那么不仅伊朗的石油出口将发生中断，而且通过海湾地区的80%的石油运输将受到威胁，海湾地区其他产油国的生产也将受到影响。更重要的是，沙特所拥有的全部剩余产能将无法发挥作用。这对于国际石油市场将产生灾难性的影响。

**3. 中东地区安全局势的影响**

中东地区的安全局势也是对世界石油供应产生影响的重要因素。除了海湾和伊朗，中东地区国家伊拉克、苏丹和利比亚等国的局势也对中东地区的安全局势产生影响。

在伊拉克战争后，由于逊尼派与什叶派的矛盾以及伊拉克库尔德人与阿拉伯人之间的矛盾，石油利益的分配问题长期没有得到解决，政府提出的石油法草案也尚未得到批准，石油业无法可依，伊拉克这个世界重要的油气资源国极具潜力的石油产能难以提升。而伊拉克复杂的宗教与民族矛盾长期存在，其石油利益的分配问题在相当长的时间内难以解决，这些矛盾的存在与发展对伊拉克国内及地区安全是极大的隐患，而这些问题的长期存在限制了伊拉克石油工业的发展。

为加速发展石油业，伊拉克鼓励油气勘探和开发。2012年，10多家公司在库尔德地区进行勘探及钻井作业，并与库尔德地方政府签订了多份产量分成合同。同时，伊拉克政府实施新的优惠政策鼓励外国石油公司参与天然气项目的投资，使伊拉克成为新的天然气出口国。另外，伊拉克政府在开发南部大油田项目的同时还计划全面提高北部油田的生产能力。这些措施推动了伊拉克石油业的发展。2012 年，伊拉克石油产量达到 2003 年战争以来的最高水平，为311.5 万桶/日，但还远未达到战前的水平。

虽然伊拉克石油产业得到了较快的发展，但是由于伊拉克局势不稳定，外国公司在伊拉克依然面临安全风险、法律风险和政治风险。加之伊拉克受战争的影响，基础设施不足，以及受欧佩克限产等因素的影响，未来油气供应依然不稳。

利比亚也是重要的油气资源国。在 2011 年年初内战爆发前，利比亚每日原油产量达 160 万桶，占全球供应市场 2% 左右的份额。其中约 120 万桶出口OECD 国家。① 由于战争爆发，利比亚石油出口一度中断。战后，利比亚面临严峻的国内战乱形势，石油生产的恢复还需要较长的时间，其石油生产在世界中的地位将会发生较大的转变，同时会经历较长的低迷期。根据国际能源机构统计，85% 的利比亚原油出口给欧洲炼油厂，其轻质低硫油对于欧洲意义重大。2010 年，利比亚超过 30% 的原油出口意大利、法国、德国和西班牙，因此，欧洲对利比亚恢复生产的期望最为迫切。虽然战后意大利、法国的一些能源公司陆续在利比亚恢复生产，给利比亚带来了经济复苏的希望，但是，战争中一些石油基础设施及油田遭到破坏，并且生产仍将面临持续的安全问题。总体而言，利比亚石油供应中断不会对全球石油供应产生根本性影响，但如果扩展到中东主要产油国，则可能会对全球石油供应格局产生冲击。

苏丹对地区安全局势的影响主要是南北苏丹的冲突以及其他边界纠纷。2011 年，苏丹在美国的策动下分裂为南北两国。由于苏丹的主要油田大多分布在南北交界地区，而分裂前南北双方并没有就石油分配达成协议，这就为此后的石油分配冲突留下了隐患。南苏丹成立以后，石油纠纷不断增加。南苏丹占有大部分苏丹的石油资源，但出口依赖苏丹的管道和港口。南苏丹独立后，对石油收入分配开出高价，苏丹政府难以接受。而南苏丹政府则以停产相威胁，并寻求国际支持，试图从肯尼亚和喀麦隆铺设输油

---

① http://www.chinanews.com/ny/2011/08-24/3280023.shtml.

管道以寻求新的出口通道。南北苏丹的矛盾因此激化，不断发生冲突，影响石油生产。

而南苏丹与苏丹交界地区存在大量边界纠纷，特别是阿布耶依地区，人口大多是游牧民，其国籍难以确定，对国界的划分造成了很多麻烦。再加上该地区石油资源的跨界分布，矛盾错综复杂，导致了两国在2012年关系恶化，并发生军事冲突。石油生产及周边地区受到严重影响。南北苏丹的冲突对中东地区的安全局势也产生影响。

就中东地区来说，还有大量的地缘政治因素继续对能源安全产生负面影响。如产油国国内局势一旦发生动荡和出现社会动乱，将对国际石油市场造成冲击并推动油价上涨。如何应对这些地区政局中的不利因素，对未来地区油气供应安全具有决定性的影响。

中东地区局势的变化对油气供应安全的影响直接影响石油进口国，尤其是中国的利益，由于中国的石油进口主要来自中东地区，所以，该地区局势的变化对中国能源安全有较为重要的影响。

### 4. 南海问题对中东石油出口和运输通道安全的影响

中国南海海域蕴藏丰富的石油和可燃冰，以及珍贵的海洋生物和极为丰富的其他矿产资源，因此，除了主权之争，油气资源的开发也是南海周边国家发生争端的导火索。另外，外国公司利益的介入，使南海问题更加复杂化。同时，南海也是一个重要的军事战略要地，是联系亚洲与世界各地的非常重要的海上通道，同时也是太平洋和印度洋之间的海上走廊。从日趋重要的航运通道来看，南海每年通过船只的吨位占世界船舶总吨位的1/2，是苏伊士运河交通流量的两倍、巴拿马运河交通流量的3倍，世界贸易总额的约15%是通过这条通道实现的。① 值得关注的是，中东和非洲对亚洲的油气出口大多数要经过这条通道。因此，谁控制了南海岛礁，谁就直接或间接地影响着，或者说直接或间接地控制了从马六甲海峡到日本、从新加坡到中国香港、从中国广东到菲律宾马尼拉，甚至从东亚到西亚、非洲和欧洲的多数海上通道。

---

① http://tech.sina.com.cn/d/2012-05-23/16517154936.shtml.

与此相似的是，与南海相邻的马六甲海峡也是中东通往亚洲的重要通道，中国海外石油进口主要从马六甲海峡运输，而中国也是中东重要的油气出口对象国。中国为保障能源进口安全，于2005年开始修建全长793公里的中缅油气管道，并于2013年7月28日开始从缅甸的若开邦向中国云南境内输送天然气。中缅油气管道是中国继中哈石油管道、中亚天然气管道、中俄原油管道之后的第四大陆上能源进口通道。对保障中国油气进口安全起着重要的作用。

从波斯湾到缅甸的航线比经过中国东南沿海的航线缩短了1200海里，且不需要经过马六甲海峡。① 中缅油气管贯通后，大幅缩短了中东石油出口到中国的路程，有助于中国摆脱对马六甲海峡的绝对依赖，降低海上进口油气的风险。而对于中东油气出口国来说，降低这一运输通道的风险也有利于保障其油气出口的安全与稳定。

## 五　中国的油气进口前景及面临的风险与对策

### 1. 中国油气进口前景

中国未来石油进口仍然主要来自中东地区。中国从1985年开始通过国际石油公司进口少量的中东石油。1993年以后，中国从中东产油国直接进口石油。20世纪90年代以来，从中东进口石油的数量迅速上升：从1990年的115.36万吨增至2000年的约7000万吨，10年间增加了接近60倍。2012年，中国从中东地区（不包括埃及、苏丹、阿尔及利亚）进口原油1.35亿吨，占中国原油进口总额的49.8%。② 随着中国的国际石油供应来源已经出现由亚洲向中东地区集中的趋势，中国从中东进口的石油占中国总进口石油的份额呈增长的势头，其他地区难以取代中东作为中国主要国际石油供应来源地的地位。

从长远看，中亚国家是中国重要的石油供应来源地，但是，从目前来看，

---

① http://world.zjol.com.cn/05world/system/2013/01/25/019112945.shtml.

② 资料来源：中国国家海关总署，转引自《国际石油经济》2013年第3期，第49页。

其难以与中东地区比肩。比如，截至 2012 年年底，乌兹别克储量仅为 1 亿吨，仅占全球的 0.05%。而它们 2012 年的原油产量在世界原油总产量中所占的比重也很小，阿塞拜疆为 1.1%，乌兹别克为 0.1%。印尼虽然也是中国石油进口地，但是印尼的石油供应潜力较小，即储采比较小，已由 1990 年的 22 降至 2012 年的 11.1。因而它在 21 世纪不可能再继续保持其作为中国主要石油供应国的地位。

因此，中国对中东石油的依赖加深已经成为新的现实，这种依赖的趋势今后仍然会继续发展，难以逆转。今后，中东仍将是中国最主要的国际石油供应来源地，中国也将继续成为中东石油的重要买主之一。

中国从中东地区进口天然气数量不大，通过管道外运不经济，主要是 LNG 的进口。2012 年，中国从卡塔尔进口 LNG 为 68 亿立方米，从也门进口 8 亿立方米，从阿曼进口 1 亿立方米，从埃及进口 4 亿立方米，占中国 LNG 进口总额的 40.5%。[①]

从中东进口 LNG 由于距离远，运输成本高。以从卡塔尔进口的 LNG 为例，2011 年 5 月发到中国的 LNG 到岸价为 15.02 美元/百万英热单位，而同期发往英国的 LNG 到岸价则为 8.99 美元/百万英热单位。[②] 但是，未来，中国与中东地区的能源合作中，LNG 依然是一个重要的选择，尤其是从卡塔尔进口。

**2. 中国油气进口的风险与挑战**

未来中国的油气进口主要来自中东地区，但是，中国进口中东油气面临一些风险与挑战。

首先，中国进口中东油气面临中东地区产油国政治经济形势及社会发展等因素的影响，而地区局势及安全形势的变化与冲突也直接影响中国石油的进口安全。其次，中国能源企业在中东地区的发展进程中遇到的诸如财产担保等问题显示中国在中东的能源外交还有更大的发展空间。同时，为维护稳定的能源供应，与资源国的政治、经济、贸易等双边关系及至关重要。再次，进口能源

---

① *BP Statistical Review of World Energy*, June 2013, p. 6.
② http://www.100ppi.com/news/detail-20111129-112728.html.

的运输通道的安全问题，如何降低马六甲海峡及南海争端对运输通道的威胁。最后，投资环境面临的问题，一些中东产油国存在的民族矛盾及地区和教派冲突的问题，投资合作中出现的一些技术问题都是中国在进口中东油气资源时面临的风险与挑战。

应对这些挑战，中国应该采取积极的对策。从长期看，应提高能源使用效率，推动节能建材的使用；加快石油替代能源的开发和利用，如页岩气和油砂的开发等；扩大石油进口来源，继续发展与非洲、拉美及中亚的能源关系。特别值得注意的是，要提高中国在国际能源方面的话语权，如积极参与和主导并促进上合组织的能源合作。

从短期看，面对中东地区局势的变化及可能造成的石油供应中断，应注意提高应急反应的能力。

要继续加深和发展与中东地区产油国的关系，积极开展能源外交。在相互尊重主权的基础上与中东地区产油国进行广泛的石油合作，积极发展双边贸易、投资和工程承包等领域的经济关系。在贸易方面，中国应注意改变因大量进口石油产生的贸易逆差。在投资方面，加强直接投资和间接投资，积极利用能源相关的投资项目吸引石油美元的回流，发展石油业下游领域如石化行业的合作，并促进中国企业进入该地区市场。利用海湾地区天然气领域的开放程度，积极寻求进入卡塔尔、阿联酋和阿曼的天然气行业进行合作与发展。

加强对伊斯兰融资方式的研究，支持中国西部穆斯林聚居地区的基础设施建设、工业制造业发展以及农牧业和清真食品加工出口产业的发展，为西部大开发战略服务。

加强企业在海外的风险防范意识，加强对企业走出去对象国的政治风险研究和预判，强化走出去企业的政治风险担保机制建设。

重视开辟安全的油气运输通道，以减轻对马六甲海峡运输的依赖。如中缅油气运输管道的开通和维护。关注修建巴基斯坦的瓜达尔港，以保证中国油气进口通道的安全。

面对未来油气进口的风险与挑战，中国应该采取相关措施积极应对，以维护中国油气进口的安全与稳定。

附表

表1 中东产油国石油储量、产量

| | 石油储量<br>（亿桶） | | | 占世界<br>比例（%） | 石油产量<br>（万吨） | | | 占世界<br>比例（%） |
|---|---|---|---|---|---|---|---|---|
| | 1992年 | 2002年 | 2012年 | 2012年 | 2002年 | 2007年 | 2012年 | 2012年 |
| 伊 朗 | 929 | 1307 | 1570 | 9.4 | 17750 | 21090 | 17490 | 4.2 |
| 伊拉克 | 1000 | 1150 | 1500 | 9.0 | 10390 | 10510 | 15240 | 3.7 |
| 科威特 | 965 | 965 | 1015 | 6.1 | 9890 | 12990 | 15250 | 3.7 |
| 阿 曼 | 47 | 57 | 55 | 0.3 | 4460 | 3530 | 4580 | 1.1 |
| 卡塔尔 | 31 | 276 | 239 | 1.4 | 3740 | 5790 | 8330 | 2.0 |
| 沙 特 | 2612 | 2628 | 2659 | 15.9 | 42520 | 48890 | 54700 | 13.3 |
| 叙利亚 | 30 | 23 | 25 | 0.1 | 3370 | 2010 | 820 | 0.2 |
| 阿联酋 | 981 | 978 | 978 | 5.9 | 11250 | 13960 | 15410 | 3.7 |
| 也 门 | 20 | 29 | 30 | 0.2 | 2160 | 1590 | 830 | 0.2 |
| 埃 及 | 34 | 35 | 43 | 0.3 | 3720 | 3380 | 3540 | 0.9 |
| 利比亚 | 228 | 360 | 480 | 2.9 | 6460 | 8530 | 7110 | 1.7 |
| 突尼斯 | 5 | 5 | 4 | — | 350 | 460 | 310 | 0.1 |
| 阿尔及利亚 | 92 | 113 | 122 | 0.7 | 7090 | 8650 | 7300 | 1.8 |
| 苏 丹 | 3 | 6 | 15 | 0.1 | 1190 | 2310 | 410 | 0.1 |
| 南苏丹 | — | — | 35 | 0.2 | — | — | — | — |

资料来源：*BP Statistical Review of World Energy*，June 2013，p.6。

表2 中东产油国天然气储量、产量

| | 天然气储量<br>（万亿立方米） | | | 占世界<br>比例（%） | 天然气产量<br>（亿立方米） | | | 占世界<br>比例（%） |
|---|---|---|---|---|---|---|---|---|
| | 1992年 | 2002年 | 2012年 | 2012年 | 2002年 | 2007年 | 2012年 | 2012年 |
| 巴 林 | 0.2 | 0.1 | 0.2 | 0.1 | 95 | 118 | 142 | 0.4 |
| 伊 朗 | 20.7 | 26.7 | 33.6 | 33.6 | 750 | 1119 | 1605 | 4.8 |
| 伊拉克 | 3.1 | 3.2 | 3.6 | 3.6 | 24 | 15 | 8 | — |
| 科威特 | 1.5 | 1.6 | 1.8 | 1.8 | 95 | 121 | 145 | 0.4 |
| 阿 曼 | 0.2 | 0.9 | 0.9 | 0.9 | 150 | 240 | 290 | 0.9 |
| 卡塔尔 | 6.7 | 25.8 | 25.1 | 25.1 | 295 | 632 | 1570 | 4.7 |
| 沙 特 | 5.2 | 6.6 | 8.2 | 8.2 | 567 | 744 | 1028 | 3.0 |
| 叙利亚 | 0.2 | 0.3 | 0.3 | 0.3 | 61 | 56 | 76 | 0.2 |
| 阿联酋 | 5.8 | 6.1 | 6.1 | 6.1 | 434 | 503 | 517 | 1.5 |
| 也 门 | 0.4 | 0.5 | 0.5 | 0.5 | — | — | — | 0.2 |
| 埃 及 | 0.4 | 1.7 | 2.0 | 1.1 | 273 | 557 | 609 | 1.8 |
| 利比亚 | 1.3 | 1.5 | 1.5 | 0.8 | 59 | 153 | 122 | 0.4 |
| 阿尔及利亚 | 3.7 | 4.5 | 4.5 | 2.4 | 804 | 848 | 815 | 2.4 |

资料来源：*BP Statistical Review of World Energy*，June 2013，p.6。

表 3　2012 年中东石油出口去向

单位：万吨

| 美　国 | 10800 | 中　国 | 14440 |
| 加拿大 | 770 | 印　度 | 12310 |
| 墨西哥 | 60 | 日　本 | 17610 |
| 中美洲 | 610 | 新加坡 | 5540 |
| 欧　洲 | 11220 | 其他亚太地区 | 21800 |
| 非　洲 | 2110 | 世界其他地区 | 30 |
| 澳大拉西亚 | 660 | 总出口量 | 97960 |

资料来源：*BP Statistical Review of World Energy*，June 2013，p. 6。

表 4　中东主要产油国炼油能力

单位：万桶/日

| | 2002 年 | 2007 年 | 2012 年 |
| --- | --- | --- | --- |
| 伊　朗 | 159.7 | 177.2 | 189.2 |
| 伊拉克 | 75 | 76.5 | 104.2 |
| 科威特 | 81.4 | 93.6 | 93.6 |
| 沙　特 | 181.4 | 210.7 | 212.2 |
| 阿联酋 | 71.1 | 62.5 | 71 |
| 其他中东国家 | 124.8 | 138.1 | 155.3 |
| 中　东 | 693.4 | 758.6 | 825.5 |
| 世　界 | 8399.8 | 8845.1 | 9253.1 |

资料来源：路透社普氏报价。

表 5　国际市场主要原油现货平均价格

单位：美元/桶

| | 布伦特 | WTI | 迪拜 | 欧佩克 |
| --- | --- | --- | --- | --- |
| 2009 年 | 61.67 | 61.92 | 61.91 | 61.06 |
| 2010 年 | 79.50 | 79.45 | 78.08 | 77.39 |
| 2011 年 | 111.26 | 95.04 | 106.19 | 107.36 |
| 2012 年 | 111.58 | 94.16 | 109.07 | 109.49 |
| 2013 年 2 月 | 116.28 | 95.27 | 111.09 | 112.75 |

资料来源：路透社普氏报价。

中东黄皮书

# Middle East Energy and the Energy Relations between China and Middle Eastern Countries

*Chen Mo*

**Abstract:** The energy policy of Middle Eastern countries has heavy influence on world's oil and gas market, because these countries maintain the dominant position in this market. While facing geographical and political issues like the Arab Spring and Iranian Nuclear Issue and the fluctuation in world oil price, Middle Eastern oil exporting countries, which are members of OPEC, use appropriate market strategy to safeguard their own interest, promote new energy and natural gas industry and establish a mechanism to promote sustainable socioeconomic development. As a result, China should apply positive coping strategy to confront the unstable situation in Middle Eastern countries while exporting oil and gas from this area.

**Key Words:** The Middle East Energy; Oil and Gas Market; Gas; New Energy

# Ⅶ.6
# 中东对外贸易及中国与中东
# 国家贸易关系的发展*

刘　冬**

**摘　要：**

　　中东国家至今仍未摆脱严重依赖石油的单一经济结构，由于石油出口收入是中东国家最为重要的外汇来源，国际油价的高低也就成为影响中东国家货物及服务进出口贸易发展的重要因素。进入 2000 年以后，受益于国际油价不断攀升带来的石油繁荣，中东国家的货物贸易和服务贸易均进入快速增长期。在货物贸易方面，中东国家与世界其他国家的贸易往来长期呈现以石油换取工业制成品和食品的贸易模式。在服务贸易方面，运输是中东国家对外出口的主要服务商品，旅游是中东国家对外进口的主要服务商品。中国与中东国家的贸易往来始于改革开放初期，但在 21 世纪以前，双方的贸易关系并不紧密。2000 年以后，随着中国石油进口需求的迅速增加，工业品制造和出口能力的提高以及建筑工程企业实力的壮大，中国与中东国家的经济互补性得到很大提升，中国与中东国家货物及服务贸易也进入快速发展期。从双边贸易的商品结构来看，中国与中东国家货物贸易往来总体呈现以工业制成品换取石油的贸易模式，服务贸易往来则以中国企业在中东国家承接工程、承包项目为主。

**关键词：**

　　中东　货物贸易　服务贸易　中国

---

\* 如无说明，本文使用数据来自联合国贸易与发展会议数据库，UNCTAD，*UNCTAD STAT*，June 19，2013，http://unctadstat.unctad.org。

\*\* 刘冬，中国社会科学院西亚非洲研究所助理研究员，经济学博士，主要研究中东经济问题。

中东黄皮书

# 一 中东国家货物贸易发展

由于经济结构单一，严重依赖油气资源。中东国家的货物贸易至今仍未摆脱以石油、天然气换取食品和工业制成品的贸易模式。因此，石油出口收入是影响中东国家货物贸易发展的最为关键的因素，除土耳其和以色列外，中东地区的贸易大国几乎都是重要的产油国，而且，中东国家货物贸易的发展也极易受国际经济波动的影响。近些年，随着工业品制造和出口能力的提高以及能源需求的迅速增加，中、印两国逐渐成为中东国家主要货物贸易伙伴，欧、美等西方国家和地区在中东国家货物贸易中的重要性有了大幅下降。

## （一）中东国家货物贸易的增长

二战后，中东国家货物贸易的发展速度要快于世界和发展中国家的总体水平。1948～2011年，世界货物贸易的年均增长速度是9.3%，发展中国家货物贸易的年均增长速度是9.8%。而同期中东国家货物进出口贸易总额由56.6亿美元增至26812.0亿美元，年均增长速度为10.1%。与其他地区的发展中国家相比，中东国家货物进出口贸易的年均增长速度仅弱于亚洲地区（年均增长11.1%），高于非洲地区（年均增长7.8%）、拉美地区（年均增长8.2%）和大洋洲地区（年均增长8.4%）。

在货物出口方面，1948～2011年，中东国家货物出口贸易额由25.7亿美元增至15595.6亿美元，年均增长速度为10.5%。在货物进口方面，1948～2011年，中东国家货物进口贸易额由30.9亿美元增至11216.4亿美元，年均增长速度为10.5%。从货物贸易的平衡来看，1948～1962年，中东国家货物贸易常年都有逆差；1963年以后，中东国家的贸易状况大为改善，除少数年份外，绝大多数年份货物贸易有盈余。特别是从2000年开始，中东国家货物贸易盈余持续扩大，由1107.1亿美元增至5050.8亿美元，实现了年均13.5%的增长。

由于石油出口收入是中东国家最为重要的外汇来源，石油价格的变化不仅

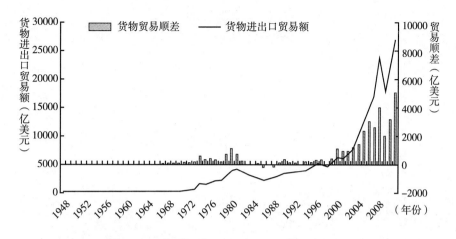

**图1　中东国家货物贸易发展（1948～2011年）**

资料来源：联合国贸易与发展会议。

会直接影响中东国家货物出口贸易的规模，也会影响中东国家的货物进口能力。由于国际油价频繁波动，中东国家货物贸易的发展也具有不稳定的特点。一般来说，国际油价快速上涨时期，中东国家货物贸易就会呈现快速增长的态势；国际油价较为稳定的时期，中东国家货物贸易就会呈现缓慢增长的态势；而国际油价大幅下跌的时期，中东国家货物贸易也会相应出现收缩。根据中东国家货物贸易额的增长幅度大小，可以大致将二战结束后，中东国家货物贸易的发展划分为以下六个阶段。

第一阶段，二战结束至20世纪60年代末。这一时期中东国家货物贸易的增长较为平稳。1948～1970年，中东国家货物进出口贸易额由56.6亿美元增至281.6亿美元，实现7.2%的年均增长。其中，货物出口额由25.7亿美元增至156.8亿美元，年均增长速度为8.2%；货物进口额由30.9亿美元增至124.8亿美元，年均增长速度为6.3%。

第二阶段，20世纪70年代初至20世纪80年代初。这一时期是二战后中东国家货物贸易发展最为迅速的时期。1970～1980年，中东国家货物进出口贸易额由281.6亿美元迅速增至3729.9亿美元，实现了年均26.5%的增长。其中，货物出口实现年均28.0%的增长，货物出口额由156.8亿美元增至2368.7亿美元；货物进口实现年均24.3%的增长，货物进口额由124.8亿美

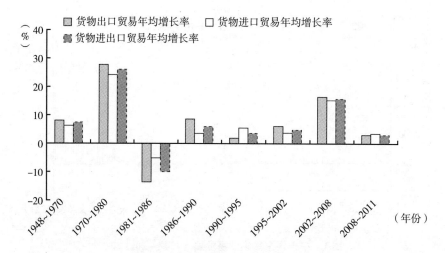

**图2 中东国家各时期货物贸易年均增长速度**

资料来源：联合国贸易与发展会议。

元增至 1361.1 亿美元。

第三阶段，20 世纪 80 年代初到 20 世纪 80 年代中期。这一时期是中东国家货物贸易大幅收缩的时期。1981～1986 年，中东国家货物进出口贸易额由 3942.7 亿美元迅速下降为 2122.0 亿美元，年均收缩 9.8%。其中，货物出口额由 2262.4 亿美元降至 902.1 亿美元，年均收缩 14.2%；货物进口额由 1680.3 亿美元降至 1220.0 亿美元，年均收缩 5.2%。

第四阶段，从 1986 年到 21 世纪初。这段时间，虽然受 1991 年海湾战争、1997 年东南亚经济危机影响以及 2001 年网络泡沫危机影响，中东国家货物贸易也曾出现过短暂收缩，但总体仍呈缓慢增长的态势。1986～2002 年，中东国家货物贸易额由 2122.0 亿美元增至 6298.4 亿美元，实现 6.6% 的年均增长。其中，货物出口额由 902.1 亿美元增至 3390.6 亿美元，实现 8.1% 的年均增长；货物进口额由 1220.0 亿美元增至 2904.8 亿美元，实现 5.2% 的年均增长。

第五阶段，2002～2008 年。这一时期，中东国家货物贸易再次进入快速增长的轨道。其间，中东国家货物贸易额由 6298.4 亿美元增至 23620.6 亿美元，实现了 20.8% 的年均增长。其中，货物出口额由 3390.6 亿美元增至 13874.7 亿美元，实现了 22.3% 的年均增长；货物进口额由 2907.8 亿美元增至 9754.9 亿美元，实现了 18.9% 的年均增长。

第六阶段，2008～2011 年。中东国家货物贸易总体呈现缓慢增长的态势。2008 年爆发的全球金融危机给中东国家的货物进出口贸易带来非常大的冲击，2009 年，中东货物进出口贸易额由上一年度的 23620.6 亿美元锐减至 17783.1 亿美元，同比出现 24.7% 的降幅，这也是自 1948 年以来出现的最大单年降幅。其中，中东国家货物出口额由 13874.7 亿美元降至 9611.9 亿美元，同比下降 30.7%；货物进口额由 9745.9 亿美元降至 8171.2 亿美元，同比下降 16.2%。不过，金融危机对中东国家货物进出口贸易的影响很快散去，2010～2011 年，中东国家货物进出口贸易额同比均出现 20% 的高速增长，但是，即使到 2011 年，中东国家货物进出口贸易额也仅比 2008 年高 13.5%。因此，总体来看，2008～2011 年，中东国家货物进出口贸易再次进入缓慢增长阶段，其间，中东国家货物进出口贸易额由 23620.6 亿美元增至 26812.0 亿美元，实现 3.2% 的年均增长。其中，货物出口实现 3.0% 的年均增长，货物出口额由 13874.7 亿美元增至 15595.6 亿美元；货物进口实现 3.6% 的年均增长，货物进口额由 9745.9 亿美元增至 11216.4 亿美元。

### （二）中东国家货物贸易的地理分布

在货物出口方面，石油是中东国家最为重要的出口商品。除土耳其、以色列两个具有较为完善的工业基础的国家，中东国家中的货物出口大国几乎都是欧佩克成员国。作为最大的中东产油国，沙特阿拉伯一直是中东地区最大的货物出口贸易国。不过，近些年，得益于转口贸易的发展，阿联酋货物出口贸易的规模不断扩大，联合国贸易与发展会议的资料显示，2000～2011 年，阿联酋货物出口贸易额在中东国家货物出口贸易总额中占比由 14.3% 迅速上升至 18.3%。2011 年，中东地区货物出口额超过 1000 亿美元的国家总共有 6 个，它们是沙特（3647.4 亿美元）、阿联酋（2850.0 亿美元）、土耳其（1349.1 亿美元）、伊朗（1305.0 亿美元）、卡塔尔（1143.0 亿美元）和科威特（1132.0 亿美元）。2011 年，以上 6 国的货物出口额占当年中东国家货物出口总额的 72.6%。

在货物进口方面，由于中东各国的人口数量以及货物进口的支付能力差别很大，商品进口的地区分布极不平衡。在中东地区中，货物进口贸易大国有两类，一类是土耳其、伊朗、埃及等人口大国，另一类则是沙特等具有较高支付能力的石油资源富国。除以上两类国家外，以色列一直都是中东地区较为重要的货物进口贸易大国。联合国贸易与发展会议资料显示，2011年，中东地区货物进口贸易额超过500亿美元的国家总共有7个，它们是土耳其（2408.4亿美元）、阿联酋（2050.0亿美元）、沙特（1316.6亿美元）、科威特（1132.0亿美元）、以色列（758.3亿美元）、伊朗（617.6亿美元）和埃及（589.0亿美元）。2011年，以上7国的货物进口额占中东货物进口额的64.3%。

### （三）中东国家主要贸易伙伴

中东国家最为重要的出口商品是石油，主要进口商品是工业制成品。因此，中东国家的主要贸易伙伴是具有较大能源需求的工业品制造大国。1970年，中东绝大部分国家总出口的80%以上销往美、欧、日等发达国家和地区。在中东国家的进口商品中，发达国家的商品也占到80%左右。但是，20世纪90年代中后期，特别是从21世纪开始，随着发展中国家工业制造业的崛起以及能源需求的不断增大，中东国家与中、印等发展中国家的贸易往来不断增大。如图3所示，2011年，中、印两国已经分别位列中东第二大和第三大货物贸易伙伴，中东国家对中、印两国货物贸易额分别占中东国家货物贸易总额的14.6%和11.5%。而欧盟、日本、美国在中东货物进出口贸易中的比重已由1970年的82.1%降至42.0%。

在货物出口方面，1970年，中东国家71.5%的货物流入欧盟、美国和日本等发达国家。而到2011年，这一比例已降至36.9%。2011年，中国、印度分别位列中东第三大和第四大货物出口贸易伙伴，中东国家对中、印两国货物出口额分别占中东国家货物出口总额的9.0%和8.6%。（见图4）

在货物进口方面，1970年，中东国家65.2%的进口货物来自欧盟、美国和日本等发达国家和地区。而到2011年，这一比例已降至39.7%。2011年，中国、印度分别位列中东第二大和第四大货物出口贸易伙伴，中东国家

从中、印两国的货物进口占到分别占到中东国家货物进口额的 10.6% 和
6.3%。（见图 5）

总体来看，1970 年至今，在中东国家主要贸易伙伴中，美、欧等发达国家
和地区的重要性有了大幅下降。不过，美、欧货物进出口贸易对中东国家重要性
的降低与发达国家在石油进口方面实现多元化，逐渐摆脱对中东原油的依赖也有关

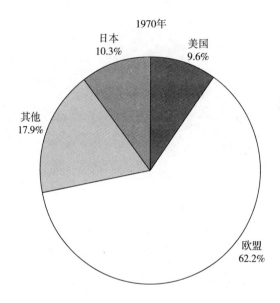

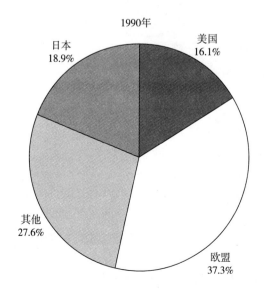

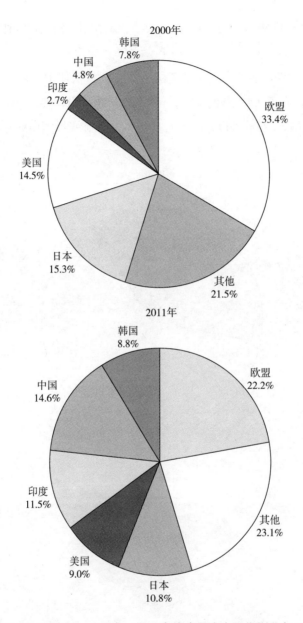

**图3 1970年、1990年、2000年、2011年中东国家主要货物进出口贸易伙伴**

注：欧盟系指克罗地亚加入欧盟前的欧盟27国。

资料来源：国际货币基金组织。

系。由于发达国家货物商品在中东国家市场依然保持较强的竞争力，发达国家在中东国家货物进口贸易中重要性的下降幅度相对于货物出口贸易要小很多。

## （四）中东国家货物贸易的商品结构

中东地区很多贸易大国都是石油输出国，这些国家的经济至今仍然高度依赖油气资源，经济结构单一，制造业和农业均不发达。因此，中东国家货物贸易总体呈现以能源换取工业制成品和食品的贸易模式。石油是中东国家对外出口的主要货物商品，工业制成品和食品则是中东国家对外进口的主要货物商品。

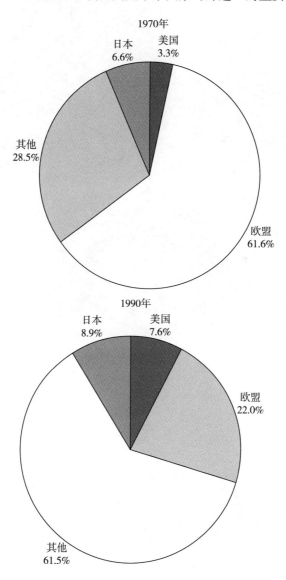

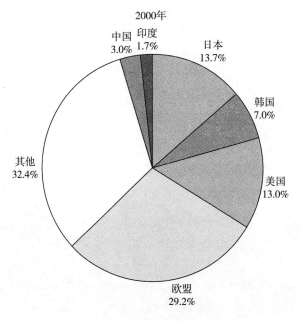

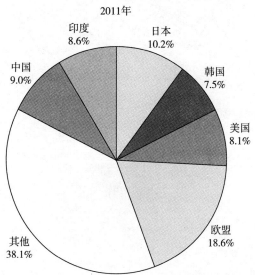

**图 4　1970 年、1990 年、2000 年、2011 年中东国家主要货物出口贸易伙伴**

注：欧盟系指克罗地亚加入欧盟前的欧盟 27 国。

资料来源：国际货币基金组织。

### 1. 中东国家货物出口的商品结构

从货物出口的商品结构来看，中东国家货物出口仍以初级原料为主，以原油为主的矿物燃料是中东国家对外出口最为重要的货物商品，该类货物在中东国家货物出口贸易中所占比重常年维持在60%左右。与其他发展中国家相比，由于工业基础比较薄弱，制造业不发达，工业制成品在中东国家货物出口贸易

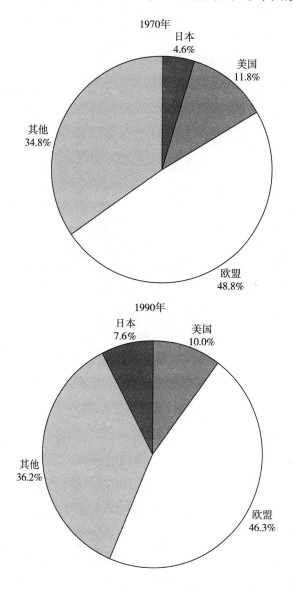

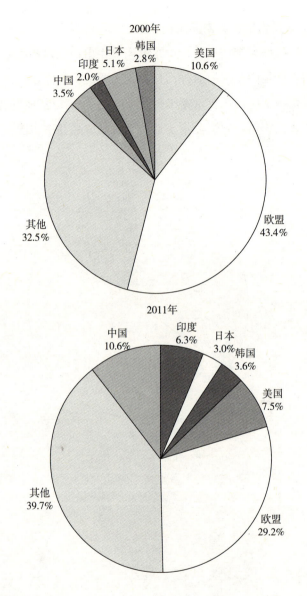

**图5　1970 年、1990 年、2000 年、2011 年中东国家主要货物进口贸易伙伴**

注：欧盟系指克罗地亚加入欧盟前的欧盟 27 国。

资料来源：国际货币基金组织。

中所占比重较低。以 2011 年为例，该年中东国家化学品及有关产品、以材料分类的工业制成品、机械和交通运输设备、杂项制品出口额总计为 4004.6 亿美元，仅占中东国家货物出口贸易额的 1/4 左右。

　　但是，从国别来看，由于中东国家经济结构存在巨大差异，各国货物出口的商品结构也有很大区别。按照矿物燃料在出口贸易中所占比重，中东国家大致可以分为以下几类。

表 1　中东国家货物出口的商品结构

单位：%

| | 1995 年 | 2000 年 | 2005 年 | 2008 年 | 2011 年 |
|---|---|---|---|---|---|
| 食品及活畜 | 5.0 | 2.9 | 2.7 | 2.3 | 2.9 |
| 饮料和烟草 | 0.5 | 0.4 | 0.3 | 0.3 | 0.2 |
| 非食用原料（除去燃料） | 2.6 | 1.5 | 1.3 | 1.7 | 1.8 |
| 燃料、润滑油及相关产品 | 58.3 | 67.1 | 66.3 | 68.5 | 65.1 |
| 　原油 | 46.7 | 52.3 | 51.8 | 55.2 | 50.8 |
| 　天然气 | 1.7 | 3.4 | 3.5 | 4.1 | 5.1 |
| 动物和植物油、油脂和蜡 | 0.5 | 0.2 | 0.2 | 0.2 | 0.3 |
| 化学品及有关产品 | 6.6 | 4.7 | 5.5 | 5.8 | 7.5 |
| 主要按原料分类的制成品 | 11.3 | 9.0 | 9.2 | 8.5 | 8.8 |
| 机械和交通运输设备 | 6.2 | 6.3 | 7.4 | 6.8 | 6.4 |
| 杂项制品 | 8.2 | 6.0 | 4.8 | 3.6 | 3.5 |
| 未分类商品 | 0.6 | 1.9 | 2.2 | 2.3 | 3.4 |
| 总　　计 | 100.0 | 100.0 | 100.0 | 100.0 | 100.0 |

资料来源：联合国贸易与发展会议。

　　第一类国家，也就是 1995~2011 年矿物燃料出口额在货物出口总额中占比超过 70% 的国家，包括阿尔及利亚、伊朗、伊拉克、科威特、利比亚、阿曼、卡塔尔、沙特、苏丹、也门等国。以上国家的货物出口主要以能源类货物商品为主，其他商品的出口规模十分有限。

　　第二类国家，也就是 1995~2011 年矿物燃料出口额在货物出口总额中占比 30%~50% 的国家，包括巴林、埃及、叙利亚、阿联酋等国。在以上国家的货物出口中，石油天然气虽然占有十分重要的地位，但其他货物商品的出口规模也比较大。其中，巴林由于油气资源比较贫瘠，其对外出口的矿物燃料主要与汽油、柴油等石油产品为主，该国向外出口的非石油产品主要以有色金属、化工产品为主。埃及非石油出口主要以食品、化工产品、纺织品为主。叙

115

利亚非能源商品出口主要是蔬菜水果、饮料、塑料制品、珠宝首饰等。阿联酋非油气出口的商品种类比较多，该国非油气产品出口与其转口贸易的快速发展有关，目前，迪拜已经成为全球第三大转口贸易中心。

第三类国家，也就是1995～2011年矿物燃料出口额在货物出口总额中占比在30%以下的国家，包括以色列、土耳其、约旦、黎巴嫩、摩洛哥。这些国家由于油气资源贫瘠，货物出口主要以非油气产品为主。在这些国家中，以色列和土耳其的工业基础好，经济发展水平高，货物出口主要以工业制成品为主。其中，以色列对外出口的主要货物商品有珠宝、医药等化学品及有关产品和机电产品等。土耳其对外出口主要货物商品是陆用车辆、服装、钢铁等工业制成品。

**2. 中东国家货物进口的商品结构**

从中东国家货物进口的商品结构来看，1995～2011年，中东国家货物进口的商品结构比较稳定。机械及运输设备、按原料分类的制成品是中东国家进口的主要货物商品，这两类商品的贸易额常年占中东国家货物进口总额的一半以上。除机械及交通运输设备和其他工业制成品外，食品、化学品及有关产品也是中东国家进口的主要货物品种。1995～2011年，食品在中东国家货物进口贸易中常年维持在10%～15%，化学品及有关产品在中东国家货物进口贸易中也常年维持在10%左右。

表2　中东国家货物进口的商品结构

单位：%

|  | 1995年 | 2000年 | 2005年 | 2008年 | 2011年 |
|---|---|---|---|---|---|
| 食品及活畜 | 11.8 | 10.4 | 7.7 | 8.0 | 9.8 |
| 饮料和烟草 | 0.9 | 1.1 | 1.0 | 0.9 | 0.8 |
| 非食用原料（除去燃料） | 4.4 | 3.4 | 3.4 | 3.8 | 4.1 |
| 燃料、润滑油及相关产品 | 5.6 | 7.0 | 9.7 | 10.2 | 8.5 |
| 动物和植物油、油脂和蜡 | 1.9 | 1.0 | 0.8 | 1.0 | 1.2 |
| 化学品及有关产品 | 10.5 | 9.8 | 9.9 | 8.4 | 9.8 |
| 主要按原料分类的制成品 | 21.6 | 19.1 | 19.4 | 19.7 | 19.8 |
| 机械和交通运输设备 | 32.3 | 34.9 | 35.4 | 31.3 | 31.2 |
| 杂项制品 | 8.6 | 8.7 | 8.0 | 6.9 | 8.6 |
| 未分类商品 | 2.4 | 4.6 | 4.7 | 9.8 | 6.2 |
| 总　计 | 100.0 | 100.0 | 100.0 | 100.0 | 100.0 |

资料来源：联合国贸易与发展会议。

工业制成品进口。工业制成品是中东最为重要的进口商品,该类商品的进口贸易额在中东国家货物进口贸易总额中占比高达65%左右。如果从资本货物与耐用消费品、中间产品、一般消费品这三个方面对工业制成品加以分类比较,就整个中东地区而言,资本货物与耐用消费品的进口额所占比重较大,其中仅机械与交通运输设备一项就占制成品进口总额的30%以上。不过,因为经济实力的差异,中东国家进口的各类工业制成品构成也有很大差异,一些国家的工业制成品进口中,中间产品所占比例较大,如埃及、突尼斯等国;而科威特、沙特阿拉伯、阿联酋等产油国的消费品进口额则要远远高于资本货物及中间产品的进口额。

食品进口。中东地区是世界上依赖进口食品最为严重的地区之一,大多数中东国家不具备实现粮食自给的能力,因此,中东地区也是世界上最大的粮食市场之一。2011年,中东国家的人口虽然仅占世界人口的7.3%,其食品进口贸易额却占世界粮食进口贸易总额的10.2%,基本食品进口贸易额则要占世界基本食品进口贸易总额的10.6%。

中东食品进口在进口贸易中所占比重高得惊人。2011年,食品进口贸易额与进口贸易总额之比的世界平均水平为6.3%,而中东国家的平均水平高达12.4%,几乎是世界平均水平的2倍。在中东国家中,只有以色列(7.2%)、卡塔尔(9.5%)、土耳其(4.4%)、阿联酋(7.7%)食品进口额与进口贸易总额之比低于或接近世界平均水平。在中东国家中,2011年,食品进口贸易额在货物进口贸易总额中占比超过20%的国家多达7个,分别是阿尔及利亚(22.8%)、埃及(23.0%)、伊拉克(28.8%)、利比亚(24.7%)、毛里塔尼亚(24.2%)、巴勒斯坦(22.8%)和也门(32.3%)。

## 二 中东国家服务贸易的发展

服务贸易在中东国家经济中占有重要地位。联合国贸易与发展会议的资料显示,1980~2011年,中东国家服务贸易依存度,也就是服务贸易进出口总额与国内生产总值之比常年维持在20%以上。实际上,很多中东国家已将增

加服务贸易收入作为改善本国国际收支经常项目状况的重要途径。在服务出口方面，中东服务出口大国主要是非产油国，运输是中东国家对外出口的主要服务商品。在服务进口方面，除土耳其和以色列外，中东服务进口大国主要是产油国，旅游是中东国家对外进口的主要服务商品。

### （一）中东国家服务贸易的增长

虽然中东国家服务贸易依存度很高，但该地区国家服务贸易的发展速度慢于其他发展中国家和世界服务贸易发展的总体水平。联合国统计局的资料显示，1980～2011年，世界服务进出口贸易的年均增长速度是7.5%，发展中国家服务进出口贸易的年均增长速度是8.3%。而同期中东国家服务进出口贸易总额由744.6亿美元增至5036.1亿美元，年均增长速度仅为6.1%。1980～2011年，中东国家服务出口贸易额由183.1亿美元增至1942.9亿美元，实现了7.7%的年均增长；同期，中东国家服务进口贸易额由561.5亿美元增长至3093.2亿美元，实现了5.5%的年均增长。

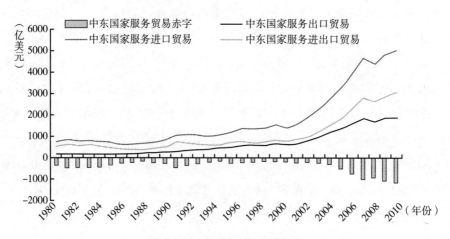

图6 中东国家服务贸易发展

注：1980～2004年伊拉克数据缺失；1980～2001年黎巴嫩数据缺失；1980～1998年卡塔尔数据缺失；1980～1994年巴勒斯坦数据缺失；1980～1988年也门数据缺失。
资料来源：联合国贸易与发展会议。

与货物贸易相似，国际油价波动对中东国家服务贸易，特别是服务进口贸易发展有很大影响。在国际油价上涨期间，中东国家服务贸易，特别是服务进口贸易也会进入快速增长期。根据中东国家服务贸易额增长幅度的大小，可以把1980年以来，中东国家服务贸易的发展大致划分为以下四个阶段。

第一阶段，1980～1986年。这一时期是中东国家服务进出口贸易小幅收缩的时期，在此期间，中东国家服务贸易额由744.6亿美元降至628.1亿美元，年均降幅为2.4%。其中，服务出口贸易勉强保持年均0.6%的增幅，贸易额由183.2亿美元增至191.0亿美元，服务进口贸易却出现年均3.5%的收缩，贸易额由561.5亿美元降至437.1亿美元。

第二阶段，1986～2002年。这一时期，中东国家服务贸易经历了缓慢增长的过程。1986～2002年，中东国家服务贸易额由628.1亿美元增至1576.7亿美元，实现了5.6%的年均增长。其中，服务出口额由191.0亿美元增至682.7亿美元，实现了7.8%的年均增长；服务进口额由437.1亿美元增至894.1亿美元，实现了4.3%的年均增长。

第三阶段，2002～2008年。在此期间，中东国家服务贸易进入快速增长期。2002～2008年，中东国家服务贸易额由1576.7亿美元增至4694.4亿美元，实现了16.9%的年均增长。其中，服务出口额由682.7亿美元增至1858.9亿美元，实现了15.4%的年均增长；服务进口额由894.1亿美元增至2835.5亿美元，实现了17.9%的年均增长。

第四阶段，2008～2011年。在此期间，中东国家服务贸易再次进入缓慢增长时期。2008～2011年，中东国家服务进出口贸易额由4694.4亿美元增至5036.1亿美元，实现了1.8%的年均增长。其中，服务出口额由1858.9亿美元增至1942.9亿美元，实现了1.1%的年均增长；服务进口额由2835.5亿美元增至3093.2亿美元，实现了2.2%的年均增长。

在贸易平衡方面，1980～2011年，中东国家服务贸易始终都有赤字，并且赤字规模由378.6亿美元增至1150.3亿美元。一般来说，在高油价时期，中东国家服务进口需求的增长快于服务出口，中东国家服务贸易赤字也会增大。2003～2008年，随着国际油价的不断攀升，中东国家服务贸易赤字迅速由158.6亿美元增至976.5亿美元，赤字规模的年均增幅高达35.4%。不过，从国别来看，中东国家服务贸易赤字主要存在于产油国，2011年，中东国家服务贸易赤字规模位列前五的国家是沙特（665.3亿美元）、阿联酋（368.0

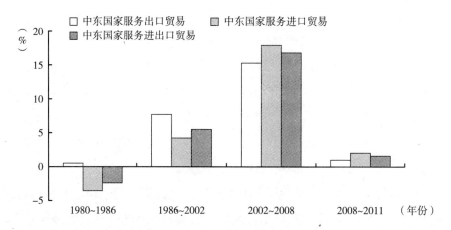

图7　中东国家各时期服务贸易年均增长速度

注：1980～2004年伊拉克数据缺失；1980～2001年黎巴嫩数据缺失；1980～1998年卡塔尔数据缺失；1980～1994年巴勒斯坦数据缺失；1980～1988年也门数据缺失。

资料来源：联合国贸易与发展会议。

亿美元）、伊朗（106.9亿美元）、卡塔尔（94.7亿美元）和阿尔及利亚（87.9亿美元）。与产油国不同的是，大多数中东非产油国在服务进出口贸易上都有盈余。2011年，中东国家服务贸易盈余位列前五的国家分别是土耳其（180.0亿美元）、黎巴嫩（67.8亿美元）、以色列（66.4亿美元）、摩洛哥（53.9亿美元）和埃及（50.7亿美元）。

### （二）中东国家服务贸易的地域分布和商品结构

**1. 中东国家服务出口贸易的地域分布和商品结构**

在服务出口方面，沙特阿拉伯曾是中东地区最大的服务出口国。1980年，沙特服务出口额为51.9亿美元，占中东国家服务出口总额的28.4%。1980年，中东地区服务出口贸易额达到或超过10亿美元的还有以色列（27.2亿美元）、埃及（23.9亿美元）、科威特（12.2亿美元）、突尼斯（10.7亿美元）和约旦（10.0亿美元）。沙特及上述五国服务出口额占当年中东国家服务出口总额的74.3%。不过，随着非产油国服务出口能力的快速提高，沙特及其他产油国在中东国家服务出口贸易中的重要性逐渐下降。到2011年，中东国家位列前五的服务出口国全部为非产油国，这些国家是土耳其（389.9亿美元）、以色列（268.2

亿美元）、黎巴嫩（197.4 亿美元）、埃及（191.4 亿美元）和摩洛哥（139.6 亿美元）。以上五国服务出口额占当年中东国家服务出口贸易总额的 61.6%。除上述国家外，2011 年，中东地区服务出口贸易额超过 100 亿美元的国家还有阿联酋（128.0 亿美元）、沙特（114.9 亿美元）和科威特（101.9 亿美元）。

表3　中东国家服务贸易出口的商品结构

单位：%

|  | 1980 年 | 1990 年 | 2000 年 | 2005 年 | 2008 年 | 2011 年 |
|---|---|---|---|---|---|---|
| 旅游 | 28.5 | 23.4 | 19.1 | 22.8 | 24.1 | 24.3 |
| 运输 | 31.4 | 29.6 | 35.5 | 44.7 | 42.2 | 41.3 |
| 电信服务 | — | — | 1.0 | 3.3 | 6.1 | 4.2 |
| 建筑服务 | — | — | 2.0 | 2.9 | 3.0 | 2.0 |
| 保险服务 | — | — | 0.3 | 1.6 | 1.5 | 1.3 |
| 金融服务 | — | — | 0.7 | 0.6 | 1.4 | 1.3 |
| 计算机、信息服务 | — | — | 6.2 | 3.8 | 4.0 | 5.4 |
| 专利费、特许费 | — | — | 0.9 | 0.6 | 1.2 | 0.6 |
| 其他商务服务 | — | — | 11.5 | 5.4 | 2.3 | 7.1 |
| 个人文娱服务 | — | — | 3.8 | 1.1 | 0.8 | 0.8 |
| 政府服务 | — | — | 2.9 | 3.0 | 2.8 | 3.5 |

注：1980～2004 年伊拉克数据缺失；1980～2001 年缺失黎巴嫩数据；1980～1998 年卡塔尔数据缺失；1980～1994 年巴勒斯坦数据缺失；1980～1988 年也门数据缺失。

资料来源：联合国贸易与发展会议。

在中东国家服务出口贸易的商品结构方面，运输服务是中东国家最为重要的贸易商品。1980～2011 年，运输在中东国家服务出口贸易中所占比重由 20% 左右上升至 40% 以上。2011 年，位列前 5 的中东运输服务出口国是土耳其（106.9 亿美元）、埃及（82.0 亿美元）、科威特（55.0 亿美元）、以色列（44.1 亿美元）和卡塔尔（39.3 亿美元）。2011 年，上述五国运输出口贸易额占中东国家运输出口贸易总额的 69.4%。

除运输服务外，旅游服务也是中东国家对外出口的主要服务商品。不过，与 20 世纪 80 年代相比，旅游出口贸易在中东国家服务出口贸易中所占比重略有下降。2011 年，位列前五的中东旅游出口国是土耳其（230.2 亿美元）、阿联酋（92.0 亿美元）、埃及（87.1 亿美元）、沙特（84.6 亿美元）和摩洛哥（73.2 亿美元）。2011 年，上述五国旅游服务出口贸易额占中东国家旅游服务

出口贸易总额的 70.7%。

**2. 中东国家服务进口贸易的地域分布和商品结构**

在服务进口方面，沙特、伊朗、阿联酋等产油国是中东地区传统服务进口贸易大国。不过，20 世纪 90 年代以后，随着国民经济的快速发展和服务进口需求的逐步扩大，土耳其、以色列两国在中东服务进口贸易中的重要性开始逐年上升。1980～2011 年，沙特始终都是中东地区最为重要的服务进口国，不过，其在中东国家服务进口贸易中的比重却呈逐年下降的趋势。在此期间，沙特服务进口贸易额在中东国家服务进口贸易总额中所占比重由 1980 年的53.8% 下降至 2011 年的 25.2%。2011 年，位列前五的中东服务贸易进口国是沙特（780.2 亿美元）、阿联酋（495.9 亿美元）、土耳其（209.9 亿美元）、以色列（201.8 亿美元）和伊朗（195.0 亿美元），以上五国服务出口额占当年中东国家服务进口贸易总额的 60.8%。

表4　中东国家服务贸易出口的商品结构

单位：%

|  | 1980 年 | 1990 年 | 2000 年 | 2005 年 | 2008 年 | 2011 年 |
|---|---|---|---|---|---|---|
| 旅游 | 26.9 | 24.1 | 27.3 | 33.8 | 35.7 | 35.2 |
| 运输 | 14.9 | 11.2 | 17.7 | 27.1 | 23.9 | 21.6 |
| 电信服务 | — | — | 0.6 | 1.7 | 1.5 | 1.6 |
| 建筑服务 | — | — | 0.4 | 4.0 | 4.7 | 2.4 |
| 保险服务 | — | — | 2.1 | 3.6 | 3.5 | 3.6 |
| 金融服务 | — | — | 0.8 | 2.9 | 1.4 | 1.5 |
| 计算机、信息服务 | — | — | 0.0 | 0.4 | 0.3 | 0.1 |
| 专利费、特许费 | — | — | 1.1 | 0.9 | 1.0 | 0.7 |
| 其他商务服务 | — | — | 1.9 | 3.4 | 3.7 | 5.2 |
| 个人文娱服务 | — | — | 1.8 | 0.3 | 0.3 | 0.7 |
| 政府服务 | — | — | 21.5 | 13.4 | 12.1 | 10.8 |

注：1980～2004 年伊拉克数据缺失；1980～2001 年黎巴嫩数据缺失；1980～1998 年卡塔尔数据缺失；1980～1994 年巴勒斯坦数据缺失；1980～1988 年也门数据缺失。

资料来源：联合国贸易与发展会议。

在中东国家服务进口贸易的商品结构方面，旅游是中东国家最为重要的服务进口商品，1980～2011 年，旅游在中东国家服务进口贸易中所占比重由14.9% 上升至 26.2%。2011 年，位列前五的中东旅游进口国是沙特（172.7

亿美元)、阿联酋(132.1亿美元)、科威特(81.3亿美元)、土耳其(49.8亿美元)和黎巴嫩(42.2亿美元)。2011年,上述五国旅游进口贸易额占中东国家旅游进口总额的71.7%。

除旅游外,运输也是中东国家对外进口的主要服务商品。1980~2011年,该类服务在中东国家服务进口贸易中所占比重由15%左右上升至25%左右。2011年,位列前五的中东运输进口国是阿联酋(309.8亿美元)、沙特(153.5亿美元)、卡塔尔(98.5亿美元)、土耳其(84.6亿美元)和以色列(65.2亿美元)。2011年,上述五国运输服务进口额占中东国家运输服务进口贸易总额的65.3%。

与很多国家不同的是,由于中东国家缺少政府管理人才,政府部门雇用了大量外籍劳工,政府服务在中东国家服务进口贸易中占有较大比重。2002年,中东国家政府服务进口额曾占当年中东国家服务进口总额的21.5%,是当年仅次于旅游、贸易额位列第二的服务进口商品。2002年,政府服务进口额在服务总进口额中占比超过10%的中东国家共有9个,分别是沙特(62.4%)、伊朗(27.7%)、摩洛哥(21.4%)、巴勒斯坦(16.5%)、科威特(16.4%)、以色列(13.6%)、利比亚(13.0%)、叙利亚(11.0%)和土耳其(10.3%)。不过,2000年以后,受其他服务进口贸易快速发展的影响,中东国家政府服务进口贸易在服务进口贸易中的占比开始快速下降。到2011年,中东国家政府服务进口额在服务进口贸易额中占比下降至10.8%,政府服务在服务总进口额中占比超过10%的国家仅剩下3个,分别是沙特(29.6%)、摩洛哥(21.7%)和利比亚(18.8%)。从贸易额来看,沙特是中东最大的政府服务进口国,2011年,该国政府服务进口额高达230.6亿美元,占中东国家政府服务进口贸易总额的69.1%。2011年,政府服务进口额超过10亿美元的中东国家还有摩洛哥(18.6亿美元)、土耳其(15.7亿美元)、卡塔尔(13.2亿美元)和科威特(12.1亿美元)。

## 三 中国与中东国家的贸易往来

中国与中东国家货物贸易往来总体呈现以工业制成品换取石油的贸易模

式，服务贸易往来则以中国在中东国家承接工程、承包项目为主。中国与中东国家的贸易往来始于改革开放初期，但直到进入21世纪以后，受益于中国工业品制造及出口能力的不断提高，工程承包企业实力不断壮大以及中国石油进口需求的快速增长，中国与中东国家的货物及服务贸易往来才开始进入快速发展期。

## （一）货物贸易往来

改革开放以来，中国与中东国家货物进出口贸易的发展速度快于中国与世界以及与其他发展中国家货物贸易发展的总体速度。国际货币基金组织资料显示，1978～2011年，中国对世界货物进出口贸易额的年均增长速度是16.5%，与新兴国家及发展中国家货物进出口贸易的年均增长速度是18.3%。而同期中国与中东国家货物进出口贸易额由6.0亿美元增至2742.2亿美元，年均增长速度为19.7%。与其他地区的发展中国家相比，中国与中东国家货物进出口贸易的年均增长速度仅弱于中国与亚洲国家和地区货物贸易的增长速度（年均增长19.8%）。

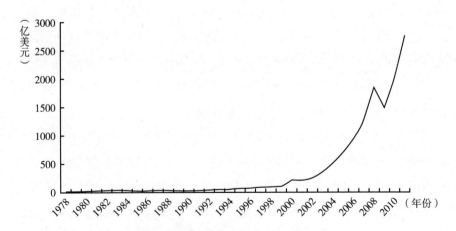

**图8　中国与中东国家货物贸易的发展**

资料来源：国际货币基金组织。

在货物出口方面，1978～2011年，中国对中东国家货物出口贸易额由3.6亿美元增长至1204.6亿美元，年均增长速度为17.8%。在货物进口方面，

1978～2011 年，中国对中东国家货物进口贸易额由 2.4 亿美元增至 1537.5 亿美元，年均增长速度为 20.9%。从货物贸易平衡来看，1978～1999 年，中国对中东国家货物贸易常年都有顺差；但从 2000 年开始，中国对中东国家货物贸易开始时有逆差出现。2011 年，中国对中东国家货物贸易逆差高达 332.9 亿美元，为历史最高水平。

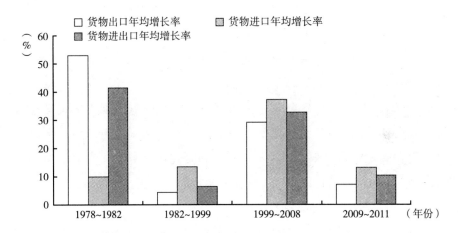

**图 9　中国对中东国家各时期货物贸易年均增长速度**

资料来源：国际货币基金组织。

总体来看，改革开放以后，中国与中东国家货物进出口贸易的发展经历了以下四个展阶段。除第一个阶段外，中国对中东国家货物进口贸易的年均增长速度都要高于货物进口贸易的年均增长速度。

第一阶段，改革开放之初到 1982 年。这一时期，中国对中东国家货物贸易的发展十分迅速。1978～1982 年，中国对中东国家货物贸易额由 6.0 亿美元增至 34.3 亿美元，实现了 41.6% 的年均增长。其中，中国对中东国家货物出口额由 3.6 亿美元增至 30.4 亿美元，实现了 52.9% 的年均增长；中国对中东国家货物进口额由 2.4 亿美元增至 3.9 亿美元，实现了 10.2% 的年均增长。该段时间，中国依然是石油净出口国，中国对中东国家货物贸易的发展主要受益于国际油价迅速攀升带来的中国对中东国家石油及石油产品出口贸易额的扩大。

第二阶段，1982～1999 年。这一时期是中国对中东国家货物贸易缓慢发

展的时期。1982～1999 年，中国对中东国家货物进出口贸易额由 34.3 亿美元增至 108.5 亿美元，年均增长速度仅为 6.6%。在对中东国家货物出口方面，在这一时期，国际油价持续低迷，中东国家货物进口需求增长缓慢，而我国石油和石油制品的出口规模也在不断下降，因此，1982～1999 年，中国对中东国家货物出口额仅由 30.4 亿美元增长至 69.8 亿美元，年均增长速度仅为 4.7%。在从中东国家货物进口方面，中国自 20 世纪 90 年代中后期开始从中东国家进口原油，从而带来中国对中东国家货物进口贸易的较快发展。1982～1999 年，中国对中东国家货物进口贸易额由 30.4 亿美元增长至 69.8 亿美元，实现了年均 13.6% 的增长。

第三阶段，1999～2008 年。这一时期，中国对中东国家货物贸易再次进入快速增长期。中国与中东国家货物进出口贸易额由 108.5 亿美元迅速增至 1833.4 亿美元，年均增长率高达 32.7%，在货物出口方面，受益于中东国家货物进口需求的快速增长以及中国工业品制造和出口能力的迅速提高，1999～2008 年，中东对中东国家货物出口额由 69.8 亿美元增至 902.1 亿美元，实现了年均 29.2% 的高速增长。在货物进口方面，受益于中国对中东国家石油需求的快速增长以及国际油价的不断攀升，1999～2008 年，中国对中东国家货物进口额由 38.7 亿美元增至 931.3 亿美元，年均增幅高达 37.5%。

第四阶段，2008～2011 年。中国对中东国家货物进出口贸易总体趋向缓慢增长。2008 年爆发的全球金融危机给中国对中东国家的货物进出口贸易带来非常大的冲击。2009 年，中国对中东国家货物进出口贸易额由上一年度的 1833.4 亿美元锐减至 1482.7 亿美元，同比出现 19.1% 的降幅。其中，中国对中东国家货物出口额由 902.1 亿美元降至 798.6 亿美元，同比下降 11.4%。中国对中东国家货物进口额由 931.3 亿美元降至 684.2 亿美元，同比下降 26.5%；不过，金融危机的影响很快散去，伴随国际油价的快速回升，中东国家货物进口能力也很快恢复。2010 年、2011 年，中国对中东国家货物进口、出口贸易均出现高速增长。但是，如果将 2008～2011 年作为一个完整周期来看，在此期间，中国对中东国家货物进出口贸易额仅由 1833.4 亿美元增长至 2742.2 亿美元，年均增幅仅为 10.6%，其发展速度较前一时期要慢很多。

### （二）中国在中东地区的主要货物贸易伙伴

改革开放之初，中国与中东国家的货物贸易往来还不太密切。1978 年，与中国货物进出口贸易额超过 1 亿美元的中东国家仅有 4 个，即科威特（1.261 亿美元）、伊拉克（1.259 亿美元）、伊朗（1.185 亿美元）和埃及（1.166 亿美元）。当年，中国对以上国家的货物贸易额占中国对中东国家货物贸易总额的 87.7%。1990 年，与中国货物进出口贸易额超过 1 亿美元的中东国家扩大到 10 个，其中，位列前五的是土耳其（5.85 亿美元）、沙特（4.17 亿美元）、伊朗（3.35 亿美元）、阿联酋（2.88 亿美元）和叙利亚（1.38 亿美元）。1990 年，中国对以上国家的货物贸易额占中国对中东国家货物贸易总额的 61.6%。

从 20 世纪 90 年代中后期开始，由于我国开始从中东国家进口原油，中国与中东国家货物贸易的发展开始加快。2000 年，在中东国家中，位列我国前五的货物进出口贸易伙伴分别是阿曼（33.1 亿美元）、沙特（31.0 亿美元）、阿联酋（24.9 亿美元）、伊朗（24.9 亿美元）和土耳其（14.4 亿美元）。中国对以上五国的货物贸易额占中国对中东国家货物贸易总额的 63.8%。在以上五个国家中，位列前四的国家均是中东地区主要的石油出口国。

进入 21 世纪以后，受益于我国能源需求的迅速增加，工业制成品加工和出口能力的提高以及中东产油国进口需求的迅速扩大，产油国在中国对中东国家货物进出口贸易中始终占据重要地位。2011 年，在中东国家中，位列我国前五的货物贸易伙伴分别是沙特（644.0 亿美元）、伊朗（450.6 亿美元）、阿联酋（350.8 亿美元）、土耳其（241.6 亿美元）和阿曼（158.7 亿美元）。中国对以上五国的货物贸易额占中国对中东国家货物贸易总额的 67.3%。

2011 年，中东国家中，中国对其货物出口额位列前五的国家是阿联酋（268.2 亿美元）、土耳其（216.9 亿美元）、沙特（148.5 亿美元）、伊朗（148.0 亿美元）和埃及（72.8 亿美元），中国对以上国家的货物出口额占中国对中东国家货物出口总额的 70.9%。同年，中东国家中，中国对其货物进口额位列前五的国家为沙特（495.4 亿美元）、伊朗（302.6 亿美元）、阿曼

（148.7亿美元）、伊拉克（104.1亿美元）和苏丹（95.0亿美元）。中国对以上国家的货物进口额占中国对中东国家货物进口总额的74.5%。

### （三）中国与中东国家货物贸易的商品结构

在货物进出口贸易的商品结构方面，中国与中东国家货物进出口贸易的模式是以工业制成品换取原油。联合国贸易与发展会议的资料显示，1995～2011年，我国对中东国家货物出口90%以上是工业制成品。而中国对中东国家货物进口则以原油为主；除石油外，其他货物商品的进口额都不大。

表5　中国对中东国家货物出口的商品结构

单位：%

| | 1995年 | 2000年 | 2005年 | 2008年 | 2011年 |
|---|---|---|---|---|---|
| 食品及活畜 | 6.5 | 4.5 | 2.5 | 1.7 | 1.8 |
| 饮料和烟草 | 0.2 | 0.2 | 0.2 | ** | ** |
| 非食用原料（除去燃料） | 1.2 | 0.8 | 0.7 | 0.6 | 0.9 |
| 燃料、润滑油及相关产品 | 0.9 | 1.1 | 1.3 | 0.9 | 0.5 |
| 动物和植物油、油脂和蜡 | ** | ** | 0.1 | 0.1 | ** |
| 化学品及有关产品 | 7.1 | 5.8 | 5.9 | 5.5 | 6.4 |
| 主要按原料分类的制成品 | 32.7 | 26.8 | 29.4 | 33.1 | 29.4 |
| 机械和交通运输设备 | 21.4 | 28.8 | 35.9 | 38.7 | 38.5 |
| 杂项制品 | 29.6 | 30.0 | 22.9 | 19.3 | 22.3 |
| 未分类商品 | 0.4 | 2.6 | 1.1 | ** | ** |
| 总　计 | 100.0 | 100.0 | 100.0 | 100.0 | 100.0 |

** 数值不足0.1%。
资料来源：联合国贸易与发展会议。

从中国对中东国家的货物出口来看，工业制成品是中国出口的主要货物，而且，1995～2011年间，随着我国工业制造业的快速发展，中国对中东国家出口工业制成品的技术含量和附加值都在不断增加。联合国贸易与发展会议的资料显示，1995～2011年，在中国对中东国家出口的各类工业制成品中，劳动和资源密集型工业制成品占比由42.8%降至31.4%，低技术含量、中等技术含量和高技术含量工业制成品占比则分别由12.4%、17.2%和15.0%上升至14.5%、27.2%和20.0%。

表6　中国对中东国家货物进口的商品结构

单位：%

| | 1995 年 | 2000 年 | 2005 年 | 2008 年 | 2011 年 |
|---|---|---|---|---|---|
| 食品及活畜 | 0.3 | 0.3 | 0.2 | 0.1 | ** |
| 饮料和烟草 | ** | ** | ** | ** | ** |
| 非食用原料（除去燃料） | 9.9 | 2.0 | 3.2 | 6.2 | 5.6 |
| 燃料、润滑油及相关产品 | 54.4 | 85.6 | 80.6 | 84.1 | 79.4 |
| 　原油 | 43.6 | 77.6 | 72.6 | 80.7 | 74.8 |
| 动物和植物油、油脂和蜡 | ** | ** | ** | ** | ** |
| 化学品及有关产品 | 25.2 | 7.5 | 11.6 | 6.9 | 12.4 |
| 主要按原料分类的制成品 | 5.4 | 1.9 | 2.0 | 0.9 | 1.2 |
| 机械和交通运输设备 | 3.0 | 2.2 | 1.8 | 1.3 | 0.9 |
| 杂项制品 | 1.1 | 0.4 | 0.6 | 0.4 | 0.4 |
| 未分类商品 | ** | ** | ** | ** | ** |
| 总　计 | 100.0 | 100.0 | 100.0 | 100.0 | 100.0 |

\*\* 数值不足 0.1%。

资料来源：联合国贸易与发展会议。

在中国对中东国家货物进口方面，1995～2011 年，原油长期以来是中国从中东国家进口的最为重要的货物商品。进入 21 世纪以后，随着我国对中东国家原油进口需求的迅速增长，原油在中国对中东国家货物进口贸易中的占比有了大幅提高。2000～2011 年，原油在中国对中东国家货物进口贸易中所占比重长期维持在 70% 以上。

## （四）服务贸易往来

中国与中东国家的服务贸易往来主要以中国在中东国家开展工程承包业务为主。中国对中东国家的工程承包业务始于改革开放初期。当时，国际工程市场的良好环境为我国建筑企业走进中东市场提供了机遇。1973～1974 年和 1979～1980 年，接连两次石油危机导致国际油价大幅上涨。中东很多产油国的财政状况大为改善，随即投入巨额资金，在国内掀起空前的大规模经济开发和建设高潮。中国建筑工程总公司等企业抓住国际市场有利时机，率先进入中东地区市场，中东地区随即成为我国对外工程承包的主要市场。相关资料显

示，1976~1981年，中国在中东地区承包工程的营业额为7696万美元，占中国对外工程承包营业总额的62.4%。1982~1989年，中国在中东地区承包工程营业额升至25.7亿美元，占中国对外工程承包营业总额的40.5%。① 20世纪90年代以前，由于我国对外工程承包仍处于起步阶段，中国在中东地区承包的工程项目主要是房建和筑路项目，项目的规模较小，承揽方式以分包和承包施工为主。当时，伊拉克是中国在中东地区的主要工程承包市场，除伊拉克外，市场规模较大的还有埃及、索马里等国。

20世纪90年代以前，中国在中东地区的工程承包业务主要集中于伊拉克。1988年爆发的两伊战争以及之后美国主导的海湾战争，导致我国在中东地区的工程承包业务迅速收缩。相关资料显示，1991年，中东在中东地区签订的承包合同金额为16992万美元，仅为1982~1989年年均水平的43.6%，仅占当年中国对外承包工程合同总金额的4.7%。② 总体来看，1990~1997年是中国在中东地区开展工程承包业务的低谷期，在绝大多数年份，中国对中东国家工程承包营业额在我国对外工程承包营业总额中占比都不到10%。20世纪90年代初至1997年，刚刚从战争中恢复的伊朗成为中国在中东地区开展工程承包业务的主要市场。1997年，中国对伊朗工程承包营业额为12824万元，占中国对中东国家工程承包营业额的30%以上。与20世纪80年代相比，这一时期，中国在中东国家承接工程承包项目的技术含量有了明显提高，主要业务已涉及地铁、工厂建设等具有一定技术含量的工程承包项目。

得益于我国石油企业实施的"走出去"战略，中国对中东国家工程承包业务很快从低谷中走出来。总体来看，1997~2002年是中国石油企业"走出去"带动中国对中东国家工程承包业务加速发展的时期。从1993年开始，中国石油企业开始国际化经营的探索和实践，并开始将国际业务扩展至中东地区。20世纪90年代末到21世纪初，中国石油企业在中东地区"走出去"的重点国家是苏丹。1995年9月，中石油获得苏丹穆格莱德盆地6区块石油开

---

① 赵国忠主编《简明西亚北非百科全书·中东》，中国社会科学出版社，2000，第316~317页。
② 赵国忠主编《简明西亚北非百科全书·中东》，中国社会科学出版社，2000，第317页。

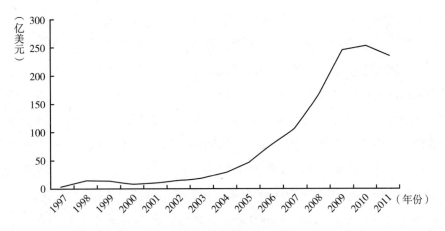

**图 10　中国对中东国家建筑承包工程完成额**

资料来源：中国国家统计局。

发权。1997 年 3 月，中石油获得苏丹穆格莱德盆地 1/2/4 区块石油开发权。2000 年 11 月 11 日，公司又中标苏丹 3/7 区块石油勘探开发项目。中国石油公司在苏丹业务的扩展带动了中国对苏丹工程承包营业额的快速增长。1998 年，中国对苏丹工程承包营业额由上一年的 6533 万美元增至 6.3 亿美元，1999 年进一步升至 7.3 亿美元。在苏丹业务的带动下，1997～1999 年，中国对中东国家工程承包营业额由 4.1 亿美元增至 14.9 亿美元，中国对中东国家工程承包营业额在中国对外工程承包营业总额中所占比例也由 6.8% 升至 17.4%。2000 年，中国对苏丹工程承包营业额大幅下降，受此影响，同年，中国对中东国家工程承包营业额降至 8.9 亿美元。此后，受益于苏丹业务的恢复以及中国石油企业在阿尔及利亚、伊朗等国业务的扩展，2002 年，中国对中东国家工程承包营业额升至 15.2 亿美元。1997～2002 年，中国公司与中东国家签订的承包合同以石油石化项目为主。主要项目有：1998 年中国石油工程建设（集团）公司在苏丹承包的穆格莱德盆地输油管道项目油田生产设施，合同金额总计为 4.6 亿美元；2000 年中国石化工程建设公司在伊朗承包炼厂改造项目，合同金额为 1.5 亿美元；2002 年胜利油田管理局承包的阿尔及利亚区块开发项目，合同金额为 1.6 亿美元。

从 2002 年开始，中国对中东国家工程承包业务进入快速发展期，2002～

2008 年，中国对中东国家工程承包营业额由 15.7 亿美元迅速增至 165.9 亿美元。2008 年金融危机爆发后，中国对中东国家工程承包营业额不但没有受影响，反而因为中东国家推出的经济刺激计划，同比大幅增加：2009 年，中国对中东国家工程承包营业额高达 243.6 亿美元，较 2008 年增长 46.8%。总体来看，2002～2009 年，中国对中东国家工程承包业务的发展十分迅速，承包营业额的年均增长率高达 40.9%，中国对中东国家工程承包营业额在中国对外工程承包营业总额中所占比例也由 14.0% 升至 31.3%。不过，2009 年迪拜债务危机的爆发和 2010～2011 年中东地区的动荡终结了中国对中东国家工程承包业务的高速增长。2002～2009 年，阿联酋已成为带动中国对中东国家工程承包业务快速发展的主要国家。2009 年年底爆发的迪拜债务危机导致 2010 年中国对阿联酋工程承包营业额同比出现 18.8% 的降幅。由于阿联酋业务量的萎缩，2010 年，中国对中东国家工程承包营业额同比仅增加了 2.9%，由 243.6 亿美元增至 261.0 亿美元。2011 年，"阿拉伯之春"引发的中东地区局势动荡及利比亚战争使中国对北非地区的工程承包业务遭受重创。2011 年，中国对北非地区工程承包营业额由 128.3 亿美元降至 93.6 亿美元，同比下降 27%。2011 年，中国对中东国家工程承包营业额出现自 2000 年以来的首次收缩，由 261.0 亿美元降至 235.1 亿美元，同比下降 6.3%。

2002 年以后，国际油价不断攀升给中东很多产油国带来了石油繁荣，这些国家大幅增加了对基础设施和房地产项目的资金投入，当地建筑业呈现高速增长的态势，公路、电力、地铁等基础设施和房地产项目成为带动中国对中东国家工程承包业务快速发展的主要力量。此外，2002 年以后，中国石油企业"走出去"的步伐进一步加大，中国石油企业在伊拉克、伊朗、阿尔及利亚等国的业务扩展也有效带动了中国对中东国家石油石化项目工程承包业务的进一步扩大。2002～2011 年，中国企业在中东国家承接的主要工程承包项目有：2003 年，中建公司承揽的阿尔及利亚布迈丁机场楼项目，合同金额 2.0 亿美元；2007 年中建总公司在阿联酋承建的天阁高档住宅楼项目，合同金额总计 3.6 亿美元；2009 年，山东电力建设第三工程公司承建的沙特扎卡尔电站项目，合同金额 25 亿美元；2009 年，中铁建在沙特承接的轻轨项目，合同金额为 17.7 亿美元。

# Middle East External Trade and the Development of Trade Relations between China and Middle Eastern Countries

*Liu Dong*

**Abstract**: The economy of Middle Eastern Countries is heavily depended on the petroleum. As oil export revenue is the most important source of foreign exchange of the Middle Eastern countries, fluctuations of oil prices became the most critical influences on the commercial goods trade and service trade development of Middle Eastern countries. After 2000, with oil booms brought by the soaring oil prices, the volume of trade in Middle Eastern Countries, for both goods and service, increased very rapidly. For trade of goods, the pattern of trade relationship between Middle Eastern countries and the world is exporting oil in exchange for manufactured goods and food. For trade of service, transport is the major commodity Middle Eastern countries exported, and travel is the major commodity Middle Eastern countries imported. For Sino-Middle East trade relationship, China established trade relationship with Middle Eastern countries since 1978, when China implements the reform and opening up policy. However, before 2000, the trade relationship between China and Middle Eastern countries is not strong. After 2000, with the soaring oil imports, strengthened capability for producing and exporting manufactured goods and the stronger construction companies, China established closer trade relationship with Middle Eastern countries, trade volumes for both goods and service between China and Middle Eastern countries increased very rapidly. As for the commodity structure of Sino-Middle East trade of goods, the major commodity China exported to Middle Eastern Countries is manufactured goods, and the major commodity China imported is crude oil. And for Sino- Middle East service trade relationship, the most import part is the Engineering contracting business undertaking by Chinese Companies in Middle Eastern Countries.

**Key Words**: Middle East; Trade of Goods; Trade of Service; China

# Ⅶ.7
# 中东投资环境及中国与
# 中东国家的投资合作

姜英梅*

**摘　要：**

中东丰富的能源、巨大的市场以及日益改善的投资环境令国际资本趋之若鹜。然而，受地缘政治风险、经济发展水平、法律环境以及市场竞争环境等因素的影响，中东国家吸引外国投资仍处于低水平。受益于丰富的石油美元，中东海湾国家已经实现了从石油资本到金融资本的华丽转身，成为世界上重要的资金输出地。海湾主权财富基金奉行多元化的投资策略，在国际投资市场上的影响力不容小觑。随着中国与中东国家经贸关系的深化，双边投资持续增长，投资领域不断扩大。

**关键词：**

中东投资环境　外国直接投资　主权财富基金　双边投资

投资是经济增长的推动力，是促进技术进步的重要因素。投资在中东国家的现代经济中占有举足轻重的地位。由于地处亚非欧三大洲接合部，交通便利，加之阿拉伯人的经商传统，中东地区自古就是世界投资和贸易的重要场所。① 进入 21 世纪以来，中东丰富的能源、巨大的消费市场以及日益改善的投资环境令国际资本趋之若鹜。美、欧等西方发达国家是该地区最主要的投资来源国。随着中国、印度等新兴经济体的发展以及双边经贸关系的深化，这些

---

姜英梅，法学博士，中国社会科学院西亚非洲所副研究员，主要研究领域为中东经济发展、中东金融及能源安全等问题，著有《中东金融体系发展研究——国际政治经济学的视角》一书。

① 李仲民：《探析阿拉伯国家的投资与贸易政策》，《商场现代化》2011 年 2 月下旬刊。

国家在该地区的投资逐年增加。与此同时，中东地区也是世界重要的资金输出地。中东国家的对外投资，实际上就是指石油美元回流。目前石油美元是国际金融市场上一支举足轻重的力量，对当前国际经济、国际金融市场的影响不容小觑。中东石油美元正在改变该地区以石油作为唯一一财富来源的格局，实现了从石油资本到金融资本的华丽转身。中国与中东国家的友谊源远流长，双边投资始于20世纪80年代，主要驱动力是中国改革开放和中东产油国石油美元的急剧增加。进入21世纪以来，双边投资持续增长，投资领域不断扩大。中东国家已成为中国企业对外合作增长最快的市场之一，中国也成为中东国家"向东看"的主要目标。

## 一　中东投资环境

投资环境指投资经营者所面对的客观条件。影响投资环境的因素有很多，包括政治法律因素、经济发展因素、社会文化因素、自然地理因素等多个方面。

### （一）地缘政治风险加大

中东地处亚非欧三大洲接合部，是东西方交往的纽带，是世界重要的石油产地，也是世界政治、经济、军事格局中最为敏感的地区，历来是兵家必争之地。纵观一百多年来中东政治版图的变化，几乎无一不是由战争所导致的。[①]石油与地缘政治的结合，错综复杂的矛盾和冲突，在美国全球霸权战略的"引导下"，中东地区出现了一个又一个世界热点。由这些热点滋生的宗教激进主义也成为美国国家安全的头号威胁。根据2012年6月英国一家智库（经济与和平研究所）公布的《2012全球和平指数报告》，过去一年中，世界大部分地区的和平程度有所提高，然而，中东由于局势动荡，取代撒哈拉以南非洲成为世界上最不和平的地区，其中叙利亚排名连降31位，跌至第147位，是下滑最严重的国家，索马里、阿富汗和苏丹则是和平指数最低的三个国家。[②]中东

---

① 王联：《中东政治与社会》，北京大学出版社，2009，第342页。
② 《报告显示中东和北非成为全球最不和平地区》，新华网，2012年6月15日，http://news. xinhuanet. com/world/2012－06/15/c_ 123285414. htm。

动乱后,该地区地缘政治格局发生重大变化。伴随地区转型和大国博弈,旧秩序逐渐瓦解,新秩序尚未建立,中东将呈现动荡长期化、国家转型复杂化、地区力量多样化和大国博弈激烈化的态势。①

总之,由于美国的全球霸权主义与西方国家的利益争夺,以及中东地区本身存在的错综复杂的内部矛盾,中东各国独立后长期处在战争和冲突的阴影下。战争不仅带来生灵涂炭、财产损失,还导致政治动荡、社会不安以及法律法规缺失和投资者信心不足,严重影响该地区经济发展。中东地区只有在和平稳定的环境下,才能实现经济现代化,才能改变自身在全球经济体系中的边缘地位。

### (二)政治发展滞后

中东阿拉伯民族国家建立以后,军事政变、社会动乱导致政权频繁交替;家族或个人长期执政导致政治体制僵化和专制独裁;议会往往成为当权者的摆设;人民选举权形同"鸡肋";司法体系与社会生活受到传统伊斯兰教的影响,世俗政权不时受到宗教合法性的挑战;政治和社会现代化发展滞后缓慢。这些特点构成了中东现代政治的基本框架。国家内部民族、宗教、种族矛盾越严重的国家,政治稳定性越差、政府效率越低。20世纪末以来,中东国家也逐步开启了政治民主化进程,取得了一些进展。如一些国家开放党禁、实行多党制,进行宪政选举,建立了议会或政治协商机构,允许妇女参政等。王林聪在《中东国家民主化问题研究》一书中指出:"从纵向发展来看,中东国家民主化进程呈现着由弱渐强的变化趋势,但从横向比较而言,仍具有迟缓性和滞后性,在整体上尚处于民主化发展的初始阶段。在中东国家民主实践中,民主化与伊斯兰主义两种截然不同的倾向相互交织,并行相随。"② 西方有学者认为,即便是在经济高度自由化的海湾地区,也被称为"没有民主的市场经济"。③ 无论时代如何变迁,

---

① 王林聪:《中东变局的地区和国际影响》,杨光主编《中东发展报告No. 14 (2011~2012)》,社会科学文献出版社,2012,第1~14页。
② 王林聪:《中东国家民主化问题研究》,中国社会科学出版社,2007,第24页。
③ 〔法〕让-弗朗索瓦·塞内克(Jean-Francois Seznec):《海湾国家:没有民主的市场经济》,《美国参考》2008年6月11日。他认为,海湾国家建立了基本上自由的市场,但没有自由的选举。这些国家的统治者与人民分享经济发展的成果,但不分享政治权力。

民主化是中东国家政治发展的必由之路。2010 年年底发起于突尼斯的中东变革浪潮，就是普通大众对生存权、发展权与民主权的强烈诉求。值得注意的是，只有符合本国国情，在本国政治土壤中产生的"内生"民主才能生根、发芽和成长，才能有助于中东国家的社会稳定与发展。[①] 然而，"革命"并没有给中东带来真正的春天，利比亚政局不稳、埃及民选总统穆尔西被军方宣布下台，地区动荡呈现长期化趋势，政治转型困难重重，民主之路曲折不平。

## （三）司法体系世俗化

近代中东国家大多是法国或英国的殖民地，其商法制度基本沿袭了宗主国的法律体系。战后中东国家普遍进行了一场影响较大的、以世俗化为特点的法制改革运动，建立和完善现代司法体系，伊斯兰教只是被抽象地规定为国家或官方宗教。共和制国家的司法体系改造比较彻底。各君主国一般都创立了与宗教法院并存的世俗法院体系，吸收西方的法律原则，以《古兰经》和圣训为主要的立法渊源，处理伊斯兰教法涉及不多的司法事务，制定商法和涉及现代生活的各种法规，其中意义最大的当属婚姻法和继承法的改革。约旦和伊朗等国制定了婚姻法，对多妻制和男性的休妻权予以废除和限制。[②] 除沙特外，君主国制定了民法、刑法以及民事诉讼法和刑事诉讼法。为吸引投资、发展经济，很多现代化的法律概念频繁运用于日常商业运作中，中东各国大多制定了与贸易投资有关的法律法规。中东国家金融部门必须在国家的法律框架内工作，每个国家的法律框架都不同。

## （四）经济不发达

一百多年来，中东地区的石油一直支撑着全球经济的发展，然而在全球化的今天，这一地区被边缘化了。按照世界银行的分类标准，当代中东经济总体上已经达到中低收入国家水平，海湾地区的产油国还步入了富裕国家行列。然而，中东国家不发达的社会经济发展状况依然没有得到根本性改变。除了海湾

---

[①] 安维华：《中东国家经济体制改革与民主政治建设的启迪》，《亚非纵横》2010 年第 2 期。
[②] 李福泉：《中东世俗化的阶段及特点》，《宁夏社会科学》2010 年第 1 期。

产油国和两个非阿拉伯国家——以色列和土耳其之外，大多数中东国家的经济发展还很落后，人民生活水平还很低。贫穷、失业已成为中东大多数国家的通病，尤其是年轻人失业问题，不论在产油国还是非产油国，都是政府亟须解决的大问题。海湾富裕国家的财富积累建立在资源出口的基础上，而不是依靠科学技术发展和创新，因此它们也不属于发达国家之列。高失业率和不公正增长、长期独裁统治和腐败所造成的结构性社会问题终因一位突尼斯摊贩的自焚而爆发并席卷中东，一些国家出现政权更迭。中东动乱已持续两年多，总体来看，动乱后中东国家经济有所发展，中东许多国家股市上扬，说明民众对经济信心并未跌至谷底；从内外债来看，增幅也不大；外汇储备、主权财富基金并未受损；货币也未出现大幅贬值。中东经济发展好于预期的主要原因在于全球石油需求增长致使国际石油价格高位运行，石油输出国经济发展良好。然而，中东国家经济发展两极分化，中东发生"革命"的国家（大多是非石油出口国），支柱产业未能得到发展，政治转型，社会需求，负面外部环境（国际金融危机、欧债危机）进一步增加了宏观经济的近期风险。

### （五）商业文化环境深受伊斯兰文化影响

中东传统文化源远流长，已有数千年的历史，阿拉伯—伊斯兰文化影响尤其深远。伊斯兰文化反对西方文化及其现代化模式；伊斯兰经济思想反对利息、反对奢靡消费和不公正。所有这些，都对穆斯林商人的言行产生了一定影响。然而，中东各民族国家在独立后，大多开始了以世俗化为特点的经济现代化进程。时至今日，西方现代商业理念已逐步渗透到中东各类经济活动中，企业营运以市场为导向。阿拉伯人商业文化特点主要表现在：第一，经济生活受伊斯兰教影响，时间观念不强；第二，阿拉伯企业以家族为纽带，喜欢结成紧密、稳定的部落集团，行业内家族经营、裙带关系非常普遍；第三，与欧美客商相比，阿拉伯人不太注重合同的严肃性，经常"以神的旨意"来终止合同的订立和履行。①

---

① 毛小明：《中东商业文化对贸易影响分析》，《企业经济》2006 年第 9 期。

### （六）市场竞争环境差

经过一系列的改革和调整，中东阿拉伯国家的市场正在从特权向竞争转变,[①] 企业进入市场的壁垒和成本逐渐降低。然而，受政治、经济和传统文化的影响，中东阿拉伯国家还没有形成公平有序、充满竞争力的市场环境，其在国际上的竞争力也比较弱。国外有学者指出，管理不善、监管不明、腐败和政府干预等是影响中东经济发展的重要因素。[②] 本文主要从营商便利程度、竞争力指数和腐败指数角度分析中东地区市场竞争环境指数。（见表1）

表1　中东国家市场竞争环境指数排名

| 国家 | 营商便利度排名 | 竞争力指数排名 | 腐败指数排名 |
| --- | --- | --- | --- |
| 沙　特 | 22 | 18 | 66 |
| 阿联酋 | 26 | 24 | 27 |
| 以色列 | 38 | 26 | 39 |
| 卡塔尔 | 40 | 11 | 27 |
| 巴　林 | 42 | 35 | 53 |
| 阿　曼 | 47 | 32 | 61 |
| 突尼斯 | 50 | — | 75 |
| 土耳其 | 71 | 43 | 54 |
| 科威特 | 82 | 37 | 66 |
| 摩洛哥 | 97 | 70 | 88 |
| 约　旦 | 106 | 64 | 58 |
| 埃　及 | 109 | 107 | 118 |
| 黎巴嫩 | 115 | 91 | 128 |
| 也　门 | 118 | 140 | 156 |
| 叙利亚 | 144 | — | 144 |
| 伊　朗 | 145 | 66 | 133 |
| 阿尔及利亚 | 152 | 110 | 105 |
| 伊拉克 | 165 | — | 169 |
| 苏　丹 | 143 | — | 173 |
| 利比亚 | — | 113 | 160 |

资料来源：World Economic Forum, *The Arab World Competitiveness Report 2013*, p. 10；*Transparency Perceptions Index 2012*, p. 2；The World Bank & IFC, *Doing Business 2013 – Regional Profile：Middle East and North Africa*, p. 6。

---

[①] World Bank, *From Privilege to Competition*, MENA Development Report, 2009.

[②] Yochanan Shachmurove, "An Introduction to the Special Issues on Financial Markets of the Middle East", *International Journal of Business* 9（3）, 2004.

**1. 营商便利程度**

在中东经济中，营商便利是促进私营企业和外资企业的关键因素，因此，应当摒弃一些可能会妨碍私营部分发展的官僚作风。根据世界银行发布的《营商环境报告》，中东各经济体的政府为改善对本地企业家的营商监管作出了重大努力。但自 2010 年年底"阿拉伯之春"以来，由于一些国家进入政治经济转型期，营商监管改革的势头有所减弱。"阿拉伯之春"后，经济、社会和政治等各方面的诸多问题需要政府来解决，导致总体改革进程有所放缓——因为新政府将政治稳定和经济发展作为优先考虑因素。2012 年该地区只有11% 的经济体实施了两项或两项以上的监管改革。[①]

尽管中东经济体在降低监管程序的复杂性和成本方面取得了一些进展，但企业家们仍面临对投资者和财产权保护薄弱的问题。中东地区平均营商便利度排名第 98 位，和拉美地区同属于中下等，仅比南亚和撒哈拉以南非洲排名靠前。这表明中东政府在改善营商环境方面还有很大的空间，可以通过使法规更加清晰、透明、连贯来实现。由于政府在国民经济中地位过高，中东迫切需要鼓励私营部门发展，因为充满活力的私营部门是吸纳劳动力的重要部门。

从世界银行的报告[②]可以看出，人们在多数中东经济体仍然不能方便或是有效率地经商。中东地区中，仅有沙特、阿联酋、以色列、卡塔尔、巴林、阿曼、突尼斯七国进入前 50 名，约一半的国家排名在 100 位之外，虽然海湾国家保持了所得税率处于最低水平的优势，有相对自由的媒体，能比较自由地接受外籍劳工和外国合同，以及自由的市场经济。它们在开办企业、合同执行、投资者保护等方面也存在一些问题。除了以色列、沙特、科威特、突尼斯之外，大多数国家在投资者保护方面都排在 70 位之后。因此，为使商业活动更加便捷高效，所有的中东国家需要重新审视并改善它们的法规与制度。而且，那些在世界 185 个国家和地区中平均排名 100 位之外的半数中东国家都需要大幅改善其国内的商业环境。由于地缘政治、经济发展水平、法律环境等方面的

---

① *Doing Business 2013*, p. 10.
② *Doing Business 2013*.

因素，中东国家对外国直接投资缺乏吸引力。进入 21 世纪以来，伴随油价飙升，流入中东地区的外国投资（包括外国直接投资）增加很快，但也只占世界投资总量的 5% 左右。外商直接投资的流入方向主要是服务行业，包括房地产、旅游业、金融服务以及与炼油和石化相关的制造业。外商直接投资主要来源于欧盟、美国及阿拉伯内部（主要是海合会国家）。[①] 尽管面临挑战，"阿拉伯之春"后影响深远的政治变革和经济转型或许能为政府改善营商环境、促进私营部门发展、引进外资提供难得的机会。

**2. 竞争力指数**

根据世界经济论坛（WEF）所制定的全球竞争力指数，在 144 个经济体中，中东国家的全球竞争力指数基本在中间偏下的位置；挤进前 30 名的国家是卡塔尔、沙特、阿联酋和以色列；紧随其后的是阿曼、巴林、科威特和土耳其；其余国家都在 50 名之外。埃及、阿尔及利亚、利比亚和也门都排在 100 名之外，与动乱前相比，排名靠后了，这充分说明不稳定的政治环境和不明朗的宏观经济环境的负面影响。[②] 伊拉克、突尼斯和叙利亚由于材料不充分，不在统计排名之列。自 2005 年以来，借助高油价和高增长带来的大好时机，中东阿拉伯国家实施了一系列的经济改革。2010 年的调查显示，相比 2006 年，一些国家的全球竞争力排名前移了。这表明阿拉伯国家的改革步伐快于全球竞争力指数样本中的其他经济体。阿拉伯产油国的竞争力则是来自信贷体系和基础设施，以及低成本的外籍劳工。摩洛哥、突尼斯和阿尔及利亚的竞争力，来自它们靠近欧洲的地理位置和低劳动力成本。

**3. 腐败指数**

中东除了土耳其和以色列外，无论是共和制国家还是君主制国家都带有集权主义色彩。中东大部分国家的发展目标首先是巩固统治集团地位，实现总的社会经济目标往往被置于其次。中东国家大多数执政者和统治集团都有自己的家族背景、宗教联系、亲信朋友等利益集团。国家机器，尤其是经济部门，就控制在与统治集团密切相关的利益集团手中。独裁、专权、世袭制

① UNCTAD, *World Investment Report 2010*.
② World Economic Forum, *The Arab World Competitiveness Report 2013*, p. 10.

以及庞大的利益集团不可避免地导致贪污受贿和腐败。总部位于柏林的非政府组织——透明国际（TI）①，运用腐败印象指数（Corruption Perceptions Index，CPI，又称清廉指数）来审查每个国家的腐败程度。根据透明国际2012年全球腐败指数，② 全球70%的国家和地区分数低于50，表明腐败是一个严峻的全球性问题。一般而言，最贫穷的国家（地区）往往是腐败程度最高的，最清廉的国家（地区）往往也是最富裕、最具竞争力的——丹麦、芬兰和新西兰并列榜首，索马里、朝鲜和阿富汗则居于末位。从区域来看，东欧和中亚腐败最为严重，得分低于50的国家比例高达95%；撒哈拉以南非洲为90%。欧盟和西欧最为清廉，这一比例为23%；亚太地区为68%；美洲为66%；中东和北非为78%。③ 根据中东国家的腐败印象指数，只有卡塔尔、阿联酋和以色列在前40名之列。阿尔及利亚、埃及、黎巴嫩、伊朗、叙利亚、也门、利比亚、伊拉克、苏丹排在100位之后。苏丹排名最低，在第173位，全球倒数第四，伊拉克倒数第八。透明国际的报告表明中东国家的腐败同时存在于低收入国家（如伊拉克和也门）和高收入国家（如沙特阿拉伯和科威特），这是由于政府交易、政府招标和项目、材料与设备提供中存在的非法支付和行贿受贿行为。因此，中东国家的腐败程度是介于中等与最差之间的。

## 二　中东国家海外投资与外国直接投资（FDI）

中东国家的对外投资，实际上就是石油美元回流，尤其是阿拉伯石油输出国石油美元的回流途径和回流机制问题。石油美元是一种流动性的资金。石油

---

① 透明国际组织成立于1993年，总部设在德国柏林，是国际上唯一专门致力于抑制贪污腐败的国际非政府组织。该组织已在世界上90个国家成立分会。从1995年起，透明国际组织每年公布一次世界各国和地区的"腐败印象指数"，体现各国和地区公共部门也就是政府官员的腐败程度。透明国际每年发布的"腐败印象指数"调查方法是从十几个国际较知名的调查报告中抽取有关腐败的部分加以整合归纳形成自己的报告。数据来源绝大部分是对国际商人的个人感受，所以叫做"印象指数"。

② 调查涵盖176个国家和地区，得分范围为0～100，0为高度腐败，100代表非常清廉，得分越高清廉程度越高。没有国家或地区获得满分。

③ Transparency International, *Corruption Perceptions Index 2012*, p. 4.

美元回流，指石油输出国的石油收入重新流回石油进口国的现象。石油美元的巨额增加始于 1973 年的第四次中东战争，20 世纪 70～80 年代的石油美元回流，主要是流向国际收支赤字国家：一是通过投资或贷款实现石油美元从石油出口国到石油消费国的资金回流，二是通过金融市场（如欧洲货币市场）或国际金融机构（如国际货币基金组织）在各个逆差国家之间进行适当的再分配。20 世纪 90 年代以来，除了投向美国和欧洲的货币市场和债券市场，石油美元还流入亚洲新兴市场。21 世纪，伴随世界经济腾飞和石油需求上扬，石油美元迅速增加。目前石油美元是国际金融市场上一支举足轻重的力量，对当前国际经济、国际金融市场的影响不容小觑。

## （一）石油美元投资模式①

根据全球著名咨询公司麦肯锡研究院 2007 年的报告，全球资本市场正在发生深刻变化，一直集中在发达经济体的金融权力正在分散，石油美元、亚洲中央银行、对冲基金和私募股权基金发展迅速，成为新的世界金融权力经纪。石油出口国在 2006 年成为世界上全球资本流量的最大源泉，从 20 世纪 70 年代以来第一次超过亚洲，石油美元投资者（包括政府和个人）拥有的海外金融资产总额为 3.4 万亿～3.8 万亿美元，位列四大权力经纪之首。麦肯锡研究院估计，如果石油价格稳定在每桶 70 美元左右，每年将有 6280 亿石油美元流入全球金融市场。根据 2007～2010 年 75 美元/桶的平均油价推算，目前国际资本市场上的石油美元资产应在 6 万亿美元左右。② 海湾合作委员会（简称海合会，GCC）各国是最大的石油输出国。截至 2006 年年底，GCC 海外资产达到了 1.6 万亿～2 万亿美元，预计 2010 年将达到 2.0 万亿～2.4 万亿美元。其中政府拥有的石油美元资产（央行和主权财富基金）占 65%，其余石油美元资产由政府投资公司、高资产净值的个人、国有企业和私

---

① 该部分借鉴参考了本人专著《中东金融体系发展研究——国际政治经济学的视角》中的部分章节内容，以及论文《海湾国家石油美元投资模式》（载《阿拉伯世界研究》2013 年第 1 期）。

② Diana Farrell and Susan Lund, "The New Role of Oil Wealth in the World Economy", *The McKinsey on Finance*, 2008 (26).

营企业拥有。① 中央银行持有的石油美元进行海外投资是为了避免国际收支平
衡波动的冲击，强调资产稳定而不是利润最大化，主要以银行存款和长期政府
债券（主要是美国国债）的形式持有外汇储备。沙特货币局（央行）基金最
大，2009 年年底的估值为 4360 亿美元。② 大多数石油出口国建立了主权财富
基金，通常依靠外部全球资产管理人来进行管理，很少在海外企业中拥有控股
权。大多数石油出口国的私人财富高度集中在少数几个超级富豪手中，如沙特
首富瓦利德王子。他们的大部分资产投资海外，通常使用伦敦、瑞士和其他金
融中心的金融媒介，资产分布高度多样化，但又偏好股票和替代型投资。③

2000 年以来的高油价给石油输出国带来巨额石油收入，其中的大部分又
循环流入全球金融市场，使石油美元投资者成为越来越强大的参与者。然而，
即使是国际货币基金组织（IMF）和国际清算银行（BIS）的专家也很难追踪
中东资金的流向，因为大量盈余不是作为官方储备持有的，而是表现为政府的
石油稳定与投资基金和国家石油公司的对外投资。国际清算银行称，其无法掌
握石油出口国自 1999 年以来积累起来的 70% 的石油美元的去向，1978 ~ 1982
年这一比例是 51%。世界上所有产油国积累的石油美元中，60% 的资金去向
不明，俄罗斯石油美元流向相对明确，仅有 13% 的石油美元难以追踪。④ 那么
这些"失踪"的石油美元躲在世界的哪个角落？产油国本身不希望被统计机
构跟踪调查，而且产油国国内管理石油美元的机构发展壮大，海合会国家发达
的银行体系和主权财富基金已经熟悉国际金融市场规则，有能力直接参与石油
美元投资，从而绕过欧洲和美国货币市场和国际金融机构。这也说明了为什么
银行存款在石油美元投资结构的比重逐步下降——从 2001 年的 46.0% 降到
2006 年的 27.9%。石油美元更多地流向了对冲基金、私募股权基金等离岸金

① Kito de Boer, Diana Farrell, Susan Lund, "Investing the Gulf's Oil Profits Windfall", *The McKinsey Quarterly*, May 2008.

② International Financial Services London (IFSL), *Sovereign Wealth Funds 2010*, March 2010.

③ Diana Farrell and Susan Lund, "The New Role of Oil Wealth in the World Economy", *The McKinsey on Finance*, 2008 (26).

④ Adam Hanieh, *Khaleeji Capital*: *Class Formation and the Gulf Cooperation Council*, Graduate Program in Political Science York University, Toronto, Ontario. Library and Archives Canada, Published Heritage Branch, p. 201.

融机构，或被用于偿还债务，以及投资房地产和对外投资。[①] 也有大量的石油美元变成了海外私人资产。世界主要石油出口国私人资本流出占 GDP 比例为20%，其中沙特私人资本流出占 GDP 比例高达36%，科威特的占30%，卡塔尔的占40%。[②] 2005 年中东北非地区公共和私人净储蓄为 7250 亿美元，其中当年外汇储备变动 1500 亿美元，占总储蓄的 20.7%。其他资产包括：银行资产（占 34.5%）、投资组合（占 48.3%）和其他投资（17.2%），美元资产的比例高达70%。[③] 对于产油国来说，尽管美元持续贬值，美元资产仍是石油美元的最佳选择：购买美国国债不仅是其收入获利途径，更有利于其在政治上密切与美国的联系，为此中东各国均持有 500 亿~800 亿美元的美国国债。

据国际金融机构（Institute of International Finance，IIF）2007 年数据，2002~2006 年 GCC 国家 55% 的国际资本流向美国，其次是欧洲。海湾石油美元在美国多数以证券和私人投资的形式，在欧洲则主要以股票和房地产形式投资。值得注意的是，"9·11" 事件是石油资本流向的一个重要转折点，中东投资者意识到，需要使投资更加多元化。石油美元有东移的趋势，投往亚洲、非洲的比例逐步上升。（见表2）GCC 地处中东北非地区，与其他国家有着宗教、民族等千丝万缕的联系。2001 年以来，GCC 区域内投资迅速上升，累计达到 41.8 亿美元，主要投向黎巴嫩、埃及和突尼斯，并集中在服务业（66%）和工业（32%）。沙特、阿联酋和科威特三国的投资占区域内投资总额的 69%。[④] 此外，亚洲经济增长迅速，地缘上与中东更为接近；新一代的基金经理对在新兴市场投资更有经验，他们善于在尚未充分发展的亚洲市场发现机会，因此，亚洲也逐渐成为中东投资的选择之一。按地域划分的话，海湾地区的公司及主权投资基金是中国股市中增长最快的一个投资者群体。

---

① 受获取资料的限制，该部分的数据较旧，但从一个长期的发展进程看，基本能反映出中东产油国石油美元回流的渠道和结构。

② Adam Hanieh，*Khaleeji Capital*：*Class Formation and the Gulf Cooperation Council*，Graduate Program in Political Science York University，Toronto，Ontario，Library and Archives Canada，Published Heritage Branch，p. 205.

③ APICORP，"Oil Producers High Net Savings：Riding the Mobius Strip Once Again?" *Economic Commentary*，Volume 1，No. 7 - 8，July - August 2006.

④ John Nugee and Paola Subacchi，*The Gulf Region*：*A New Hub of Global Financial Power*，Chatham House，Great Britain，2008，p. 72.

表 2　GCC 国际资本流向（按地区分）（2006）

单位：10 亿美元，%

| 国家与地区 | 金额 | 占比 | 国家与地区 | 金额 | 占比 |
| --- | --- | --- | --- | --- | --- |
| 美　　国 | 300 | 55.3 | 亚　　洲 | 60 | 11.1 |
| 欧　　洲 | 100 | 18.4 | 其　　他 | 22 | 4.1 |
| 中东北非 | 60 | 11.1 | 总　　计 | 542 | 100 |

资料来源：*Institute of International Finance* （2007）. The data combine FDI and portfolio flows, including asset classes such as bank deposits and real estate purchases。

## （二）海湾国家主权财富基金①

1953 年，科威特在英国伦敦开设科威特投资局，就此揭开了主权财富基金序幕。过去几十年的时间，中东地区以石油美元作为资本，通过在欧美市场上购买股票和债券，已经积累了超出石油收入的财富。2007 年开始的美国次贷危机使它们在国际金融市场上崭露头角。一向低调的中东产油国主权财富基金也因"财大气粗"、纷纷向欧美金融机构出击而受世人瞩目。根据美国主权财富基金研究所估计，2012 年年底全球最大的 15 个主权财富基金中，中东主权财富基金就占了 6 个，分别是阿布扎比投资局、沙特货币局控股公司、科威特投资局、卡塔尔投资局、阿尔及利亚收入管理基金、迪拜投资公司。

**1. 主权财富基金概况②**

根据美国主权财富基金研究所估计，2012 年年底全球主权财富基金资产 5.47 万亿美元，中东主权财富基金占比高达 38.2%，其中 90.8% 来自阿联酋、沙特和科威特等海合会国家，其资产高达 1.89 万亿美元，占全球资源型主权财富基金的 59.5%。③ 海合会 6 个成员国均根据自身石油美元和经济发展程度设立了不同规模的主权财富基金，阿联酋、沙特、科威特主权财富基金位列前三，这三国主权财富基金占全球主权财富基金总额的比例分别为 18%、11% 和 5%，排名分别为第二、第四和第六位。海合会国家主权财富基金在本

---

① 该部分借鉴参考了本人专著《中东金融体系发展研究——国际政治经济学的视角》中的部分章节内容，以及论文《海湾国家石油美元投资模式》（载《阿拉伯世界研究》2013 年第 1 期）。

② 张瑾：《海合会国家主权财富基金的发展及其影响》，《阿拉伯世界研究》2010 年第 1 期。

③ USA, *Sovereign Wealth Funds Institute*, December 2012. http://www.swfinstitute.org/fund-rankings/.

质上也是专业化的商业机构，为实现良好投资回报率的核心使命，尽量避免行政机关的管理模式。中东国家主权财富基金都属于资源型（石油），这些国家设置主权财富基金的目的是在非再生资源（石油）枯竭之前，为国家和民族可持续发展思考，实现财富的代际转换，因此，它们往往是资本市场上的长期投资者，投资于收益率较高的外国资产，为下一代的生存和发展积累财富。阿联酋是中东重要的港口国家和金融中心，主权财富基金为全球之首，通过投资国外战略行业如银行来实现其国家战略，因而具有新型"国家资本主义"的特征。① 除了海合会国家，中东地区其他产油国也建立了自己的主权财富基金，例如，1999 年伊朗建立石油稳定基金，2011 年更名为国家开发基金，现有资产 496 亿美元；2000 年阿尔及利亚建立的收入管理基金，资产 772 亿美元；利比亚于 2006 年成立利比亚投资局，现有资产 650 亿美元。（见表 3）这些主权财富基金在促进国内经济建设、积累海外资产等方面发挥了应有的作用，尽管它们在国际金融市场上的"风头"远不如 GCC 国家。

**2. 主权财富基金投资策略②**

一直以来，全球主权财富基金投资策略都比较保守，主要投向欧美地区的国债和指数基金（以美国为主）。近年来，随着美元贬值、欧洲、日本以及其他新兴国家经济的快速发展，主权财富基金投资日益多元化，欧美次贷危机和国际金融危机加速了这一进程。总体来看，沙特、科威特主权财富基金属于相对保守的投资者，主要投资于固定收益类金融资产，达到其资产总额的50%～70%，现金资产占比为 20%～30%。阿布扎比投资局和卡塔尔投资局则相对激进一些，与挪威和新加坡主权财富基金类似，它们将大部分资产投资在权益（股票）上，占比高达 50%～60%，其余资产则分别配置于固定收益类资产和一些高风险资产，例如对冲基金和房地产。③ 国际金融危机后，海合会国家主权财富基金呈现多元化的投资策略。

---

① 宋玉华、李锋：《主权财富基金的新型"国家资本主义"性质探析》，《世界经济研究》2009年第 4 期。
② 张瑾：《海合会国家主权财富基金的发展及其影响》，《阿拉伯世界研究》2010 年第 1 期。
③ 《主权财富基金"换口味"》，凤凰网，2011 年 9 月 24 日，http://finance.ifeng.com/fund/jjdt/20110924/4672435.shtml。

表3　中东主权财富基金（2012 年）

| 国家 | 基金名称 | 资产(10 亿美元) | 成立日期(年) | 透明度指数 |
|---|---|---|---|---|
| 阿联酋 | | 816.6 | | |
| | 阿布扎比投资局 | 627 | 1976 | 5 |
| | 迪拜投资公司 | 70 | 2006 | 4 |
| | 阿布扎比国际石油投资公司 | 65.3 | 1984 | 9 |
| | 阿布扎比穆巴达拉开发公司 | 53.1 | 2002 | 10 |
| | RAK 投资局 | 1.2 | 2005 | 3 |
| | 酋长国投资局 | — | 2007 | 3 |
| | 阿布扎比投资委员会 | — | 2007 | — |
| 沙特 | | 538.1 | | |
| | 沙特货币局控股公司 | 532.8 | — | 4 |
| | 公共投资基金 | 5.3 | 2008 | 9 |
| 科威特 | 科威特投资局 | 342 | 1953 | 6 |
| 卡塔尔 | 卡塔尔投资局 | 115 | 2005 | 5 |
| 阿曼 | | 8.2 | | |
| | 国家储备基金 | 8.2 | 1980 | 4 |
| | 阿曼投资基金 | — | 2006 | |
| 巴林 | Mumtalakat 控股公司 | 7.1 | 2006 | 9 |
| GCC 总计 | | 1899 | | |
| 阿尔及利亚 | 收入管理基金 | 77.2 | 2000 | 1 |
| 利比亚 | 利比亚投资局 | 65 | 2006 | 1 |
| 伊朗 | 国家开发基金 | 49.6 | 2011 | 5 |
| 巴勒斯坦 | 巴勒斯坦投资基金 | 0.8 | 2003 | — |
| 中东总计 | | 2091.6 | GCC/中东 | 90.80% |
| 全球资源型总计 | | 3193.1 | GCC/全球资源型 | 59.50% |
| 全球总计 | | 5473.3 | GCC/全球 | 34.70% |

资料来源：USA, *Sovereign Wealth Funds Institute*, December 2012, http：//www.swfinstitute.org/fund - rankings/。

首先，由被动型投资转向主动型投资。从投资低风险、低收益的资产（如债券和指数基金）转向投资兼顾盈利性的资产，如通过提高股权资产的投资比例、外商直接投资、跨境购并、对冲基金、衍生产品、杠杆收购等方式成为主动积极型的投资者。阿布扎比投资局、科威特投资局和卡塔尔投资局变化最为明显，投资对象从低风险、低收益的资产转向高风险、高收益的资产，加大了股票、基础设施、私募股权、房地产、商品和对冲基金等领域的投资力度。例如，阿布扎比投资局75亿美元注资花旗银行、科威特投资局购买戴姆勒—奔驰公司的股份、卡塔尔投资局购得巴克莱银行7%的股份。海合会国家新设立的主权财富基金投资战略更为多样化，如迪拜国际资本购得汇丰控股10亿美元股份，迪拜投资（Istithmar）将其60%的资产投资于世界各主要城市的地产。而这也是迪拜债务危机爆发的诱因之一，这说明新的投资方式在带来高收益的同时，也存在高风险。

其次，投资组合多元化。金融行业是主权财富基金最青睐的投资目标之一。1995～2009年全球主权财富基金对金融部门投资比例为42%，其中82.5%投向国际银行部门。[①] 这直接导致主权财富基金资产在2008年大幅缩水。金融危机后，主权财富基金开始抛弃金融行业，积极寻求投资组合多元化。在具体投资目标上，海湾主权财富基金似乎更青睐制造业和高科技企业。例如阿布扎比主权财富基金购买奥地利石油天然气公司（OMV AG Group）、收购挪威的北欧化工（Borealis），以满足国内化工企业博禄公司（Borouge Co.）的技术需要；巴林主权财富基金收购英国迈坎伦集团（MClaren Group）30%的股份来促进本国铝业发展，并借助该公司的专业技术发展本国汽车配件制造业。卡塔尔投资局对欧洲保时捷汽车控股股份公司（Porsche Automobile Holding SE）100亿美元的股份投资，以及大众汽车公司（Volkswagen AG）约47亿美元的投资。这进一步提高了海湾各国自身的生产和管理技术水平，有利于发展本国经济并改变本国单一、脆弱的资源经济。

再次，货币构成多元化。为稳定收益，海合会国家中央银行储备资产仍将以美元为主，美元资产比例至少达到70%，阿联酋的比例最高，超过95%。2004年以来，卡塔尔投资局和科威特投资局美元资产比例逐年下降，现在约为40%。2006年以来，阿布扎比投资局也开始"向东看"（主要是亚洲新兴市场国家），但是，其管理的资产中仍有一半属于美元资产。沙特货币局持有的美元资产比例最高，为70%～80%，这和它一贯保守的管理方式以及其坚决维持盯住美元的汇率政策是分不开的。

最后，投资区域多元化。海合会主权财富基金一直是投资亚洲股市大户，

---

① Steffen Kern, *Deutsche Bank Research*, July 2009.

尤其是印尼、马来西亚和中国股市。此外还投资房地产、基础建设，尤其是石油和天然气领域。海合会国家纷纷将其原先集中于西方市场的投资向亚洲地区分流，一方面是因为亚洲地区经济依然保持强劲增长势头，另一方面是因为在亚洲会受到更加热烈的欢迎。与海合会国家有着宗教和政治联系的巴基斯坦、马来西亚和印尼等国由于经济深度和广度难以消化它们希望投资出去的资金，这意味着主权财富基金将转向中国、印度和韩国等亚洲新兴市场国家。美国马萨诸塞州的咨询公司摩立特集团（RGE Monitor Group）估计海合会国家在亚洲（中国、日本、印度）的投资比例将由目前的 10% 增加到 15%～30%，而在欧美地区的比例将由现在的 75% 降到 50% 左右。

在改变本国石油经济发展模式方面，海合会各国主权财富基金发挥了重要作用，使海合会各国实现了从石油资本到金融资本的"华丽转身"，海合会各国已经成为资本净输出国家。除了欧美发达国家，以海合会为主的中东主权财富基金也在非洲、亚洲等地四处"开花"，在改变全球投资格局，推动世界经济发展上发挥了重要作用。然而，主权财富基金的政府背景，以及其在信贷危机期间的频频出击令西方国家疑虑重重，认为其投资隐含政治目的，危害西方国家经济安全。许多国家修改了外资监管法律制度，对海合会国家主权财富基金的发展造成负面影响。为应对西方国家的金融保护主义，海合会国家在对外投资方面更加低调谨慎，并积极参与国际货币基金组织主权财富基金工作组有关主权财富基金指导原则的研究和制定。一些主权财富基金就投资事宜与资本接受国政府进行会谈以打消其疑虑，或者提升本国基金透明度。主权财富基金管理正逐渐从传统的以规避风险为目的的流动性管理模式向更加多元化和具有更强风险承受能力的资产管理模式转变。①

### （三）中东国家外国直接投资

进入 21 世纪以来，国际石油价格持续上扬，中东地区经济持续稳定发展，投资政策日益开放，加之其与全球其他区域产业高度互补，资源丰富的中东地区成为众多跨国公司青睐的投资目标，吸引外资总体呈上升趋势。1990 年中

---

① 张瑾：《海合会国家主权财富基金的发展及其影响》，《阿拉伯世界研究》2010 年第 1 期。

东国家 FDI 流入存量仅为 596.3 亿美元，2000 年达到 1345.6 亿美元，接近 1990 年的 2.3 倍；2012 年更是达到 9633.5 亿美元，几乎是 2000 年的 7.2 倍。（见图 1）

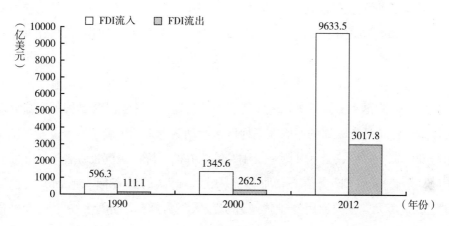

**图 1  中东 FDI 存量比较**

资料来源：UNCTAD，*World Investment Report 2013*，pp. 217 – 219。

过去 30 年，阿拉伯国家吸引外资约为对外投资的 4 倍。1980 ~ 2011 年，沙特共吸收外国直接投资（FDI）1868 亿美元，为吸收外资最多的阿拉伯国家。阿联酋次之，为 854 亿美元。至于其间对外直接投资，阿联酋则以 555 亿美元居首，占整个阿拉伯国家对外投资总额（1758 亿美元）的 31%。2006 ~ 2008 年是阿联酋对外投资高峰年，三年对外投资总额 411 亿美元，受金融危机影响，随后几年年均对外投资仅为 20 亿美元。沙特对外投资位居第二，为 265 亿美元。科威特第三，为 225 亿美元。[1] 这些数据不包括主权基金。在海合会国家，由于政府对石油、天然气上游领域的限制，外资主要投向服务业、制造业。从沙特、卡塔尔和阿曼外资分布行业来看，2010 年服务业占 59%，制造业占 27%，第一产业（主要是石油、天然气上游产业）仅为 14%。[2] 对北非阿拉伯产油国的投资则主要集中在石油和天然气部门，近年来，随着中产

---

[1] 《过去 30 年阿拉伯国家吸引外资约为对外投资四倍》，中华人民共和国商务部网站，2013 年 4 月 3 日，http://www.mofcom.gov.cn/article/i/jyjl/k/201304/20130400077572.shtml。

[2] UNCTAD，*World Investment Report 2012*，p. 50.

阶级力量上升，其消费能力也在逐渐增加，服务业投资比例逐渐上升，主要集中在银行、零售业和通信业。2008年国际金融危机使外资流入上升趋势戛然而止，2011年年初开始的阿拉伯之春使中东地区陷入长期动荡，政局不稳进一步阻碍了外资流入的步伐。尽管全球经济动荡，2011年全球外国直接投资（FDI）流量仍超过了危机前的均值，达到了1.5万亿美元。FDI流量在各大类经济体均有所增长，中东、非洲国家和最不发达国家的直接外资流入量则连续三年不断下降。2012年，受叙利亚局势和伊朗核问题影响，西亚地区外资流入量进一步降至471.2亿美元。沙特和土耳其这两个吸引外资大国外资流入下滑严重。沙特外资萎缩的原因在于地区持续动荡带来的不确定性以及发达国家银行部门资本收缩，土耳其则是由于跨境购并的下降。国际投资者预期北非国家政局渐趋稳定，投资信心增加，流入北非地区的外资额有所回升，达到115.02亿美元，主要原因在于埃及外资流入强力反弹，此外，突尼斯和摩洛哥的外资流量也有小幅增加。①

2012年阿拉伯国家共吸引外国直接投资470亿美元，同比增长9.8%。但仍低于2010年的662亿美元。22个阿拉伯国家中16个国家的FDI实现增长。沙特仍是外资最青睐的国家，吸引外资达到122亿美元，占阿拉伯国家吸引外资总额的25.9%。由于经济规模和人口优势，沙特一直是外资青睐国家，近年来由于部分中东国家政治经济动荡、沙特地位更加稳固，更多的FDI流向沙特能源、工业、金融服务、房地产业和承包业。阿联酋紧随其后，达96亿美元，黎巴嫩位列第三，达37.87亿美元。海合会国家共吸引外国直接投资264亿美元，占阿拉伯国家的56.1%，实现了连续三年下降后的首次回升。尽管区内影响投资环境的积极因素和消极因素共同作用，特别是一些国家政治动荡致使经济发展受挫，阿拉伯国家吸引外资额能实现小幅增长实属不易。

2012年海合会国家对外投资共计186亿美元，同比下降17.7%。其中科威特是最大的对外投资国，达到76亿美元，占海合会六国投资总额的41%。沙特和阿联酋分别以44亿美元和25亿美元列第二、第三位。

---

① UNCTAD, *World Investment Report 2013*, p. 213.

2011 年中东外国直接投资呈以下特点。

### 1. 中东外国直接投资连续第三年出现下滑

根据联合国贸易和发展会议（UNCTAD）《世界投资报告 2012 年》，2011 年中东外资流入从 2010 年的 739.1 亿美元下降至 563.9 亿美元。（见图 2）2011 年流入西亚地区的 FDI 连续第三年出现下滑，下降 16% 至 490 亿美元。这是自 2005 年西亚创下吸收 FDI 最低水平（440 亿美元）以来的最低值，2008 年高峰时曾达到 920 亿美元。中东政局持续动荡和全球经济前景恶化是 FDI 下降的主要原因。海湾合作委员会（海合会）国家的流入量因大规模投资项目的取消而继续减少，特别是建造业减幅明显（全球金融危机之后项目资金枯竭），并在 2011 年间受到该区域动荡局势的进一步影响。非海合会国家中，直接外资流量的增长情况不均。在土耳其，跨境购并额增长超过 2 倍，推动了直接外资流量的增长。而政治和社会动荡的蔓延则直接或间接地影响了该地区其他国家的直接外资流入量。北非吸收外国直接投资占非洲大陆吸收外国直接投资总量的 1/3 左右。受"阿拉伯之春"后局势长期动荡影响，流入北非地区外国直接投资持续下滑，降至 76.9 亿美元。① 与此同时，中东地区吸引外资流量占世界吸引外资流量总额的比例也呈下降趋势，从 2010 年的 4.4% 降至 2011 年的 3.7%。②

### 2. 海合会项目融资市场恢复缓慢

2008 年国际金融危机后，国际信贷市场紧缩、海合会国家银行业流动性紧张和信贷紧缩局面导致许多依赖银行融资的大型项目（尤其是建筑和房地产项目）资金链断裂，一些项目不得不中途下马或暂时搁浅。截至 2011 年 10 月，中东地区被取消或搁置的建筑项目达到 1.74 万亿美元，其中阿联酋 9580 亿美元、沙特 3540 亿美元。建筑业是中东上一个石油繁荣时期吸引外资最重要的领域，涉及住房、旅游、基础设施、炼油厂、石油化工以及房地产等多个部门。经过一段时间的整合，海合会项目融资市场有所恢复。然而欧债危机、2011 年年初席卷中东的"阿拉伯之春"打乱了这一恢复进程，进一步加剧了

---

① 这一部分的数据均来自联合国贸易与发展会议，UNCTAD, *World Investment Report 2012*, pp. 48 – 50.

② 这一部分的数据均来自联合国贸易与发展会议，UNCTAD, *World Investment Report 2012*, pp. 48 – 50.

该地区投资风险。2011年海合会国家外国直接投资降低35%，与此同时，吸引外资占西亚吸引外资总额的比例从2010年的69%降至2011年的53%。沙特曾是地区吸引外资大国，2011年吸引外资降幅达42%，仅为160亿美元。①流入阿曼和卡塔尔的外资也呈下降趋势，卡塔尔外资流入量甚至出现负值。然而，流入巴林、科威特和阿联酋的外资则有所反弹。一些大型项目的赞助商实力雄厚，在流动性紧张的情况下仍能努力获得融资，通过出口信贷机构尤其是日本、韩国的信贷机构，和具有较强流动性的地区大型银行弥补资金的不足。

**3. 土耳其外资流量强力反弹**

2008年国际金融危机对土耳其造成冲击，其外向型产业遭受全球经济危机的影响，跨境购并骤减，外国直接投资下降。2011年土耳其吸收外资强力反弹76%至160亿美元，仍保持地区第二大外资接受国地位，其占地区份额从16%上升至33%。② 外资流入大幅上升主要受益于跨境购并交易增长了3倍，其中两个大项目的购并额就高达80亿美元。③ 与此同时，土耳其的外资政策正逐渐转向部门导向型，将外资吸引到高附加值、高科技和出口导向的行业部门。土耳其出口促进局将汽车和石化行业作为吸引外资的重要行业，未来也会将采矿业加进去。

**4. 政治和社会不稳阻挡外资进入步伐**

"阿拉伯之春"后，中东陷入长期动荡，政治风险和经济风险急剧上升，从而使外国直接投资望而却步。政治和社会不稳导致非GCC阿拉伯国家外资流入下降26%，仅为70亿美元，占西亚外资流入总额的14%。④ 由于政局动荡、社会混乱，叙利亚和也门外资流入停滞，战争还重创了叙利亚经济。黎巴嫩则由于国内吸引外资大户——房地产部门下滑从而导致外资流入萎缩，这也是拜国际金融危机和地区动荡局势的负面影响所赐。作为"阿拉伯之春"影

---

① UNCTAD，*World Investment Report 2012*，pp. 48－50.

② UNCTAD，*World Investment Report 2012*，pp. 48－50.

③ 两个大项目分别是：西班牙 BBVA59 亿美元收购土耳其 Garanti Bankasi 24.89%的股份，英国 Vallares 21 亿美元收购土耳其 Genel Enerji。

④ UNCTAD，*World Investment Report 2012*，pp. 48－50.

响的重灾区北非外资流入持续下滑，主要原因是 FDI 接受大国埃及和利比亚政局持续动荡，宏观经济风险上升，外资流入陷入停滞。

**5. 石油收入增加促进外向投资复苏**

2011 年中东外向直接投资开始复苏，从 2010 年的 213 亿美元上升至 271 亿美元，占世界外向投资额的 1.6%。（见图 2）约 80% 的外向直接投资来自海合会国家，国际金融危机后，海合会国家也深受流动性紧缩之苦，国有实体——该区域的主要投资者——重新将注意力集中到国内经济上。然而，2010 年年底国际石油价格持续上涨导致中东产油国石油收入大增，西亚直接外资流出量自 2010 年跌至五年来的最低点之后，于 2011 年反弹 54%，达到 253.5 亿美元。这意味着该区域的投资者（在一段时期的撤资之后）重新开始海外收购，主要是由制造业部门海外绿地项目的增长推动的。北非地区的外向直接投资占整个非洲对外投资的一半，2011 年北非地区直接外资流出量降至 17.5 亿美元，2010 年达到 48.5 亿美元，2008 年高峰时曾达到 87.5 亿美元。除此之外，2011 年该地区主要投资大国土耳其外资流出也增长了 68%。[1] 这表明土耳其投资者跨境购并和海外绿地投资的复苏，此外，绿地投资正从发达国家和转型经济体转向周边发展中国家和地区。

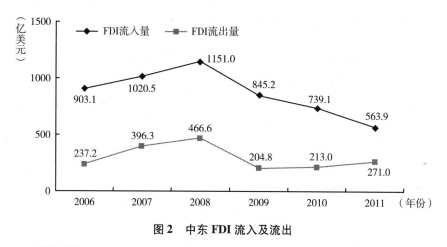

**图 2　中东 FDI 流入及流出**

资料来源：UNCTAD, *World Investment Report 2012*, pp. 169 - 171。

---

[1]　UNCTAD, *World Investment Report 2012*, pp. 48 - 50.

## 三 中国与中东国家相互投资①

尽管中东政局动荡严重冲击相关国家的经济发展，但中东地区仍具有经济发展和经贸合作的巨大潜力。国际石油市场价格高位运行，地区国家经济多元化，以及地区和跨地区的经济一体化努力，将为中东地区的经济增长和经贸合作提供强大动力。中国与中东国家经济互补性强，中东动荡没有改变中东国家"向东看"的态势，也不会影响中国企业对中东国家的投资热情，中国与中东国家的经贸合作前景依然广阔。中国与中东阿拉伯国家的友谊源远流长。中国与中东国家的相互投资始于 20 世纪 80 年代。进入 21 世纪以来，双边投资持续增长，投资领域不断扩大。中国已与除索马里、巴勒斯坦、毛里塔尼亚、科摩罗、伊拉克、利比亚以外的 16 个阿拉伯国家和土耳其、伊朗、以色列 3 个非阿拉伯国家签署了投资保护协定。上述国家中，除了黎巴嫩、也门、约旦，中国均与其签署了避免双重征税协定。截至 2011 年年底，中国对中东国家非金融类直接投资额达到 85.37 亿美元，中东国家对中国累计投资（包括 FDI 和其他投资）达到 131.8 亿美元。②

### （一）中国对中东国家的投资

从总体上来看，中东地区并不是中国企业对外投资的重点地区，甚至在相当长的一段时间内，中东国家甚至不是中国企业特别愿意拓展贸易、进行投资的地区。③ 但是，20 世纪 90 年代，随着中国成为石油净进口国，以及中东产油国成为中国能源进口主要来源地，中国与中东国家的经贸关系才真正引起人们的注意。在中国 FDI 不断增长的趋势下，中东由于其丰富的自然资源和巨大

---

① 该部分借鉴参考了姜英梅、王晓莉《浅析中国与阿拉伯国家间的相互投资》，《对外经贸实务》2012 年第 9 期。

② 中华人民共和国商务部、中华人民共和国国家统计局、国家外汇管理局：《2011 年度中国对外直接投资统计公报》，中国统计出版社，2012，第 35～37 页；国家统计局贸易外经统计司编《中国贸易外经统计年鉴 2012》，中国统计出版社，2012，第 604～605 页。

③ 张晓东：《中国企业在中东的投资》，载中国国际问题研究所主编《第四届中国—阿拉伯国家关系研讨会论文集》，世界知识出版社，2011，第 31 页。

的消费市场成为众多企业的重要选择之一。近年来，中国在该地区 FDI 呈现较快发展的态势。

中国企业在中东国家的投资具有以下特点。①投资起步低，但增长迅速。2003 年中国对中东国家的直接投资仅为 0.26 亿美元，2007 年达到 5.03 亿美元，2011 年更是达到了 27.19 亿美元。（见图 3）②中国企业投资几乎遍布中东国家，但投资总量不多。截至 2011 年年底，中国对中东国家非金融类直接投资存量仅占中国对外直接投资存量总额的 2.01%。[①] ③能源大国和地区大国成为中国企业投资的主要目标。截至 2011 年年底，中国对中东国家投资存量前十名的国家中，有七个国家是中东产油国，苏丹、伊朗、阿联酋、阿尔及利亚、沙特位列前五名。埃及、土耳其是中东地区大国。中国对这十个国家的投资存量高达 80.66 亿美元，占中国对中东国家投资存量的 94.5%。（见表 4）沙特已成为中国在海外最主要的原油供应国之一。在油气投资方面，一系列重大能源合作取得了实质性进展。2004 年，中石化集团与沙特阿美公司组建中沙天然气公司，中标沙特 B 区块天然气勘探开发项目，双方对该项目的累计投资已经超过 5 亿美元。2011 年 8 月，中石化集团正式决定参股沙特阿美石油公司在沙特延布年产 2000 万吨的红海炼厂项目。该项目厂址位于沙特西部延布市工业区，毗邻沙特阿美现有炼厂及天然气厂，占地面积 487 万平方米。项目设计原油加工能力 40 万桶/日，以沙特重油作为原料，预计 2014 年 11 月底投产。④ 2000 年以来，以追逐自然资源为目的的 FDI 在中东地区逐渐增多，中国也不例外。中国在中东的投资以油气及矿产资源开发和工程承包为主。截至 2010 年，中国与中东地区的能源合作项目达 140 多个，[②] 主要涉及勘探、炼制及油气管道建设和开发等领域。中国对苏丹投资的主要领域是石油开发和基础设施建设，同时中资企业以带资方式在苏丹港口、公路、桥梁、电力、水利等领域建设大型成套项目。中资企业几乎参与了苏丹基础设施建设的各个领域，承包工程市场占有率在 50% 以上。2011 年中国对苏丹投资 9.12 亿美元，

---

① 中华人民共和国商务部、中华人民共和国国家统计局、国家外汇管理局：《2011 年度中国对外直接投资统计公报》，中国统计出版社，2012，第 35~37 页。

② Khalid Alsaid：《中国与中东地区的 FDI 比较研究》，山东大学硕士学位论文，2012 年 5 月 8 日，第 24 页。

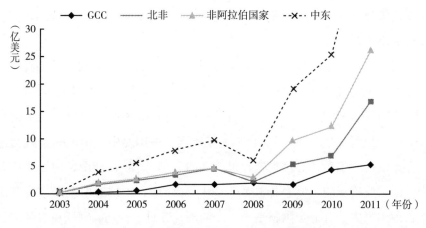

**图3 中国对中东地区直接投资趋势**

资料来源：中华人民共和国商务部、中华人民共和国国家统计局、中华人民共和国国家外汇管理局：《2011年度中国对外直接投资统计公报》，中国统计出版社，2012，第30~32页。

位居中东地区首位。此外，中国对中东投资还涉及轻工、纺织服装、机械制造、汽车组装、家电等工业和制造业，以及信息、交通等基础设施和金融贸易等服务业，有助于当地产业结构升级、劳动就业和技术提升。⑤投资主体和投资方式日益多元化。中国对中东FDI投资以"三大油"为代表的国有企业为主。近年来，国有企业比重日益下降，私营企业所占比重日益上升。1995年之前，中国在中东地区设立FDI企业主要采取合资方式，并且中方所占股份比例是比较低的。近年来，中国对中东投资方式也日益多元化，通过收购兼并、利润再投资、股本投资以及其他投资方式进行投资的比例逐步上升。⑥金融、通信等服务业投资合作创新发展。中国银行在巴林和阿联酋设有代表处，在埃及开设中国业务柜台，在迪拜设立第一家经营机构；中国开发银行在埃及设立代表处；中国工商银行在卡塔尔多哈、阿联酋阿布扎比和迪拜、沙特和科威特四国设有分支机构，营业机构网络进一步完善。2010年，中国银联（CUP）与阿联酋Network International在上海签署合作协议，旨在将银行卡业务范围扩大到中东、西亚和非洲20多个国家。2013年2月，迪拜酋长国国民银行宣布已开通人民币结算业务，此举将有助于在华小型企业增加同阿联酋公司的业务往来，并降低汇率风险，预示人民币将在海湾国家赢得一席之地。此外，华为、中兴和上海贝尔等企业则进一步参与中东移动通信网络和固定网络建设。华为技术公司与阿尔及利亚电信公司成立的合营公司，已成为阿尔及利亚最大的宽带接入公司，占阿近70%的市场份额。

表4　2011年中国对中东国家投资存量前十名国家

单位：亿美元，%

| 国家 | 投资存量 | 占中国对中东国家投资存量比例 |
|---|---|---|
| 苏　丹 | 15.26 | 17.90 |
| 伊　朗 | 13.52 | 15.80 |
| 阿联酋 | 11.75 | 13.80 |
| 阿尔及利亚 | 10.59 | 12.40 |
| 沙　特 | 8.83 | 10.30 |
| 伊拉克 | 6.06 | 7.10 |
| 阿富汗 | 4.65 | 5.40 |
| 土耳其 | 4.06 | 4.80 |
| 埃　及 | 4.03 | 4.70 |
| 也　门 | 1.91 | 2.20 |
| 合　计 | 80.66 | 94.40 |

资料来源：中华人民共和国商务部、中华人民共和国国家统计局、中华人民共和国国家外汇管理局：《2011年度中国对外直接投资统计公报》，中国统计出版社，2012，第35～37页。

### 1. 中国对海合会国家的投资

中国对海合会国家的投资起步晚，规模较小，且投资领域狭窄，主要是设在阿联酋的一些中小型加工企业。2000年以来，随着中国企业"走出去"战略的贯彻和实施，中国企业对海合会国家投资逐年增加，行业领域渐趋合理，经济效益日渐提高，独资、合资企业日渐增多，能源领域的合作日益向纵深发展。① 无论从投资流量还是存量来看，阿联酋都是中国对海合会国家投资的首选目的地。目前，约有3000家中国公司在阿联酋开办了分公司或办事处。目前，中国对阿联酋投资主要领域为钢铁、建材、建筑机械、五金、化工等，其中主要投资项目包括：天津钢管厂投资15亿元人民币（近2亿美元）在迪拜杰拜勒·阿里自由区设立分公司，中化公司累计投资约1亿美元开发阿联酋油

---

① 陈沫：《中国与海湾合作委员会国家经济关系探析》，《西亚非洲》2011年第8期。

气田项目。华为和中兴已经成为阿联酋电信业设备主流供应商,与阿联酋国家电信公司结成战略合作伙伴关系,并随着阿联酋国家电信公司在海湾、南亚和非洲的扩张,也积极开拓市场。

中国对海合会国家的直接投资从2003年的1000万美元上升到2011年的5.3亿美元。① 但是,海合会国家在中国对外直接投资中所占比重仍然很小,2011年中国对海合会国家投资存量达到23.1亿美元,也仅占中国对外投资存量的0.54%。未来中国对海合会国家投资发展方向是以资源开发领域的传统投资合作为主要方向,并加大对当地基础设施、金融、贸易、通信等服务行业的倾斜力度。

**2. 中国对北非国家的投资**

北非阿拉伯国家是中国在非洲重要的贸易伙伴,双方经济互补性极强,是中国对非洲直接投资的重要区位选择,亦是中国产业转移的理想之地。中国对北非投资呈现如下特征。①从投资存量上看,截至2011年年底,中国对北非投资存量占中国对整个非洲投资存量的19.4%。从投资流量看,2003年中国对北非国家投资流量整体而言呈稳步上升态势,2011年中国对北非投资流量占中国对整个非洲投资流量的36.4%。② ②从投资国别看,主要集中在苏丹和阿尔及利亚等能源大国和地区大国埃及。2011年中国对埃及直接投资流量为6645万美元,投资存量为4.03亿美元。③ 截至2011年年底,中国在埃及投资合作企业累计达到1066家,注册资本3.5亿美元。④ 投资领域主要集中在纺织、服装业、箱包、文具和塑料制品加工等行业。比较大的项目包括天津泰达投资控股有限公司投资开发的埃及—苏伊士运河经贸合作区等。③从投资领域看,中国对北非投资已涉及多个方面,但资源类行业,尤其是油气、有色金属等自然资源领域所占比重依然最大。当前,中国和北非阿拉伯国家面临深化投

---

① 中华人民共和国商务部、中华人民共和国国家统计局、国家外汇管理局:《2011年度中国对外直接投资统计公报》,中国统计出版社,2012,第35~37页。
② 中华人民共和国商务部、中华人民共和国国家统计局、国家外汇管理局:《2011年度中国对外直接投资统计公报》,中国统计出版社,2012,第35~37页。
③ 中华人民共和国商务部、中华人民共和国国家统计局、国家外汇管理局:《2011年度中国对外直接投资统计公报》,中国统计出版社,2012,第35~37页。
④ 中华人民共和国商务部:《对外投资合作国别(地区)指南·埃及》,2012,第28页。

资合作的历史性机遇。未来，中国对北非国家投资的产业应集中在能源、农业和机械制造业及通信产业。[①]

**3. 中国对非阿拉伯国家的投资**

中东地区的非阿拉伯国家包括伊朗、土耳其、以色列和阿富汗，除了伊朗以外，其他国家油气资源并不丰富。近年来，中国对伊朗、土耳其和阿富汗的投资呈跨越式发展，并体现出大项目带动投资的特点。

伊朗自然资源丰富，本国加快自然资源开发和基础设施建设的需求日益迫切，然而由于先进技术、设备及管理人才相对匮乏，加之美国制裁导致欧洲企业纷纷撤资，为中国企业在伊朗拓展业务提供了潜在的机遇。2011 年中国对伊朗投资流量和投资存量分别为 6.16 亿美元和 13.52 亿美元，伊朗居中国对中东国家投资第二位。[②] 中石油在伊朗的石油投资项目是最近几年中国企业投资伊朗高速增长的原因。

中国对土耳其的投资活动主要集中在基础设施建设、矿产开发及轻纺制造等方面。土耳其是 2009 年中国对西亚地区投资流量最大、增速最快的国家，直接投资 2.93 亿美元，相比 2008 年的 910 万美元，增长 3119.79%。[③] 2009年中钢集团下属的中钢设备有限公司加速在土耳其布局，中钢集团投资数亿美元承建的陶西亚利集团（TOSYALI）新建年产 110 万吨流程钢厂的连铸和轧钢系统也在 2009 年度基本建成，该项目是 2009 年中国向土耳其投资的重要组成部分。

此外，2008 年和 2011 年中国对阿富汗的直接投资流量大幅增加，主要是两个大型项目的带动。一个是 2008 年中冶—江铜联合体获得艾纳克铜矿项目开发权；2011 年 12 月中石油与阿富汗瓦坦集团（Watan Group）组建合资公司，联合勘探和开采阿富汗北部阿姆河盆地（Amu Darya）附近三处油田（简称 AD 项目）。阿富汗 AD 项目是继艾纳克铜矿项目后中国公司在阿富汗的又

---

① 张小峰：《中国对北非国家投资现状、动因及策略选择》，《上海师范大学学报》（哲学社会科学版）2010 年第 5 期。

② 中华人民共和国商务部、中华人民共和国国家统计局、国家外汇管理局：《2011 年度中国对外直接投资统计公报》，中国统计出版社，2012，第 35～37 页。

③ 中华人民共和国商务部、中华人民共和国国家统计局、国家外汇管理局：《2011 年度中国对外直接投资统计公报》，中国统计出版社，2012，第 35～37 页。

一重大投资,是中阿战略合作伙伴关系的具体体现,标志着双方经贸合作迈上了新台阶,将为两国关系健康、稳步发展注入新动力。

以色列高科技行业发达,但受以色列市场狭小、消费水平高、生产成本高以及地区安全局势不稳定等因素影响,中国企业到以色列投资一直未能取得实质性进展,中国对以色列的直接投资额一直保持低水平。然而,中国和以色列企业正寻求以其他方式进行合作。2008 年 1 月,中以签订《华亿创业投资基金认购协议书》,中国国家开发银行投资 3000 万美元参与设立该基金。2010年 1 月,浙江三花股份有限公司向以色列 HelioFocus 投资 1050 万美元,持股30%,成为首家在以色列投资太阳能产业的中国企业。2010 年 2 月,深圳易方数码科技股份有限公司宣布整体收购以色列高科技企业佩格萨斯公司,收购将通过现金及股权置换完成,预计金额将超过 3000 万美元。2011 年中国化工集团成功收购以色列著名农业化工企业马克特信·阿甘集团,涉及金额高达24 亿美元。

### (二)中东国家对中国的投资

中国与中东国家的友谊源远流长,双边投资始于 20 世纪 80 年代,进入21 世纪以来,双边投资持续增长,投资领域不断扩大。中东地区对中国的直接投资流量总体呈上升趋势。从 1999 年的 1348 万美元上升到 2008 年的 4.53亿美元,2010 年上升到 7.18 亿美元。[①] 2003 年以前,无论是流入还是流出,沙特与中国的直接投资都主要集中在中国香港和中国台湾这两个区域。2006年沙特对中国投资出现大幅上涨,原因是沙特国王阿卜杜拉于 2005 年 1 月和2006 年年初两次到中国进行国事访问,促进了双边的经贸和投资往来。伊朗和以色列对中国的直接投资也是起起伏伏,但总体呈上升态势。阿联酋对中国的投资从 2001 年一直到 2006 年都在快速增长,之后开始出现小幅下降,原因可能在于一些大的投资项目已经到期,没有新建项目。其他国家对中国的投资流量非常小,变化趋势也不是很明显。与中国对中东投资的地区分布相类似,

---

① 中华人民共和国国家统计局贸易外经统计司编《中国贸易外经统计年鉴 2012》,中国统计出版社,2012,第 596 ~ 597 页。

中东国家对中国投资区域分布集中程度也高,并且来源地区和流入地区的匹配程度高。① 截至 2011 年年底,沙特和阿联酋这两个地区和能源大国占中东国家对中国投资总额的 80% 左右,其次是以色列、土耳其、伊朗和埃及。(见表5)中东地区对中国的投资也是以追逐资源型投资为主,集中在油气资源开发、采矿、工程承包和房地产等领域,也投资于纺织服装、文具制造和塑料制品等领域,并设有一些贸易类咨询类公司和办事处。

表5 2011 年中东国家对中国投资存量前十名的国家

| 国别 | 投资存量(亿美元) | 占比(%) | 企业数(个) |
|---|---|---|---|
| 沙特阿拉伯 | 87.4 | 66.30 | 83 |
| 阿联酋 | 18.7 | 14.19 | 348 |
| 以色列 | 8.3 | 6.29 | 168 |
| 土耳其 | 5.1 | 3.87 | 211 |
| 伊 朗 | 3.7 | 2.81 | 251 |
| 埃 及 | 1.9 | 1.44 | 94 |
| 利比亚 | 1.3 | 0.98 | 21 |
| 伊拉克 | 0.78 | 0.59 | 70 |
| 突尼斯 | 0.77 | 0.58 | 14 |
| 阿尔及利亚 | 0.67 | 0.51 | 48 |
| 中东合计 | 128.62 | 97.56 | 1308 |

资料来源:中华人民共和国国家统计局贸易外经统计司编《中国贸易外经统计年鉴2012》,中国统计出版社,2012,第604~605页。

### 1. 20 世纪末中东国家对华投资

20 世纪 70 年代的两次石油危机为阿拉伯产油国带来了丰富的石油美元,对外投资需求旺盛。与此同时,中国改革开放以来,投资环境日益改善。此外,中国日益增加的石油需求也有利于吸引中东资本。因此,秉承互惠互利的原则,双方逐步开展双向投资。

中国利用阿拉伯国家的资金主要包括政府贷款和直接投资(合资)两种方式。中国最早利用阿拉伯国家资金是在 1982 年,科威特政府与中国政

---

① Khalid Alsaid:《中国与中东地区的 FDI 比较研究》,山东大学硕士学位论文,2012 年 5 月 8 日,第 29 页。

府签订了三项贷款协议，科威特基金向中国提供总价值 3030 万第纳尔（约合 1.07 亿美元）的低息贷款，分别用于安徽宁国水泥厂、长沙人造板厂和厦门机场的建设。此后，科威特政府又向中国政府提供了数笔价值数千万美元的贷款，主要用于国内生产企业和基础设施建设。1991～1995 年这四年时间里，科威特共投入 1.97 亿美元贷款。[①] 截至 1995 年，科威特是阿拉伯国家中唯一向中国提供政府贷款的国家，也是中国利用阿拉伯国家资金最多的国家。

随着科威特资金的投入及其所产生的积极效果，其他中东国家也陆续开始向中国投资。1984 年，黎巴嫩、约旦和利比亚三国开始在中国进行直接投资，建立合资和合作企业。1984～1991 年，阿拉伯国家在中国的直接投资项目每年不超过 10 个，并且大多数为中小型项目，集中在服装生产行业。但其中一些项目，如 1985 年成立的中国—阿拉伯化肥有限公司就是由中国、突尼斯和科威特三国共同投资建设的大型氮磷钾（NPK）复合肥生产企业，是中国同第三世界国家经济合作的第一个大型项目，被誉为"南南合作"的典范。20 世纪 90 年代以来，中东跨国公司进一步发展，特别是来自沙特和阿联酋的公司，例如沙特基础工业公司、沙特阿拉姆库石油公司、阿联酋国际石油投资公司等。因此，阿拉伯国家对华直接投资额有所增加。1992 年合同外资金额 874 万美元，1997 年达到 3660 万美元的阶段性高峰，到 1999 年则回落到 2110 万美元，呈现波动发展的态势。[②] 这一阶段，对华投资的阿拉伯国家主要包括科威特、阿联酋等国，投资领域进一步扩大到石油化工等规模较大的领域。例如，1992 年，中国海洋石油总公司与美国阿科公司和科威特国家石油公司联合开发南海崖城 13-1 气田，是中国改革开放后第一个与外国合作的大型海洋石油天然气项目。可以说，这一时期，阿拉伯国家对华投资意愿增强，并初具规模；然而，由于资金、技术和其他方面的原因，双方在合资经营和其他投资形式方面的业务合作仍不尽如人意，存在一些制约因素。总体来看，中国利用

---

① Khalid Alsaid：《中国与中东地区的 FDI 比较研究》，山东大学硕士学位论文，2012 年 5 月 8 日，第 29 页。

② 武芳：《中国与阿拉伯国家经贸关系的回顾与展望》，王正伟主编《中国—阿拉伯国家经贸论坛理论研讨会论文集 2010》，宁夏人民出版社，2010，第 98 页。

阿拉伯国家的资金数量无论是与阿拉伯国家实际对外投资能力还是与中国吸引外资的总量相比，都是微乎其微的。①

### 2. 21 世纪以来中东国家对华投资迅速攀升

长期以来，中东海湾国家的投资对象主要是西方工业发达国家和部分阿拉伯国家，对中国的投资一直处于低水平，且投资领域狭窄。21 世纪以来，随着经济全球化的深入、中国经济的飞速发展以及中东阿拉伯国家的"向东看"趋向，中东国家尤其是海湾产油国对中国投资飞速发展，实现了质的飞跃。2000 年年底，阿拉伯国家对华直接投资金额累计只有约 2 亿美元，2008 年一年就达到 4 亿美元。2010 年阿拉伯国家对华直接投资流量为 6.5 亿美元，投资存量为 116 亿美元，海合会六国投资存量就达到 107 亿美元，而 2003 年仅为 7.9 亿美元。② 受 2008 年金融危机引起的流动性减弱的影响，2009 年以来，中东地区来华投资活动明显下降。2010 年受沙特和阿联酋两国对中国大手笔投资的拉动，中东对中国投资流量达到 7.18 亿美元，其中沙特投资 4.84 亿美元，阿联酋投资 1.1 亿美元。然而，2011 年年初开始的中东地区动荡再度影响中东国家对华投资，当年投资流量仅为 1.95 亿美元，同比下降 72.8%，除了以色列和土耳其两国以外，其他国家对中国的投资均出现下滑，沙特和阿联酋尤甚，投资额仅分别为 0.24 亿美元和 0.7 亿美元。③ 截至 2011 年年底，中东对中国投资存量为 131.82 亿美元，占中国吸引全球投资存量总额（29931.24 亿美元）的 0.44%。④

中东国家对中国投资领域逐步拓宽，从原先的基础设施建设扩展到金融、地产、酒店等，海合会国家对华投资已翻开新的篇章。这一时期中东国家对中国投资主要以主权财富基金和合资方式进行。例如，2008 年 12 月，阿联酋博

---

① 武芳：《中国与阿拉伯国家经贸关系的回顾与展望》，王正伟主编《中国—阿拉伯国家经贸论坛理论研讨会论文集 2010》，宁夏人民出版社，2010，第 98 页。

② 国家统计局贸易外经统计司编《中国贸易外经统计年鉴 2011》，中国统计出版社，2011，第 638 ~ 647 页。

③ 国家统计局贸易外经统计司编《中国贸易外经统计年鉴 2012》，中国统计出版社，2012，第 604 ~ 605 页。

④ 国家统计局贸易外经统计司编《中国贸易外经统计年鉴 2012》，中国统计出版社，2012，第 596 ~ 597 页。

禄公司（Borouge）投资2980万美元在上海奉贤区海港开发区建立工程塑料生产基地，目前已启动本地化生产，年产复合树脂5万吨，未来可提高至8万吨。2010年5月，博禄与广州市南沙区政府签署协议，正式宣布将在广州南沙建立生产工厂，预计于2012年中期完成，计划年产复合聚丙烯树脂10.5万吨。中国与海合会国家能源领域的合作也进一步加强，例如，沙特阿美公司、福建石化有限公司与埃克森美孚公司在中国福建合资建设了福建炼油一体化项目。沙特基础工业公司（SABIC）和中国石化按50∶50的股份比例，于2009年11月合资组建了中沙（天津）石化有限公司。阿曼石油公司与GS集团签订协议，购买了青岛丽东化工有限公司30%的股份，此外，阿曼石油公司与中国燃气共同投资4000万美元在百慕大注册成立合资企业，双方各持50%权益。为配合双边投资贸易，卡塔尔多哈银行和阿联酋国民银行在上海开设了代表处，摩洛哥外贸银行（BMCE）在北京设有办事处。约旦阿拉伯银行在香港和上海设立了代表处。2007年迪拜的私募股权投资公司迪拜投资（Istithmar）在上海设立代表处，该投资公司曾战略性地收购了中国汉思能源有限公司9.91%的股权。

海湾主权财富基金对中国的投资主要集中在金融、房地产等领域。2006年是海合会国家对华投资的一个转折点，海湾资本高调注入中国本土银行。沙特王子瓦利德联合几家公司购买中国银行股份，最终获得3.9亿美元新股。卡塔尔投资局购买了2.06亿美元的中国工商银行股份，科威特投资总局购入7.2亿美元购买工行股份，成为此次工行上市最大的投资者。此后中国农业银行上市，卡塔尔投资局和科威特投资局又分别购入28亿美元和8亿美元的股份，卡塔尔投资局成为农行H股最大的基石投资者。阿联酋阿布扎比国际联合投资斥资7.75亿美元入股重庆农村商业银行，是4个基石投资者中投资最多的一个。卡塔尔投资局还收购中信资本控股有限公司超过20%的股权，进一步扩大对中国的敞口。作为中国工商银行、中国农业银行等4家银行的基础投资人，科威特投资局已在北京设立代表处，在4家银行的投资总额已达80亿美元，此外还在香港投资70亿美元。由于中国是个能源消费大国，科威特与中国在能源领域存在巨大合作空间，有诸多投资机会。目前科投资局正在同中国能源部门探讨在石油领域的投资合作。海合会主权财富基金还通过设立基金的方式在中国进行投资，例如，2006 年巴林沙密尔银行和中国中信集团公司成立了 1 亿美元的伊斯兰基金，专门投资中国房地产；迪拜国际资本有限公司与中国第一东方投资集团宣布将共同组建中国迪拜基金，该私募股权基金最终规模为 10 亿美元，将投资于在阿联酋发展以及在迪拜证券市场上市的中国企业。截至 2010 年年底，科威特阿拉伯基金在中国共投资实施 34 个项目，科方实际投资 8.63 亿美元。此外，海湾资本也大举进入中国资本市场，例如 2006 年科威特金融公司马来西亚子公司承购在中国大陆发行的第一个伊斯兰债券，主要投资于中国内地的电力设备建置。2012 年 12 月和 2013 年 1 月卡塔尔控股和科威特投资局分别获得中国外管局在中国证券股票市场 10 亿美元的满额投资额度，这是外国投资者进入中国股市和债市的主要渠道。

此外，以色列、土耳其、伊朗、埃及、利比亚等国也加大了对中国的投资。截至 2010 年年底，以色列累计对华直接投资项目 309 个，实际投资 2.5 亿美元，其中较有影响的包括在北京、新疆等地的示范农场、天津海水淡化厂、苏州工业园风险投资、华亿创业投资基金等。以色列是最早在中国设立非法人制合资创投人民币基金的国家，过去 5 年中以色列创投基金规模已超过 3 亿美元，这些基金主要投向中国现代农业、电子信息等高新技术企业，促进了中国的产业升级。截至 2011 年年底，约旦在中国累计投资 4596 万美元，涉及纺织、建材等领域，除个别生产企业外，大部分是在中国负责订货、采购的贸易公司或办事处。突尼斯在中国投资企业 15 家，累计投资金额 3494 万美元，涉及制造业、批发零售、住宿、餐饮等行业。黎巴嫩累计在华投资设立企业 153 家，累计投资金额 3135 万美元，主要集中在小型机械、纺织、服装、家具等制造业以及咨询服务部门。

从中东国家尤其是海合会国家对外投资发展趋势看，其将加大对中国、印度等亚洲新兴经济体的投资。然而，目前海合会国家对中国投资仍存在一些问题。一是投资额虽继续增长，但投资量依然较小。二是海合会对中国投资的结构有待优化。现阶段海合会国家对中国投资主要集中在石油石化等能源行业，以及金融、房地产和基础设施等服务业，甚少涉足第一产业。三是海合会国家自身经济发展问题，例如国内市场狭小、人力资源不足，不适合发展劳动密集型产业；自然资源禀赋结构单一，石油美元无法带来技术和市场以及石油美元

偏好金融投资等。① 对此，中国国家发展和改革委员会学术委员会秘书长张燕生指出，我国可对"石油美元"定额定向开放资本项目。所谓定额，是指在不同时期对流入的石油美元的总额度和数量进行控制，如在初期允许海湾国家按一定比例将石油美元收入部分留存在中国进行金融资产投资，随着条件的成熟和监管能力的提升再逐步提高留存的额度直到实现完全留存；所谓定向开放，是指仅允许留存下来的石油美元流入西部地区和流入我国鼓励发展的行业。

### （三）双边投资面临的机遇与挑战

**1. 机遇**

第一，中东阿拉伯国家的"向东看"政策。"9·11"事件之后，以沙特、埃及等国为主的阿拉伯国家开始实施"向东看"政策，2011年中东局势动荡仍未改变这一趋势。其基本动因是：美国反恐、民主变革的压力；美国能源政策的调整；中国、印度等亚洲国家持续升高的能源需求；阿拉伯国家在能源供应上平衡欧美的政策。正是在这一大背景下，双方经济合作出现了巨大机遇。

第二，"中非""中阿"双论坛的制度安排。2000年，中非论坛建立，2004年中阿论坛启动，这两个论坛已成为推动中国与非洲及阿拉伯国家合作的重要平台。除了在政治层面设立峰会或部长级会议，政府部门、专业机构和民间社团也通过各种渠道建立交流机制。

第三，中国与阿拉伯国家经济发展战略上的契合点。主要表现在能源生产、出口 vs 能源消费；基础设施落后、匮乏 vs 强大的建设、施工能力；制造业的发展需求 vs 适用的技术和制造能力；粮食供应和安全问题 vs 寻求共同的解决方案。②

**2. 挑战**

从中国对中东投资方面来说，中国与中东国家在文化上的差异、当地比较封闭的社会、对外国投资的诸多限制，中国企业自身的缺陷等都会对中国企业

---

① 陈沫：《中国与海湾合作委员会国家经济关系探析》，《西亚非洲》2011年第8期。
② 张晓东：《中国企业在中东的投资》，中国国际问题研究所主编《第四届中国—阿拉伯国家关系研讨会论文集》，世界知识出版社，2011，第31页。

投资中东国家造成负面影响。但是海外投资不可避免地会出现类似问题，中东国家能够对中国企业投资产生致命性影响的问题有两个。[①] 第一，地缘政治风险，例如叙利亚问题和伊朗核问题不断升级、南北苏丹纷争不断，尤其是持续了两年多的中东动荡局势给中国企业造成了巨大损失。2011 年 2 月，利比亚爆发革命，中资企业纷纷撤离。中东阿拉伯国家正经历一次深刻的制度和结构变化，对地区格局产生剧烈冲击，中东地区将进入一个持续动荡的时期。在动荡中求变革，在变革中求稳定，将成为这一时期的主要特征。[②] 第二，美国的政策和意图。海合会国家以及埃及等北非大国是美国等西方国家的盟友，美国在该地区具有重大的战略意义，中国企业进军阿拉伯国家，不可避免地受到美国的影响和制约。第三，从中国自身来看，中国的法律保障机制和风险管控体系相对落后，中国企业要健全公司治理，加强海外投资风险管理，构建风险管控体系。此外，中国政府、企业和金融机构应良性互动，充分利用政府和金融机构的优惠政策，为中国企业"走出去"服务。

中东局势动荡对中国既是机遇又是挑战。从中阿经贸的对接点来看，双方互有需求，阿拉伯国家板块并不比非洲板块差。但中国企业需要了解阿拉伯人的心态和想法：海湾石油国家需要中国的大市场；转型国家（苏丹、埃及、约旦）更需要中国的援助，对中国的技术、市场、资本有着很大的需求，有可能在政策制定上有利于中国企业。利比亚使中国投资受损，然而从中国对外直接投资数据上看，2011 年中国对利比亚是有直接投资的。实际上中国企业重返利比亚还是有优势的，利比亚需要中国的市场、技术，中国企业在利比亚声誉好，是赚钱的，能够消化在利比亚的投资损失。未来中阿经贸关系的新亮点很可能是中国企业"走出去"，即中国企业对阿拉伯国家的投资。未来中国企业在中东国家投资将可能重点集中在两个领域。一是石油和天然气等能源领域。中国将在中东国家投资石油天然气勘探、开采，以及其他的石油产业链项目，这个领域会有更多的项目和更多的进展，这和中国寻求资源型投资有密切

① 张晓东：《中国企业在中东的投资》，中国国际问题研究所主编《第四届中国—阿拉伯国家关系研讨会论文集》，世界知识出版社，2011，第 32 页。
② 吴思科：《中东新形势与中阿经贸合作新机遇》，《中国—阿拉伯国家经贸论坛理论探讨会论文集 2011》，宁夏人民出版社，2011，第 6 页。

关系。二是工程建设承包，这是中国企业"走出去"非常重要的方面。中东国家现在和未来加强基础设施建设的需求是很强劲的，所以工程建设承包将成为中国在中东国家投资很有竞争力和发展潜力的行业。

# Middle East Investment Environment and China-Middle East Investment Cooperation

*Jiang Yingmei*

**Abstract**：Owing to abundant energy, a huge consumer market and increasingly improved investment environment, Middle East is becoming international investment market. However, due to geopolitics risks, the level of economic development, legal and market environment, investment to Middle East is still at a low level. Middle East Gulf Sovereign Wealth Funds play an important role in international investment market with diversified investing strategies. With deepening economic and trade relations between China and Middle Eastern countries, the bilateral investment continues to expand.

**Key Words**：Middle East Investment Environment; Foreign Direct Investment; Sovereign Wealth Funds; Bilateral Investment

# 中阿经贸合作论坛的背景、功能与前景

马 平*

**摘 要：**

开展中阿经贸合作的重要价值在于，中国作为一个正在崛起的经济大国，在主动参与全球布局的过程中，极为重视中东和阿拉伯世界。近些年来，我国实施"走出去"开放战略，深化了同阿拉伯国家的经贸合作，拓宽了国际经济合作的领域。中阿经贸合作前景还取决于中阿巨大的市场容量和较强的经济互补性。在国际金融危机的严峻形势下，中阿经贸合作逆势而上，充分显示了强大的活力和广阔的前景。新形势下，中国与广大阿拉伯国家，既面临加快发展的难得历史机遇，也面临纷繁复杂的新问题、新挑战。双方共同利益不断扩大，合作愿望更为强烈。进一步深化中阿战略合作，促进共同发展，符合双方人民的根本利益，也有利于世界的和平与发展，是大势所趋。国务院特批宁夏举办中阿经贸论坛，宁夏的重要职责就是服务，服务国家对外开放总格局、服务中阿经贸合作、服务我国各省区面向阿拉伯国家的开放，并在服务中发展壮大自己。

**关键词：**

中阿合作 经贸论坛 发展前景

## 一 背景

中阿友谊源远流长，历久弥坚，始终保持蓬勃发展的势头。历史上，中华

---

* 马平，宁夏社会科学院中国回族伊斯兰研究所研究员，原所长、《回族研究》杂志副主编，主要研究领域为回族文化、伊斯兰教研究等。

文明和阿拉伯伊斯兰文明两大文明相互交流、借鉴,共同为人类发展与进步作出了重要贡献。在过去半个多世纪里,中国和阿拉伯国家在争取民族独立、捍卫国家主权、实现民族复兴的过程中,风雨同舟、休戚与共,结下了深厚的情谊。

进入21世纪,中阿关系实现快速发展,各项合作机制日臻完善,合作领域不断扩大,合作成果更加丰硕,极大地促进了中阿友好关系发展,中阿关系步入了崭新的发展阶段。

2004年年初,时任中国国家主席胡锦涛对阿拉伯国家联盟总部进行了历史性的访问,提出发展中阿新型伙伴关系的四项原则:以相互尊重为基础,增进政治关系;以共同发展为目标,密切经贸往来;以相互借鉴为内容,扩大文化交流;以维护世界和平、促进共同发展为宗旨,加强在国际事务中的合作。这些原则为21世纪中阿关系的发展指明了方向,得到阿方领导人的积极响应。正是在此次访问期间,中阿宣布建立中阿合作论坛,为双方推进集体对话与合作构建了一个重要平台。九年来,论坛已举行了五次部长级会议,中阿在政治、经贸、人文等各领域的友好交流与合作不断深化,在国际和地区事务中保持密切沟通与协调,双方以实际行动落实了领导人的共识,扎实推进了中阿新型伙伴关系的建设。

2010年5月,在国家限制涉外论坛的大背景下,国务院特批宁夏举办中阿经贸论坛。时任副总理回良玉在首届中阿经贸论坛高峰会议的演讲中指出:"为进一步推动中国和阿拉伯国家经贸合作关系的深入发展,中国政府确定建立中阿经贸论坛。这个论坛是中阿合作论坛的重要组成部分,是促进中阿经贸合作新的重要平台。将中阿经贸论坛选址在宁夏,是中国政府深思熟虑的结果。在宁夏每年定期举办中阿经贸合作论坛,具有天时、地利、人和的优势,可以为中国和阿拉伯国家企业家开展商贸、投资等领域的合作提供良好的服务。"以宁夏为抓手,推进中阿经贸合作的深入发展,这是党中央、国务院赋予宁夏的重大历史责任,也是我国深入实施西部大开发战略、加快西部少数民族地区经济社会发展的重大举措。

中阿经贸合作正处在一个新的历史节点上。2010年年底,发源于突尼斯的政治抗议活动,迅速演变为一场波及西亚北非多数国家的社会动荡。这一事件,聚集了世界的目光,也为中阿经贸合作布上了疑云。一些阿拉伯国家出现的社会混乱和经济停滞，使得我国在当地的一些贸易和合作项目被迫停止，一些医疗卫生、工程承包等项目不能够正常进行，中国在阿企业也遭受了一些损失甚至是严重的损失，影响了这些国家同我国的经贸合作。鉴于中东北非地区在世界经济体系和能源中的重要地位，该地区的双边贸易模式、投资模式、能源合作遇到的新形势、新挑战，使社会各界的一些人士包括一些专家学者，都对中阿经贸合作表示了种种担心和疑虑。在这种情况下，中阿经贸合作的前景究竟如何判断，中阿经贸合作的方式和路径究竟如何选择，阿拉伯国家的社会动荡究竟如何应对，在中国宁夏举办的中阿经贸论坛究竟如何进一步向前推进等，一时成为人们议论的焦点。

尽管如此，人们仍普遍认为，虽然阿拉伯国家出现这样或那样的问题，但中阿经贸合作的前景非常广阔，潜力十分巨大。

时下一个基本的判断是，当今时代，和平与发展仍然是世界的主题；求变革、谋发展、惠民生，是当代世界各国的主流民意。中共领导人在庆祝中国共产党成立90周年大会上的重要讲话中深刻指出："环顾全球，和平、发展、合作的时代潮流没有变，但世界和平与发展面临诸多挑战。共同分享发展机遇，共同应对各种风险，推动建设持久和平、共同繁荣的和谐世界，是各国人民的共同愿望。"这是我们党对整个世界政治经济形势的总体判断，不仅是我国对外交往的指导思想，也是我们推进中阿经贸合作发展的指导方针。阿拉伯世界的动荡与稳定，不是以我们的意志为转移的，但中阿经贸合作不能不为，不得不为，这关系到我国外交和国家安全战略，关系到世界政治格局，关系到我们国家的核心利益。我们只能认真面对，科学分析，顺势而为，趋利避害，采取更加务实灵活的应对策略，不断推动中阿经贸合作的深入发展。

从我国经济发展的总体趋势来分析，推动中阿经贸合作的深入发展具有特殊的地位和独特的价值。

第一，当今世界，经济全球化和区域一体化的速度不断加快，趋势不可逆转，国际分工、国际贸易、跨国经营已将世界各国经济紧密联系在一起。在这种状况下，中国作为一个正在崛起的经济大国，在主动参与全球布局的过程中，不可能也不可以忽略广大的中东地区和阿拉伯世界。

第二，经过改革开放30多年的发展和积累，我国的对外开放正在经历深

刻的变革，国家"十二五"规划指出，要"适应我国对外开放由出口和吸收外资为主转向进口和出口、吸引外资和对外投资并重的新形势，必须实行更加积极主动的开放战略，不断拓展新的开放领域和空间"。另外，据中国人民银行发布的 2012 年上半年统计数据显示，目前中国外汇储备已逼近 3.2 万亿美元，亟须找到投资增值的出路和渠道。从近些年来我国实施"走出去"开放战略的实践来看，深化同阿拉伯国家的经贸合作，是拓宽国际经济合作新领域的战略需要和发展方向，也是保证我国金融安全和应对通胀压力的现实选择。

第三，中阿经贸合作广阔前景还决定于中阿巨大的市场容量和较强的经济互补性。全世界有 57 个伊斯兰国家和 15 亿穆斯林人口。这些国家每年的贸易额在 1 万亿美元左右，仅清真食品的年贸易额就达 1500 亿美元。同时，阿拉伯国家也是世界上石油资源最丰富的地区，石油储量占全球总储量的近 60%。随着这些年石油价格的不断攀升，阿拉伯国家积累了大量的石油美元，成为世界上资金最丰裕、跨国投资最活跃的地区。中国作为最大的发展中国家，具有 13 亿消费群体，已经成为世界制造工厂，经济总量不断崛起。中阿巨大的市场容量，将为双方合作创造巨大的潜力。

## 二　功能

国内有分析指出，我国经济增长一直依赖于东部沿海地区的加工、制造业的扩张，经过 30 多年的发展，东部地区这一优势已经逐渐失去了国际竞争力。早在 2007 年十七大召开时，中央就已经对我国大的战略进行了全面部署，提出了"深化沿海开放，加快内陆开放，提升沿边开放"的整体框架和策略。东部沿海地区逐渐减少对粗放型的加工、制造产业的依赖，加快高科技、创新文化等第三产业的发展。而内陆地区的开放已经引起中国政府的高度关注，国务院相关部门也已经开始研究布局向西开放试验区。正是三届中阿经贸合作论坛的成功举办，促成了宁夏内陆开放型经济试验区的建成。

众所周知，阿拉伯地区已然成为世界重要的经济区。而宁夏作为我国唯一的回族自治区，拥有丰富的穆斯林文化和独具特色的清真食品和穆斯林用品等特色产业，如能成功引入中东阿拉伯金融投资，不仅能够壮大地区产业实力，而且能够把宁夏的特色产业打造成国际知名品牌，带动整个西北地区的发展。

宁夏回族自治区政府负责同志在各种场合多次强调，宁夏在对接中国其他地区特别是东部发达地区与阿拉伯国家经贸往来方面的平台作用，指出宁夏的重要职责就是服务，服务国家对外开放总格局、服务中阿经贸合作、服务我国各省区面向阿拉伯国家的开放，在服务中发展壮大自己。

有学者指出，把宁夏打造成中国和海湾阿拉伯国家金融合作的先行区，不仅仅是宁夏发展内陆开放型经济的需要，也是整个国家进一步深化对外开放的需要。

历届中阿经贸论坛的情况。

第一届中国·阿拉伯国家经贸论坛，以"传承友谊、深化合作、共同发展"为主题，以推动中国和阿拉伯国家经济全面互利合作为目标，2010 年 9 月 26～30 日在宁夏银川举办。论坛由中国商务部、中国国际贸易促进委员会（CCPIT）和宁夏回族自治区人民政府共同主办，来自 66 个国家和地区及国际机构、254 家国外企业的 6000 多名各界人士参会。国务院副总理回良玉、全国政协副主席白立忱、斐济群岛共和国总统埃佩利·奈拉蒂考、约旦哈希姆王国前首相宰哈比出席开幕式。中国商务部部长陈德铭、中国国际贸易促进委员会会长万季飞出席论坛并发表演讲。

论坛共签订合作项目 190 个，其中框架合作协议 8 个，投资合作项目 182 个，总投资 2035.63 亿元（人民币，如无特殊说明，下同）。

据介绍，签约项目中重大项目多，项目投资数额大。在签约项目中合同 92 个，占总签约项目数的 48.4%；合同项目总投资额 893.12 亿元，占总签约项目总投资额的 43.9%。所有签约项目中，上 10 亿元签约项目共 43 个，上 50 亿元签约项目 10 个。

从签约项目的产业布局来看，除传统的能源化工项目外，新能源、物流服务、特色农业、装备制造业项目明显增多。其中，新能源项目 43 个，总投资额 841.3 亿元；物流服务业合作项目 46 个，总投资额 621 亿元；农副产品加工业项目 42 个，总投资额 114.6 亿元；装备制造业项目 14 个，总投资额 161.8 亿元。

从签约项目合作区域来看，宁夏与阿拉伯国家的经贸合作开局良好，实现

了新突破。与国（境）外合作项目 24 个，总投资额 168.8 亿元；其中与阿拉伯国家合作的项目有 10 个，总投资 27.46 亿元。

第二届中国·阿拉伯国家经贸论坛，主题为"传承友谊·深化合作·共同发展"，2011 年 9 月 21～25 日在宁夏银川举办。论坛由中国商务部、中国国际贸易促进委员会、宁夏回族自治区人民政府主办，共有 76 个国家、地区和国际机构的 1200 多位境外嘉宾参展参会，另有国内外参展商、采购商、投资商共计超过 4000 人。中共中央政治局常委、全国政协主席贾庆林出席。22 个阿盟成员国均派出了高规格的代表团参加本届中阿经贸论坛。在参会的外国嘉宾中，有外国政要和前政要 3 位、王室成员 5 位、部长级官员 27 位。

有 26 个国家和地区的 153 家企业、国内的 400 多家企业参展。国内各省（市、自治区）及港澳台地区也都组织代表团参会参展。

为体现"以会展促进论坛"的理念，第二届中阿经贸论坛共设置了中国国际清真食品穆斯林用品展、以阿拉伯国家和伊斯兰国家为主要参展方的国际主题展、国内各省（市、自治区）特色产品展、中阿国家经贸文化交流展、中阿能源化工产品展等主题展览。

与会国包括：阿联酋、阿曼、阿塞拜疆、埃及、沙特阿拉伯、也门、科威特、南非、毛里塔尼亚、约旦、突尼斯、伊朗、摩洛哥、孟加拉国、斯里兰卡、叙利亚、马来西亚、印度、印尼、文莱、巴基斯坦、泰国、意大利、匈牙利、波兰、保加利亚。参观人数有 295000 人次。

第二届论坛洽谈成功项目共计 164 个，签约投资额达 2086.52 亿元。在洽谈成功的项目中，合作框架协议有 9 个；投资合作项目有 143 个，总投资额 2078.64 亿元，其中外方投资额 2070.44 亿元；贸易项目 12 个，贸易额 7.88 亿元。

第二届论坛签约项目中重大项目多，项目投资数额大。所有签约项目中，10 亿元以上项目共 60 个，50 亿元项目有 9 个。

从签约项目的产业布局来看，主要集中在能源化工、新能源、物流等领域。其中，能源化工类项目 44 个，总投资额 771.33 亿元；新能源项目 30 个，总投资额 585.34 亿元；物流商贸类合作项目 38 个，总投资额 335.97 亿元；装备制造类项目 13 个，总投资额 256.14 亿元。

第三届中国·阿拉伯国家经贸论坛 2012 年 9 月 13～17 日举办，除仍由中国商务部、中国国际贸易促进委员会、宁夏回族自治区人民政府主办外，支持单位包括：伊斯兰合作组织—伊斯兰贸易发展中心（ICDT‑OIC）、阿拉伯国家联盟秘书处、中国国家发展和改革委员会、中华人民共和国科技部、中华人民共和国工业和信息化部、中华人民共和国国家民族事务委员会、中华人民共和国财政部。共有来自 71 个国家、地区及国际组织的 7000 多名嘉宾到会。

本届论坛包括中阿经贸论坛高峰会议、中阿经贸论坛金融合作分会、中阿经贸论坛贸易合作分会、中阿经贸论坛企业家分会、中阿经贸论坛农业合作分会、中国—阿拉伯国家文化艺术节、中国—马来西亚商务理事会年度会议暨中国—马来西亚投资商务论坛、2012 中国（银川）国际穆斯林企业家峰会、第五届中国（宁夏·吴忠）回商展览会、第七届宁台经贸合作洽谈会等 30 多个平台。展览总面积超过 4 万平方米，包括清真食品穆斯林用品展、国际主题展暨主宾国国家展、能源化工产品展、文化交流展以及特色商品展五大板块。

第三届中阿经贸论坛还首次启动"主宾国"机制，作为此次主宾国的阿拉伯联合酋长国组织了 113 人的高规格代表团。大会期间，阿联酋举办了阿联酋商务投资论坛、阿联酋国家馆展示、阿联酋时装秀等活动。

第三届中阿经贸论坛共有 124 个项目洽谈成功签约，总投资额达 2187 亿元。从产业布局来看，此次签约项目涉及高新技术、能源化工、现代农业、基础设施、物流商贸、文化旅游等诸多领域。

在第三届中阿经贸论坛召开期间，时任国务院副总理李克强宣布宁夏内陆开放型经济试验区获得国务院批准，并同意设立银川综合保税区。有专家表示，这一举措意味着中国将把宁夏打造成向西开放的"桥头堡"，深化中阿经贸交流、投资合作和友好往来，开创一条内陆地区对外开放的新模式、新道路。

为推动中国和阿拉伯国家之间的民间友好交流，双方在此间举行的第四届中国阿拉伯友好大会上签署了《2012～2014 年中阿民间行动计划》。

总之，三届论坛成功举办，在各方面取得了预期效果。

作为国家战略，宁夏回族自治区政府认为，宁夏在推进中阿经贸合作中应该具备以下四个功能。

第一，宁夏应该成为服务于中阿经贸合作发展的战略平台。

中东黄皮书

中阿经贸论坛的永久举办地设在宁夏，这是国家统筹考虑我国对外开放战略布局所作出的战略选择。其重大意义在于，要使宁夏成为推进中阿经贸合作的一个抓手，一个路径。宁夏政府和相关部门的职责在于，立足宁夏、服务全国，加强软硬环境建设，申办和建立银川综合保税区，提供快捷的交通环境，提供优良的投资环境，提供开放的政策环境，提供优质的服务环境，为中阿经贸合作、文明对话提供最便捷的通道，为中阿政府间、企业间、民间的政治、经济、文化全面交流提供服务，在服务国家对外开放战略布局中不断发展壮大自己。

第二，宁夏应该成为中阿经贸合作的连接中枢。

目前，宁夏回族自治区已经全面启动了清真食品、穆斯林用品的设计中心建设，清真食品和穆斯林用品的加工中心建设，国际清真食品和穆斯林用品的博览中心建设，物流中心建设，休闲度假中心建设。宁夏政府的愿望是，通过加快经济结构调整步伐，加强宁夏产业体系建设，加强物流通道建设，全面承接中阿之间的产业对接、商品贸易、服务贸易、技术合作、投资金融、文化旅游，使宁夏成为中阿之间商流、资本流、信息流、人流的集聚中枢。

第三，宁夏应该成为向阿拉伯国家展示我国综合国力的形象窗口。

一个发展水平低、基础条件差、社会不够和谐稳定、人们思想观念保守的地区，是不能够承担起对外开放先锋、文明对话使者的历史重任的。宁夏要为中阿经贸合作作出重大贡献，就必须加快自身发展。近些年来，特别是"十一五"期间，宁夏GDP增长了2.7倍，财政收入增长了3.2倍，固定资产投资增长了3.3倍。宁夏经济社会持续较快发展，城乡面貌变化巨大。在"十二五"期间，宁夏回族自治区将进一步深化改革，扩大开放，奋力跨越，把宁夏作为一个大城市来规划、建设和经营，打造黄河金岸，发展沿黄城市带经济区，着力建设现代产业聚集区，全面提升经济竞争力；着力建设统筹城乡发展示范区，全面提升区域竞争力；着力建设生态文明先行区，全面提升环境竞争力；着力建设内陆开放试验区，全面提升开放竞争力；着力建设民族团结进步和谐区，全面提升形象竞争力。建设和谐富裕的新宁夏，在推进中阿经贸合作中展示中国新形象，增强宁夏对外开放的魅力和吸引力。

第四，宁夏应该成为中阿经贸的理论研究和宣传策划中心。

要整合和吸引国内外研究伊斯兰、阿拉伯问题的科研力量，柔性引进高端研究学者，壮大研究实力，加强中阿经贸合作的理论研究和工作研究。要抓好载体建设，通过举办会议、创办杂志、建设网站、打造媒体，使宁夏成为国内研究中阿经贸理论问题的前沿阵地和研究中心、宣传中心。要注重对阿拉伯和伊斯兰国家的政治制度、经济制度、文化制度的重点研究，知己知彼、相互了解、深化合作、加快发展、实现双赢。要加强中阿经贸理论研究机制建设，通过建立研究基金、出版基金、宣传基金，使理论研究长期化、常态化、机制化，牢牢把握理论研究和对外宣传的主动权和话语权。

## 三　中阿经贸合作的前景展望

自中阿合作论坛正式建立以来，双方政治互信进一步增强。中方坚定地支持阿拉伯国家探索符合自身实际的发展道路，致力于推动中东和平进程，支持阿拉伯国家维护合法民族权利。阿拉伯国家也在涉及中国重大利益和关切问题上给予中国宝贵支持。

双方人文交流日趋活跃。中阿文明对话研讨会、中阿友好大会、中阿新闻合作论坛、中阿文化节等一系列人文活动精彩纷呈，在中阿人民之间特别是青年之间架起了一座座相互了解和沟通的桥梁。现在有近 8000 名阿拉伯留学生在华学习。每年还有 1000 多名来自阿拉伯各国的各类人才在华接受培训。

而近年来，阿拉伯国家的"向东看"战略、中国的"走出去"战略及宁夏的"向西"开放战略思想交会，为中阿贸易的发展提供了前所未有的机遇。2010 年以来中阿论坛（2013 年改名为中阿博览会）在宁夏的成功举办，以及企业家大会暨投资研讨会、能源合作大会等机制为双方搭建了新的务实合作平台，也推动了中阿贸易的发展。

中阿经贸合作论坛成立以来，中国和阿盟双边贸易得到了较快的发展，在双方对外贸易中的地位也不断提高。进出口贸易额从 2007 年的 869.8 亿美元增加到 2012 年的 2186.5 亿美元，6 年间进出口贸易额涨幅达 151.4%，年均增长率为 25.2%。出口额从 2007 年的 459.3 亿美元增长到 2012 年的 890.6 亿美元，出口额涨幅达到了 93.9%，年均增长率为 15.7%。进口额从 2007 年的

410.4 亿美元增长到 2012 年的 1295.9 亿美元，进口额涨幅达到了 215.3%，年均增长率为 39.1%。2008 年的整体贸易取得了突破性的进展，进出口总额达到 1333.8 亿美元，比 2007 年增加了 53.3%。

在国际金融危机的严峻形势下，中阿经贸合作逆势而上，充分显示了双方务实合作的强大活力和广阔前景。

表 1　2011 年中国对阿盟各国的贸易情况

单位：亿美元，%

| 国家 | 进出口总额 | 出口额 | 进口额 | 比上年增长百分比 | | |
|---|---|---|---|---|---|---|
| | | | | 进出口 | 出口 | 进口 |
| 阿联酋 | 351.2 | 268.1 | 83.1 | 36.7 | 26.3 | 86.6 |
| 巴　林 | 12.1 | 8.8 | 3.3 | 14.7 | 10.1 | 29.3 |
| 科摩罗 | 0.08 | 0.08 | — | −38.7 | −38.7 | −71.5 |
| 吉布提 | 5.1 | 5.1 | — | 14.5 | 14.6 | −74.5 |
| 阿尔及利亚 | 64.3 | 44.7 | 19.6 | 24.2 | 11.8 | 66.6 |
| 埃　及 | 88.0 | 72.8 | 15.2 | 26.5 | 20.6 | 65.4 |
| 伊拉克 | 142.7 | 38.2 | 104.4 | 44.6 | 6.5 | 66.4 |
| 约　旦 | 27.7 | 25.1 | 2.6 | 34.9 | 33.0 | 55.9 |
| 科威特 | 113.0 | 21.3 | 91.8 | 32.1 | 15.1 | 36.8 |
| 黎巴嫩 | 14.8 | 14.6 | 0.3 | 10.2 | 10.5 | −4.9 |
| 利比亚 | 27.8 | 7.2 | 20.6 | −57.7 | −65.1 | −54.3 |
| 摩洛哥 | 35.2 | 30.4 | 4.8 | 19.8 | 22.5 | 5.2 |
| 毛塔尼利亚 | 19.0 | 3.9 | 15.2 | 52.0 | 35.6 | 56.9 |
| 阿　曼 | 158.7 | 10.0 | 148.8 | 48.0 | 5.7 | 52.1 |
| 卡塔尔 | 58.9 | 12.0 | 46.9 | 78.0 | 40.1 | 91.1 |
| 沙　特 | 643.2 | 148.5 | 494.7 | 48.9 | 43.2 | 50.7 |
| 苏　丹 | 115.4 | 19.9 | 95.4 | 33.8 | 2.2 | 43.0 |
| 索马里 | 1.0 | 0.9 | 0.06 | 31.2 | 26.3 | 241.5 |
| 叙利亚 | 24.5 | 24.2 | 0.3 | −1.5 | −0.9 | −35.1 |
| 突尼斯 | 13.3 | 11.1 | 2.2 | 19.0 | 11.8 | 75.7 |
| 也　门 | 34.3 | 11.0 | 23.3 | −14.3 | −9.8 | −16.2 |

数据来源：笔者根据联合国贸易数据库数据整理。

在对中国出口阿拉伯国家商品和进口阿拉伯国家商品的构成进行对比分析后，不难得出结论：中阿商品贸易具有很强的互补性。中国从阿拉伯国家进口的主要是能源资源，以石油贸易为主，贸易额在逐年扩大，阿拉伯国家已成为中国进口石油的主要供应地区。中国向阿拉伯出口的主要是劳动密集型产品和工业制成品，以机电产品和轻纺织产品为主，这也是中国的优势产品。大部分阿拉伯国家除了石油和石化工业外，其他轻工业均不发达，经济建设所需要的工业设备、农用机械、建筑材料等全部需要进口，而机电产品正好是中国出口的优势产品。两者都在出口自己的优势产品，也是对方需要的产品，所以中阿经济互补性很强，而且中国的产品，无论是传统的纺织服装、生活消费品，还是技术含量较高的机械设备、通信产品、家电等，均深受阿拉伯消费者的欢迎。但是两者的贸易额并不是很高，有待我们进一步挖掘。

数据表明，2012 年阿拉伯国家的第一大进口市场依然是欧盟，进口额为564.5 亿美元，所占比重达到 24.7%，中国成为阿拉伯国家仅次于欧盟的第二大进口市场，进口额为 156.6 亿美元，所占比重为 6.9%，说明阿拉伯国家在进口市场上对中国有很强的依赖性。

虽然相比于欧盟、东盟、美国，阿拉伯国家不是中国对外贸易最主要的贸易伙伴，但中国在阿拉伯国家对外贸易中的地位已超越美国，成为仅次于欧盟的主要国家。

尤其不可否认的是，中阿贸易额占中国对外贸易额的比重以及占阿拉伯国家对外贸易额的比重都呈上升趋势，其中占阿拉伯贸易额的比重较占中国贸易的比重上升速度较快，这说明中国与阿拉伯国家贸易合作潜力很大。

2008 年爆发的全球性金融危机使得很多跨国公司勒紧裤腰带过日子，手握巨额现金的阿拉伯财团却瞄准了中国。以往，每当世界经济出现问题，资金都会往美国流动；而这次金融危机中，国际资金除了往美国流动，还有往中国流动的。熟悉阿拉伯资金动向的资深人士称，阿拉伯财团的资金在此轮危机中受冲击少，对中国兴趣浓厚，是因为看好中国政府拉动内需的持续繁荣，中国是大市场。更重要的一点是：中国通过 30 多年的改革开放，已经成为世界经济的另一个引擎，综合国力不断增强。中国和阿拉伯国家约占世界陆地面积的1/6 和世界人口的 1/4，中国有巨大的市场和先进技术，阿拉伯有丰富的石油资源和雄厚的资金，两家合作，前途无量。

中阿经贸关系发展迅速。中国与阿拉伯国家普遍签署了双边政府经济、贸

易和技术合作协定，并成立了经贸混委会机制，定期或不定期地召开混委会。目前，中国已与除索马里以外的 21 个阿拉伯国家签署了双边政府经济、贸易和技术合作协定，与 16 个阿拉伯国家签署了投资保护协定，与 11 个阿拉伯国家签署了避免双重征税协定。阿拉伯国家联盟驻华代表处官员表示，阿中关系是切实的战略伙伴关系，这种关系同时建立在政治、经济、文化等各个方面。其中，经济发展是双方共同致力的目标，双方经济、贸易、投资的互补能扎实推进战略伙伴关系。

中国商务部公布的材料显示，中国与阿拉伯国家在经济上具有较强的互补性，双方正积极探索新的合作方式和新的合作领域。中国将利用阿拉伯国家的地缘优势、优惠政策，开展在石化、IT、纺织、家电等制造业领域的投资合作，同时吸引阿拉伯国家在华开展在能源、金融、制造业领域的投资。

例如，阿拉伯政局动荡后埃及政府更迭，由埃及新任总统亲率的埃及有史以来最大规模的商务代表团于 2012 年 8 月访问中国，希望推动扩大中国在埃及的直接投资。此次代表团以曾与中国有过经贸往来的企业家为首，带来的项目涉及能源、水利、道路和交通运输、建筑、石化、医药、纺织和旅游等领域。这个包括埃及投资、交通运输、工业和外贸、通信和信息技术、国际合作以及旅游行业的 7 名内阁部长和 80 位企业家在内的大型商务代表团，在北京参加了由中国贸促会与埃及驻华大使馆商务处共同主办的中国—埃及商务论坛。

据悉，尽管 2011 年世界经济总体形势低迷，但中埃双边贸易仍达到了 88 亿美元，增长 26%。中埃经贸合作潜力巨大，前景广阔。在代表团访问期间，中国同意给埃及贷款 2 亿美元，双方还签署了农业和电信领域的合同。

埃及是通往非洲和中东市场的重要门户，目前埃及虽然正处于国家发展的转折时期，国内局势尚不够稳定，但它有很多具有潜力的投资领域。无论埃及政府如何更迭，它的经济复兴计划都离不开都希望获得中国企业的支持，目前在埃及已有 1133 家中国企业在埃及开展业务，直接投资额近 5 亿美元，投资领域主要集中在建筑业、服务业、工业制造等领域。

目前，埃及的重点工程是苏伊士运河走廊项目，主要集中在纺织、物流和服务贸易等领域；第二个大项目也正在建设中，计划建立贯穿埃及南北的高速公路项目；还有大型飞机场建设和规划的东塞得港口的综合开发，后者将建立大型物流中心，并在这些大型项目附近发展风能、太阳能等环保项目。所有这些项目，埃及方面都希望得到中国投资者的关注，尤其是新能源和基础设施建设方面，希望借鉴中国的经验。中国企业在埃及可以有更大的发展空间。埃及将充分挖掘与中国的商业协作潜能，并扩大经济合作。预计在未来 3 年内，中国在埃及的投资额将增长 4 倍，提高到 20 亿美元。

又如，中国与阿联酋两国人民的友谊源远流长，建交 27 年来，双方经贸合作成果丰硕，潜力巨大。2010 年双边贸易额超过 250 亿美元，目前阿联酋已成为中国在阿拉伯世界最大的出口市场和第二大贸易伙伴。中方愿进一步扩展与阿合作领域，加强两国在能源、金融、通信、铁路、工程承包等各方面的合作。

再如，阿布扎比非常珍惜与中国之间的合作，并将为中国企业和资本创造良好的政策环境。据介绍，目前已有 20 万中国人在阿联酋居住，超过 2000 家企业在阿联酋注册。

中国商务部官员倡议，希望阿拉伯国家与中国从完善合作机制、扩大贸易规模、推动产业发展、分享发展经验等四方面发展经贸合作，增强抵御外部风险能力，实现互利共赢。

中阿双方投资领域从石化、轻工向机械制造、汽车组装等领域不断拓展。同时，双方在金融、旅游、航空等服务领域的合作也取得积极成果。中阿经贸关系的内涵不断丰富。

中阿作为两大发展中经济体，都处于经济社会发展转型的关键时期，都面临改善民生的艰巨任务。中阿双方应进一步密切合作，增强抵御外部风险能力，实现互利共赢。

中国商务部希望加强经贸磋商，完善合作机制。面对当前中阿经贸合作面临的新形势，中阿双方应务实高效地开好双边经贸联委会，通过经贸联委会的有效机制，深入探讨双方共同关心的议题，深化双边对话和协作。通过共建共办等方式，完善中阿经贸论坛。

商务部希望双方进一步扩大市场开放，提高贸易便利化水平，共同努力使中阿贸易额在 2014 年达到 3000 亿美元。同时，优化贸易结构，提高非石油产

品、高新技术产品在双边贸易中的比重。双方还应积极培育中阿贸易新的增长点。

商务部表示，中方将继续鼓励中国企业赴阿投资，鼓励投资向农业及制造业等领域倾斜。支持企业和金融机构以多种方式参与阿拉伯国家基础设施建设，中方也欢迎阿方积极来华投资兴业，共享中国发展的机遇。中国愿意无保留地与阿方分享发展经验，也希望通过开展联合研究、理论研讨等方式，学习借鉴阿方的有益做法和经验，促进双方经济社会的共同发展。

回顾中阿关系的发展历程不难发现，中阿友好的传承与发展不是无源之水，无本之木，靠的是同甘共苦和真诚相待，靠的是共同发展和互利共赢，靠的是让双方人民都能够充分享受到中阿关系全面、深入发展带来的实惠。

当今世界正处于大发展、大变革、大调整时期，国际力量对比出现深刻变化，全球经济治理体系面临深刻变革，世界经济结构孕育深刻转型。一方面，和平、发展与合作的时代潮流更显强劲；另一方面，发展不平衡现象更加突出，能源安全、粮食安全以及气候变化等全球性问题进一步凸显。

西亚北非地区形势正发生重大变化。中国始终将维护地区和平稳定、维护阿拉伯国家长远和根本利益、维护中阿友好大局作为政策出发点，维护阿拉伯国家的独立、主权和领土完整，尊重和支持阿拉伯各国自主处理内部事务，尊重阿拉伯人民寻求变革和发展的愿望诉求，尊重《联合国宪章》宗旨和国际法准则，支持有关各方通过和平方式解决分歧。中国在地区事务中没有私利。

新形势下，中国与广大阿拉伯国家，既面临加快发展的难得历史机遇，也面临纷繁复杂的新问题、新挑战。双方共同利益不断扩大，合作愿望更为强烈。进一步深化中阿战略合作，促进共同发展，符合双方人民的根本利益，也有利于世界的和平与发展，是大势所趋。中国政府与人民与阿拉伯各国政府与人民将共同努力，精诚合作，共创中阿关系的美好未来。

中阿双方将加强战略合作，在 21 世纪第二个十年里，着力深化中阿战略互信。密切高层交往和战略磋商，加强相互理解和支持，在重大国际和地区事务中相互协调与配合，携手应对重大全球性挑战，维护发展中国家的共同利益。

中阿双方将进一步深挖务实合作潜力，不断开拓互利共赢新局面。努力扩大贸易规模，规范贸易秩序，优化商品结构，提升贸易水平，争取到 2014 年实现中阿贸易额达到 3000 亿美元的目标。进一步拓展双方在农业、卫生、文化、质检、能源等领域的合作，加强在环保、防治沙漠化等领域的交流。

中阿双方将积极开展人文交流与合作，让中阿友谊更加深入人心。充分利用论坛项下的各项机制，积极促进中阿文明交流与对话，鼓励双方民间组织和团体之间加强交流与合作，推动双方教育和科技合作。

中国政府与中资企业要弘扬创新精神，继续推进中阿合作论坛建设。在论坛现有框架下拓宽思路，积极探索，不断完善和充实论坛项下各项机制，在新形势下努力开拓双方合作的新领域，打造新亮点，不断提升论坛对中阿关系发展的示范和促进作用，为拓展和深化中阿战略合作关系不断注入新的动力。

加强中阿友好，是时代的要求，是中阿双方人民的真诚意愿。正如阿盟秘书长阿拉比博士不久前在《人民日报》撰文中所说的，"双方加强合作的强烈意愿，将使阿中关系得到更加深入的发展，其前景也将更加广阔"。中方愿同阿方一道，进一步落实中阿领导人达成的重要共识，牢牢把握时代前进的脉搏，顺应历史发展的潮流，高举和平、发展与合作的旗帜，携手奋进，在新时期共同续写中阿友谊的辉煌篇章。

对承办中阿经贸合作论坛（博览会）的宁夏回族自治区与 640 万回汉各族人民而言，正因为有了中阿博览会的前身——三届中阿经贸论坛的成功举办，才能使宁夏在短期内获得国务院建立"两区"的批复。随着"两区"建设步伐的迈进，如今中阿博览会已由推动作用转化为"两区"建设的抓手。国务院批复的《宁夏内陆开放型经济试验区规划》中明确指出："鼓励宁夏与阿拉伯国家及世界穆斯林地区搭建双边国际交流合作平台，建立有利于政府、民间、企业多层次交流合作机制。"

更名后的中阿博览会将不断拓展交流合作的广度和尝试，以"传承文化共通、扩大商贸共赢、深化经济共融"为内涵，致力于全方位提升中阿政府、企业和民间层面的合作，构建商品贸易、服务贸易、金融投资、技术合作、文教旅游五大平台。

目前，2013 年中阿博览会筹备工作已经启动，宁夏回族自治区政府相关部门将从以下五个方面切实做好大会的策划和实施方案制定工作。

进一步明确目标对象，力求做到精准化。按照博览会的区域定位，将22个阿拉伯国家作为合作的主要目标国家和目标市场，并向外延伸至57个伊斯兰国家。2013年将继续邀请一个阿拉伯国家作为"主宾国"，开展系列经贸文化交流活动。

进一步突出参与主体，力求做到国际化。在重视国外政要、政府代表团邀请的同时，着力通过政府、民间和中介机构三条渠道，加大对国内外特别是具有国际影响力的、知名度较高的采购商、投资商、参展商的邀请力度。

进一步清晰重点领域，力求做到精确化。将围绕能源、金融、清真食品穆斯林用品、农业、文化、旅游等领域的双向合作开展系列会展活动，从而有效服务中阿共办共赢。

进一步夯实重要载体，力求做到品牌化。将在原有成果的基础上，围绕商品贸易、服务贸易、金融投资、技术合作、文教旅游五个方面，着力打造能源、金融、清真食品穆斯林用品、农业、旅游及文化教育领域的高端论坛、专业展览和洽谈活动，还将着力在防沙治沙、电影电视、基础设施投融资等领域进行重点扶持。

进一步打造政策高地，力求做到实效化。按照博览会的近期发展目标，将进一步加强与国家相关部委的沟通与合作，通过优化论坛的有效交流、展览洽谈会活动的商务合作，不断突出博览会的政策酝酿及发布职能。

# Background, Functions and Prospects of the China-Arab States Economic and Trade Forum

*Ma Ping*

Abstract: The important value to develop the economic and trade cooperation between China and Arab countries, as an emerging economic powers, China attaches great importance to the vast Middle East and Arabia world in the process of active participation in the global layout.

In recent years, China implements the "going out" strategy of opening up, deepens economic and trade cooperation with Arabia and countries, expands new areas of international economic cooperation.

Bilateral economic and trade cooperation prospect is also determined by the China-Arab huge market capacity and strong economic complementarity.

In the grim situation of international financial crisis, China and Arab Cooperation bucked the trend, fully demonstrated the bilateral strong vitality and broad prospects of practical cooperation.

Under the new situation, China and the Arabia national are both facing a rare historical opportunities to accelerate development, but also facing the complex new challenges and new problems. The bilateral common interests expanding and the desire for cooperation become stronger.

To deepen the strategic cooperation and promote common development conforms to fundamental interest of both peoples, but also conducive to world peace and development, is to represent the general trend.

The State Council approved the economic and trade cooperation forum between China and Arab helding in Ningxia. Ningxia has an important duty of service, service pattern, service the state opening and bilateral economic and trade cooperation, service of all provinces in China for the Arabia national opening, and develop its own in this process.

**Key Words:** China and Arab Cooperation; Economic and Trade Forum; Prospects for the Development

# Ỵ.9
# 伊朗人眼中的中国历史文化和经济发展：评介和摘译《耐心龙：中国的过去、现在和未来》

陆 瑾*

**摘 要：**

20世纪八九十年代之交，东欧剧变，苏联解体，但中国坚持走社会主义道路，并取得改革开放的巨大成功。中国的快速发展激发了伊朗人了解中国的兴趣，伊朗前驻华大使范仁东·瓦迪内贾博士等人合著的《耐心龙：中国的过去、现在和未来》一书的出版，较好地满足了伊朗各阶层读者希望更多地了解中国的愿望。该书努力从中国的悠久历史及文化铸造出的中华民族的"耐心"特质和其对当代中国发展产生的深刻影响的角度，解析中国龙没有衰落反而腾飞的因由。该书信息量大，具有一定的学术价值。

**关键词：**

中国古代历史和思想 改革开放 中国特色社会主义

20世纪80年代末90年代初，在全球化浪潮的冲击下，世界共产主义运动陷入低谷。东欧剧变，苏联解体，但中国未改旗易帜，坚持走自己的道路，通过改革开放实现了经济腾飞。中国的快速发展令世界惊叹，也引起伊朗人的好奇和关注。当1979年伊朗推翻巴列维王朝统治、建立伊斯兰共和国时，刚开始改革开放的中国在长期崇尚西方文明的伊朗人眼中，不过是一个人口众

---

\* 陆瑾，文学博士，中国社会科学院西亚非洲研究所副研究员，主要从事伊朗问题研究。

多、极度贫穷落后的遥远国度。然而，进入 21 世纪后，随着中国商品在伊朗市场占有率的不断提高和中国在国际事务中发挥的作用越来越大，伊朗人开始另眼看中国，并对了解这个古老而神秘的国家和其经济迅速发展的原因产生了浓厚的兴趣。2010 年，伊朗前驻华大使范仁东·瓦迪内贾博士、阿波法·欧拉马义博士和沙哈朗·格斯左德合著的《耐心龙：中国的过去、现在和未来》（以下简称《耐心龙》）由伊朗消息出版社出版发行，受到伊朗读者的欢迎，并于 2011 年再版。该书较好地满足了伊朗各阶层读者希望更多地了解中国的愿望。

## 一 耐心龙：历史与文化铸造民族个性

《耐心龙》全书共分五章、十一节。前三章每章两节，以社会政治变化和思想意识形态变化为两条主线，概述了中国古代、中世纪和现代历史及思想发展的进程，以此展现中华民族耐心个性形成的背景。作者认为，中华文明与其他古老文明的本质区别在于，中国的文明和文化在 4000 多年的历史长河中延续未断；中国历代统治者致力于培植、保护和强化其核心元素。因此，要想弄清中国的现实和其发展变化的根源，必须研究和通晓中国历史和文化。前三章的内容为深入研究和认识"今日中国"奠定了基础。

第四章包括"从毛泽东到毛泽东思想"和"中国共产党的治理"两节，涵盖了从 1917 年俄国十月革命给中国送来马克思主义到毛泽东逝世这段时间。第四章可以看成是一部中国共产党发展简史，主要记录了中国共产党艰难曲折的成长历程，以及中国共产党第一代领导人如何在新民主主义革命、社会主义革命实践中不断丰富和发展马克思主义，形成指导中国革命走向胜利的理论体系——毛泽东思想。

第五章"今日中国"由"改革和改革派""今日中国，机遇与挑战"和"结论与展望未来"三部分构成。第五章涵盖了下述内容：中国改革开放的背景、缘由和目标；邓小平理论以及中国共产党第三、第四代领导人思想体系的形成；中国特色社会主义道路；改革开放的过程和成就；中国与苏联和东欧国家改革的不同结果；中国目前和未来面临的挑战；等等。

可以看到，《耐心龙》一书努力给读者提供一个新的、有逻辑的认识今日中国现状的视角，并把中国作为一个基于民族个性元素成功发展的范例推介给伊朗和其他发展中国家。"耐心"即"长久坚持"，用其来形容中国这条历经坎坷终于腾飞的巨龙，显示出作者对中华民族自强不息、坚守信念、不屈不挠、与时俱进精神的深刻认识。《耐心龙》一书是对世世代代的中国人为实现国家富强、民族振兴而不懈追求与奋斗的高度概括，是对中国共产党人把马克思主义理论与中国具体实际相结合、探索中国特色社会主义道路的真实写照。"过去"培养了中华民族"耐心"的性格，使"今日"中国的命运有别于东欧和苏联，更使中国在"未来"可持续发展。

《耐心龙》可以被看做一部中国简史、中国哲学思想简史、中国共产党简史和中国改革开放简史的合订本，具有信息量大、可读性强、实用价值高的特点。对于伊朗大众读者来说，此书可以澄清对中国的一些模糊认识，改变过去记忆中的中国形象，帮助了解中国经济快速发展的缘由。对于研究中国问题的伊朗专家和学者及希望借鉴中国改革开放经验的管理者来说，这是一部资料丰富、引人思考、具有学术参考价值的研究成果。该书最后一章提出了很多值得进行深入探讨和研究的问题。该书的独到之处在于：作者利用在中国工作和生活多年的机会，尽可能地收集权威文献和第一手资料，特别是利用与中国研究人员、作家和专家面对面交流与讨论的机会，获取有关中国在政治、经济、文化等方面最新变化的信息，并在书中吸纳了他们的观点和看法。此外，该书还借鉴了伊朗学者和其他国家学者的研究成果。

## 二 孕育耐心：悠久的中国历史和博大精深的中华文化

"研究中国历史和传统思想是更好地了解当代中国的必要手段"，这是作者在《耐心龙》一书中多次强调的观点。在该书的前三章，作者从中国出现早期国家政治制度——夏王朝开始，按照时间顺序叙述了中国各朝各代政治、经济和文化发展的特征和标志性事件，以此展现中国历史和文化的连贯性，以及在保持这种久远、连续和发展中所形成的民族个性：耐心、求稳。

作者指出，纵观中国古代历史，有两个特点贯穿始终。其一，北部边界长期受到外族侵扰，给人民和地方政府带来深重的灾难。出于对安全的担忧，历代统治者致力于组建和装备军队，因此有了长城、火药这些人类历史上的杰作。① 中国历代统治者总是把国内事务放在首要位置，对外界关注和需求较少。中国人对本文明圈中的其他民族总是表现出强烈的优越感。由于周边不存在强势文明，他们的这种感觉得以不断增强。因而当 17 世纪西方人的影响扩大到这片土地时，中国的统治者们仍未对自己所处时代的现实状况有一个正确的认识。这种疏忽造成中国在 19 世纪被洋枪、洋炮打败，丧失主权和领土完整。当然，也正是因为上述特点，在历史上才很少有中国人对外扩张和吞并他国领土的事情发生。

　　其二，中国古代思想家诸如孔子的思想受到历代统治者的推崇，享有特殊重要的地位。儒家、道家、墨家、法家等流派的思想代表了不同社会阶层的主张，也不同程度地被统治者采纳，作为治理国家和社会的理论思想。即使在异族统治中原大地的数百年间，如 13 世纪蒙古族人建立元朝和 17 世纪满族人建立清朝，亦如此。因此，中国传统文化思想的主流源远流长，并对中国社会政治、文化教育以及伦理道德等各个方面产生永久的影响。

　　在作者看来，中国传统思想体系十分宽泛，流派繁多、复杂，且思想与道德体系相互联系，难以分割。因此，在研究中国传统思想和道德体系时总会有个疑问从脑海中闪过：是信念决定了行为还是行为构成了信念？中国人注重实际且社会感强，他们所有思想流派所谈论的都是关于社会生活、人际关系、道德价值和政府如何等这些与社会伦理和执政理念相关的问题。中国哲学思想流派的最高目标是在日常社会生活中达到现实世界的更高层次。中国人既追求精神上的升华，又着眼于现实世界。因此，精神与现实世界的有机结合被认为是理想的人生境界。此外，中国人还重直觉，即注重生活的实证或主体的直觉体验，强调体验之后有所感悟和解决以往的种种疑惑，但同时又注重在实践中获取知识。对于中国人来说，直觉与实践就像一块硬币的两面，相互补充而成为一个整体。

---

① 原文如此。

在中国各种思想流派中，孔子的思想经后人总结、改造，逐渐形成了完整的儒家思想体系。汉代董仲舒把诸子百家中道家、法家和阴阳五行家的一些思想糅合到儒家思想中，加以改造，形成了新儒学体系。由于其理念在客观上有利于加强中央集权统治，也有利于社会稳定，适应了封建帝王的需要，因此，汉代之后被历代统治者奉为正统思想和社会伦理道德的标准。儒家经典著作被定为科举考试的教科书。教育、考试和选官对儒家思想逐渐渗透到社会各方面且被全社会接受起到了重要的作用。除统治阶级推崇外，顺应时代的变化，寻求自身的不断发展和完善是儒家思想面对国内外其他思想流派的多次挑战仍能保持其主流思想地位的另一重要因素。儒学吸收过佛教、道教思想，形成程朱理学、"心学"和"陆王心学"等多种形式。儒家思想在不断融合和发展中变得博大精深并传播到朝鲜、越南和日本等亚洲国家和欧洲，对那里的思想和文化产生了重要影响。道家思想对中国人的思维方式、道德和人格的形成也产生了深远的影响。道家思想与儒学代表了中国哲学思想互补的两个方面。道家提倡顺应自然，清静无为，知足寡欲，与自然和谐相处，并特别推崇水的柔性品质。

满族人建立清朝、入主中原大地后，接纳了汉文化和汉人的统治体系，传承了中国传统文化和儒家思想，使中国的历史保持了完整性。清朝巩固了从秦朝开始形成的统一的多民族国家，并扩大了中国的疆域。但是，强大的八旗军、"康乾盛世"、国泰民安带给清朝政府的是自恃其强推行闭关锁国政策，拒绝与外部世界建立正常的外交关系和经济交往，使中国与世界隔绝，失去了谋求自身发展的机会。欧洲国家快速发展工业和科学技术时，清朝统治者则在极力禁锢人们的思想。结果，政治腐败、军备废弛、民族工业发展受阻、民族矛盾激化。鸦片战争使清朝人从"天朝上国"的梦幻中惊醒。以曾国藩、李鸿章、左宗棠为代表的洋务派提出学习西方先进科学技术的主张；康有为、梁启超、严复等资产阶级维新派发动变法运动；农民阶级掀起"扶清灭洋"的反帝爱国斗争。

"洋务运动""戊戌变法""太平天国起义"对于改造社会、救国救民的探索并未能使中国避免沦为半殖民地半封建社会的命运。但是，义和团运动、辛亥革命、五四爱国运动和中国共产党的诞生以及抗日战争、解放战争，一代又一代的中国人始终坚持不懈地探索国家复兴之路。

作者总结道，中国文明和文化源远流长，其间几乎没有出现过断裂。悠久的、连续的和宽泛的文化领域孕育了其独特的品行，并极具生命力。每当进入一个新的历史时期，它会以新内容、新形式展现新的活力。

## 三 磨炼耐心：中国共产党人探索救国、强国之路

辛亥革命推翻了清朝的封建统治。新文化运动和五四运动促进了马克思主义在中国的传播。俄国十月革命的胜利在中国进步知识分子中产生了广泛的影响。面对中国所处的半殖民地状态，他们早已对西方民主心灰意冷，很少有人愿意选其为中国的发展模式。因此，他们开始接受马克思主义思想，探索使中国摆脱政治、经济和社会困境的道路。中国共产党在成立的最初几年里，受到苏联领导的共产国际代表的全面控制，并接受对方提供的资金和武器援助及骨干培训。共产国际受列宁思想理论的影响，强调在殖民地地区要依靠工人阶级和团结资产阶级进行革命。工人阶级在中国尚未强大起来，共产党自身力量尚薄弱，因此，与国民党合作进行国民革命。国共合作最终破裂，共产党人认识到创建人民军队和独立领导武装斗争的重要性。组建红军，创建革命根据地，土地革命使共产党迅速发展壮大。但在共产国际的错误指导下，红军遭受重创，被迫长征。经过 8 年抗日战争和 4 年解放战争，中国共产党最终统治了中国大陆，并开始探索建设社会主义的道路。

在新中国成立后的最初 3 年时间里，共产党通过土地改革、"三反五反"恢复了国民经济和巩固了政权。许多共产党人认为，应该效仿苏联的发展模式。因为斯大林的战略使苏联取得了第二次世界大战的胜利，并成为世界强国。中国选择这一模式也是符合逻辑的。首先，考虑苏联和西方国家的两极格局；其次，务实的中国人知道将会得到苏联方面的援助。斯大林模式是集中国家所有财力加速发展重工业。按照这一模式，在第一个五年计划期间（1953～1957 年）中国要把 58% 的资金投向重工业和由苏联人提供技术帮助建造的 154 个现代工厂，这些资金要通过增加农业产量和减少消费获得。为此，中国开始了"大跃进"，毛泽东希望以此使中国成为一个地区的重要角

色。“三大改造”、大炼钢铁、人民公社化运动等做法给中国经济带来一系列失调。这一实践是发展中国家农业政策的失败。因为出口不多的收入应该消费在进口资本商品和食品上，首先需要保证的是人民吃饱饭而不是工业化。认识到这一点，中国共产党人开始实行有限的私有化和农产品生产环节的自由市场化，并且重新起用在反右斗争中受到打击迫害的知识分子和技术精英。20 世纪 50 年代末期，中苏关系遇到挑战。到 1960 年 6 月，苏联从中国撤走了自己大多数的专家和顾问。在实践中，中国人认识到不应该盲目照搬斯大林模式，在一个贫穷的农业国不适合搞高度集中的计划经济体制。1966～1976 年，中国遭受了一场政治、经济和文化灾难，这是毛泽东的拥护者们发动的一场意识形态运动。毛泽东逝世后，“造反派”领导人“四人帮”被捕受审。从此，中国共产党开始探索新的发展道路。

毛泽东是中国共产党的领导者，他总被神化。了解他在中国革命中的作用必须了解他的思想。他的思想不仅源于马克思主义，而且源于中国几千年的文化。因此，产生了马克思主义理论与中国国情相结合的政治术语。20 世纪 20 年代，毛泽东运用马克思主义原理分析了中国社会形态和阶级状况，提出依靠农民进行革命斗争的主张。国民革命失败后，毛泽东提出“工农武装割据”的思想，成功地探索出“农村包围城市，武装夺取政权”的革命道路，突破了苏联“城市中心论”模式。毛泽东在《关于正确处理人民内部矛盾的问题》中提出矛盾永远存在的法则，显然受到了中国古代阴阳学说的影响。毛泽东主张不应照搬照抄马克思、列宁的原话，而应该研究他们认识问题和解决问题的思想和方法。毛泽东思想是中国共产党的指导思想，并把马克思主义中国化了。毛泽东的许多思想如“从群众中来，到群众中去”“美帝国主义是纸老虎”很有影响。中华人民共和国建立政治协商会议制度也是基于他在《新民主主义论》《论联合政府》中的思想。作为 20 世纪世界上最重要、最有影响的人物之一，毛泽东除在中国国内，在其他国家也有很多追随者。

作者认为，带领这个国家发生巨大变化的中国领导人虽然接受了马克思主义，但之前是在中国传统社会长大的，他们自觉不自觉地受到传统习俗和价值观的影响。也许正因为如此，最终他们要给马克思主义穿上中国的外衣，让“马克思主义中国化”。

## 四 考验耐心：坚持改革开放和中国特色社会主义道路

20 世纪 70 年代末，中国经济处于停滞状态，人民生活困苦。邓小平认为，社会主要矛盾不是各阶层之间的矛盾，而是人民的需要与生产力发展水平低的矛盾，不应再搞"阶级斗争"。他提出国家工作的重点应以经济建设为核心的主张，并得到广大民众和社会精英的支持。

邓小平是中国改革开放的总设计师，其关于经济改革的思想和政策被称为"邓小平理论"。邓小平认为"发展是硬道理"，一个国家的国力和影响力依靠其经济和技术能力。他坚持发展、安全、稳定、和平和生产五项原则，反对绝对相同和平均主义。在他看来，中国这样一个地域宽广的国家不可能所有的地区都同时得到发展，应该提倡社会竞争。尽管邓小平在实际工作中的有些做法背离了马克思主义的基本原则，[①] 但在思想领域他始终坚持社会主义。邓小平进行的是社会主义体制内的改革，后来被叫做"中国特色社会主义"。邓小平还提出坚持社会主义道路、坚持人民民主专政、坚持中国共产党领导、坚持马列主义和毛泽东思想四项基本原则。邓小平把从国外获取科学技术看作增强国力的基础，相信提高经济增长率需要外资和西方先进技术，引进技术的费用可以通过增加出口、使用廉价劳动力、提高产量、发展先进技术和消费品出口获得。他指出，与西方国家的关系不应该仅限于利用西方的科技，而应包括许多领域。第一，中国可以利用外资；第二，通过引进先进技术、管理经验和技术信息缩小中国与发达国家之间的距离；第三，通过建立开发区吸引外资；第四，以"一国两制"模式为基础，接受自由市场模式下的经济活动；第五，把资本主义自由市场经济纳入社会主义体制内以便更好地利用资本主义制度的潜能来建设社会主义经济体。邓小平清楚地知道，为实现经济改革目标，必须进行一些政治改革。因此，他努力减少意识形态的影响，号召创建"社会主义精神文明"。邓小平还把世界的和平与安全放在特殊重要的位置，并将其看作实现上述目标的必要条件。

---

① 原文如此。

邓小平的改革开放政策和思想使中国在内部消除了传统经济体制带来的障碍，解放了生产力和生产要素，发展了国民经济，在科学、技术、研究和贸易方面为中国的进步、发展提供了条件，以平和方式使中国完成了从传统社会向现代社会的过渡，使中国部分地区进入现代化和全球化时代。在国际上，采取"向西看"的政治立场和减少与西方国家在意识形态上的冲突。北京不再提与霸权主义作斗争，不再把苏联视作自己最大的威胁。而逐渐减少对第三世界国家的援助则导致中国反对西方霸权主义国际秩序的色彩变淡和与它的第三世界盟友之间产生了距离。与西方广泛的政治关系和对中国经济制裁的最终被取消，使不断增加的先进技术和农产品进口满足了中国的迫切需求，并为中国签订许多有关获取技术和吸引外资的合同提供了条件，带动中国进入国际经济合作领域、参与国际竞争。

改革开放给社会和意识形态带来了变化。过去遗留下来的社会结构与经济变化之间失去了平衡，导致中国在意识形态领域面临很多挑战：资产阶级自由化在知识分子阶层中蔓延，1989年政治风波爆发等。有人提出质疑，社会主义体制怎么可以和自由市场经济同时并存？邓小平说，两者并不矛盾，实行自由市场经济不会破坏社会主义原则。当有观点认为马列主义是时代的产物，已经过时，不能用它来解决当今的问题时，邓小平指出，社会主义在中国将继续下去，共产党必须坚持马克思主义。正统的马克思主义者给改革派贴上"叛徒"的标签。为维护党内团结和政治稳定，改革派采取和解方式把意识形态和文化写入党章，并以坚持"四项基本原则"使改革得以继续进行。改革开放后，为适应经济和文化的变化，中国国家宣传机构都在尽力对马列主义做出新的诠释。为回应那些主张放弃社会主义制度的人，在共产党的支持下进行了许多理论性研究，以对社会主义的实质进行解析。

在此基础上，邓小平创立了"建设中国特色的社会主义"的理论。他主张实事求是，把马克思主义同中国实际相结合。改革派的政策核心是把自由市场作用融入经济普遍规律，形成"社会主义市场经济"，可以看作"有中国特色的马克思主义"。在当时，中国需要与外部世界形成以竞争原则为基础的关系，特别是在经济领域；同时又不能违背马克思主义原则。邓小平提出中国仍处于社会主义初级阶段的理论。他认为，中华人民共和国成立后，尽管中国共产党为人民服务，稳定了物价，在全国范围内建立了统筹经济，但是，社会主义的生产力水平还很低，离社会主义发达阶段还很遥远。邓小平之后的江泽民对社会主义初级阶段做出进一步的阐述，指出这是一个很长的历史阶段，我们必须经过工业化和社会化以完成市场化和经济改革。实践证明，单一的计划经济阻碍生产力的解放，因此，要进一步深化改革，强调向市场经济倾斜。江泽民在意识形态领域做出许多努力以证明改革没有偏离马克思主义的基本观点。和平共处和维护世界和平是中国特色社会主义建设的另一特征。在社会主义初级阶段利用资本主义世界的科学和技术是中国的战略目标之一，必须和平地与资本主义国家展开竞争。

20 世纪 80 年代末 90 年代初，国际形势和国际秩序发生了新变化。东欧剧变，苏联在与资本主义体制竞争和自身改革中失败，国家分裂，冷战结束。一些发达国家开始步入后工业化阶段，另一些国家进入工业化阶段。认清国际局面和利用国家的所有潜能增强在国际体系内的影响越来越重要。毫无疑问，邓小平成功阻止中国步东欧和苏联后尘的最大奥秘之一就是对快速变化的国际秩序有正确的认识，为本国体制在国际新形势下继续存在做好了准备。中国与苏东社会主义国家命运不同的其他原因首先在于，当苏联忙于与西方世界进行意识形态争论和军事竞争时，中国做出了更加理性和聪明的选择，开始进行改革开放。放弃苏联体制，改变中国的经济结构，从优先发展重工业转向有出口能力的轻工业。中国在改革中没有像苏东国家那样求快，而是稳步推进。苏联领导人戈尔巴乔夫访华时正碰上 1989 年政治风波，他希望借此机会向中国推销苏联式政治改革。尽管他受到中国大学生们的欢迎，但在中国领导人那里没有任何收获。苏联解体后，马克思主义和中国共产党的合法性再次受到质疑。邓小平指出，中国共产党领导人的合法性、连续性有赖于国家经济增长率的提高。中国第三、第四代领导人坚持四项基本原则，继续改革开放，提出"三个代表""和谐社会"的重要思想并通过吸纳资本家入党扩大党员群体范围以减少压力。弘扬悠久、持续的中国传统文化，加强道德和精神文明建设，自觉抵制西方不良思想的侵蚀。总结历史经验，得出结论，没有共产党就没有新中国，只有社会主义能够救中国。"一国两制"，香港、澳门回归。共产党加强民主和自身完善。上述努力使中国国内形势顺应了国际变化，最大限度地保护

了国家利益、国力和威望，在保持和平稳定的同时获得了发展的机会，从而捍卫了中国共产党的合法性。

## 五　坚守耐心：直面挑战的今天和争取持续发展的明天

改革开放在给中国带来经济高速增长、国力增强、国际影响扩大的同时，也带来一些问题和挑战。在国内，"拜金主义"、信仰危机、腐败、性解放等使中国社会传统的价值观念受到严重冲击。东西部地区发展不平衡，社会贫富分化和城乡收入差距不断加剧。作为"世界工厂"，中国环境遭到严重破坏。交通堵塞，空气污染严重。发达地区与边远地区出现宗教和文化分歧。工业生产高能耗低产出，进城务工者成为廉价劳动力，生活条件恶劣，个人权益得不到保障。快速城市化和独生子女政策也带来许多新问题。面对上述问题，中国政府实施了"星火计划"等一系列能够通过传播科学技术，提供技术信息等帮助边远地区和农村地区发展的政策措施，并在政策、资金等方面提供优惠。1989 年政治风波后，政府放松了对男女大学生服装和行为的限制，重塑革命价值观。增强民族精神，以史为荣，恢复儒学价值，加强党风建设，严惩北京市市长陈希同等腐败高官也是中国政府作出的努力。

在国际上，中国的外交政策一直在为保持和平环境、进一步改革开放创造条件。中国显然接受现存的国际社会秩序，采取与游戏方合作的战略。在处理与一些国家——包括中东和非洲国家，如苏丹——的敏感关系上采取"暗箱操作"的方式。① 只有在涉及中国台湾的领土主权问题上，在外交关系上才会设置红线。西方国家对中国的内政外交成就十分敏感。很多人特别是西方国家的人认为"不应该让龙醒来"，但是"龙"已经醒来了，自然搅乱了许多国际秩序传统角色如美国和欧洲国家的美梦。这些国家有时对中国过度敏感，无论是在行为上还是在思想上，它们努力控制"黄龙"的行为在所难免。特别是冷战结束后质疑单极世界的中国实力显现时，冷战胜利方美国对此高度敏感。可以清楚地看到，苏联解体后，美国政府对中国采取让其加入 WTO、然

---

① 原文如此。

后以此控制其行动的战略。然而，中国经济持续发展，在30多年的时间里占领了世界市场，中国高额的外汇储备使美国失去了部分国际市场并削弱了美元在国际贸易中的地位。当上海合作组织成立后，中国不自觉地站在了美国的对面。2009年，中国的外汇储备超过日本成为世界第一。这使中国有可能利用美国金融危机收购美国大公司。中国海洋石油公司收购美国 UNOCAL 公司股份的申请遭到美国政府的否决。但是，中国最大的电脑企业联想公司成功地收购了美国的 IBM 公司。为争取和平环境，中国在外交上尽量减少与外界的争端并努力转移强大对手的注意力。

保障能源安全对于经济处于过渡期的中国来说十分重要。能源安全战略是中国政府最重视的问题之一，也是影响其外交行动的重要因素之一。中国的能源需求不断增加促使其不断努力开拓新的能源来源和市场，并在世界上对其他大国如美国构成挑战。世界富油区从拉美到苏丹、从中亚到波斯湾地区都受到中国的关注，自然让这些地区的传统角色——如欧洲和美国——感到不安。事实上，中国对能源的过度需求很多时候迫使它在国际上钻出保守的外壳，这也是中国与美国公开对立的唯一因素。这点在萨达姆·侯赛因生命的最后阶段可以看得很清楚。尽管中国接近70%的能源消耗可以依靠自产的煤炭保证，但是环境污染使北京处于使用清洁能源的压力之下。特别是中国在取得经济发展的过程中环境污染越来越严重。作为温室气体的最大制造者，中国的名字经常出现在西方媒体的头条。因此，中国在推动使用清洁能源尤其是核能上做出了很大的努力。修建大型核电站，增加天然气的使用受到极大的关注。但是中国知道自己的发展会挑动他人敏感的神经，世界大国看中国的眼光与看印度和巴西的不同。中国为保持 GDP 的增长速度不低于8%，能源进口将会不断增加。在美国和西方国家看来，石油和能源资源是中国发展的必需，而国际能源资源有限，这将是它们与中国发生冲突和利益矛盾的最根本原因之一。美国认为中国需求的快速增长会给世界石油资源带来压力，还会影响美国的储备。2007年国际油价猛涨给两国都敲响了警钟，波斯湾富油地区再次受到石油消费大国的重视。美国的鹰派总是像一只凶恶的狼一样盯着中国。尽管中国在能源领域受到了一些制约，但是白宫对中东的关注减少了美国对"黄龙"的关注。对中国来说，这本身就是个机遇，是它最需要的东西。

中国未来的领导人仍将努力让国际社会相信，中国不管如何强大都不会对邻国和地区安全构成威胁。中国领导人还将坚持走实现"大中国梦"的道路，动员所有的力量让台湾回归祖国。为此，中国将面临世界强国特别是美国的更严重挑战。经济的快速发展，社会和世界的变化使中国的领导人很清楚这一现状：尽管他们不愿接受西方政治体制的模板，但是为了取得共产党统治的合法性和继续被接受不可避免地要进行一些政治结构改革，推进党内民主。从长远角度看，中国经济亟须从出口型向服务消费型转变，城市化给这种转变提供了机会。

这意味着中国经济将伴随政治上的团结和稳定继续增长。毫无疑问，未来中国将以一个重要的和有影响的角色出现在国际经济、政治和文化领域。获得持续发展的必要条件是在社会、政治和经济不同领域全面、平衡地发展。为完成中国自己提出的从"发展中"阶段到"持续发达"阶段的过渡，肯定要立足于自身悠久和深厚的民族文化，对外发挥软实力。

## 六 《耐心龙》的缺陷与不足

由于意识形态的不同，无论是在巴列维时代，还是伊斯兰共和国建立之后，有关当代中国问题的书籍在伊朗都不多见，从而造成伊朗普通民众难以对中国有较全面的了解。中国人的信仰，台湾、香港和澳门与中国大陆的关系，中国共产党的领导、中国国民党、社会主义等都是经常困扰他们的问题。《耐心龙》一书起到了很好的答疑解惑的作用。

尽管如此，该书还是存在一些不足。虽然作者表示希望将该书打造成可供大学和研究中心使用的学术著作，但在深度上还有所欠缺，内容也有些散乱。原因是多方面的。首先，由于涉及的内容太多，篇幅有限，自然难以深入挖掘。还有一些问题，用作者自己的话来说，是"有意隐藏了自己的观点"，将在后续著作中进行深入探讨。其次，由于作者不懂中文，引用资料主要来自英文书刊和网站，因此，关于中国的人名、地名、书名等在翻译过程中难免出现错误和误差。这点对于普通读者来说无关紧要，但会给专业研究人员带来些许困难。作者在前言中坦承，语言障碍造成不能直接引用中文资料是该书最大的缺憾。当然，有些问题对于普通中国人来说都不一定能很好地理解，更何况在意识形态上与我们有巨大差异的伊朗人，能写到现在这个程度已经很不错了，更何况作品还要兼顾不同读者群的需求。

有读者认为，《耐心龙》一书是3年前出版发行的，可书中关于改革开放只写到了10年前，看不到中国最近一些年来的发展状况是本书的缺憾。应该说，这不仅反映了伊朗读者希望了解中国更多新变化的强烈愿望，而且表现了读者对中国改革开放的关注度。当年，在中国开始改革开放时，伊朗却开始了一场与中国"文化大革命"极其相似的全面伊斯兰化运动。30多年间，中国从"封闭"走向开放，政治、经济快速发展，而伊朗则与之完全相反。对此，很多伊朗人颇有感慨。这本书可以使读者透过镜子看自己，并得到一种不言而喻的启示：资源丰富、文明悠久的伊朗缺少的正是中国人的"耐心"。有借鉴意义是作者的初衷。

# Review of and Excerpt from *The Patient Dragon*: *China's Yesterday*，*Today and Tomorrow*

*Lu Jin*

**Abstract**：By the collapse of Eastern European countries' political systems and disintegration of the Soviet Union during the 1980's and 1990's，China has kept to its socialist road and was very successful in the reform and open door policy. The rapid development of China has aroused Iranian people for finding out more about China. The former Iranian ambassador to China，Dr. Fereydoun Verdinejad and his colleagues wrote the book of *The Patient Dragon*：*China's Yesterday*，*Today and Tomorrow*. This book lets the Iranian people know more about China and Chinese. The writers tried to explain how the Chinese patience comes from Chinese ancient history and culture and effect on the Chinese development of our time. This is an academic and useful book.

**Key Words**：Chinese Ancient History and Thought；Reform and Open Door Policy；Socialism with Chinese Characteristics

# Ｙ.10

# 中国大学生如何看待
# 近年中东国家剧变

西亚非洲研究所国情调研组

**摘　要：**

这份报告显示了中国大学生对中东变局的原因、性质和前景的看法，对中国、美国、阿拉伯联盟在变局中的表现的看法，对变局影响中美与阿拉伯国家关系的看法，对中国在中东利益以及中国对中东外交的看法。

**关键词：**

中东政治　阿拉伯世界　中国外交

2010 年年底 2011 年年初，突尼斯爆发民众抗议示威活动，并迅速波及众多中东国家，中东政治版图发生剧烈变化，其中，突尼斯、埃及、利比亚和也门发生政权更迭，叙利亚陷入内战，至今未平息，巴林、阿尔及利亚、伊朗、科威特、沙特阿拉伯等国也出现了不同程度的政治动荡。此次中东国家剧变是其在发展过程中积累的政治、经济和社会问题的大爆发。一是经济可持续发展面临的高通货膨胀率、高失业率等问题；二是一些国家虽然经济发展较好，但面临如何处理经济发展与稳定的关系问题；三是中东国家现代化进程中，中产阶级队伍不断壮大，他们在经济实力增强的同时，政治参与诉求日益强烈；四是许多中东国家面临领导人长期执政和继承危机的问题。中东国家剧变的影响是深远的。第一，中东地区的政治格局发生重大变化，国家关系重新组合；第二，伊斯兰政治力量崛起；第三，教派和民族矛盾、世俗与宗教的矛盾尖锐；第四，大国在中东博弈激化；第五，能源安全对世界经济产生重要影响。在此次中东国家剧变中，互联网扮演了重要角色，其快速传播信息的特性极大地推动了事态的发展。作为中东国家剧变的主要参与者——青年人而言，他们不仅是推动社会经济发展的主力军，而且是社会稳定的关键因素。互联网是青年人获取信息的重要渠道，甚至是首要渠道。互联网传播的信息对青年人做出价值判断具有重要影响。我国在建设中国特色社会主义的实践中，也面临经济发展与稳定的关系问题。中东国家剧变发生后，西方国家在中东地区陷于被动，一些别有用心的人散布不利言论，甚至试图将祸水引向我国。为了了解我国大学生对中东局势动荡的看法，西亚非洲研究所2012年开展了《青年学生如何看待中东国家剧变》的国情调研。

调研工作采用问卷调查法为主、访谈法为辅的基本方法。问卷是围绕中东剧变提出的问题，主要是在参考近两年学术界高度关注的问题的基础上设计的，重点了解答卷人对剧变国家、剧变原因、剧变性质、剧变前景的认识，对中国在联合国就利比亚问题和叙利亚问题投票的看法，对美国在中东剧变中的表现的看法，对阿拉伯联盟在剧变中的表现的看法，对剧变将如何影响中美两国与阿拉伯国家关系的看法，以及对中国在中东地区的利益和对中国的中东外交的看法等。调研组共选择了北京和其他省份的4所普通高校开展调查工作，并主要以学习世界历史、国际政治、外国语言文学和国际商务专业的学生作为调查对象。答卷学生既有大学本科生，也有硕士研究生。共发放调查问卷600份，回收有效问卷517份，有效问卷回收率为86.2%。在统计调查问卷的基础上，课题组在对问卷结果进行统计和初步分析后发现，有一些问题还需要深入调研，特别是需要深入了解答卷者对一些问题的具体看法，以及了解某些调查结果之间的因果关系等。为此，课题组在研究讨论的基础上，提出了6个需要进一步深入调研的问题，其中包括：微博与其他媒体提供的信息有什么差异，为什么多数人赞成中国在叙利亚问题上行使否决权，为什么多数人认为以上投票会对中阿关系产生短期负面影响，为什么对美国受到的影响有截然不同的看法，为什么认为阿盟主张变更叙利亚政权是迫于西方压力，为什么对中国的中东外交会有不同看法等。课题组带着这些问题，与一些高校的学生举行了座谈。这次调研所覆盖的院校总数达到6所。

调研结果大致可以归纳如下。

### 1. 大学生对中东剧变表现出一般性关注

大学生是否对中东剧变的问题有兴趣，以及在多大程度上关注中东剧变问题，是我们通过调研了解的问题之一。中东剧变波及了中东地区的10多个阿拉伯国家，覆盖阿拉伯世界大约70%的人口，局势错综复杂。问卷调查发现，答卷学生在所开列的10个国家中，尽管能够完全选中埃及、利比亚、也门、突尼斯和叙利亚5个剧变最突出国家的人数比例不是很高——占有效问卷总数的20%，但他们所选中的国家一般不超出中东发生剧变的国家范围。这说明答卷者对中东剧变问题是跟踪观察的，对中东剧变的基本情况有一定了解。特别是，大学生对于爆发动乱的埃及和利比亚关注程度较高。在被要求选择5个剧变国家时，58%的答卷者选中了埃及，55%的答卷者选中了利比亚。由于在问卷调查时叙利亚问题还没有升温到目前的程度，当时大学生对这个国家的关注程度还比较低。大学生对于这一轮中东剧变的发端国家突尼斯的关注程度也比较低。这些情况说明，对于中东这样一个长期动荡不已的地区，大学生们不可能关注中东剧变的所有细节，但该地区大国的剧变、局部战争，以及西方国家对中东剧变的军事干预，往往更能够引起大学生更多的关注。

### 2. 网络和微博是大学生获取信息的主要渠道

当今大学生主要通过什么渠道了解国际问题，以及各种媒体渠道对大学生的看法会产生什么样的影响，是调研组关心的问题。根据问卷调查和座谈我们发现，在诸多的媒体中，网络已经成为大学生了解国际问题的最主要渠道，而且其影响已经远远超过了其他媒体。在回答了解国际形势的最主要渠道的问题（可以选择两项）时，94%的答卷者选择了上网。电视的作用尽管已经远远落后于网络，但仍不失为重要的信息渠道，获选率为52%。报刊对大学生获取国际问题信息的影响力已经下降到22%，还有7%的答卷者曾经通过听讲座获得过相关的信息。

一个值得注意的现象是，微博作为一种新的媒体传播形式，近年来在我国发展势头相当迅猛，新浪、腾讯、搜狐、网易等门户网站巨头先后大张旗鼓地进军微博服务，百度、阿里巴巴也与新浪微博打通。这些在大学生中普遍使用的网络平台，作为大学生了解国际问题的信息渠道地位，虽然还没有赶超电视，但已与报刊并驾齐驱，获选率达到20%。一些博主拥有庞大的"粉丝"

群体，博主对一些问题的看法，可以直接对其"粉丝"产生影响。微博这种信息传播方式深受青年学生的喜爱，其未来发展势头未可限量。一些被访问的大学生认为，通过微博获取信息更加快捷便利，较少受到信息控制，因此有关信息可能更加真实可信。他们还认为，通过微博获取和交流信息，可以使微博的使用者避免被动地接受信息或偏听一面之词。相反，在微博平台上平等对话，交流看法，可以使信息受众有机会对信息做出自己的独立思考和判断，这种方式更加符合当今大学生独立思考和判断的偏好，因此受到越来越多大学生的青睐。

我们在调研中发现，尽管传播国际问题信息的媒体结构已经发生了巨大变化，但偏好不同媒体的大学生对中东剧变的认知并没有显著的差别。由此可以认为，迄今大学生使用的各种媒体对其认知中东剧变问题的导向基本上还是一致的。

### 3. 大学生可以正确认识中东剧变的原因和性质及影响

中东剧变是中东国家和地区各种矛盾以及大国博弈矛盾的爆发，原因错综复杂，西方国家把这场根源复杂的剧变描绘成"民主运动"和"阿拉伯之春"，宣扬这是西方在价值观上的胜利，同时也为把祸水引向政治制度不同的国家制造舆论。大学生对于这场剧变的原因和性质是否能够正确把握，也是我们关注的问题。其中，我们特别关心的 3 个问题是，大学生如何认识中东剧变的原因、性质和影响。

关于中东动乱的原因，问卷共给出 6 种选择，选中率最高的 3 项是西方煽风点火、国内经济问题和教派部族矛盾，分别占总数的 72%、62% 和 57%，也有 43% 的人选择政府官员腐败，34% 的人选择国际金融危机。由此看来，西方国家对利比亚进行军事干预，同时开始干预叙利亚问题，给大学生留下的印象似乎超过了剧变国家的内部矛盾。美国在中东剧变爆发后，为了摆脱始料不及的被动和恢复影响力，大力宣扬在中东支持推行民主价值观；然而，答卷人中只有 14% 的人认为美国是在中东推行民主价值观，74% 的人清楚地认识到，美国在中东剧变中的真正表现，并不是以什么价值观为标准，而是从自身的利益出发，对发生局势动荡的国家采取双重标准。答卷人对于其他原因的判断均符合实际情况。

中东剧变的性质是一个目前在国内外学术界仍然很有争议的问题。问卷罗列了当前的几种主要意见供大学生选择，其中包括穷人起义、反对个人专制、民主革命、伊斯兰革命、西方颠覆反西方政权等选项。从选择结果来看，选中率最高的两项是西方颠覆反西方政权和反对个人专制，分别占选中答案的43%和41%，选择民主革命的为23%。答卷的结果似乎说明，尽管西方国家把中东剧变高调宣传为一场民主革命，但多数中国大学生并没有轻易地盲从这样的观点。相反，他们在从剧变中看到有关国家长期实行个人专制的失败的同时，更多地从西方国家对利比亚战争和叙利亚问题的干涉中，看到了西方国家乘机颠覆中东地区反西方政权的图谋。在评价阿拉伯国家联盟支持推翻叙利亚政权的原因时，最多的回答是，阿盟既是迫于西方的压力（选中率为43%），也要避免局势进一步失控（选中率为41%）。

关于中东剧变的影响，72%的答卷者认为，中东地区将变得更加动乱，这种看法与专家学者的主流看法是一致的，只有11%的答卷者认为中东地区将变得更加稳定。但是，对于美国在中东地区的影响，大学生们看法各有不同。44%的答卷者认为，剧变后的中东国家将变得更加亲西方，37%的答卷者认为剧变有利于美国巩固在中东地区的影响力，持有这种观点的人主要是认为，美国在中东地区的力量依然强大。但也有30%的答卷者认为剧变削弱了美国在中东地区的影响力，34%的答卷者认为中东剧变牵制了美国的战略重心东移，持有这种观点的人主要认为中东国家新上台的伊斯兰政治力量将反对美国和西方势力介入中东事务。由于中东剧变尚未尘埃落定，未来局势发展还充满不确定性，答卷者的这种认识分歧并不奇怪，与专家学者在认识上的差异也有相似之处。

**4. 大学生对中国的中东外交有更高的期待**

关于中国在中东地区的主要利益，在保障石油供应安全、扩大货物和劳务出口市场、调整与美国的关系、树立负责任大国形象、赢得阿拉伯国家对中国的支持和反恐6个选项中，选中率最高的3个是保障石油供应安全、赢得阿拉伯国家对中国的支持、树立负责任大国形象，分别占85%、48%、32%。尽管在这个问题上能够把中东看作调整大国关系平台的学生最少，选中调整与美国的关系的答卷者仅占19%，但答卷者对其他问题的回答，则凸显了答卷者对中国在中东地区处理中美关系的高度重视。由此看来，大学生对中国在中东地区的利益有比较全面的认识。

答卷者对于中国在联合国就利比亚和叙利亚问题投票的反映，有比较明显的变化。对于 2011 年 3 月中国对联合国安理会关于在利比亚设立禁飞区的 1973 号决议投弃权票，有 52% 的人表示理解，而 24% 的人表示不理解，24% 的人表示不知道。而对 2011 年 10 月和 2012 年 2 月中国在联合国安理会否决有关叙利亚问题的决议草案，主张尊重叙利亚国家主权，反对武力解决叙利亚问题，表示理解的人数陡增至 78%，而表示不理解和不知道的人数分别骤降至 13% 和 9%。我们通过座谈了解到，个中原因主要与对大国关系的看法有关。学生们在座谈中表示，从大国博弈角度看，中国崛起受到西方的打压，中国不应该让西方得逞，中国应该在国际上树立大国的形象，在中东问题上也要给西方制造麻烦。中国是一个大国，应该表现出自信和强大。

关于中国在叙利亚问题上使用否决权对中国与阿拉伯国家关系的影响，问卷提供了 4 个选择，分别是巩固中阿友好关系、产生短期负面影响、产生长期负面影响和不会产生什么影响。选中率最高的是巩固中阿友好关系（约 52%）和产生短期负面影响（约 35%），而认为会产生长期负面影响和不会产生影响的只分别大约占 8% 和 7%。大学生在座谈中认为，相信中国发展与阿拉伯国家的关系有稳固的政治和经济基础；即便中国与阿拉伯国家的关系短期可能受到不利影响，但终将逐步回到正轨。

然而，尽管答卷者对于中国在中东剧变中采取的外交政策基本上表示认可，但对于中国在中东的外交仍然抱有更高的期望。在回答对中国中东外交的印象时，只有 26% 的人认为是积极的，27% 的人认为是越来越积极，仍有 36% 的回答者认为是不积极，还有 11% 的答卷者对中国的中东外交没有印象。大学生在座谈中认为，中国外交应当在中东争取更多的话语权，应摆脱被动应对的形象，根据自身的利益采取更多的主动行动。也有学生认为，积极的外交必须建立在提高国力的基础之上，只要把国内发展搞好，就能在外交上发挥更大作用。大学生在座谈中还为提高中国的外交能力提出了一些建议，包括研究在全球化时代如何把握不干涉内政的原则，应培养除具备外语能力以外还具有复合知识背景的外交官，等等。

**5. 大学生认为中东剧变给中国带来一些启示**

在座谈讨论中，大学生对于中东剧变给中国带来的启示，也发表了一些建设性的意见。他们认为，中国为了防止类似的事情在中国发生，应当更加重视民主和民生，应当严惩腐败。他们认为，中东剧变的一个突出原因是失业问题严重，中国只要保持长期的经济增长和比较充分的就业供给，就可以保障社会的稳定。他们还认为，网络和新媒体虽然在中东剧变中发挥了推动作用，但并不是中东剧变的根本原因，网络和新媒体对于促进改革开放和经济发展，帮助政府提高管理效率，具有重要的积极作用，应当积极推动其健康发展。

通过这次调研，我们比较深切的感受有以下几个。

**1. 大学生关心国际时事，对中东剧变的情况比较了解**

面对如此复杂的中东剧变形势，广大大学生作为国际问题的一般观察者，且在繁忙的学习过程中，能够对中东剧变这样的国际事件进行跟踪观察，了解中东剧变的基本情况，并且能够从五花八门的信息中，对于事件的原因、性质和影响得出比较符合实际的认识和判断，确实难能可贵。一些大学生能够把中东剧变与美国在中东地区影响力的消长，及对其战略重心东移的牵制联系起来；还有的大学生能够辩证地看待中东剧变对中国中东外交的影响，认为剧变虽然给中国与某些阿拉伯国家的关系带来短期的负面影响，但不能动摇中国与阿拉伯国家友好关系的基础。这些都是颇有见地的看法。参加答卷和座谈的大学生充分展示了他们非常关心国际时事、具有宽阔的国际视野和对国际问题的良好分析判断能力的一面。

**2. 大学生关心国家发展和稳定，能够清醒看待剧变对中国的影响**

中东剧变不但没有像国际反华势力所期待的那样在大学生中造成不稳定因素，相反，还使他们清醒地认识到，中国的经济发展是防范社会动荡的保障，中国较好的就业形势是防范社会动荡的保障。他们还从中东剧变中获得启发，提出通过加强反腐败力度，保持经济较高速度增长和维持就业吸收能力，进一步增强中国的经济实力和夯实社会稳定基础，以更加主动的中东外交与试图遏制中国发展的大国进行博弈等中肯的建议，为进一步增强中国的经济实力和夯实社会稳定基础提出建议。大学生们对中东剧变问题的反应，使我们看到青年一代对国家发展和社会稳定的关心和忠诚以及认真的思考。

**3. 建议关注媒体结构的变化，发挥网络和微博的积极作用**

问卷调查和座谈都表明，网络是青年学生了解国际形势的主渠道，微博的发展更是方兴未艾。因此，维护互联网的安全对于维护社会稳定有着重要的意义。通过与大学生交谈，我们感到网络深受青年喜爱，且积极作用明显。建议政府有关部门在加强网络监管的同时，更加注重引导和利用，特别是利用微博传播信息，给青年学生提供一个可以相互交流和发挥个人判断力的信息平台，让关注国际问题的青年群体成为政府网站和微博的粉丝，进一步提升青年学生对政府媒体的信任度。只有因势利导，跟上信息化步伐，采用青年人偏好的手段，才能更好地赢得青年学生的信任，更有效地做好青年人的工作。

**4. 建议开展更活跃的中东外交，在新形势下更好地为国家利益服务**

面对中东地区错综复杂和不断变化的形势，中国外交长期以来妥善应对，从总体超脱到积极参与，为维护中国的国家利益，促进国家经济发展，调整大国关系发挥了重要的作用。在中东局势再次发生剧变，美国在中东影响力下降同时实行战略重心东移的遏制中国战略的新形势下，中国的中东外交面临新的机遇。包括参加此次调研的大学生在内的中国民众，也对中国的中东外交抱有新的期待，而且，中东地区最近上台的新政权更加重视发展与中国的关系，中东国家"向东看"的目光并没有因剧变而发生转移，因此，建议政府有关部门考虑利用新的形势，采取更加积极的中东外交，以发挥软实力为着力点，制定中国的"西进"战略，巩固与中东国家的友好关系，扩大中国在中东地区的影响力，维护中国的能源安全和市场利益，牵制美国的战略重心东移，树立中国的大国形象。

# Recent Changes in Middle Eastern Countries in the Eyes of Chinese Students

*IWAAS Group of National Circumstances Studies*

Abstract：This report shows the perceptions of Chinese students on the sources,

中东黄皮书

nature and prospects of the change in the Middle East; on the behaviors of China, the US and the Arab League in the change, on the impact of the change on the relations between China, the US and the Arab countries; as well as on China's interests in the Middle East and its Middle East diplomacy.

**Key Words:** Middle East Politics; Arab World; Chinese Diplomacy

210

# 地区形势

Regional Situation

## Ɏ.11
## 新干预主义对中东地区
## 安全及国际关系的影响

王林聪*

摘 要：

新干预主义是冷战结束以来国际关系领域中的一个突出现象，从"人道主义干涉"到"保护的责任"的变化反映了西方新干预主义理论及其实践的演变过程。中东变局以来，西方大国对中东地区的政策，尤其是利比亚战争，展现了新干预主义的基本特点和内涵：以"人权高于主权""保护的责任"为理论依据，以联合国安理会授权和地区组织（阿盟）支持为合法基础，以"协调外交"、集体（北约）军事行动、武装反对派等为主要途径，进而达到推动政权更迭的目的，由此形成了新的干预模式——"利比亚模式"。叙利亚内战以及叙利亚危机国际化乃是西方大国

---

\* 王林聪，历史学博士，中国社会科学院西亚非洲研究所国际关系研究室主任、博士生导师，创新工程项目"中东热点问题与我国应对之策研究"首席研究员，主要从事中东政治、社会及国际关系等研究。

导演的"利比亚模式"的翻版。因此，西方新干预主义不仅改变了中东变局的走向和轨迹，致使许多国家政治转型进程发生扭曲，而且在一定程度上推动着中东地缘格局的变动，加剧了中东地区的动荡态势，使中东地区安全问题凸现、安全困境突出。与此同时，西方新干涉主义直接冲击着以《联合国宪章》为基础的国际关系体系，它对国际治理提出了严峻挑战，并对既有国际秩序和国际关系产生了消极影响。

关键词：

　　新干预主义　"利比亚模式"　中东安全　国际关系

　　长期以来，中东地区乃是西方大国竞相争夺的战略要地，同样也是国际干预的重灾区之一。处在这一地区的许多国家，不同程度地沦为被干预的对象，经历并见证了不同类型和方式的国际干预。自2010年年底以来，伴随中东变局之进程，以"保护的责任"为借口的西方新干预主义及其行动在中东地区推波助澜，不仅加剧了地区局势的动荡，而且在一定程度上改变了中东变局的走向，直接或间接地影响着一些国家的政治转型轨迹。与此同时，新时期西方干预行动反映了新干预主义在21世纪第二个十年的发展和变化，并对中东地缘政治以及国际关系产生了重大而深远的影响。本文拟围绕西方新干预主义在中东变局中的表现、特点及其对中东地区安全和国际关系的影响等展开分析。

## 一　干预主义的演变及其理论依据

　　干预行动是国际关系中的常见现象。"新干预主义"（new interventionism）不同于传统意义上的干预主义，传统的干预主义通常是以军事行动为主的、对他国内部事务进行直接干涉方式；新干预主义则是以保护平民、人权、人道主义为借口，通过经济制裁、舆论宣传攻势、扶持或资助反对派组织或非政府组织等途径，对他国内部事务实施的间接干涉方式。值得注意的是，新干预主义并不排斥军事干涉，而是彰显其所谓干预依据的"合法性"和干预手段的多样化。

新干预主义形成于冷战后初期。随着时代的变化，新干预主义的内涵及其理论依据亦随之出现了变化。

20世纪90年代是新干预主义的形成时期。冷战结束后，一些国家内部的族群冲突、内战以及政府治理失误等造成人道灾难频发，这些促成了新干预主义主张的兴起，即要求国际社会突破所谓不干涉他国内政的原则和武力使用之限制，以防止并处理各种人道主义灾难问题。不仅如此，新干预主义的若干主张还透过联合国的有关报告或决议，形成了从预防、解决到制止一国内部冲突或危机的一整套策略。于是，新干预主义成为国际社会中的突出现象，其理论依据是人道主义干预，其标志是科索沃战争，它翻开了冷战后新干预主义行动的第一页。

新干预主义的前提和依据是人道主义危机的发生，并由此推出所谓"人道主义干预"（humanitarian intervention）的合理性。人道主义干预的思想可追溯至"现代国际法之父"格老秀斯，他在论及国家与国民的关系时指出，如果一个统治者如此迫害其臣民，以至于受此迫害的人无论是谁，都无法使自己作为一个人类生灵得到保障，那么人类社会作为一个整体就可以行使其天然的共同权利去反对这种迫害。① 这一思想在某种程度上体现了人道主义干预的伦理依据和正当性。然而，真正意义上的人道主义干预则是有着明确前提并受到严格限定的。正如有学者指出的，"当一国国内存在着有组织的、大规模践踏基本人权的行为，而该国政府无力制止这类行为或干脆就是这类行为的采取者、主使者或纵容者时，或者一国政府无力或不愿承担在保障国内广大人民最基本的生存需要方面的其他应有责任时，国际社会未经该国同意所采取的针对该国政治权力机构（即该国政府或国内其他政治权力组织）、旨在制止这类大规模践踏人权行为和满足该国人民最基本生存需要的强制性干预行动"。② 而正当的人道主义干预既包括有明确限定的军事干预，也包括非军事性干预。

人道主义干预涉及政治主权与伦理人权。在实际中，人道主义干预本身存

---

① 时殷弘、霍亚青：《国家主权、普遍道德和国际法——格老秀斯的国际关系思想》，《欧洲》2000年第6期；H. Lauterpacht，"The Grotian Tradition in International Law"，in Richard Falk，et al.，eds.，*International Law：A Contemporary Perspective*，Westview Press，1985，p. 28。

② 时殷弘等：《论人道主义干涉及其严格限制》，《现代国际关系》2001年第8期。

在着缺陷，并面临两难处境：一方面，当出现严重人道主义危机时，国际社会必须设法制止人道危机的爆发和进一步恶化，它体现了干预的必要性；如果国际社会视而不见、袖手旁观、无所作为，则违背了基本的伦理和道义准则，并可能造成严重的后果。例如，20世纪90年代，发生在非洲索马里、卢旺达等地的种族屠杀和清洗，极大地震惊了世界，但是，各国并没有及时予以强制制止，因此，这一悲剧很长时期以来一直是国际社会"引以为痛"的重大事件。另一方面，人道主义干预毕竟会与国家主权原则和不干涉原则发生抵触，存在被严重滥用，甚至有意超越或破坏这些根本原则的可能性。正因为如此，对于人道主义干预应当保持足够的警惕，并需要进行严格的限定和谨慎实施。

进入21世纪以来，西方新干预主义的理论依据及其干预行动发生了新的变化，强调并注重所谓"保护的责任"（the responsibility to protect，R2P）。

伴随1999年北约绕过联合国安理会对科索沃实施空中打击，国际社会对于所谓人道主义干预展开了激烈辩论。在此背景下，加拿大政府应联合国秘书长安南要求，成立了"干预与国家主权国际委员会"（ICISS），研究人道主义干预的合法性问题。2001年12月，该委员会发表了主题为"保护的责任"的研究报告，从"保护的责任"角度重新界定了国家主权，回答了在面临人道主义灾难时，国际社会是否有责任进行干预的问题。"任何国家都负有保护其国内人民的首要责任"。主权已经从"作为控制的主权"转化为"作为责任的主权"。该报告还详细论述了保护责任的具体内容，即预防、反应和重建。其中预防最为重要，需要投入更大精力和资源，也只有当预防措施完全失效后，才能考虑进行军事干预。作为一种极端情况，军事干预还必须满足至少六个条件才能实施：正确的权威（即由谁来授权）、正当的理由、正当的意图、作为最后手段、恰当的手段和对后果的合理预期。①

2005年联合国成立60周年大会期间，"保护的责任"条款被写入《世界峰会文件》中，"每个国家都有责任保护其人民免遭种族屠杀、战争罪行、种族清洗以及反人类罪的伤害。这一责任还包括通过恰当和必要的手段预防这类

---

① ICISS, *The Responsibility to Protect: Report of the International Commission on Intervention and State Sovereignty*, Ottawa, The International Development Research Center, 2001, pp. 1 - 56; Gareth Evans, *The Responsibility to Protect: Ending Mass Atrocity Crimes Once and for All*, pp. 39 - 43.

犯罪的煽动和发生";"通过联合国,国际社会也负有帮助保护他们免遭种族屠杀、战争罪行、种族清洗和反人类罪的伤害的责任,根据《联合国宪章》第六、第八章,通过恰当的外交、人道主义和其他和平手段来实施保护"。①

2009 年 1 月,联合国秘书长潘基文发表《执行保护的责任》报告,提出将"保护的责任"付诸实施的"三大支柱":①国家肩负的保护责任;②国际社会帮助国家履行其国家义务的责任;③对"及时和决定性的"集体行动的承诺。同年 7 月,联合国大会就"保护的责任"举行首次大会辩论,并通过了关于"保护的责任"的第 63/308 号决议,这也是联合国大会通过的第一份关于"保护的责任"的决议。

显然,"保护的责任"越来越受到国际社会的重视,并对其前提加以限定和具体化。然而,"保护的责任"在具体实践中却成为西方大国推行新干预主义的一种新借口,西方大国不仅肆意曲解"保护的责任"的基本内涵,而且有意突破"保护的责任"的严格限定,通过干预行动来达到插手他国内部事务的目的,进而维护其自身的战略利益,构筑有利于西方的国际关系新秩序。由此,所谓"人道主义干预"和"保护的责任"均沦为西方大国或北约集团狭隘的政治工具,成为其追求其战略利益或贯彻其意识形态的行动依据。从这个意义上说,新干预主义实际上是 21 世纪西方大国推行其国际战略的一种途径和手段,并未改变其霸权主义的特性。因此,无论是理论层面,还是具体实践上,从"人道主义干预"到"保护的责任",以及将干预概念向联合国决议的突破,均体现了冷战后西方的国际干预理论的转型和突破。其中,2010 年以来的中东变局,特别是利比亚战争以及"利比亚模式"反映了新干涉主义在特定时空条件下的变化,也是西方国际干预理论转型的标志。

## 二 新干预主义在中东变局中的表现及其特点

肇始于突尼斯进而横扫西亚和北非多国的政治动荡,客观上为西方大国推

---

① United Nations, *2005 World Summit Outcome*, A/RES/10/1, 24 October, 2005, p. 30, http://daccess - dds - ny. un. org/doc/UNDOC/GEN/N05/487/60/PDF/N0548760. pdf? OpenElement.

行新干预主义提供了契机。西方国家以"保护的责任"为借口，有选择地干涉中东国家内部事务，从而大大扩展了新干涉主义的内涵。中东变局中西方新干预主义行动集中表现在利比亚战争和叙利亚危机等问题上。

**1. 西方大国对利比亚的干预行动**

在中东变局的影响下，利比亚内部骚乱为西方的干预行动提供了借口。新干预主义在利比亚的实施步骤是：强调"保护的责任"，并通过联合国的授权使其干预行动"合法化"；扶植并武装利比亚境内的反对派力量；争取地区组织的支持和参与，扩大干涉者阵营；在此基础上，实施经济制裁和军事干预行动，全面围剿并最终推翻卡扎菲政权，完成利比亚的"政权更迭"。

2011年，当利比亚班加西爆发反政府抗议活动时，统治利比亚近43年的穆阿迈尔·卡扎菲表示将强硬对付示威者，并出动军警镇压，导致冲突升级，造成多起流血事件。国际社会对利比亚局势恶化表示严重关切。于是，在西方大国的推动下，2011年2月26日联合国安理会通过1970号决议，即对利比亚实行武器禁运，禁止利比亚领导人卡扎菲及其家庭主要成员出国旅行，并冻结卡扎菲和相关人员的海外资产。随后，反对派在班加西成立临时政权"全国过渡委员会"。卡扎菲政府军则出动飞机、坦克等重型武器发起攻击，反对派政权岌岌可危。在此情况下，3月12日，阿拉伯联盟在开罗举行会议，决定支持联合国在利比亚设立禁飞区。接着，3月17日联合国安理会通过1973号决议，决定在利比亚设立禁飞区，以保护利比亚平民和平民居住区免受武装袭击的威胁。两天后，以美国、法国、英国、意大利、加拿大等国组成的多国联军展开代号为"奥德赛黎明"的空中打击利比亚的军事行动，法国率先空袭利比亚政府军事基地。随后，北约全面接管对利比亚军事行动指挥权，并持续对利比亚政府军控制地区进行空袭行动。与此同时，法国、英国、美国及阿盟许多国家先后宣布承认利比亚反对派成立的"全国过渡委员会"。

上述情况表明，利比亚国内冲突很快就在外部介入下演变为一场新干预主义主导的国际战争：以保护的名义建立"禁飞区"，进而从建立"禁飞区"到扶植反对派武装，从剿灭卡扎菲武装力量到取代卡扎菲政权。其间，虽然南非总统祖马等非洲四国领导人曾提出利比亚问题解决路线图，俄罗斯方面多次进行斡旋，力图调解冲突，但均遭利比亚反对派的拒绝。卡扎菲政权在北约连续不断的空中打击下，丧失军事抵抗能力；卡扎菲本人于 2011 年 10 月 20 日被抓获并被虐杀。"全国过渡委员会"宣布利比亚全国解放。不久，联合国安理会通过决议，终止安理会第 1973 号决议中有关保护平民的规定，以及有关在利比亚设立禁飞区的规定。

可见，西方新干预主义在利比亚变局和卡扎菲政权的迅速垮台中起着决定性作用。它显示了在特定条件下，外部干预是加速利比亚政权更迭的主导因素。这一进程同样展现了西方干预主义的新特点和新变化，由此而形成了有独特内涵的所谓"利比亚模式"。

**2. 西方大国对叙利亚的干预行动**

新干预主义在利比亚的"成功"大大助长了西方大国对叙利亚的干预预期。

长期以来，叙利亚政权被美国等西方国家视为"眼中钉"，因而成为被打压的对象。受中东变局冲击，叙利亚爆发游行示威，民众要求结束腐败、废除已经实行了 48 年的紧急状态法，给予公民更多自由等，并出现了规模有限的反政府活动。但是，直到卡扎菲政权垮台，叙利亚危机的发展程度仍然有限。随着利比亚战争的结束，西方大国干预叙利亚的愿望逐步增强，意图在叙利亚"复制"利比亚的"经验"，其步骤同样是：强调"保护的责任"——多次推动联合国安理会表决，以便对叙利亚巴沙尔政权进行制裁，为干预行动取得"合法"依据；扶植并资助叙利亚境内外反对派力量，争取并利用土耳其、阿盟的支持和参与，以便推进叙利亚政权更迭进程。

正是在这种情况下，叙利亚危机迅速升级，并逐步演变为内战。一方面，叙利亚危机国际化，成为国际领域围绕"干预"问题斗争的焦点。其中，西方大国竭力推动的干预"合法化"进程，因遭到俄罗斯、中国等国的反对而屡屡受挫，无法获得联合国的授权。① 俄罗斯、中国等国强调政治解决和政治

---

① 联合国安理会先后于 2011 年 10 月 4 日、2012 年 2 月 4 日围绕叙利亚问题进行表决，作为五大常任理事国之二的俄罗斯和中国反对干涉叙利亚，因此，干预决议草案未能获得通过。与此同时，在联合国大会上，中国、俄罗斯等国多次反对西方国家对叙利亚内政的干预。例如，2013 年 5 月 16 日，在第 67 届联合国大会召开的关于叙利亚问题决议的会议上，中国、俄罗斯投票反对西方强行推动叙利亚政治过渡方案，强调政治解决是叙利亚问题的唯一现实出路。

对话是解决叙利亚危机、避免叙局势恶化的首要选择。但是，政治解决因受到西方的掣肘（以叙利亚巴沙尔政权下台为前提）而搁浅。

另一方面，在各种势力的介入下，叙利亚内战持续，对抗加剧，造成重大人员伤亡。西方大国在不能获得联合国授权（使干预"合法化"）的情况下，采取单方面制裁、扶植反对派等措施，孤立并打压叙利亚政权，并且把叙利亚总统巴沙尔下台作为解决叙危机的前提，其意图仍然是推动叙政权更迭。从2011年5月以来，欧盟、美国先后对叙利亚现政府采取了冻结资产、禁止投资、惩罚性石油禁运，进而要求叙利亚巴沙尔总统下台等措施。2012年3月2日，美国参议院还通过了《2012年支持叙利亚民主转型法案》，旨在谴责巴沙尔政府对叙利亚民众的暴力和违反人权行为，支持叙利亚的民主转型。①

与此同时，西方国家加大扶植叙利亚反对派力度，从承认叙反对派组织（最初为"叙利亚全国委员会"，后改名为"叙利亚全国联盟"，2013年3月18日又在土耳其伊斯坦布尔建立"临时政府"）、推动召开支持叙反对派的国际会议（首届"叙利亚之友"国际会议于2012年2月24日在突尼斯举行；第二届"叙利亚之友"国际会议于2012年4月1日在土耳其伊斯坦布尔举行。2013年6月22日，在卡塔尔多哈举行新一届"叙利亚之友"国际会议，商讨向叙利亚反对派提供军事援助问题）、向叙反对派提供经济和军事援助等，一方面支持叙反对派发动内战，一方面加快对叙反对派的整合步伐，为叙利亚政权更迭做准备。

然而，叙利亚内战持续两年多来，叙反对派并没有取得优势，冲突双方呈胶着状态，叙危机复杂化并陷入僵局。叙利亚国情不同于利比亚，中东地缘政治、教派格局等多重复杂局面迫使西方在干预叙利亚方面不敢轻易采取军事行动，更不敢贸然绕开联合国采取单方面行动。因此，西方大国很难在叙利亚复制"利比亚模式"，西方大国推动的新干预主义将叙利亚拖入了深重的灾难中，但是，新干预主义的预期目标很难达到。

**3. "利比亚模式"与西方新干预主义的特征**

新干预主义在利比亚战争中的具体实施，尤其是其以"合法"途径和最

---

① "S. 2152: Syria Democracy Transition Act of 2012", http://www.govtrack.us/congress/bills/112/s2152/text.

小代价推翻了卡扎菲政权，因而被西方国家视为"成功的典范"，称之为"利比亚模式"。概括起来，其内涵包括以下内容。[①]

（1）联合国安理会的"授权"是"干预行动"和"利比亚模式"的基本前提。安理会1973号决议的通过等同于"授权"多国联军以及北约在利比亚建立"禁飞区"，为其诉诸军事干预提供了"名正言顺的合法外衣"。

（2）阿盟的"支持"是"干预行动"和"利比亚模式"的重要基础。阿盟是代表22个阿拉伯国家的最高权威性、地区性组织，阿盟要求安理会采取行动在利比亚设立禁飞区，它被认为是绝大多数阿拉伯国家"集体意愿"的表达。在国际干预行动中，阿盟可谓开创了先例，即为多国联军和北约军事干预提供了制度性平台，从而使得北约的军事干预成为顺应阿拉伯人"集体意愿"的一种行动。因此，阿盟的支持[②]构成了利比亚模式中最为独特的内容。

（3）干预主体之间的协调行动，构成了"利比亚模式"得以实施的主要方式。美国吸取了在伊拉克战争中单边主义推动政权更迭的教训，在利比亚战争中，通过盟国之间的协调和集体行动，借助并发挥盟友特别利比亚近邻——欧洲国家以及部分阿拉伯国家的作用，实现了干预主体的广泛性和军事干预任务和责任的共同分担。

（4）扶持和武装反对派是"利比亚模式"的主要内容。利比亚战争贯穿始终的是西方对卡扎菲政权的内外夹击和围剿。一方面，由外部军事力量不间断地实施空中打击，导致利政府军毫无还手之力，陷于被动挨打之境地；另一方面，在政治上承认反对派，舆论上宣传反对派，经济上资助反对派，军事上武装反对派，逐渐使反对派由小变大，由弱变强，并占据绝对优势，最终推翻了卡扎菲政权并取而代之。

"利比亚模式"是利比亚战争和新干预主义的产物。利比亚战争实际上是西方与"异类"卡扎菲的一次"算总账"，并非真正为民主和人道而战。因此，"利比亚模式"堪称西方新干预主义的"杰作"，凸显了新干预主义的基本特征。

---

① 王林聪：《利比亚战争和"利比亚模式"——西方新干涉主义剖析》，张蕴岭主编《西方新国际干预的理论与现实》，社会科学文献出版社，2012，第241～244页。

② Alex Tiersky, "NATO's Libya Test", *Turkish Policy Quarterly*, Vol. 10, No. 3, 2011, pp. 63 – 64.

第一，塑造"合法"的干预行动。新干预主义既强调"保护的责任"，又谋求联合国的授权和地区联盟（阿盟）的支持，从而使干预行动具有某种"合法性"。

第二，选择"合适"的干预目标。对利比亚卡扎菲政权的干预行动是"选择性干预"的典型。一方面，利比亚在国际社会尤其是在阿盟中十分孤立，卡扎菲长期的独裁统治又激起民变，内外交困；另一方面，西方国家利用"阿拉伯之春"这一历史性"契机"，又利用阿拉伯国家间复杂的关系及恩怨，多管齐下，铲除了素以桀骜不驯著称的政治强人卡扎菲。

第三，控制"合理"的干预代价。干预主体实行精确打击又避免介入地面战争，从而以最小的代价取得了战争胜利（多国联军和北约在利比亚战争中几乎是零伤亡），由此而产生的军事费用实行共同分担，避免单方面行动而造成沉重的军费开支负担。

随着新干预主义在利比亚的"成功"，西方大国开始将这种"经验"推广、应用到叙利亚，甚至推向中东以外的地区，如中非共和国、马里，并助长了法国对中非、马里的干预行动。因此，新干预主义早已超越中东地区，迈向撒哈拉以南非洲大陆地区。

## 三　新干预主义对中东地区安全的影响

由上观之，新干预主义已经成为新的历史时期西方大国介入中东事务的理论支撑和路径选择。然而，新干预主义实质上则是西方强权政治在新的条件下的变种。中东变局中新干预主义的盛行，它所带来的危害是难以预料的，甚至是不可控的，给中东地缘格局和地区安全带来了严重的后果。

### 1. 新干预主义改变了中东变局的走向

中东变局从根本上说是一场由民众自发形成的表达其民生诉求和民主追求的社会变革运动，它不仅动摇了中东地区权威政治统治的根基，而且冲击了西方大国在中东地区构筑的秩序。特别是突尼斯、埃及、也门等国的政治动荡和政权变更的发生，使得美国多年来建立的中东战略体系面临空前的危机。因此，中东变局的发生和扩展直接或间接地威胁着美国等西方大国在中东地区的战略利益。

但是，面对复杂局面，美国等西方大国的对策是：一方面加紧斡旋，千方百计巩固与传统友好国家之间的关系，维护这些国家的稳定；另一方面，则是设法将中东动荡的潮流引向所谓"敌对国家"，诸如利比亚、叙利亚、伊朗等国，一面煽动这些国家民众的反政府示威活动，一面对这些国家的政府采取施压、孤立甚至制裁等措施。因此，当利比亚、叙利亚危机相继爆发时，西方大国乘机高调实施新干预主义，不仅将中东变局的焦点和矛头集中在这些国家身上，而且在一定程度上改变了中东变局的走向，从而使得"阿拉伯之春"初期较为单一的民众的民生和民主之诉求蜕变为复杂的地区国家间的教派纷争和政治地缘利益争夺。于是，中东变局之初的民众的民主诉求逐渐地淹没在地区冲突和地缘力量较量的旋涡中。

**2. 新干预主义直接或间接地推动着中东地缘格局的变动**

新干预主义实质上是西方大国对中东弱小国家的强制干预行动。在西方新干预主义行动中，贯穿始终的是利用中东地区国家间的关系，即将西方大国在中东地区的盟国（海合会国家、土耳其等）拉拢到干预者阵营中，鼓动这些国家参与到孤立、打压、制裁和干预利比亚和叙利亚等"敌对国家"的行动中，这一过程以及利比亚卡扎菲政权的覆灭和叙利亚危机的国际化，都使得中东地缘政治格局发生朝着有利于其传统盟国一方的变化，即土耳其、海合会国家在中东地区的地位和影响力逐步提升，伊朗、叙利亚等"敌对国家"在中东地区的地位和影响力受到削弱。

与此同时，西方大国竭力维护与传统盟友的关系。例如，海湾国家巴林发生动荡后，对以沙特阿拉伯为首的海合会国家强制平息巴林乱局的行动予以默认；对也门发生动荡后各方的调停行动予以支持和鼓励，促成也门政权的平稳过渡；对 2013 年 7 月 3 日埃及军方干预政权、推翻民选总统——穆斯林兄弟会代表人物穆尔西的行动则采取模糊立场……相反，在叙利亚危机上，一旦叙利亚反对派处在劣势，西方国家对巴沙尔政权的打压行动就迅速增强。凡此种种，不仅表明西方新干预主义的选择性特征，而且也影响着中东地区力量对比的变化。可见，在近年来中东地缘政治变动中，西方新干预主义是一个重要的"推手"，起了不可忽视的作用。

**3. 新干预主义加剧了中东地区的动荡，导致中东地区安全变数增大，地区安全体系进一步受到破坏**

第一，新干预主义激化了中东地区国家间特别是教派之间的矛盾纷争。许多人将目前中东地区的冲突形容为宗教战争，无论是国家内部，还是地区层面，教派之间的冲突已经成为中东变局后的普遍现象。在这种冲突的背后，新干预主义无疑扮演了催化剂的作用。

第二，新干预主义介入中东变局导致中东地区乱象丛生，战事频繁，恐怖组织借机扩大影响，壮大实力。其中"基地"组织在中东的三大分支——以伊拉克为中心的伊拉克"基地"组织、以也门为中心的阿拉伯半岛"基地"组织和以阿尔及利亚为中心的伊斯兰马格里布"基地"组织——利用西方干预和中东变局加大了恐怖袭击的频度和强度。特别是在利比亚战争和叙利亚内战中，一方面，激进势力、恐怖组织直接介入战争，成为反政府阵营中的重要力量，另一方面，战争中武器的流散，使得恐怖组织的武装化程度和水平都有了提高，有利于"伊斯兰马格里布'基地'组织"的发展壮大。其中，"利比亚伊斯兰战斗团"、尼日利亚"博科圣地"、索马里"伊斯兰青年运动"等组织在利比亚战争后发展迅速，并呈现向撒哈拉以南非洲渗透和扩散的趋势。马里骚乱中的"西非圣战统一运动""伊斯兰支持者"和"伊斯兰马格里布'基地'组织"等伊斯兰极端组织和恐怖势力，与"基地"组织有千丝万缕的联系。从利比亚战争到马里乱局折射了西方新干预主义所产生的"连锁效应"。恐怖主义的扩散已成为中东非洲的反恐斗争中的新难题。

第三，新干预主义行动不仅破坏了中东地区原本脆弱的平衡，而且使许多国家深陷动荡旋涡之中。例如，利比亚卡扎菲政权垮台后，强人政治的瓦解导致了严重的群雄割据的分裂局面，部落、地方势力以及极端分子之间的权力争夺白热化，利比亚战后重建举步维艰。叙利亚乱局导致的严重后果也是显而易见的。联合国难民事务高级专员古特蕾斯（Antonio Guterres）在安理会作的简报中称叙利亚局势是"自 20 年前卢旺达大屠杀至今，最为严重的人道危机"。[①] 目前，叙利亚难民总数接近 190 万。叙利亚危机和内战造成

---

① http：//news. china. com. cn/live/2013 – 07/18/content_ 21196854. htm.

的死亡人数超过 9 万。据人权观察组织的统计，2013 年仅在穆斯林斋月期间（穆斯林通常在斋月间罢兵休战），就有 4420 名叙利亚人在冲突中死亡，死者绝大部分是平民，其中儿童 302 人。① 可见，叙利亚内战给普通民众造成了巨大灾难。新干预主义介入叙利亚危机，以所谓的"保护的责任"实施对叙利亚的制裁和打压，最终损害的是叙利亚民众的切身利益，给中东带来了一场新的深重灾难。

第四，新干预主义对中东核安全体系的构建形成了严重威胁。西方大国干预利比亚军事行动的消极后果还反映在构建中东地区核安全机制的努力遭到破坏方面。2003 年卡扎菲政权曾主动放弃大规模杀伤性武器研制计划，以换取西方国家的安全保障、实现与西方国家关系正常化并融入国际社会。然而，这种核问题的解决途径随着卡扎菲的败亡而宣告失败。由此形成的结果是，不仅使有关核问题的谈判陷入了互不信任的尴尬境地，而且助长了该地区潜在的核竞争态势。例如，沙特阿拉伯前情报部长、驻美国大使图尔基·阿尔－费萨尔亲王曾在利雅得的一个安全论坛上表示，"国际上关于促使以色列、伊朗放弃大规模杀伤性武器的努力失败了……因此让我们的国家和人民考虑所有有可能的选择，是我们的责任"。② 因此，新干预主义产生的这种连锁效应，从根本上损害了国际社会核不扩散体制的建立。

第五，新干预主义给实施者同样带来极大的危害。新干预主义不仅无法维护西方大国的中东战略利益，相反，将使其利益受到冲击和损害。主要表现：一是中东地区的反西方思潮有增无减；二是针对西方的反抗袭击增多。2012 年 9 月 11 日，利比亚数百名武装分子因抗议一部诋毁伊斯兰教先知穆罕默德的美国电影而冲入班加西美国领事馆，并同领事馆安全人员交火，美国驻利比亚大使史蒂文斯及另外 3 名外交人员在交火中丧生。2013 年 8 月初，美国、英国、德国等西方国家为防止恐怖主义袭击，宣布暂时关闭在西亚、北非等地

---

① "Nearly 4500 killed in Syria during Ramadan：NGO"，August 8，2013，http：//english. ahram. org. eg.

② "Saudi may Join Nuclear Arms Race：Ex-spy Chief"，December 6，2011，http：//www. asharq - e. com/news. asp？section = 1&id = 27586.

区国家的驻外使领馆，① 这一罕见举动反映了西方干预主义政策给自身带来的
安全风险。

正因为如此，在中东变局进程中，西方大国推动新干预主义，不仅破坏了
中东地区原有的脆弱平衡，而且加剧了中东地区的纷争，制造了新的矛盾和争
端，从根本上损害了中东地区的安全。

## 四 新干预主义对国际关系的影响和挑战

国际体系的转型是当前国际关系变化的重要特征。国际体系的转型以及全
球性问题的凸显要求从整体上构建国际治理体系，这既是国际体系转型的客观
需要，也是人类共同应对全球性问题的必然选择——共同安全的需要。因此，
从构建国际治理体系的视角来审视中东变局中的新干预主义，深入思考新干预
主义究竟在哪些方面对国际关系体系构成了挑战，对于维护主权国家体系、完
善国际治理机制都是紧迫的议题。

### 1. 西方新干预主义对国际关系的影响

在国际关系中，"主权"是国家所独有的属性，也是国家作为国际关系行
为主体的最基本体现，从而形成主权国家秩序，维护"国家主权"遂成为国
际关系的基本规范和准则。然而，随着全球化进程以及全球性问题的凸显，主
权观念受到挑战，人权观念对主权的"坚硬外壳"构成越来越大的冲击，特
别是围绕国际干预问题，形成了"维护主权"与"超越主权"两种观念的对
垒。前者体现为维护主权国家的利益，后者则强调在一定层面超越主权，具有
超国家的、人权至上的特点。从历史发展进程看，发达的西方国家越来越强调
超越主权、维护人权；相反，在国际体系中处于劣势的广大发展中国家则坚持
维护主权，或主张在维护主权的前提下促进人权。两种观念之间的较量尖锐而
复杂，反映在联合国的相关规定中则是既包括了不干涉主权的原则，又包含了

---

① 2013 年 8 月 4 日，美国政府宣布驻 17 个国家的 22 个使领馆将暂时关闭，包括驻阿联酋、阿尔
及利亚、约旦、伊拉克、埃及、吉布提、孟加拉、卡塔尔、阿富汗、苏丹、科威特、巴林、
阿曼、毛里塔尼亚、沙特阿拉伯、也门和利比亚的大使馆，以及驻伊拉克、沙特阿拉伯、阿
联酋 3 个国家的 5 个领事馆。

维护人权的原则。于是，当发生"人道主义危机"或人权问题时，是否进行干预就成为争议的焦点。但是，国际经验表明，对主权国家的干预行动之所以广受批评，一个重要原因是干预方通常表现为以强凌弱的强权行为。新干预主义同样如此，尽管它打着"保护的责任"的人道主义幌子，但是其强权性质并没有改变。正如曾担任联大主席的布罗克曼认为的，整个"保护的责任"思想就是西方霸权暴力干涉弱国内政合法化的一个幌子，更确切的说法应该叫"干涉的权利"。① 因此，新干预主义对国际体系和国际关系的挑战非常明显。

第一，在干预的合法性及其限定方面，新干预主义借"保护的责任"追求片面的合法授权，并在具体实践中混淆国际干预的法律边界或限定，超越授权界限，随意扩大干预范围，最终使干预行动不受约束。突出表现在西方国家围绕利比亚开展的军事干预行动远远超出联合国授权建立禁飞区的界限。因此，新干预主义引发的问题是：国际干预的合法性来自联合国的授权，但是，联合国第1973号决议的授权本身有极其严重的缺陷和漏洞——既没有规范干预者必须担当的义务和责任，也没有规定干预的期限和使用武力的限度，更没有对干预者的监督机制和评估机制，从而导致干预者权利与义务之间出现彻底失衡的局面。从这个意义上说，联合国第1973号决议大大助长了新干预主义，反过来，中东变局中的新干预主义行动目标往往锁定在"政权更迭"上，因此，新干预主义的盛行，对于以主权国家为核心的国际关系体系形成了严重威胁。

第二，干预行动的选择性和逐利性。在具体实践中，是否以"保护的责任"为原则进行人道主义干预，取决于西方国家决策者们对于实施干预所付出代价与获得收益之间进行权衡的结果。② 这就形成了所谓"选择性干预"问题，即按照有利于自身战略利益的原则来选择施加影响或进行干预的对象和目标。③ 在中东变局中，西方大国推动新干预主义，其背后的利益追求是其首要考量。例如，在利比亚战争中，作为急先锋的法国其目的是要借干预之机清除

① Gareth Evans, "Responsibility to Protect: An Idea Whose Time has Come—and Gone", *The Economist*, July 23, 2009.

② Stewart Patrick, "Libya and the Future of Humanitarian Intervention: How Qaddafi's Fall Vindicated Obama and RtoP", *Foreign Affairs*, Vol. 88, No. 4, July/August, 2011.

③ 王林聪：《中东国家民主化问题研究》，中国社会科学出版社，2007，第314页。

构建"地中海联盟战略"的障碍——卡扎菲政权；而美国同样是要拔除卡扎菲这颗眼中钉，以维护其中东战略利益。相反，西方大国对于一些常年处在内战或饥荒状态的非洲国家的人道灾难，则往往视而不见，听之任之，不愿介入。

第三，干预结果的不可控性。从严格意义上讲，"保护的责任"其目标必须是有利于减轻人道主义灾难，绝不能因为保护而造成更大的人道主义灾难或伤害。反观现今盛行的新干预主义，不过是"以治病的名义害人"而已。由于国际社会（联合国）对干预行动缺乏有效监督，新干预主义行动已经给中东带来严重危害，不仅未能消除"人道灾难"，反而使被干预国家和地区陷入动荡，使本已糟糕的形势更加恶化，矛盾激化、冲突进一步升级。阿富汗和伊拉克战后动荡便是前车之鉴；利比亚战后重建的危机四伏、叙利亚内战的不断扩大，犹如悬顶之剑，随时可能坠落从而带来更大的灾难。可以说，新干预主义正在给中东地区带来无法控制且难以预测的后果。

**2. 加强国际治理的途径**

国际体系的转型是时代发展的必然过程。在这一过程中，如何遏制新干预主义、规范国际干预行为是加强国际治理的首要任务。

新干预主义在中东变局中的肆虐，充分暴露了国际体制（联合国）的缺陷及其结构性问题。所谓国际体制的缺陷，反映在联合国层面，一是其权威性有限，二是其执行力有限。在涉及国际干预问题上，从理论层面看，要解决对主权国家的干预问题，就必须建立一个居于主权国家之上的公正的权力机构，因为没有这样的机构，干预行为就会产生弊端或被某些国家滥用。但是，在现阶段没有国家会接受一个世界政府的权力安排。因此，作为权宜之计，目前各国只能依靠联合国来解决问题。但是，联合国并不是世界政府，它既不具有这样的权威，又没有这样的执行力。于是，在处理有关干预问题时，联合国要么被撇在一边，要么不得不授权某些国家实行干预，这就反映了体制上的局限性。[①] 正因为存在这样的结构性问题，围绕国际干预的争议将是长期存在的。

---

① 李少军等：《国际体系——理论解释、经验事实与战略启示》，中国社会科学出版社，2012，第217页。

在这种情况下，如何加强国际治理？首先，维护国家主权原则仍是国际治理的基本前提。推动国际治理既离不开主权国家的参与，也离不开国际社会的协调。国际治理的主体包括主权国家政府、国际组织——如联合国、世界银行、世界贸易组织、国际货币基金组织等。国际治理不等于对主权的抛弃，主权国家依然是国际治理的主体，应在国际治理中发挥主导作用。其次，维护主权与保护人权同等重要，两者表里相依。作为主权国家而言，只有切实保护人权才能确立统治的合法性，才能达到维护主权的目标。否则，维护主权就变得十分空洞而失去了意义，很难得到民众的支持和响应。因此，维护主权和保护人权是加强国际治理的基本原则。再次，维护联合国的权威，提高联合国的主导作用，完善国际治理机制和制度设计。联合国仍然是目前推动国际治理的重要平台，因此，国际干预实践离不开联合国制度的规范和完善，在"保护的责任"的基础上，强调"负责任的保护"（Responsible Protection，RP）理念，即解决对谁负责的问题，严格限制"保护"的手段、明确"保护"的目标，并且对"后干预""后保护"时期的国家重建负责;① 特别是联合国应确立监督机制、效果评估和事后问责。明确国际干预的法律界限、监督机制、评估体系、问责机制等，唯其如此，才能使国际干预在可控、良性的轨道上运行，实现公正、合理、有效的国际治理。

# Neo-interventionism's Influence on Middle East Security and International Relations

*Wang Lincong*

**Abstract**：During the post-Cold War era, neo-interventionism is a crucial phenomenon in the field of international relations. The concept of it change from Humanitarian Intervention to the Responsibility to Protect（"RtoP" or "R2P"）reflects the theoretical and practical evolution of neo-interventionism. The Middle

---

① 阮宗泽：《负责任的保护：建立更安全的世界》，《国际问题研究》2012 年第 3 期。

East policies of Western powers in the Middle East Upheaval, especially since the Libya War, show the basic feature and content of neo-interventionism: theoretically based on ideologies such as "human rights above sovereignty" and "responsibility to protect"; legally authorized by the UN Security Council and regional organization (League of Arab States); operated by "coordinated diplomacy", collective (e. g. NATO) military operations, and opposition- arming, and therefore formed a new intervention model—Libya model—by spur regime change (i. e. subvert the Gaddafi regime). Syrian Civil War and the internationalization of Syrian crisis are directed by western powers, which is totally a copy of the Libya model. In that circumstance, Neo-interventionism not only changed the trends and paths of Middle East Upheavals, distorted political transition processes, but also contributed to the geopolitical changes at some extent, exacerbating the unrest situation in the Middle East. At the same time, Neo-interventionism impacts the international system based on the UN Charter directly, poses a severe challenge to international governance, and effect international relation and international order negatively.

Key Words: Neo-interventionism; Libya Model; Middle East Security; International Relation

# Ⅳ.12
# 叙利亚危机与中东地区
# 安全局势的新发展

刘月琴 *

**摘　要：**

无论是世界霸权国家，还是地区大国，都对叙利亚安全产生了严重影响。说到底，叙利亚危机还是美俄之间的博弈，无论是联合国会议，还是日内瓦会议，或是八国峰会，主角都是美俄。美国和欧盟在叙利亚推行新干涉主义，不仅给叙利亚而且给整个中东地区造成了安全困境。美欧奉行的新干涉主义成为叙利亚安全的主要威胁，土耳其和以色列火上浇油，对叙利亚和中东地区安全同样构成了威胁和挑战。叙利亚不仅面临世界霸权国家的安全挑战，还要面对地区大国的挑衅，安全方面处于极度困境中。中国和俄罗斯也是维护叙利亚和中东地区安全的重要力量，很大程度上阻止了美欧对叙动武的进程。

**关键词：**

新干涉主义　叙利亚危机　中东地区安全

## 一　新干涉主义是中东地区不安定的主要原因

2011年3月，"阿拉伯之春"的冲击波蔓延至叙利亚，发生在叙利亚南部德拉市的一起"小学生涂鸦"事件最终演变为叙政府与民众间的大规模流血

---

\* 刘月琴，中国社会科学院西亚非洲研究所研究员，创新工程项目"中东热点问题与中国应对之策研究"执行研究员。主要从事中东国际关系、伊斯兰教研究，以及伊拉克、叙利亚国别跟踪研究。

冲突，揭开了"阿拉伯之春"多米诺骨牌效应之叙利亚危机的序幕。之后，叙利亚国内冲突不断升级，局势持续恶化。叙利亚的政治剧变虽然是由内生的民生问题引发的，但在其爆发后，西方势力的干涉便随之而来，并起了推波助澜的重要作用。叙利亚今天的局势与西方的干涉密切相关，外来力量的干预一定程度上决定了冲突难以平息，仍然处在动荡中的叙利亚政权，正在经受西方大国干预的折磨，西方大国对叙利亚的干涉严重影响了叙利亚的国家安全以及地区安全。

## （一）美国仍然是西方干涉叙利亚的主导力量

叙利亚危机初期，美欧对叙政府采取政治施压、经济制裁的措施，原因是它们当时与利比亚正处于酣战中，无暇顾及叙利亚。当时，欧盟对阿萨德家族、政府和军方的18人实施制裁，将其资产冻结，禁止他们进入欧盟，并对叙利亚原油出口实施禁运，暂停欧洲投资银行对叙利亚的支持。需要指出的是，叙利亚危机初期美国和欧盟仅仅是敦促巴沙尔推动改革，而非要求他辞职。这种低调处置的背后，只是当时干预叙利亚的时机尚不成熟。

在叙利亚问题上，美国最初声称"决不当头"，以突出多边合作的必要性，即由法英扮演领导者、主力军和急先锋的角色。美国的主要意图在于谋取"以压促变"，通过对叙实行全面封锁和围困，实施贸易、石油、武器等全面制裁，并不断加大制裁力度，以削弱巴沙尔政权的实力。

### 1. 扶植叙利亚反对派

美国虽然未对叙利亚采取激烈的军事行动，但在舆论上对叙施加强大压力，而且积极支持并扶植叙利亚反政府武装，帮助叙反对派取得合法地位。2011年11月，美国国务卿希拉里两次会见叙反对派领导人对其表示支持，使叙反对派受到越来越多的国际关注和支持，日益趋向"成气候"的势头。在卡扎菲政权垮台后，整个中东局势发生了重大变化，此时美欧腾出手，加大力度干预叙利亚危机被提上了议事日程。换言之，利比亚政权垮台是美欧干预叙利亚危机的重大转折点。

"叙利亚之友"国际会议是由西方主导，由多个国家和国际机构组成的联络小组，美国等一些大国利用该会议，推进"倒叙"进程，"叙利亚之友"会议成为美欧对叙威慑战略的重要步骤。2012 年 2 月 24 日，美、法、德、土以及欧盟、阿盟、非盟、联合国等 60 多个国家和国际组织在突尼斯召开"叙利亚之友"国际会议，将众多分散的叙利亚反对派力量整合起来，承认最大的反对派"叙利亚全国委员会"是叙利亚的代表，同意增加对反对派的援助，号召反对派团结、联合起来，结束巴沙尔政权的统治。从那时至今，"叙利亚之友"国际会议已经召开了六次。[①] 2012 年 7 月 6 日，美国国务卿希拉里参加了在法国巴黎举行的第三次"叙利亚之友"国际会议，希拉里与法国总统奥朗德一唱一和，要求叙利亚总统巴沙尔下台，公开对叙利亚事务进行干预。美国尽管口头上声称不当头，但事实上它依然是"倒叙"势力的主心骨，况且，其他国家都在看美国的态度行事。

2013 年 6 月 22 日，由美国、法国、英国、土耳其、沙特、卡塔尔等 11 国外长参加的"叙利亚之友"国际会议在多哈举行，东道国卡塔尔首相兼外交大臣哈马德主持会议。大会发表的联合声明强调，向叙反对派提供紧急军事援助，援助方式由各国自行决定。哈马德还透露，除了公开决定，会议还草拟了"秘密决议"，各方就迅速改变叙战场上的力量对比达成了一致。每当叙反对派战场失利时，上述国家就站出来给叙反对派鼓劲，干预叙利亚危机的每个过程，从而使叙问题一直不能平息。俄罗斯总统普京警告说，武装叙反对派只会加剧流血冲突。[②] 叙利亚局势目前又到了一个关键时刻。

### 2. 美国对叙利亚反对派提供武器政策发生变化

外来势力的强势干预在叙利亚的混乱和冲突中起了推波助澜的作用，面对曲折变化的叙利亚局势，美国为叙反对派提供支持和援助，是叙利亚危机不能平息的主要原因之一。

随着叙利亚政府与反对派冲突的深化，美国对解决叙利亚危机立场发生了变化，由敦促叙政府进行改革转变为公开支持反对派。在叙利亚反对派已占据叙北方伊德利卜、阿勒颇和代尔祖尔等省的部分地区，美国国务卿克里同意为

---

① 第一次"叙利亚之友"国际会议于 2012 年 2 月 24 日在突尼斯举行，第二次于 2012 年 4 月 1 日在土耳其举行，第三次于 2012 年 7 月 6 日在法国举行，第四次于 2012 年 12 月 13 日在摩洛哥举行，第五次于 2013 年 2 月 28 日在意大利举行，第六次于 2013 年 6 月 22 日在多哈举行。

② http://news. sohu. com/20130624/n379645883. shtml.

叙利亚的地方项目提供 6000 万美元，其中包括培训警察、管理地方议会、净化饮用水和修复遭到破坏的基础设施等。① 美国对叙利亚反对派提供的非军事支持，同样破坏了叙利亚的国家安全。不过，鉴于利比亚在卡扎菲政权垮台后的混乱和动荡，美国在向叙反对派提供援助上比较谨慎，还局限在"非致命性"援助范围内。

2013 年 2 月 28 日，约翰·克里就任美国国务卿后，首访欧洲和中东 9 个国家，议事重点就是叙利亚冲突。在与传统盟友商讨后，他高调宣布将向叙反对派武装提供"非杀伤性武器"援助支持；3 月 1 日，英国紧跟着表示将对叙反对派提供"非致命性武器"援助资金，名曰，以和平方式完成叙利亚政权更迭；同日，欧盟改变对叙武器禁运政策，允许欧盟国家为叙反对派提供装甲车、非致命性军事设备和技术援助。② 美国鹰派不断敦促奥巴马总统对叙采取强硬政策。克里也表示，鉴于叙政府军被确认使用化武，以及黎巴嫩真主党和伊朗革命卫队大规模干预叙利亚内战，"我们别无选择，只有提供更多援助"。③ 鹰派的敦促一定程度上改变了奥巴马的立场。6 月 13 日，他模糊地表达了将向叙反对派提供军事支持的立场。此一时，彼一时，美国从叙动荡初期敦促巴沙尔进行改革到扶持反对派，从提供非致命性援助到宣称提供军事支持，表明美国"倒叙"越来越坚决，对叙干涉力度越来越大。

正是由于美欧等的大力支持，叙反对派才在国内外有了立足之地。在美欧实行新干涉主义的支持下，原本远不是巴沙尔政府军对手的反对派军事实力在增强。而今，反对派不断集聚力量，加之分散在各省的地方委员会非常活跃，他们对叙利亚政府形成的威胁逐渐在加大。叙利亚反对派从无到有、从小到大、从力量薄弱到壮大主要得益于美国的扶持。与此同时，叙利亚政府对国家的控制能力逐渐下降，不得不与反对派武装酣战，处于安全困境之中。美欧的干涉为巴沙尔政权制造了一个内忧外患的恶劣环境，制约了叙利亚作为一个主权国家处理国内外事务的能力。

---

① 美国《华盛顿邮报》2013 年 3 月 17 日。
② 路透社华盛顿 2013 年 3 月 1 日电。
③ 美国《华盛顿邮报》2013 年 6 月 23 日，http：//news. sohu. com/20130624/n379645883. shtml。

**3. 美国更迭叙利亚政权的目标越来越坚定**

2013年奥巴马连任总统后，欧盟、沙特、卡塔尔等海湾国家一直在酝酿对叙进行军事干预的各种方案，原本指望奥巴马连任后能够对叙动武，以解决叙利亚危机，但奥巴马根本没有深度卷入叙利亚危机的打算，而是更加关注通过外交途径解决危机。美国与联合国、俄罗斯多次商讨召开解决叙利亚危机的国际会议。2013年1月11日在日内瓦举行联合国、美国和俄罗斯的三方会谈，这次会议没有取得成效，原因是联合国推出的政治解决方案与叙政府以及反对派处于各唱各调的状态，交战双方极难达成妥协和沟通。另外，联合国—阿盟叙利亚危机联合特别代表卜拉希米的表态给联合国政治方案蒙上了阴影，他说，叙利亚过渡政府中没有巴沙尔的位置，叙利亚某个家族掌权40年似乎有点长。卜拉希米一方面高唱解决叙利亚危机不能采取军事手段，另一方面又排除了巴沙尔政府参与联合国政治解决进程的可能，这使联合国的表态有明显倾向性，透露了其将巴沙尔下台设定为政治对话的先决条件的意图，势必激起叙政府的激烈反对——叙政府立即表态，联合国方案与叙无关。卜拉希米制造了一个自相矛盾的悖论，无异于自毁政治调停大局。卜拉希米的态度很大程度上代表了美国的立场——奥巴马多次表示，巴沙尔必须下台。

2013年6月10日，美俄商议在日内瓦召开第二次叙利亚问题国际会议，会议主要目的是落实2012年6月第一次叙利亚问题国际会议的内容，商讨组建一个叙利亚所有社会力量参与的过渡管理机构。这无疑也是美国更迭叙利亚政权的一部分。在叙利亚合法政府存在的情况下，组建一个过渡管理机构，等于无视叙利亚合法政府的主权。日内瓦会议的原则被广泛认为是解决叙利亚危机的原则，国际各方普遍重视这次会议的召开，但各方期待的此次会议未能如期召开。

2013年6月17~18日，叙利亚问题被拿到八国峰会上讨论。会议召开之前，美俄就向叙反对派提供武器问题激烈交锋，双方唇枪舌剑。针对欧盟决定解除对叙利亚武器禁运，俄罗斯很失望，表示将继续对叙利亚军售。鉴于近期叙利亚反对派战事失利，一些占领区被政府军夺回，士气大挫。2013年6月13日，美国发表声明，认定叙利亚政府军对反对派武装动用了化学武器，已越过"红线"，美国准备向叙反对派提供直接的军事支持——意指提供武器支

持。美国同时表示，不会匆忙卷入冲突，将考量代价。

美国虽然坚决支持叙反对派推翻巴沙尔政权，但并不清楚究竟该扶持谁上台，也不知道未来能建立一个什么样的叙利亚新政权，这些都还没有准备好。而且，叙利亚的反对派也不给美国长脸，经常做出一些让人不齿的行径，如吃人肉。①

美国口头上表示要通过和平途径解决叙利亚危机，但在行动上一直不遗余力地支持叙利亚反对派，即支持冲突一方打击另一方，这本身就是火上浇油，助长了反对派的嚣张气焰，成为叙反对派不肯走到谈判桌前的有力后盾。叙反对派坚持走武装夺权的道路，拒绝所有旨在通过和平途径解决叙利亚危机的国际斡旋努力；他们的唯一诉求就是通过暴力将现政权巴沙尔政府赶下台，致使叙利亚问题国际和平努力一直难以展开。这其中就有美国作茧自缚的成分。众所周知，要通过和平途径解决叙危机，必须站在公正的立场上，不能站在冲突的某一方。从美国言行自相矛盾的立场分析，美国更迭叙利亚政权的目标一直不曾发生变化，这才是问题的症结所在，这足以表明美国对叙利亚内政的干涉是叙利亚危机至今不能得到解决的原因。

**4. 美军增兵约旦：军事威慑叙政府**

2013 年 6 月 20 日，美军在约旦的军事演习结束，奥巴马当天致信国会领导人说，应约旦政府请求，参演美军将与此前部署在约旦的美军会和，并将"爱国者"反导系统、F－16 战机等装备及相关支持、指挥、控制和通信人员和系统一并留在约旦。奥巴马称，此举意在保护约旦安全，促进地区稳定，符合美国外交与安全利益。"爱国者"系统除被设计用于拦截短程导弹外，亦可用于设立"禁飞区"，以及参与其他空中作战。至此，美国在土耳其和约旦均部属了军队和先进武器装备，十几架美国战机将在约旦飞行和执行训练任务，以备在邻国叙利亚的冲突蔓延至约旦边界的情况下，在盟国需要保护时作出反应。此举直接对叙利亚构成了威慑。

---

① 2013 年 5 月公开的一段视频中，一名叙利亚反对派指挥官切开一名政府军士兵的胸膛，在摄影机前吃死者的内脏。俄罗斯总统普京在八国峰会上奉劝西方："那些不仅杀死敌人，还在公众和摄影机前公然开膛吃敌人内脏的人，提供武器支持他们值得吗？你们要给这些人提供武器，就是无视欧洲宣扬了数个世纪的人道主义价值观。"普京的言辞令美欧无言以对。

美国与约旦的防御关系密切，力图保持在中东地区的强大实力，驻约旦美军的总人数现在已多达1000人。据悉，美国中情局和特种部队几个月以来一直在训练叙利亚反对派，这种情况早在奥巴马总统宣布向叙反对派提供武器之前就已存在了。自2012年年底以来，此类训练一直在约旦和土耳其的军事基地进行。[①] 奥巴马不是不想对叙动用军事手段，只是他一直在权衡军事干涉叙利亚的成本和代价，这才使得他在对叙动武问题上犹豫不决。

**5. 建立"叙利亚过渡政府"是美国下一步的目标**

以更迭他国政权为目标的干预方式是美国"轻车熟路"的干预方式，美国在伊拉克战争和利比亚战争中都实现了这个目标。在叙利亚问题上，美国依然要复制利比亚战争的更迭政权模式，尽管奥巴马在第二任期伊始，就主张通过政治解决途径解决叙利亚危机，但奥巴马的核心战略不变，即"倒叙"战略目标不变，变的只是选择军事途径还是政治途径。伊拉克战争后，世界看到美国人没有给伊拉克人送去民主，伊至今战乱频仍；利比亚战争结束至今依然是战乱国家。在选择干预叙利亚的方式时，奥巴马明显倾向于政治途径，但也不排除军事途径。

2013年1月11日，在联合国、美国和俄罗斯推出的解决方案中，也包括建立"叙利亚过渡政府"，该方案公然侵犯了叙利亚的国家主权，叙利亚政府是民选政府，外部力量提出再建立一个过渡政府，无异于完全否定了叙利亚现政府的合法性。不过，巴沙尔总统还是很识时务，比较理智地回应了联合国建立"过渡政府"的方案：在巴沙尔2013年1月6日提出的解决叙利亚危机的方案中，也包括建立"过渡政府"方案，巴沙尔采取了主动的防御性战略，以规避威胁和危险。

美俄虽然正在积极筹备叙利亚问题日内瓦国际会议，但两者的目的完全不同。美国坚持巴沙尔总统必须下台，并表示未来的过渡政府中没有巴沙尔的任何位置。这个过渡管理机构一旦建立，就意味着巴沙尔政权将被架空，美国就可以合法地与过渡政府对话和打交道，抛弃叙利亚现在的合法政府，一定意义上亦等于完成了更迭巴沙尔政权的目标。客观地看，美国与叙利亚根本不在一

---

① 美国《洛杉矶时报》2013年6月21日。

个重量级上，两者实力之悬殊可谓天差地别，以美国现有经济、科技、政治、军事实力，在未来若干年内，国际体系仍将由美国主导，美国早已习惯了对其他国家进行干涉，对叙利亚的干预还将继续。

### （二）北约：新干涉主义的执行者

对阿拉伯国家发生的政治动乱，法国、英国率先实施新干涉主义，法国在军事打击利比亚问题上起了重大作用。之后，北约对利比亚发动战争，远远超出了联合国安理会的授权范围，其目标旨在更迭利比亚政权。卡扎菲政权被推翻极大地鼓舞了美、英、法等新干涉主义的主导者们，在针对利比亚的战争结束后，美、英、法等新干涉主义的执行者们决定将更迭利比亚政权的模式复制到叙利亚，推翻巴沙尔政权。

一些北约国家公然支持叙利亚反对派，并公开呼吁在叙利亚建立所谓缓冲区或"禁飞区"，这一系列举动引起了国际上对北约有意介入叙利亚危机的关注。北约对推翻叙利亚现政权投入了极大精力，成为对叙利亚实施干预的主体。2012年12月4日，北约决定在土耳其部署"爱国者"反导弹系统，名曰为防止叙利亚以化学武器等极端手段进行反击，对叙利亚危机发展大有火上浇油的气势。2013年2月26日，6套反导系统部署完毕，其中，荷兰、美国和德国各部署了两套。北约强调此举仅仅是为了防御，但俄罗斯、叙利亚和伊朗对此予以强烈指责，称这会导致地区不稳定性增加。事实证明，部署"爱国者"被广泛解读为美欧对叙进行军事干预作准备，北约在土叙边境的军事布局不利于叙局势走向缓和，对叙利亚安全直接构成威胁。

## 二　地区大国：加剧叙利亚危机的负面推力

"阿拉伯之春"爆发后，地区安全格局发生重大变化，在突尼斯的本·阿里政权、埃及的穆巴拉克政权、利比亚的卡扎菲政权、也门的萨利赫政权相继倒台后，阿拉伯国家的强势领导人几乎全部退出历史舞台，地区力量对比发生了不利于阿拉伯国家的变化，地区非阿拉伯国家的作用开始走强。叙利亚危机爆发后，其所面临的国际环境日益恶劣，博弈的力量不仅有国内的众多反对派，还包括周边地区大国；叙利亚危机不仅对叙利亚的安全构成了威胁，还使中东地区的安全环境日益恶化。"阿拉伯之春"的强劲冲击波迅速外溢到中东地区的非阿拉伯国家，并对地区安全产生负面影响，同时地区大国成为叙利亚政治危机背后的负面推力。本文的地区大国指土耳其和以色列。

## （一）土耳其对叙利亚安全的威胁

叙利亚政治动荡从一开始就不是一个国家的内部事务，它与周边国家、地区安全、国际环境有密切关联。国家利益的"一部分来自国家系统内部，而其余的来自环境因素中"。① 这些环境因素与国家利益的外生变量息息相关，如国际和平与冲突、大国关系和国际组织内的合作质量，邻国和相近区域的经济基础以及发展前景等。土耳其在叙利亚危机中起的突出负面作用就是例证。在冲突因素中，既有给定的、不能改变的内容，它往往决定着国家的外交方略，也有可变的内涵，它可分为内生变量和外生变量。内生变量主要指广义上的社会生产方式和国家政体形态，外生变量是指一个国家的外部环境所包含的各种相关成分。

在埃尔多安时代，土叙关系得到改善，两国实现了最高领导人的互访，并在 2007 年提出为增进双边政治、安全、经济、能源和水资源领域的合作创造条件，于 2009 年解决了底格里斯河和幼发拉底河水资源控制权问题。令人遗憾的是，这种来之不易的友好关系却好景不长。

中东剧变发生以来，作为邻国的土耳其带给叙利亚的安全威胁是严重的，更是直接的。尽管土耳其鼓吹"零问题"周边睦邻外交政策，但它高调介入了叙利亚冲突，给叙利亚政府制造了很大麻烦，这与它的"零问题"外交政策完全是背道而驰的。2011 年叙利亚政治动荡一开始，土耳其便迅速冲到反对叙利亚现政权的前台，充当起急先锋角色。它决定对恢复不久的土叙友好关系改弦更张，采取政治、外交、军事并重的手段，向叙利亚打出重拳。它在政治上公开要求巴沙尔总统下台，并高举民主和人权的大旗，以民主权利捍卫者

---

① 〔美〕莫顿·卡普兰：《国际政治的系统和过程》，薄智跃译，上海人民出版社，2008，第 207 页。

的身份，在土耳其境内接纳叙利亚反对派，与巴沙尔总统公开唱起了对台戏；在外交上冻结了土叙关系；在军事上训练叙利亚反对派武装分子。土耳其积极扶持叙利亚反对派，包括为叙主要反对派"叙利亚全国委员会"提供支持，同意把叙利亚全国委员会设在安卡拉，土耳其俨然成了叙反对派的境外"倒叙"活动的大本营。土耳其把叙利亚各路反对派聚拢在土耳其，以利于其深度参与叙利亚政治危机的进展。2013年年初土耳其推动荷兰、美国和德国在土叙边境部署6套"爱国者"导弹，对叙利亚安全构成严重威胁。此外，土耳其还积极操办"叙利亚之友"国际会议，为"叙利亚自由军"提供各种支持。

在叙利亚危机中各方博弈的焦点是巴沙尔总统的去留问题。这个问题可以从三个方面理解，一个是作为主权的冲突，一个是政治博弈的冲突，一个是叙利亚政权未来的性质。作为主权问题，巴沙尔是民选总统，在他的政府综合力量依然占据优势的情况下，叙政府不会妥协。在政治博弈的层面，表现为地区大国土耳其、海湾君主国都想乘机崛起，它们希望叙利亚出现一个逊尼派政府。

土耳其的做法严重侵犯了叙利亚主权，干涉了叙利亚内政，加剧了巴沙尔政权的恶劣处境，面对土耳其政治、外交和军事上的恶意挑衅，巴沙尔政府无力抽身反击，只能处于守势，任凭土耳其武装叙利亚的反对派。土耳其致力于推翻巴沙尔政权，并为此投入了大量精力和资源，包括提供活动场所等；它公开支持叙反对派推翻巴沙尔政权的各种活动，成为叙利亚危机背后的重要推力，给叙利亚安全造成了直接威胁。

具有讽刺意味的是，土耳其干涉叙利亚内政，并未从中捞到什么好处，而其国内也发生了类似阿拉伯国家政治动荡的游行示威活动，明显昭示了土耳其不仅不具备"民主改造"其他国家的能力，而且目前亦自顾不暇。

### （二）以色列对叙利亚安全的威胁

作为叙利亚另一邻国的以色列，主要在军事上对叙利亚安全构成了严重威胁，尤其是2013年以来，已连续几次空袭叙境内军事目标。

一直以来，以色列对叙利亚危机保持低调，唯恐惹火上身，持不介入立场。2013年伊始，以色列一改常态，对叙利亚大打出手。继2013年1月30日空袭叙利亚后，5月3日，以色列出动战机对叙境内的军事目标进行突袭。紧接着5日凌晨，再次出动18架战机飞入黎巴嫩领空，从黎境内向大马士革附近8个军事地点发动导弹袭击，这8个地点除叙官方承认的大马士革西北郊杰姆拉亚地区的叙利亚军事科研中心之外，还包括叙共和国卫队、特种部队、情报院校等机构。叙利亚危机外溢到以色列，对叙利亚的安全局势造成更大的挑战。巴沙尔不仅需要对付境内反对派，还要顾及外部势力的挑衅。目前叙以边界、黎以边界均处于高度戒备状态。

中东地区国家关系错综复杂，叙利亚与以色列，黎巴嫩与以色列呈"你中有我，我中有你"的复杂状态。长期以来，以色列强烈指责叙利亚支持黎巴嫩真主党，而真主党被认为是以色列安全的直接威胁之一，以色列尤其担心自己的核设施和重要部门遭到真主党的导弹攻击。以色列称，以军对叙空袭，目标是阻止计划运送给黎巴嫩真主党的伊朗导弹。据悉，西方国家情报官员说，（2013年）5月3日和5日以军连续两次空袭叙境内军事目标，均是针对叙利亚获自伊朗准备转运给真主党武装的"先进导弹"，具体型号是伊朗制造的"法塔赫-110"型地对地导弹，这种中程导弹最大射程达300公里，有精确制导系统，比真主党眼下装备的任何武器都能更准确地命中目标。美国《纽约时报》报道，叙利亚之前已把一批"法塔赫-110"型导弹存放在大马士革的一座机场。

以色列一直密切关注叙利亚武器的流向，其中包括转运来自伊朗输送给真主党的导弹，叙利亚的化学武器、火箭弹、非常规大炮等。以色列一直紧盯叙利亚的化学武器。防止叙化学武器落入真主党手中，也是以军袭击叙利亚的公开理由。以色列与黎巴嫩真主党互为宿敌，两者间的战事频发，被袭击的杰姆拉亚地区临近黎巴嫩边境，被一些西方国家认为是叙利亚化学武器库所在地，以色列此前多次表达对叙利亚化学武器失控的高度担忧，它表示在叙边境有叙利亚的军火库，里面存放着大量先进武器和非常规武器，以色列十分担心叙政府用这些武器武装真主党，尤其是化学武器。以认为，假如这些武器落入真主党或叙利亚反对派武装之手，将对自身安全构成极为严重的威胁，因此务必对其进行打击。

"基地"组织也趁叙利亚危机很快渗入叙利亚境内，频繁活动，不断滋

事。目前已确定有1500多名极端武装分子进入叙利亚，并有数千人在周边伺机渗透。同时反对派阵营内部一些宗教极端武装在叙发展壮大。某些西方国家担心，自己曾经援助叙利亚反对派的先进武器装备和叙境内的化学武器一旦落入极端分子手中，后果不堪设想。正是基于这种国际上普遍的担心，以色列对自身安全更加担忧，为防范可能发生的危险屡次空袭叙利亚，目的是将危险消灭在爆发之前。

叙利亚危机外溢到以色列，巴沙尔政权已难控制叙全境，叙反对派已控制了北部阿勒颇等一些地区，反对派与政府的一些战事多次推进到大马士革附近。巴沙尔将主要精力放在对付内部反对派方面，暂且容忍以色列，甚至不惜把部署在戈兰高地的精锐部队调集到平息反对派的冲突中，叙利亚国内的危险已超过来自以色列的挑衅，这同时给了以色列可乘之机，叙利亚与以色列的较量已进入紧张状态。

## （三）伊朗支持叙利亚巴沙尔政权产生的影响

叙利亚交战双方一直在弥漫的硝烟中挣扎，叙利亚政治动荡对整个地区和其周边国家的安全造成连锁反应，各国都在紧张地应对叙利亚危机产生的冲击波。

伊朗作为叙利亚的战略盟友，对叙利亚危机奉行的国策为"防御政策"，始终不遗余力地支持巴沙尔政权，目的是维护巴沙尔政权的存在，以捍卫伊朗—叙利亚—黎巴嫩真主党—巴勒斯坦哈马斯这个战略体系联盟的稳定。伊朗构筑的什叶派战略体系联盟包括伊朗、叙利亚、真主党和哈马斯四个政治实体，为确保什叶派地带的正常运转和伊朗的影响力，叙利亚作为伊朗向真主党输送补给的中转线，战略地位十分重要。伊朗向叙利亚提供了大量的技术援助和经济援助，其中包括数十亿美元的资金、医疗设备和武器。与此同时，还提供了限制反对派武装使用通信基础设施的技术指导，如切断互联网，利用木马病毒跟踪并窃听反对派的电脑，雇用黑客攻击反对派活动分子的计算机。[1] 伊朗上述的多种努力，对制止西方大国军事干涉叙利亚起了重要作用。

---

① 美国《世界政治评论》网站，2013年3月12日。

伊朗全力支持政治动荡中的叙利亚政府。面对北约在土耳其叙利亚边境部署"爱国者"导弹系统，伊朗总统内贾德即刻取消了原定的访问计划。伊朗坚决地支持巴沙尔政府，从根本上来说，并非为了叙利亚现政权，而是其自身国家利益的需要。从整个地区战略角度来说，巴沙尔政权的存在，可以缓解伊朗方面来自以色列和美国的压力。因此，伊朗需要叙利亚这样一个地区盟友。伊朗政府强力支持巴沙尔政权，从某种意义上说是伊朗潜意识对深层危机所做出的应激反应。

叙伊（伊朗）战略联盟对叙利亚安全是把双刃剑，有利也有弊。叙利亚在得到伊朗政治、经济、军事支持的同时也受到牵连。由于叙伊结为联盟，早已引起美欧、沙特、卡塔尔等国的担忧和不满，它们在拆散叙伊联盟未果的背景下，决意除掉巴沙尔政权，以铲除伊朗的羽翼，并瓦解伊朗精心构建的什叶派联盟。在除掉伊朗之前，先除掉伊朗的铁杆盟友——叙利亚，已成为削弱伊朗、解决伊朗问题的重要组成部分。

### （四）阿盟和海合会对地区安全造成的负面影响

叙利亚政治危机刚一爆发，阿拉伯联盟（以下简称阿盟）便冲在前面，为推翻巴沙尔政权摇旗呐喊，阿盟强势介入叙利亚问题，至少扮演了一个分裂阿盟成员国的角色。2011 年 11 月，阿盟中止了叙利亚的阿盟成员国资格，此后，该席位一直空缺。2011 年 12 月，阿盟观察团进入叙利亚，试图在阿盟框架内解决叙利亚问题；但因受到有失公正的质疑，仅 1 个月后，就被迫中止了调解工作，宣告失败。阿盟对叙利亚安全的负面影响主要集中在政治、组织方面。

#### 1. 阿盟力挺叙反对派，推行"倒叙"战略

危机爆发两年多以来，叙利亚已陷入水深火热之中，就在叙利亚反对派陷入分裂之时，阿盟给叙反对派送上了一份"大礼"：2013 年 3 月 26 日，第 24 届阿盟首脑会议在卡塔尔首都多哈通过《多哈宣言》，决定授予叙利亚反对派"叙利亚反对派和革命力量全国联盟"（简称"全国联盟"）拥有叙利亚在阿盟及其各下属机构的席位，承认全国联盟是叙利亚人民的唯一合法代表。一石激起千层浪，3 月 27 日，俄罗斯发表声明，谴责阿盟首脑会议授予叙反对派阿盟成员资格的决定是非法的，也是站不住脚的。顾名思义，阿盟是阿拉伯国

家的联盟组织，不是某个组织可以任意取代的，叙利亚政府是合法政府，阿盟将其成员国席位强行授予叙反对派，完全侵犯了叙利亚的国家主权。

叙利亚危机早已发生重大变化，已从最初的国内政治反对派与政府的冲突，发展为反对派与国外势力呼应和勾结，共同推翻巴沙尔政权的斗争，叙利亚已变成了国际博弈的战场。叙利亚危机至今不能平息与外界干预直接相关，美国等西方大国和土耳其、卡塔尔、沙特阿拉伯等国处心积虑地支持叙利亚冲突中的一方，加剧了解决冲突的难度。叙利亚危机刚一爆发，以沙特阿拉伯和卡塔尔为首的阿盟就叫喊巴沙尔政府必须下台，它们极力武装反对派，使叙利亚陷入极度混乱。卡塔尔、沙特阿拉伯明目张胆地要促成叙反对派组织顶替叙利亚政府在阿盟的位置，在阿盟的历史这还是第一次，换言之，它们强势地让一个政治反对派组织占据叙利亚政府在阿盟的合法地位。就国际秩序而言，扰乱了基本的国际关系准则，中东地区国际关系秩序遭到了严重破坏，遇到了前所未有的挑战。同时，这一做法显示卡塔尔、沙特等国正在通过非法途径，政治上力挺叙反对派"倒叙"，加大对巴沙尔政权的政治攻势，剥夺叙利亚政府在阿盟的合法权利。通过和平方式解决冲突的大门已关闭，叙利亚危机将进入死胡同。

最新情况显示，叙反对派内部内讧严重，呈四分五裂状态，阿盟为力挽反对派的败势，给予叙反对派阿盟席位，这对反对派无疑是有力的政治支持。阿盟大力支持叙利亚冲突中的反对派一方，是叙利亚危机不能平息的主要原因之一。一个事实表明，巴沙尔政府已不能在战略上打败反对派。尽管叙反对派已形成一定气候，又有外界的大力支持，叙政府难以控制、消灭反对派势力，但短期内叙反对派也无力推翻巴沙尔政权的统治，双方基本上处于"消耗战"和"拉锯战"状态。以沙特、卡塔尔为首的阿拉伯势力通过阿盟介入叙利亚局势，它们在叙利亚的博弈和较量，严重破坏了叙利亚局势好转的可能。

**2. 海合会对地区安全带来的负面影响**

叙利亚危机不仅有国内政治斗争，还包括中东各国对地区影响力的争夺，叙利亚冲突始终不能平息，背后有沙特阿拉伯和卡塔尔的身影。沙特阿拉伯和卡塔尔以海合会和阿盟两大地区性组织为平台，不断推进"倒叙"进程。

众所周知，叙利亚危机爆发后，在中东地区形成了以沙特为首的"倒叙派"和以伊朗为代表的"挺叙派",两者之间展开了激烈较量,成为影响叙利亚安全局势的重要因素。"沙特同盟"与"伊朗同盟"在不同教派基础上立场泾渭分明。鉴于叙总统巴沙尔统治的政府由什叶派分支阿拉维派构成,因此,同为什叶派统治的伊朗成为坚定的"挺叙派",而沙特阿拉伯作为逊尼派的代表,聚拢了海合会为主的"倒叙派"力量。沙特阿拉伯不仅积极游说美欧国家支持叙反对派,还多次公开呼吁武装叙利亚反对派。早在 2011 年叙利亚政治动荡爆发之前,沙特阿拉伯就表示希望巴沙尔政府能够远离伊朗,它甚至把对叙利亚政策看作对伊朗"未来战争"的一部分。

在加剧叙利亚冲突的负面推力中,既有世界霸权国家的干涉,也有地区国家的干涉,尤其地区国家对叙利亚的干涉更是出人意料。人们既可以从历史、文化的角度,也可以从国际关系基础的角度,审视中东安全格局。从阿拉伯剧变中分析中东政治学基础,我们看到,在突尼斯、埃及、利比亚、也门的政治强人退出历史舞台后,叙利亚政局陷入动荡;加之伊拉克萨达姆政权的垮台,中东大国均处在急剧变化之中,能够彰显阿拉伯强大力量的大国都发生了政治剧变,中东的强人政治不复存在,国际关系和政治基础动摇了,左右地区格局的天平向海湾国家倾斜。一向被认为温和的沙特阿拉伯、卡塔尔等国凭借自己的经济实力,借助海合会和阿盟地区组织的影响开始呼风唤雨。阿拉伯世界作为一个整体被撕裂了。

海合会成员国沙特阿拉伯、卡塔尔在阿拉伯剧变中十分活跃,它们不仅活跃在利比亚战场上,也活跃在叙利亚危机中。作为兄弟的阿拉伯国家,它们对加剧叙利亚危机推波助澜的一系列行径,严重破坏了地区安全以及地区安全格局。据悉,在美国的默许下,沙特阿拉伯和卡塔尔在为叙利亚反对派提供一些肩扛式防空导弹。①

## 三 维护中东地区安全稳定的大国力量

俄罗斯和中国显然是维护中东地区稳定的大国力量。两国都主张通过政治

---

① 美国《华盛顿邮报》2013 年 3 月 17 日。

途径解决叙利亚危机，反对外部势力通过支持叙反对派更迭叙利亚政权，俄罗斯和中国曾三次携手否决西方向联合国安理会提交的制裁叙利亚政府的草案，对叙利亚维护国家主权以及国家安全至关重要。

### （一）中俄在联合国动用否决权

美国和欧洲大国欲将推翻卡扎菲政权的"利比亚模式"复制到叙利亚，曾于2011年10月4日、2012年2月4日和2012年7月19日三次试图在联合国安理会通过干预叙利亚内政的决议草案。鉴于在联合国授权对利比亚军事干预问题上的惨痛教训，中国和俄罗斯三次都投了否决票，有效地抵制了西方大国继续干涉他国内政和主权，再次曲解、歪曲、滥用安理会决议的行动。之后，西方大国立即将相同内容的决议草案拿到联合国大会进行表决并获得通过。当然，这个决议不具有法律效力。其后，西方大国又在联合国人权理事会上提交了一份谴责叙利亚政府镇压平民的决议案，对叙利亚政府施加政治和舆论压力。总而言之，西方大国的一系列做法旨在在国际上谋取对叙动武的合法性。

中国在叙利亚问题上一贯采取原则立场。2012年2月9日，中国外交部副部长崔天凯表示，中国是联合国安理会常任理事国中使用否决权次数最少的国家。中国非常谨慎地使用否决权是一种负责任的态度，而在涉及重大原则立场时使用否决权同样是一种负责任的态度。此次中国在联合国安理会就涉叙利亚问题决议草案表决时投反对票，完全是根据中方的原则和立场独立自主作出的决定。中国始终认为，在国际关系当中不应动辄使用武力或以武力相威胁，也不应通过外来干预改变一个国家的政权。这样的原则立场符合国际社会整体利益，特别是广大中小国家和发展中国家的利益。①

中国高度关注叙利亚局势发展，呼吁叙利亚等有关各方立即停止一切暴力，采取切实措施缓解紧张局势，避免平民伤亡。中国外交部强调，中国是全体叙利亚人民的朋友，在叙利亚问题上没有任何私利，不是谁的庇护者，也不刻意反对谁，而是把维护叙利亚人民的根本利益，维护中东地区的和平与稳定

---

① http：//finance. sina. com. cn/roll/20120210/000011351053. shtml.

和维护有关国际关系准则作为出发点和落脚点。中国是这样说的，也是这样做的。

## （二）中俄：维护中东地区安全稳定的大国力量

众所周知，否决权是联合国安理会常任理事国的特权之一。长期以来，中国奉行不干涉原则与不结盟政策，从 1971 年中国恢复联合国常任理事国合法席位以来，中国在和平解决国际争端和国内冲突问题上只行使了 9 次否决权；在叙利亚问题上，中国却连续使用了 3 次否决权，着实让世界关注。2012 年 7 月 19 日，安理会就叙利亚问题决议草案进行表决，俄罗斯和中国在联合国安理会对西方大国提出的涉叙利亚问题决议草案投了否决票。由于俄中两个常任理事国动用了否决权，英国和其他西方国家提出的涉叙决议草案没有得到通过，这是安理会第三次未通过有关叙利亚问题决议草案。

早在中俄第二次就涉叙草案投下否决票时，西方某些国家就曾表示不满。对此，中国常驻联合国代表李保东阐述中方观点时强调，在各方仍有严重分歧、还未达成共识的情况下，强行推动表决，片面地向叙利亚政府施压，无助于维护安理会的团结和权威，无助于问题的妥善解决。尊重广大叙利亚人民对于变革的要求和维护自身利益的诉求，符合叙利亚和叙人民的根本利益。李保东在安理会表决后的解释发言中指出，这个决议草案存在重大缺陷，内容不平衡，旨在单方施压。这种做法无助于解决叙利亚问题，反而导致叙利亚问题脱离政治解决的轨道，不但会使动荡的局势进一步升级，而且还会向该地区其他国家蔓延，破坏地区和平与稳定，最终损害叙利亚和地区国家人民的利益。

中俄行使否决权，其战略意义重大，否定英美主导的决议草案是需要战略勇气和胆识的，是对中国作为负责任大国的考验。中方在叙利亚问题上并不是要袒护巴沙尔政权，如果叙利亚人民要求更换政权，中方没有任何异议。中国驻叙利亚前大使李华新指出，中方原则的基本点就是坚持《联合国宪章》的宗旨，不干涉内政，不强行推动更迭政权，叙利亚的事务应由叙利亚人民自主决定，中国的这一立场是不会有转变的。①

---

① http：//news. ifeng. com/world/special/xuliya/content－3/detail_ 2012_ 07/20/16156599_ 0. shtml.

（三）俄罗斯积极促进国际会议，推动通过外交途径解决叙利亚危机

2013 年，通过外交途径解决叙利亚危机成为国际上的主旋律，八国集团也加入了这一行列。2013 年 6 月 17～18 日，八国集团首脑会议在北爱尔兰厄恩湖召开，在全球经济问题作为主题的同时，叙利亚问题成为会议的另一议题。将叙利亚问题拿到八国峰会上讨论，是俄罗斯和美国的建议，尤其俄罗斯十分关心有关叙利亚危机的幕后讨论，希望八国能够支持叙利亚和会。2013 年 6 月 17 日晚，普京在与美国总统奥巴马的近两小时的会谈中，在叙利亚问题上没有达成一致。普京向美国及其盟国发出警告，不要向叙反政府武装提供武器。他重申了俄罗斯对巴沙尔政权的坚定支持，宣称俄罗斯支持合法政府。① 奥巴马则坚持，巴沙尔不可能成为政治调解进程中的一部分。美俄在叙利亚问题上针锋相对，剑拔弩张，其他国家都跟随美国。尽管俄罗斯把叙利亚问题引导到通过外交途径解决的轨道上的努力未取得实质性进展，但毕竟还是让世界听到了和平解决叙利亚冲突的声音。

在俄罗斯激烈言辞的压力下，其他六国还是作出了一些妥协。英国首相卡梅伦在八国峰会公报中宣布，八国集团领导人就推动叙利亚和谈达成共识，将通过外交压力敦促叙利亚冲突各方尽快加入谈判，同时决定对叙利亚增加大约 15 亿美元的人道主义援助。八国集团采取了中立立场，谴责在叙利亚使用化学武器的任何一方，保证联合国对于相关事实的调查不受阻碍，同意通过合作帮助叙利亚摆脱恐怖和极端活动。八国集团支持再次举行叙利亚问题国际会议，支持 2012 年 6 月日内瓦公报提出的在叙建立"过渡管理机构"来行使全部行政权力，保证过渡时期叙利亚政府主要机构正常运作的主张。尽管八国峰会公报是外交辞令，但取得这一结果实属不易。

普京在会后再次敦促美欧不要武装叙利亚反对派，他指出，叙利亚境内的流血冲突只能通过政治和外交途径，而不是通过武装反对派来解决。武装叙利亚反对派将导致严重后果，应予以慎重考虑。普京认为："目前解决叙利亚问

---

① http：//news. xinhuanet. com/world/2013 – 06/17/c124863175. htm.

题只有一个明智的途径，那就是促使叙利亚交战各方在谈判桌前坐下，寻求一个各方都能接受的模式，保证叙利亚的安全与稳定。"① 尽管让叙利亚交战双方坐到谈判桌前十分艰难，甚至不可能，但普京依然希望国际社会能够努力为叙利亚谈判创造条件。俄罗斯一直致力于通过和平途径解决叙利亚危机，它坚持叙利亚总统巴沙尔是民选的合法总统，反对他国更迭叙利亚政权。俄罗斯一直想把西方大国引导到和平解决叙利亚冲突的轨道上，但是谈何容易。

仅 2013 年上半年，俄罗斯已四次推动召开解决叙利亚问题的国际会议。2013 年 1 月 11 日，美、俄、联合国在日内瓦举行三方会谈，就解决叙利亚危机未能达成共识；2013 年 6 月 10 日，由美、俄建议召开的叙利亚问题日内瓦会议未能如期举行；6 月 17 ~ 18 日，八国峰会商讨叙利亚问题依然未果；6 月 25 日美、俄、联合国再次聚首日内瓦，仍未能就叙利亚问题第二次日内瓦会议召开的时间、与会者等问题达成一致。尽管如此，上述努力仍有亮点，那就是美俄在激烈博弈中，在对叙不动用武力问题上达成了共识，从欧美叫喊着对叙动武到美俄等达成不动用武力的一致，已经是一个重大的外交突破。

# 结　语

叙利亚危机爆发两年多以来，美欧的干涉主义行径一直伴随叙利亚，中东地区安全体系已经不复存在，叙利亚面临空前的安全困境，这是美欧一手造成的。奥巴马"倒叙"坚决，要求巴沙尔下台，承认叙反对派联盟，扶持叙反对派力量，前提是希望通过非军事手段完成，与其他阿拉伯剧变国家相比，叙利亚已属万幸，至少目前为止还未遭到西方的军事打击。

正是由于美俄之间互相牵制，截至目前，俄罗斯尚未向叙利亚交付 S - 300 型防空导弹系统，以避免打破中东地区微妙的力量平衡。普京说，俄方尚未履行合同，交付 S - 300 型防空导弹再缓缓。鉴于武装反对派陷入两难状态——美国担心将提供的武器会落入恐怖分子手中，故也未贸然向反对派提供

---

① 新华网圣彼得堡 2013 年 6 月 21 日电，http：//news. xinhuanet. com/world/2013 - 06/22/c124894372. htm。

武器，一些欧盟国家也决定暂时不向叙反对派提供武器，外交和政治谈判获得了机会。在当前美俄互相制约的背景下，不排除美俄都暂且放弃给叙利亚交战双方提供武器的可能，继续努力通过外交途径解决冲突，毕竟，美俄都有通过推动政治外交途径解决叙利亚问题的意愿。叙利亚问题还在发展，美欧新干涉主义者们对叙利亚的干涉也还将持续。

# The Syria Crisis and Middle East Security

*Liu Yueqin*

**Abstract**：Both the world hegemony and the regional powers seriously impact on Syrian security. After all, the crisis in Syria is the game between the United States and Russia, the United States and Russia are the protagonists in the United Nations conference, Geneva conference and the G8 summit. The United States and the European Union implement neo-interventionism in Syria, which caused security dilemma in Syria and the Middle East. Neo-interventionism that United States and Europe pursued becomes a major threat to Syrian security. Turkey and Israel also constitute security threat and challenge because they get involved in affairs in Syria and the Middle East. Syria faces not only national security challenge of the world hegemony, but also provocation of regional powers, thus the security environment is extremely difficult. China and Russia are powers that maintain the security of Syria and the Middle East, their actions prevented largely the West from imposing forces against Syria.

**Key Words**：Neo-interventionism；Syrian Crisis；The Middle East Security

# Ɏ.13
# 埃及剧变对以色列安全
# 环境和巴以问题的影响

王 建*

摘 要:

　　埃及剧变给以色列带来了极大的安全威胁,但迄今从埃及方面来看,未对以色列的安全带来实质性的影响。埃及穆尔西政府的务实政策和以色列的低调谨慎,使埃以和平得以继续维持,不仅对以色列的安全,而且对避免整个中东地区陷入更严重的冲突与混乱,都具有重要的积极意义。在阿拉伯世界传统大国伊拉克、叙利亚的实力削弱之际,埃及穆尔西政府希望借巴勒斯坦问题重振埃及在阿拉伯世界的强者地位,既继承了穆巴拉克政府对加沙实施封锁的政策,以稳定同以色列的关系,又适时调整了对巴勒斯坦内部法塔赫和哈马斯派别斗争的态度,倾向于增加对哈马斯的支持,而不像穆巴拉克时代将哈马斯看成是埃及的威胁和伊朗的代理人。埃及政策的调整对巴以问题产生了两个走向完全不同的影响:一方面,埃及积极斡旋以色列和哈马斯在加沙的冲突,避免了中东地区动荡局势的进一步恶化;另一方面,埃及积极推动巴勒斯坦内部两派的和解,为恢复巴以和谈制造了难题。

关键词:

　　埃及剧变　安全环境　巴以问题

## 一　以色列构建国际和地区双层战略同盟保证国家安全

国家安全问题是以色列自建国以来始终面临的首要问题。除了增强自身

---

* 王建,中国社会科学院西亚非洲研究所副研究员、创新工程项目"中东热点问题与中国应对之策研究"执行研究员,主要从事中东国际关系以及中东和平进程研究。

军事和经济实力外，以色列把确保国家安全构建在国际和地区双层战略同盟上。

首先，在国际层面上，以色列积极寻求与大国构建战略同盟。以色列建国伊始，首任政府总理本－古里安指出，面对阿拉伯敌人，以色列难以永远独木支撑，必须与大国结盟。本－古里安的结盟目标首先选择的是英国，甚至提出加入英联邦的设想。由于英国顾及阿拉伯国家的反应，以种种托辞拒绝了本－古里安的建议。① 本－古里安后将结盟目标转向美国，表示要说服美国把以色列变成中东的"基地、工厂和粮仓"，把以色列打造成西方在中东的堡垒。但是，冷战初期的美国政府对以色列的提议反应冷淡。虽然杜鲁门总统和艾森豪威尔总统分属民主党和共和党，但其中东战略的重心基本一致。1952 年 5 月，美国国务卿杜勒斯在结束包括以色列在内的中东之行返回美国后表示，"我们的基本政治问题……在于改善伊斯兰国家对西方民主国家的态度，因为自从这场战争（指以色列的独立战争）以来我们在那一地区的声望一直在下降"。② 美国的目的就是拉近与阿拉伯国家的关系，在阿拉伯国家建立抵御苏联南下扩张的同盟。因此，美国政府，特别是艾森豪威尔时期，拒绝了以色列购买军火和提供援助的请求。本－古里安不得已向法国购买武器，并与英、法一起发动了苏伊士运河战争。

苏伊士运河战争后，由于中东政治格局的变化，纳赛尔倡导的阿拉伯民族主义广泛传播，阿拉伯世界反美情绪高涨，加之伊拉克革命等，美国在阿拉伯国家建立抵御苏联南下扩张同盟的政策宣告失败。美国逐步调整了对以色列的政策。1962 年，美国总统肯尼迪与来访的以色列外交部部长果尔达·梅厄在佛罗里达的会谈奠定了建立美以特殊关系的基础。以色列同美国结成具有特殊关系的战略盟友，是确保其国家安全的重要国际保证。

其次，在地区层面上，以色列根据地区形势的变化，在不同时期，针对国家面临的主要威胁，与不同国家建立战略同盟。苏伊士运河战争后，面对阿拉

---

① 〔以色列〕米迦勒·巴尔－祖海尔：《现代以色列之父本－古里安传》，刘瑞祥等译，中国社会科学出版社，1994，第 227 页。

② 〔以色列〕米迦勒·巴尔－祖海尔：《现代以色列之父本－古里安传》，刘瑞祥等译，中国社会科学出版社，1994，第 231 页。

伯国家的威胁，本－古里安提出"外围联盟"战略，即与对苏联共产主义和纳赛尔阿拉伯民族主义充满恐惧的非阿拉伯国家伊朗、土耳其和埃塞俄比亚建立国家联盟。本－古里安的"外围联盟"战略建议不仅得到伊、土耳其和埃塞俄比亚的积极响应，而且得到美国的支持。以色列与伊朗、土耳其、埃塞俄比亚构建的地区战略联盟成为以色列确保国家安全的重要战略支柱。以色列同伊朗的关系发展得更为紧密，双方为对付共同的敌人——埃及的纳赛尔——进行了密切的军事和情报合作。而后，以色列与约旦国王侯赛因和摩洛哥国王哈桑，以及黎巴嫩的基督教社团也建立了秘密的联系。

20 世纪 70 年代末，中东地区政治格局发生了重大变化，以色列的地区盟友和主要威胁发生逆转，其面临的首要安全威胁逐渐从阿拉伯世界的民族仇视转为什叶派的伊朗伊斯兰共和国。伊朗伊斯兰革命使伊朗这个昔日的盟友成为国家安全的最大威胁；但几乎与此同时，1979 年 3 月 24 日，埃及和以色列签署了《阿拉伯埃及共和国和以色列国的和平条约》，不仅实现了埃及与以色列的和平，而且使拥有阿拉伯世界最强大军事力量的埃及从以色列的最大威胁变为确保以色列南部安全的支柱。伊朗当初与以色列结盟是为了对付纳赛尔倡导的阿拉伯民族主义和苏联的共产主义；埃及与以色列缔结和平条约，虽然萨达特最初的目的是将解决阿以冲突引领到政治解决的道路，但穆巴拉克坚持与以色列保持 30 年的安全合作，则更多的是建立在担忧伊朗势力扩张和极端伊斯兰势力蔓延的基础上。

从表面上看，以色列和埃及的关系在签署和平条约后并不是非常紧密，尤其是在穆巴拉克统治埃及的 30 年间，面对阿拉伯世界和国内民众的压力，双边关系实际上处于一种"冷和平"状态。但是，埃及和以色列两国从国家安全出发，都将和平条约看成是重要的战略资产而谨慎维护，尤其是两国军方和情报部门在安全领域展开了紧密合作，特别是在打击西奈半岛和加沙的伊斯兰极端分子方面，双方的合作卓有成效。2007 年哈马斯控制加沙后，不仅以色列视哈马斯为安全威胁，穆巴拉克政府也将哈马斯看成是伊朗的代理人、敌对的危险组织。[①] 于

---

① Ephraim Kam, "The Future of the Peace between Israel and Egypt", http：//cdn. www. inss. org. il. reblazecdn. net/upload/（FILE）1359899233. pdf.

是，双方采取一致行动封锁加沙。

与埃及签署和平条约，实现和平，对以色列来说不仅是结束了与埃及的战争，而且是改变了以色列的战略形势，打破了阿拉伯世界的包围，摆脱了孤立境地。尽管与埃及处于"冷和平"状态，但埃及仍是以色列在中东的重要盟友。和平条约给予了以色列南部安全，使以色列在南部边界享受了30余年的和平。之所以说以色列是享受和平，不仅仅是埃及和以色列自签署和平协议以来没有爆发战争，更重要的是以色列不必耗费大量资源去防卫埃以边界，可以集中其军队于北部边境和定居点，以对付黎巴嫩真主党和巴勒斯坦的激进势力。更重要的是，从1985年开始，与埃及的和平使以色列能够削减国防预算，从而有利于其经济发展。①

## 二　埃及剧变引发以色列对安全环境的深切担忧

正因为埃及穆巴拉克政府几十年来一直恪守和平条约，保证了以色列南部边境地区的安全，因此，埃及爆发的大规模示威对以色列而言，与突尼斯、利比亚、也门等国发生的抗议活动具有完全不同的意义，它与以色列的安全环境紧密相连。因此，整个以色列都怀着一种忐忑的心情注视着埃及局势的发展。穆巴拉克的命运如何？埃及将向何处去？以色列与埃及的和平能否延续？这些是以色列人最为关心的问题，无论其属于哪个党派。为避免引火上身，以色列政府对埃及局势的变化保持低调，总理内塔尼亚胡甚至下令政府官员对埃及局势不可妄加评论。以色列对埃及局势变化的担心主要在两个方面。一是担心30多年来南部边境地区的和平局面能否维持下去。穆巴拉克政权的倒台极有可能导致埃及伊斯兰势力的壮大，一旦遭到穆巴拉克多年严厉打压的埃及穆斯林兄弟会掌握政权，和平条约的命运难料，以色列面临丧失安全保障的境地。二是担心以色列在中东地区重新陷入孤立状态。于是在紧张忐忑的心情中，2011年2月2日内塔尼亚胡在议会的演讲中，只能

①　http：//www. haaretz. com/news/diplomacy - defense/without - egypt - israel - will - be - left - with - no - friends - in - mideast - 1. 3399269.

寄望主张进行谨慎改革和民主的力量能够引领未来的埃及，期待这种积极的变革将会支持更广泛的阿拉伯—以色列和平。① 同时，为埃及出现最坏局面做好准备。②

穆巴拉克于 2011 年 2 月 11 日辞职，武装部队最高委员会接管权力。在埃及政治过渡期间，穆斯林兄弟会显示了极强的政治能量和影响力，赢得了议会选举和总统选举。埃及人民议会经过 2011 年 11 月 28 日至 2012 年 1 月 3 日的三轮投票，选举结果于 2012 年 1 月 21 日揭晓，穆斯林兄弟会所属的自由与正义党赢得 503 个议席中的 235 席，占议会席位的 46.7%，成为人民议会第一大党。另一个伊斯兰政党萨拉菲派政党光明党获得 125 席，占议会席位的 24.9%，位列第二。③ 2012 年 5 月 23 日和 24 日埃及举行了穆巴拉克下台后的首次总统选举，自由与正义党主席穆尔西在第一轮投票中赢得 24.4% 的选票，在 12 名候选人中位居第一。在 6 月 16 日和 17 日举行的第二轮投票中，穆尔西赢得 51.7% 的选票，击败前总理沙菲克，当选总统。④

埃及爆发示威游行伊始，矛头指向集中于穆巴拉克的独裁统治、政治腐败及经济不景气。随着穆巴拉克辞职，穆斯林兄弟会走上政坛前台，伊斯兰政党主导政府和议会，埃及局势似乎向着对以色列最不利的方向发展，特别是穆斯林兄弟会领导人对埃以关系和和平条约发表的一系列负面评论，令以色列感到危机降临。穆斯林兄弟会领导人巴迪亚在多个场合称以色列和美国是埃及的最大敌人，和平条约是投降条约，要求结束埃及和以色列关系的正常化，废止埃及和以色列签署的所有经济协议，永久开放拉法口岸。2012 年 3 月，埃及议会阿拉伯事务委员会发表声明，否认以色列存在的权利，声称埃及永远不会是"犹太复国主义实体"的朋友、伙伴或盟友，"犹太复国主义实体"是埃及以及广大阿拉伯世界的敌人。议会呼吁政府重新审视与敌人的关系和协议，及其对埃及安全的威胁；断绝与以色列的外交关系，完全站在武装反

---

① http：//www.mfa.gov.il/MFA/Government/Speeches + by + Israeli + leaders/2011/PM_ Netanyahu_ addresses_ Knesset_ situation_ Egypt_ 2 – Feb – 2011. htm.

② http：//www.haaretz.com/news/diplomacy – defense/netanyahu – israel – must – prepare – for – the – worst – in – egypt – 1.343814.

③ http：//www.people.com.cn/h/2012/0122/c25408 – 153880454. html.

④ http：//cpc.people.com.cn/n/2012/0625/c83083 – 18371582. html.

抗以色列的人民一边，视反抗为解放被占领土的战略，重新采取完全封锁以色列的政策。①

与穆斯林兄弟会的舆论相呼应的，是部分埃及民众的反以色列情绪的爆发。虽然在签署和平条约后埃及和以色列保持了30余年的和平，但并非所有埃及民众都接受了以色列的存在，特别是那些深受伊斯兰主义和纳赛尔主义影响的民众始终对埃以和约持否定态度。埃及社会对埃以和约及埃以关系的态度存在对立，尽管不同民调机构的民调结果不尽相同，但相当比例的埃及人反对埃以和约是不争的事实。2011年4月7日，《华尔街日报》发布的由国际和平研究所做的民调显示60%的埃及人希望保持同以色列的和平条约。② 2011年3月24日至4月7日，皮尤研究中心就埃以和平条约做的民意调查显示，在埃及各地的1000名受访者中，36%的人同意保持埃以合约，54%的人希望看到埃以合约被废止。受访者因收入和受教育程度不同而对埃以和约的态度明显不同。低收入者中60%的人认为应废除埃以和约，较高收入者中只有45%的人认为埃以和约应予以废止。受过高等教育的人中只有40%的人认为应废止埃以和约。③

反对埃以和平条约的人的反以色列情绪在国家政局剧烈变革时期得到释放。2011年8月18日，以色列国防军直升机追击武装人员至以埃边境拉法地区后发射火箭弹，致5名埃及士兵死亡。④ 埃及方面要求以色列道歉，但以色列拒绝正式道歉，只是表示对打死埃及士兵事件进行调查。⑤ 埃及内阁20日晚发表声明称，以色列对边境袭击事件负有"政治和法律责任"，埃及将采取一切措施保护边境，"回应以色列在埃及边境的任何军事行动"。声明称，埃及决定召回驻以色列大使，直到以色列当局知会埃及事件调查结果。⑥ 这一事

① Ephraim Kam, "The Future of the Peace between Israel and Egypt", http：//cdn. www. inss. org. il. reblazecdn. net/upload/ (FILE) 1359899233. pdf.

② http：//www. haaretz. com/news/diplomacy – defense/poll – majority – of – egyptians – support – maintaining – israel – peace – 1. 354642.

③ http：//www. haaretz. com/news/diplomacy – defense/poll – more – than – half – of – egyptians – want – to – cancel – peace – treaty – with – israel – 1. 358107.

④ http：//news. xinhuanet. com/world/2011 – 09/10/c_ 122017994. htm.

⑤ http：//news. sina. com. cn/w/2011 – 09 – 10/162023137758. shtml.

⑥ http：//news. xinhuanet. com/world/2011 – 08/21/c_ 121889240. htm.

件点燃了埃及民众的反以怒火，8月21日，数百名埃及人来到以色列使馆示威，示威者将以色列国旗扯下，换上埃及国旗。9月9日，埃及首都开罗等一些主要城市再次爆发大规模示威活动，示威者要求政府加快改革步伐，要求军方确立移交权力的时间表。至9日午后已有数万名示威者聚集在开罗市中心的解放广场。到了9日晚间，愤怒的示威者将怒火转向了以色列，数千名示威者开始冲击以色列驻埃及大使馆。示威者用大锤、金属棒等砸毁并推倒大使馆大楼前新修的防护水泥墙，摘下了大楼顶部的以色列国旗。一些抗议者进入楼内，从窗户向外扔出大量档案文件资料。随后埃及警方与示威者发生冲突，至10日晨共造成3人死亡1049人受伤。以色列总理内塔尼亚胡9日晚与美国总统奥巴马通话，通报以色列驻埃及使馆遭冲击一事；以色列国防部部长巴拉克也呼吁美国向埃及政府施压，确保以色列驻埃及使馆及人员安全。10日，以色列动用军用直升机紧急撤回驻埃及大使和部分外交官，仅留少数人员维持使馆运转。这是埃以两国自1979年签署和平条约以来最为严重的外交危机，打破了埃以维持了30多年的相对稳定的和平局面，使以色列的安全局势陷入自1973年第四次阿以战争以来最严峻的局面，犹如1948年独立战争时期的孤立状态。以色列人的安全忧虑似乎正在变成现实。

近年来，以色列的国际环境愈加不利。由于以色列在恢复巴以和谈、封锁加沙等问题上坚持强硬立场，招致国际社会的批评。在周边，阿拉伯国家剧变引发的政局动荡和伊斯兰主义势力的崛起，特别是埃及剧变，动摇了以色列多年来的安全基石，其为保证国家安全而构筑的地区盟友战略面临全面瓦解的危险。以色列在中东陷入几乎没有朋友的境地，尽管约旦允诺保证以色列的东部安全，但对全局的影响有限。

首先，以色列与其长期战略盟友土耳其因巴勒斯坦问题决裂。长期以来，土耳其是以色列在中东地区的战略盟友。2010年5月31日，以色列海军在公海袭击了一支驶往加沙地带的国际人道主义救援船队，造成"蓝色马尔马拉"号船上8名土耳其公民和一名美籍土耳其人死亡，另有数十人受伤。事件发生后，以色列遭到国际社会强烈谴责，土耳其政府决定将该国与以色列的关系降至二秘规格，并中止与以色列的一切军事协议。与土耳其关系的破裂意味着以色列多年来经营的维护国家安全的地区盟友战略失去了一个重要支柱，随时有

倾覆的可能。①

其次，被以色列视为最大安全威胁的伊朗核问题不仅久拖未决，而且在伊朗核能力逐年提高的情况下，美国政府继续首选政治解决伊朗核问题的策略。

再次，由于以色列在巴以和谈问题上坚持强硬立场，特别是继续进行定居点建设，招致国际社会的强烈反对；而巴勒斯坦加入联合国的申请得到绝大多数联合国会员国的支持，尽管由于美国的反对，巴勒斯坦未能成为联合国会员国，但两相对比，已尽显以色列在国际社会的孤立。

最后，黎巴嫩真主党在黎以边境地带的袭击活动和哈马斯及其他巴勒斯坦激进组织在加沙地带对以色列的导弹和火箭弹袭击，严重威胁了以色列民众的安全，并导致以色列在 2006 年发动针对真主党的入侵黎巴嫩军事行动、2008年发动打击哈马斯的"铸铅行动"。

更令以色列的安全局势雪上加霜的是，埃及局势尚未明晰的同时，叙利亚危机愈演愈烈，无论是大量的宗教极端分子和恐怖分子打着反巴沙尔政权的旗号进入叙利亚，还是鼎力支持巴沙尔政权的伊朗通过黎巴嫩真主党武装卷入叙利亚内战，都对以色列的安全构成了严重威胁。

## 三 埃及穆尔西政府的务实政策使埃以和平得以继续维持

埃及和以色列关系的稳定关系中东地区的稳定大局，就在国际社会对埃及国内伊斯兰势力壮大、埃及和以色列爆发外交危机而担忧之时，埃及军方领导的过渡政府及随后产生的穆尔西政府，采取了一系列务实政策，稳定了埃及和以色列的关系，主要表如下。一是承诺遵守和平条约。穆尔西在 2012 年 6 月 24 日晚发表的当选后首次电视讲话中，承诺将遵守所有国际条约。② 2013 年 2 月 7 日，埃及国防部部长塞西在与美国国防部部长帕内塔的电话交谈中进一步明确，埃及

---

① 美国总统奥巴马在 2013 年 3 月出访中东期间，对以色列和土耳其关系进行了积极的调解和斡旋。以色列总理内塔尼亚胡在 3 月 23 日正式向土耳其总理埃尔多安道歉，埃尔多安接受道歉，两国关系得以修复。这是以色列摆脱安全困境的重要举措。

② http://news.xinhuanet.com/2012－06/25/c_123323749.htm.

及其武装力量将始终忠于 1979 年与以色列签署的和平条约，并表示将不会把西奈半岛作为基地，威胁以色列。① 二是继续执行穆巴拉克时期对加沙哈马斯的封锁政策，积极斡旋以色列和哈马斯在加沙的武装冲突，推动双方达成停火协议。

影响埃及政府采取务实政策的因素有以下几个。

第一，美国的态度。埃及经济因国内危机而恶化，此时的埃及比以往需要更多的援助。自签署和平条约以来，美国每年向埃及提供 13 亿美元的军事援助和 2 亿美元的经济援助。在穆斯林兄弟会成为埃及的主导政治力量后，美国国内出现了要求削减或停止对埃及援助的呼声。埃及政府明白埃以和平条约与美国密不可分，美国对和平条约承担着保证责任，任何破坏埃以和平条约的行动都将导致与美国的对抗，这对亟须恢复国内经济、在政治上站稳脚跟的埃及新政府是极为不利的。穆尔西政府的务实政策换来的是美国继续提供援助。2012 年 7 月，美国政府明确表态，将继续向埃及提供承诺的援助，以保证埃及在走向民主道路上的安全。

第二，同以色列共同维护和平条约符合埃及的安全利益。穆巴拉克下台后，埃及国内局势始终未能稳定下来，尤其是西奈半岛出现了管控真空，伊斯兰极端势力和恐怖主义分子的活动非常活跃，对埃及和以色列都是严重的安全威胁，埃及方面非常清楚埃以双方的合作是对付西奈半岛伊斯兰极端势力和恐怖分子的最好办法。

第三，同以色列共同维护和平条约可以让埃及在解决巴以问题上发挥作用，恢复埃及在阿拉伯世界的影响。长期以来，埃及一直充当巴勒斯坦庇护者的角色。2012 年 11 月 14 日，以色列发动入侵加沙的"防卫之柱"行动报复哈马斯的火箭弹袭击。埃及穆尔西政府积极斡旋，力促双方停火。美国国务卿希拉里急赴埃及，敦请埃及居中协调。11 月 21 日，埃及外长阿姆鲁在开罗宣布，加沙冲突双方达成停火协议。此次加沙冲突仅仅 8 天就实现了停火，埃及的调停斡旋发挥了巨大作用，穆尔西政府因此赢得了国际社会，特别是美国的高度赞扬。内塔尼亚胡也对埃及政府表示感谢。如果未来能推动以色列和巴勒斯坦达成协议，无疑会使埃及重新赢得阿拉伯世界的领袖地位。

---

① http://news.hexun.com/2013-02-07/151048894.html.

第四，埃及军队在保持与以色列合作上是一支重要的力量。长期以来，埃以两国军方和情报部门保持着安全合作，严厉封锁拉法口岸，严厉打击西奈半岛的恐怖分子和极端势力，对维护埃以双方的安全起了重要作用。哈马斯最初是埃及穆斯林兄弟会的分支，但穆巴拉克政府支持法塔赫，与以色列一同封锁哈马斯。埃及新政府上台后，哈马斯寄望能够放松封锁。然而，令哈马斯失望的是，穆尔西政府不仅没有放松封锁，反而比穆巴拉克时代更严厉了。2012年10月25日，以色列副总理沙洛姆对媒体说，以色列和埃及在安全领域的合作非常好，埃及现政府正以强硬手段对付哈马斯，一个接一个地摧毁连接加沙和埃及的地道。① 埃及自由与正义党的一位领导人也曾表示，基于共同的伊斯兰背景和相似的意识形态，自由与正义党与哈马斯的关系会更近一些；但在国际政治层面，首先要考虑国家利益，基于埃及的国家安全来决定对外政策。穆尔西政府对哈马斯的严厉政策，从"基地"组织的反应中也得到了印证。"基地"组织领导人扎瓦赫里曾呼吁埃及民众抗议穆尔西政府对加沙的封锁。②

2012年9月2日，埃及和以色列官员均证实，埃及已任命新的驻以色列大使。此举显示，穆尔西政府重视与以色列的关系，希望恢复与以色列的正常关系。以色列对埃及的务实政策给予了积极的回应，不仅赞赏以色列对哈马斯的封锁，而且在埃及军队清剿西奈半岛的武装分子时给予了配合。

依照1979年签署的埃以和平条约，以色列从1967年第三次阿以战争中占领的西奈半岛撤军，对埃及驻军提出了严格限制，不允许埃及向西奈半岛特定区域派遣坦克，包括北西奈省省会阿里什，该地区基本保持非军事化状态。2011年2月穆巴拉克辞职后，西奈半岛处于管控真空状态。武装分子的袭击事件频仍，袭击对象既有以色列人也有埃及士兵；从埃及到以色列和约旦的输气管也屡遭破坏。8月，以色列国防部部长巴拉克表示同意埃及在西奈半岛部署数千人的部队以加强安全，也可以在西奈部署直升机和装甲车，但是，除了已经驻扎在西奈的一个坦克营，不能增加坦克部队。③

2012年8月5日，西奈半岛武装人员袭击了拉法地区一个边境检查站，

① http：//www.jpost.com/MiddleEast/Article.aspx? id＝289223&rz＝n_25oct12.

② http：//www.jpost.com/MiddleEast/Article.aspx? id＝289450.

③ http：//www.chinanews.com/gj/2011/08－26/3287658.shtml.

打死 16 名埃及士兵。埃及军方随后展开"雄鹰行动",清剿武装分子。数十辆装甲车、坦克等重装备随增援部队于 9 日抵达阿里什,加入清剿行动。以色列高级官员 2012 年 8 月 9 日证实,自以色列与埃及 1979 年签署和平条约以来,以色列首次同意埃及动用武装直升机在西奈半岛打击反政府武装人员。其实,关于埃及向西奈半岛增兵,以色列并非首次"破例"同意。近年来,以色列对埃及相关行动多持"默许"态度,并同意埃及在西奈半岛部署更多安全部队,以遏制巴勒斯坦武装人员走私武器。

当然,以色列对埃及向西奈半岛增兵还是有承受底线的。以色列《国土报》2012 年 8 月 16 日报道,8 月 5 日的袭击过后,埃及向西奈半岛派遣部队的人数已超出埃以两国先前的约定。8 月 21 日,以色列安全部门官员证实,鉴于埃及军方向西奈半岛增派的坦克部队超出了以色列所能接受的底线,以色列认为埃及违反了埃以和平协议,已经直接向埃方提出抗议,要求埃及从西奈半岛撤出坦克,并且通过美国方面代为传递的方式提醒埃及撤出驻扎在西奈半岛的坦克。① 美国国务院发言人维多利亚·纽兰表示,"埃及着力打击西奈恐怖行为和安全威胁,我们支持这些努力。我们不仅鼓励埃方加强安全,也鼓励埃方加强邻国间安全和地区安全"。②

就以色列提出的抗议,埃及方面没有针锋相对地予以拒绝,而是以积极的姿态予以回应。埃及《金字塔报》2012 年 8 月 30 日报道,埃及军方已于当日命令西奈半岛的坦克部队撤至距拉法口岸约 50 公里的地带。虽然埃及给出的解释是军方逮捕了 23 名武装分子,另击毙 11 人,在后续的清剿行动中坦克"不再被需要了";③ 但显然,埃及军官方和政府顾及了以色列的反应,表明埃及新政府维持与以色列关系的政策取向。

## 四　埃及剧变对巴以问题的影响

在阿拉伯世界传统大国伊拉克、叙利亚的实力削弱之际,埃及新政府希望

---

① http：//news. xinhuanet. com/world/2012 – 08/23/c_ 123622814. htm.
② http：//news. sohu. com/20120823/n351376098. shtml.
③ http：//news. sohu. com/20120831/n352034163. shtml.

借巴勒斯坦问题重振埃及在阿拉伯世界的强者地位。埃及剧变后的过渡政府及选举产生的穆尔西政府在对待巴勒斯坦问题上，既继承了穆巴拉克政府对加沙实施封锁的政策，以稳定同以色列的关系，又适时调整了对巴勒斯坦内部法塔赫和哈马斯派别斗争的态度，倾向于增加对哈马斯的支持，而不像穆巴拉克时代将哈马斯看成埃及的威胁和伊朗的代理人。埃及政策的调整对巴以问题产生了两个走向完全不同的影响。

一方面，埃及积极斡旋以色列和哈马斯在加沙的冲突，避免了中东地区局势的进一步恶化。

随着卷入剧变的阿拉伯国家的不断增多，特别是叙利亚巴沙尔政权深陷危机，哈马斯开始调整斗争策略，实施"回归阿拉伯世界"的战略调整。哈马斯的战略考虑主要有三：一是穆斯林兄弟会在中东剧变中崛起，将成为其巨大的支持力量；二是卡塔尔等阿拉伯国家利用穆斯林兄弟会的崛起同伊朗展开了争取哈马斯的激烈竞争，2012 年 10 月 23 日，卡塔尔埃米尔正式访问加沙，提升了哈马斯在巴勒斯坦内部的地位和影响力；三是叙利亚的巴沙尔政权岌岌可危，叙利亚已不再是哈马斯领导机构可靠的庇护所。哈马斯欲回归阿拉伯世界，就有必要显示自己是阿拉伯抵抗力量的代表，增加其在巴勒斯坦内部竞争中的分量。于是，哈马斯加强了对以色列的火箭袭击。

2008 年年底至 2009 年年初，以色列曾对加沙实施"铸铅行动"，报复哈马斯及其他巴勒斯坦激进组织对以色列的火箭袭击。此后，哈马斯对以色列的火箭袭击急剧减少，2008 年"铸铅行动"前有 1159 枚火箭击中以色列，2010年只有 103 枚。但随后两年间，哈马斯火箭弹储量翻番，又达数千枚，火箭袭击事件出现反弹，2012 年"防卫之柱"行动前共有 787 枚火箭袭击以色列。① 更令以色列不安的是，在伊朗的援助下，哈马斯的火箭实现了升级，射程大幅提高，其中产自伊朗的黎明 - 5 火箭射程达 75 公里，能够覆盖包括特拉维夫在内的以色列中部地区和多个沿海城市。

以色列于 2012 年 11 月 14 日发动"防卫之柱"军事行动，大规模空袭加沙

---

① http：//mfa. gov. il/MFA/ForeignPolicy/Terrorism/Pages/Israel ＿ under ＿ fire - November ＿ 2012. aspx.

目标。在历时 8 天的"防卫之柱"军事行动中，以色列空军打击了加沙境内的约 1500 个目标，造成了包括"哈马斯"下属武装派别"卡桑旅"领导人贾巴里在内的 130 名巴勒斯坦人丧生，1100 多人受伤。与此同时，约有 1500 枚火箭弹从加沙地区射向以色列境内，其中 420 枚被以军"铁穹"导弹拦截系统拦截，火箭弹袭击导致以方 5 人丧生，其中包括 1 名以军士兵，另有多人受伤。[①]

以色列之所以对加沙发动大规模军事行动，其目的不单纯是报复哈马斯的火箭袭击，更主要的是向埃及和其他阿拉伯国家宣示，无论中东发生何种变化，以色列保卫国家安全的决心不会变。

埃及新政府虽然增加了对哈马斯支持的倾向，但哈马斯和以色列爆发冲突也是其不能接受的。尽快平息加沙战火不仅能够避免埃及和以色列之间产生摩擦，也能够凸显埃及在解决巴以问题上的巨大作用，从而确立埃及在剧变后的中东的地位。在埃及的积极斡旋下，以色列和哈马斯于 11 月 21 日达成停火协议，以色列停止对加沙地带发动海陆空袭击，包括停止对个人目标实施打击；哈马斯方面停止针对以色列的敌对行动，包括停止发射火箭弹等。同时，以色列放松对加沙的封锁。

另一方面，埃及积极推动巴勒斯坦内部两派的和解，为恢复巴以和谈制造了难题。

在剧变之风席卷阿拉伯国家的时候，约旦河西岸和加沙地带的巴勒斯坦青年也走上街头，他们在批评巴勒斯坦权力机构的官僚主义和腐败的同时，也对阿巴斯坚持的通过谈判解决巴以问题以及哈马斯坚持的不妥协的对以武装斗争提出质疑，因为两者的政策迄今未能解决巴勒斯坦建国问题。巴勒斯坦民众呼吁法塔赫和哈马斯摒弃前嫌，携手寻找新的建国之路。

埃及顺应巴勒斯坦民众的要求，希望巴勒斯坦内部的法塔赫和哈马斯能够尽早实现联合。2011 年 5 月 14 日，在埃及的斡旋下，法塔赫和哈马斯在埃及首都开罗商谈组建联合政府事宜。哈马斯高级官员萨拉赫·巴达维尔在一份声明中说，一个由埃及和卡塔尔等国组成的"阿拉伯委员会"已经成立，负责跟踪和监督和解协议的执行情况。2012 年 2 月 6 日，阿巴斯同哈马斯政治局

---

① http：//news. xinhuanet. com/2012 - 11/22/c_ 123983726. htm.

中东黄皮书

领导人迈沙阿勒在多哈签署协议。协议主要内容包括：组建由阿巴斯领导、具有独立职能的联合过渡政府，负责筹备大选和启动加沙地带重建。2012年2月6日，巴勒斯坦民族权力机构主席马哈茂德·阿巴斯和巴勒斯坦伊斯兰抵抗运动（哈马斯）领导人哈立德·迈沙阿勒在多哈达成协议，由阿巴斯出任联合政府总理，筹备民族权力机构主席选举和立法委员会选举。卡塔尔埃米尔兼国防大臣谢赫哈马德·本·哈利法·阿勒萨尼见证双方签署协议。2012年5月20日，法塔赫和哈马斯在埃及就组建联合政府达成了协议。

埃及推进法塔赫和哈马斯联合为巴以恢复和谈制造了一个难题。美国、欧洲国家和以色列认定哈马斯是恐怖组织，拒绝其为解决巴勒斯坦最终地位问题的谈判对手。以色列总理内塔尼亚胡明确表示，反对法塔赫与哈马斯筹建联合过渡政府，要求巴民族权力机构主席、法塔赫领导人阿巴斯在与以色列实现和平和与哈马斯达成协议之间做出选择。同时，包括巴勒斯坦在内的各方对法塔赫和哈马斯的和解协议能否顺利执行持谨慎态度。

## 五　结语

通过对埃及剧变两年多来埃及和以色列关系的分析可以看出，埃及剧变的确给以色列带来了极大的安全威胁，但迄今埃及方面未给以色列的安全带来实质性的影响。以色列总理内塔尼亚胡多次强调，以色列面临的首要威胁是伊朗。埃及新政府的务实政策和以色列的低调谨慎，使埃以和平得以继续维持，这不仅对以色列的安全，而且对避免整个中东地区陷入更严重的冲突与混乱，都具有重要的积极意义。当然，目前的状态不是最终的结局，以色列的安全警报尚未解除。在埃及政局动荡之初，内塔尼亚胡就已断定，在埃及对立的政治派别中，一派力量获得胜利或许要很长时间，以色列要有很多年处于不稳定中。他认为，近些年中东的许多事例显示，极端的伊斯兰主义者利用民主游戏获得政权后带来的是反民主的政权。因此，以色列必须保持警惕。[①] 以色列之

---

① http：//www.mfa.gov.il/MFA/Government/Speeches + by + Israeli + leaders/2011/PM_ Netanyahu _ addresses_ Knesset_ situation_ Egypt_ 2 – Feb – 2011. htm.

所以为埃及增兵西奈半岛设置条件，就是对未来局势发展的不确定，担心埃及可能要求以色列答应埃及军方保留现有的在西奈半岛的驻兵人数，这将为以色列制造难题。2013 年 7 月 3 日，当埃及军方罢免穆尔西总统后，以色列如释重负般表示欢迎，并要求美国继续向埃及提供援助，这反映了以色列人的心态——即便它把自己说成是中东的"民主孤岛"，也更愿意同一个能给其带来安全的军人政权为邻，而不愿意埃及出现混乱的民主政治，或是穆斯林兄弟会的专权。

# Impact of the Egyptian Upheaval on Israeli Security and Peace Talk

*Wang Jian*

Abstract：The upheaval in Egypt has brought a serious security threat to Israel, but has not so far produced substantial effects to Israel's security. It maintained peace between Egypt and Israel that Morsi administration's pragmatic policy to the peace treaty and Israel's low-key and cautious to Egypt situation. That has an important positive significance not only to Israel's security, but also to Middle East's stability. In the wake of Arabia traditional powers declining, such as Iraq and Syria, Morsi hoped to rebuild Egypt's strong position in the Middle East by taking advantage of the Palestinian question. In order to maintain the peace relation with Israel, Morsi administration continued the policy of blockade to Gaza that former president Mubarak had made, at the same time, Morsi adjusted the policy to Palestinian. Morsi's new policy to Palestinian produced two contradictory results. On one hand, Morsi administration brokered ceasefire in Gaza, and avoided further deterioration of the situation in the Mideast. On the other hand, Egypt positively impelled the reconciliation between Fatah and Hamas to form a unit government, which would make a great problem to peace talks.

Key Words：Egypt Upheaval；Israel Security；Palestine-Israel Peace Talk

# Ｙ.14
# 高油价和高粮价划分中东经济
# 两个世界：2012年中东经济分析

姜明新*

摘　要：

2012年主要有五大因素深刻影响着世界经济，受其影响，加上"阿拉伯之春"及叙利亚内战升级的溢出效应，2012年中东经济也表现出其鲜明的特征。其一，由于国际油价高企，中东国家根据能源生产及其出口能力，大体划分为两种速度、两个世界：在高油价推动大多数石油出口国经济增长、恶化石油进口国财政状况的同时，高粮价则进一步加剧了石油进口国的经济失衡。其二，"阿拉伯之春"的延后效应以及叙利亚内战直接和间接对中东大多数国家经济发展及其政策走向形成了强烈的冲击：一方面大面积的补贴和涨薪要求加重了各国政府的财政负担，直接制约着中东国家的经济成长；另一方面，中东大多数国家民众社会心理的同质化和伊斯兰政治力量的崛起加重了中东各国对社会动荡的预期，推动着各派政治势力尤其是政府的经济政策向民粹化方向发展。

关键词：

中东经济　油价　粮价

回顾2012年，主要有五大因素深刻影响着世界经济：美国经济低迷与经济政策的不确定性、欧元区日益加深的债务危机、中国等新兴经济体增长放缓、石油价格高企和全球粮价上涨。

---

\* 姜明新，中国社会科学院西亚非洲研究所副研究员。

前三大因素勾画出 2012 年全球主要经济体的负面状况：其一，三轮量宽①之后的美国经济以联邦政府债务危机开局，以"财政悬崖"破局收官，政治经济走势的不确定性引得全球经济持续震荡；其二，欧元区 PIGS（葡萄牙、意大利、希腊、西班牙）危机深化，外围国家政治、经济与社会动荡持续发酵，逐步发展成欧洲政治、金融和社会同步震荡的危局，使得欧元区退出机制及欧元区崩溃危机引人遐想；其三，受外部环境拖累，新兴经济体增长放缓，② 中国经济引人注目地不再"保八"，③ 而转向经济结构与增长方式的调整。

然而，尽管近几年全球经济表现相当负面，国际石油价格却一路走强。自2009 年探底之后，国际油价步入上行线，2012 年布伦特油价全年平均达111.67 美元/桶，比 2011 年全年平均价每桶上涨 0.40 美元，④ 连续两年在每桶 100 美元以上高位运行。而 2012 年引发全球恐慌的另一类大宗商品——粮食价格走势则是先弱后强，下半年市场对澳大利亚、北美、俄罗斯恶劣气候的炒作让玉米、大豆带领小麦、大米价格大幅上涨。

受以上全球经济大势的影响，加上"阿拉伯之春"及叙利亚内战升级的溢出效应，2012 年中东经济也表现出其鲜明的特征。其一，与全球经济双速发展相似，中东经济也表现出明显的二元特征。所不同的是，全球经济以受金融危机冲击的程度不同，形成发达国家增长乏力与新兴市场和发展中国家增长相对强劲的对比，而中东经济则由于国际油价高企，中东国家根据能源生产及其出口能力，大体划分为两种速度、两个世界：在高油价推动大多数石油出口国经济增长、恶化石油进口国财政状况的同时，高粮价则进一步加剧了石油进口国的经济失衡。其二，"阿拉伯之春"的延后效应以及叙利亚内战直接和间接地对中东大多数国家的经济发展及其政策走向形成强烈的冲击：一方面大面积的补贴和涨薪要求加重了各国政府的财政负担，直接制约着中东国家的经济成

---

① 有人将第三轮量宽分为 QE3 和 QE4。

② IMF, *World Economic Outlook*, April 2013, p. xv.

③ 《两会观察：中国经济告别保八时代》，搜狐网，2012 年 3 月 7 日，http://news.sohu.com/s2012/3473/s336833684/。

④ *BP Statistical Review of World Energy*, June 2013, p. 3.

长；另一方面，中东大多数国家民众社会心理的同质化和伊斯兰政治力量的崛起加重了中东各国对社会动荡的预期，推动着各派政治势力尤其是政府的经济政策向民粹化方向发展。然而，民粹政策的不可持续性在阻碍经济发展的同时，也会给相关国家国内政局带来更多的不确定性。

本文将从以下几个方面对 2012 年的中东经济发展状况展开论述。

## 一 高油价助推石油出口国经济逆势上扬

与全球经济减速相反，2012 年中东北非石油出口国经济增长强劲，增长率达 5.75%，[①] 虽然低于国际货币基金组织 2012 年 11 月 6.5% 的预期，但仍远高于全球经济 3.3% 的增长率，[②] 这甚至带动整个中东北非地区经济增长达到 4.75%。[③] 但具体分析，这一增长主要是由持续的高油价拉动的，主要表现为利比亚石油工业出人意料的高速恢复性增长和海合会国家的强劲增长，其直接结果是，2012 年石油出口国经常项目的总盈余接近其历史纪录的 4000 亿美元。[④]

2011～2012 年的高油价给中东北非石油出口国提供了一个机遇，让它们能够利用从高油价中获得的溢价红利在全球经济低迷时期加速推动其经济成长。因此，无论是沙特、科威特这些 OPEC 内部对油价政策持鸽派观点的国家，还是如伊拉克、利比亚、阿尔及利亚这些对油价持鹰派观点的国家，甚至包括遭受国际制裁的伊朗在内，大多全力加强本国的石油生产和出口，力图抓住这一天赐良机。而在 2012 年表现最突出的还是战后重建的利比亚与海湾合作委员会国家。

但是，应当看到，虽然 2012 年的高油价带动中东北非地区的石油 GDP 强劲增长了 4.25%，[⑤] 但中东主要产油国除伊拉克、利比亚和制裁中的伊朗的石油生产还有增长潜力外，其他石油出口国大多已接近其当前生产能力的极限，

---

① IMF, *World Economic Outlook*, April 2013, p. 60.

② IMF, *Regional Economic Outlook, Middle East and Central Asian*, November 2012, pp. 1, 15.

③ IMF, *World Economic Outlook*, April 2013, p. 60.

④ IMF, *Regional Economic Outlook, Middle East and Central Asian*, November 2012, p. 5.

⑤ IMF, *World Economic Outlook*, April 2013, p. 60.

如沙特 1153 万桶/日、科威特 313 万桶/日、阿联酋 338 万桶/日、卡塔尔 197 万桶/天均创下历史新高，[①] 阿尔及利亚的石油生产则一直在走下坡路。因此，虽然整个中东北非地区石油 GDP 的规模庞大，但其增长前景并不看好，加上预测 2013 年全球石油需求相对疲软，预计 2013 年中东北非地区的石油 GDP 会停滞不前，甚至可能出现负增长。[②] 但另一方面，由高油价带来的庞大财政盈余让石油出口国政府能够继续加大投入来支持其非石油 GDP 的增长，推动其经济多元化进程，同时，也让政府有能力继续推动其社会政策，将通货膨胀保持在较低水平，促进社会公平与包容性增长，从而从根本上维护社会稳定。而具体来看，中东北非石油出口国也因其生产、出口能力以及国内政治稳定情况而表现出比较明显的差异。

**1. 战后重建国家领涨石油出口国**

首先是后卡扎菲时代的利比亚经济复苏的速度令人吃惊。2011 年因为内战其实际 GDP 大幅收缩了 61.4%，卡扎菲倒台后，国内局势动荡依旧的利比亚 2012 年经济强劲反弹了 92.1%，基本恢复到了战前的水平，这得益于其油气工业的快速恢复和高油价带来的高收益：2012 年利比亚出口石油 138 万桶/天，[③] 石油出口收入达 516 亿美元，占当年出口总额 522 亿美元的 98.85%，实现经常项目盈余 293 亿美元，占 GDP 的 35.5%，预计 2013 ~ 2017 年间，这一比值仍将达到年均 22.8% 的水平。[④]（见表 1、表 2）

同样，伊拉克的出口收入几乎完全依赖石油。2012 年其石油基础设施的改善让产量飙升到 295.7 万桶，[⑤] 鉴于伊拉克政府打算开发更多的油田，并且中央政府与库尔德自治区政府的分歧可控，预计其产量还将继续上升。受益于

---

[①] *BP Statistical Review of World Energy*, June 2013, p. 8.

[②] IMF, *World Economic Outlook*, April 2013, p. 60; IMF, *Regional Economic Outlook, Middle East and Central Asian*, November 2012, p. 15.

[③] BP 统计其 2012 年石油产量为 151 万桶/天，增长了 215.1%，而 2011 年产量为 47.9 万桶，冲突期间平均只有 16.6 万桶/天，按 BP 统计实际增产 103 万桶/天。参见 *BP Statistical Review of World Energy June 2013*, p. 8; IMF, *Regional Economic Outlook, Middle East and Central Asian*, November 2012, p. 16。

[④] EIU, *Country Report：Libya*, April 2013, pp. 6, 8.

[⑤] *BP Statistical Review of World Energy*, June 2013 数据显示，伊拉克 2012 年石油产量达 311.5 万桶/日，增长 11.2%，日增 31.4 万桶。参见 *BP Statistical Review of World Energy*, June 2013, p. 8。

表1 2011~2012年中东国家主要经济发展指标

| | 实际GDP增长率(%) | | 通货膨胀率(%) | | 登记失业率(%) | | 汇率(本币:美元) | | 出口(百万美元) | | 进口(百万美元) | | 经常项目平衡(百万美元) | | 外债总额(百万美元) | |
|---|---|---|---|---|---|---|---|---|---|---|---|---|---|---|---|---|
| | 2011 | 2012 | 2011 | 2012 | 2011 | 2012 | 2011 | 2012 | 2011 | 2012 | 2011 | 2012 | 2011 | 2012 | 2011 | 2012 |
| **石油出口国** | | | | | | | | | | | | | | | | |
| 阿尔及利亚 | 2.4 | 2.4 | 4.5 | 8.9 | 10.0 | 10.2 | 72.94 | 77.45 | 72880 | 71810 | -44890 | -48270 | 19700 | 15500 | 6072 | 5942 |
| 巴林 | 1.9 | 3.4 | 0.2 | 2.6 | 14.1 | 15.5 | 0.376 | 0.376 | 19906 | 21397 | -12106 | -15165 | 3247 | 3057 | 15133 | 16875 |
| 伊朗 | 1.7 | -3.0 | 20.6 | 27.2 | | | 10616 | 12184 | 109966 | 66960 | -74408 | -66967 | 26364 | -8784 | 19113 | 15054 |
| 伊拉克 | 8.2 | 8.5 | 5.6 | 6.1 | | | 1170 | 1166 | 79681 | 93909 | -40633 | -56886 | 26224 | 26269 | 50793 | 50264 |
| 科威特 | 6.3 | 7.9 | 3.1 | 2.6 | | | 0.279 | 0.281 | 104278 | 113534 | -21955 | -24115 | 70761 | 77799 | 29866 | 28208 |
| 利比亚 | -61.4 | 92.1 | 16 | 6.1 | | | 1.26 | 1.26 | 15028 | 52161 | -11174 | -18102 | 790 | 29330 | 4882 | 5278 |
| 阿曼 | 0.3 | 5.0 | 4.1 | 2.9 | | | 0.385 | 0.385 | 47092 | 52037 | -21498 | -26494 | 10262 | 9186 | 9005 | 9893 |
| 卡塔尔 | 13.0 | 6.2 | 2.1 | 2.6 | 0.4 | 0.5 | 3.64 | 3.64 | 114299 | 133717 | -26926 | -30787 | 51978 | 62335 | 134001 | 141780 |
| 沙特阿拉伯 | 7.0 | 5.7 | 5.0 | 4.5 | | | 3.750 | 3.750 | 364735 | 384200 | -120023 | -136826 | 158492 | 152739 | 113748 | 134050 |
| 阿联酋 | 4.2 | 3.4 | 0.9 | 0.7 | | | 3.67 | 3.67 | 281602 | 300946 | -202143 | -220336 | 30652 | 27082 | 157151 | 159750 |
| 也门 | -10.5 | 1.3 | 19.5 | 9.9 | | | 213.80 | 214.35 | 8662 | 7604 | -8248 | -11282 | -1663 | -947 | 6418 | 7324 |
| **石油进口国** | | | | | | | | | | | | | | | | |
| 埃及 | 1.8 | 2.2 | 10.1 | 7.1 | 12.0 | 13.5 | 5.94 | 6.06 | 27913 | 26835 | -56132 | -59724 | -7581 | -6918 | 35001 | 38919 |
| 以色列 | 4.6 | 3.1 | 3.5 | 1.7 | 7.0 | 6.9 | 3.82 | 3.73 | 64186 | 61454 | -72026 | -71399 | 3385 | -197 | 104011 | 99352 |
| 约旦 | 2.6 | 2.7 | 3.3 | 7.2 | 12.1 | 12.5 | 0.709 | 0.709 | 8006 | 7897 | -16826 | -18415 | -3456 | -5423 | 16225 | 17507 |
| 黎巴嫩 | 1.5 | 1.7 | 3.1 | 10.1 | | | 1507.5 | 1507.5 | 5386 | 5662 | -19305 | -20380 | -4866 | -6747 | 26893 | 30155 |
| 摩洛哥 | 5.0 | 2.4 | 0.9 | 1.2 | 8.9 | 9.0 | 8.09 | 8.61 | 21512 | 20894 | -40963 | -42338 | -8337 | -9359 | 29049 | 32267 |
| 叙利亚 | -3.4 | -18.8 | 4.8 | 37.0 | 14.9 | 18.0 | 54.67 | 78.42 | 10288 | 4987 | -17598 | -10068 | -7726 | -5154 | 8196 | 8226 |
| 突尼斯 | -1.8 | 2.9 | 3.5 | 5.6 | 18.3 | 18.1 | 1.41 | 1.56 | 17876 | 16993 | -22623 | -23235 | -3386 | -3703 | 22336 | 24381 |
| 土耳其 | 8.8 | 2.2 | 10.4 | 6.2 | 9.8 | 9.2 | 1.894 | 1.782 | 143497 | 163408 | -232535 | -228918 | -77219 | -48867 | 307007 | 336778 |

资料来源：英国经济学家情报部2013年4月相关国家国别报告。

表 2　2012 年中东石油出口国主要经济指标

| | 实际 GDP 增长率（%） | 石油产量（千桶/日） | 石油收入（10 亿美元） | 经常项目平衡（10 亿美元） | 经常项目/GDP（%） | 年底外债（10 亿美元） | 通货膨胀率 | 外汇储备（百万美元） |
|---|---|---|---|---|---|---|---|---|
| 阿尔及利亚 | 2.4 | 1170 + 800 亿方天然气 | 71.8 | 15.5 | 7.3 | 5.9 | 8.9 | 191597 |
| 巴　林 | 3.4 | 177 | 17.394 | 3.1 | 10.9 | 16.9 | 2.8 | 4853 |
| 伊　朗 | － 3.0 | 2882 | 45.457 | － 8.8 | － 1.8 | 15.1 | 27.2 | 69860 |
| 伊拉克 | 8.5 | 2957 | 93.9 | 26.3 | 12.7 | 50.3 | 6.1 | 62762 |
| 科威特 | 7.9 | 2751 | 105.1 | 77.8 | 45.6 | 28.2 | 2.9 | 28999 |
| 利比亚 | 92.1 | 1378 | 51.6 | 52.2 | 35.5 | 5.3 | 6.1 | 117227 |
| 阿　曼 | 5.0 | 919 | 30.266 | 9.2 | 11.8 | 9.9 | 2.9 | 14751 |
| 卡塔尔 | 6.2 | 740 | 18.5 | 62.3 | 32.4 | 141.8 | 1.9 | 33189 |
| 沙特阿拉伯 | 5.7 | 9875 | 303.2 | 152.7 | 20.4 | 134.1 | 4.5 | 656879 |
| 阿联酋 | 3.4 | 2653 | 113.3 | 27.1 | 6.9 | 159.7 | 0.7 | 42969 |
| 也　门 | 1.3 | 180 | 4.535 | － 0.9 | － 2.4 | 7.3 | 9.9 | 6158 |

资料来源：英国经济学家情报部 2013 年 4 月相关国家国别报告。

高油价和石油出口增加，2011 年、2012 年伊拉克连续 2 年高速增长，其实际 GDP 增长率分别升至 8.2%、8.5%。[①] 由于伊拉克已探明石油储量很高并且很多尚处于未开发状态，其石油增产的潜力很大。伊拉克政府的长期目标是到 2017 年将石油产量提高到 1200 万桶/日，达到与世界头号石油生产国沙特阿拉伯并驾齐驱的水平。[②]

由于石油出口快速增长，2012 年伊拉克经常项目盈余达 263 亿美元，占 GDP 的 12.7%。加上伊拉克将其出口市场转向中国等石油需求增长强劲的新兴市场国家，这让它能够在变幻莫测的国际石油市场上稳住需求，因此，其经济增长预期比较乐观，EIU 预计 2013 ~ 2017 年间伊拉克经济年均增长 9%。[③]

伊拉克央行将第纳尔与美元挂钩，并且拥有大量的外汇储备来支持本币，自 2008 年以来，通货膨胀得到遏制，处于可控水平，2012 年伊拉克平均通胀率为 6.1%。

---

① EIU, *Country Report*：*Iraq*, April 2013, p. 8.

② EIU, *Country Report*：*Iraq*, April 2013, p. 4.

③ EIU, *Country Report*：*Iraq*, April 2013, pp. 6, 7.

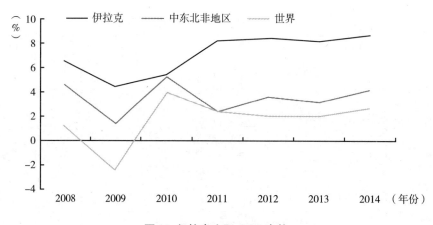

**图 1　伊拉克实际 GDP 走势**

说明：2013 年、2014 为预测数据。下同。

资料来源：EIU, *Country Report：Iraq*, April 2013, p. 11。

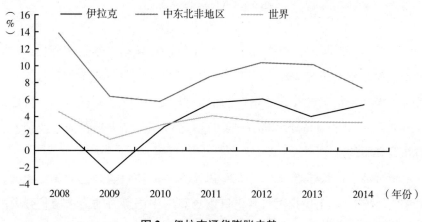

**图 2　伊拉克通货膨胀走势**

资料来源：EIU, *Country Report：Iraq*, April 2013, p. 11。

### 2. 主要石油出口国经济快速成长

沙特阿拉伯 2012 年石油产量在 2011 年大幅增产的基础上继续上升，产量高达 987.5 万桶/日，[①] 石油出口收入 3032 亿美元，占出口总额 3842 亿美元的 78.9%，经常项目顺差 1527 亿美元，占 GDP 的 20.4%，外汇储备高达 6569

---

[①]　EIU 数据与 *BP Statistical Review of World Energy*（June 2013）有差异。

亿美元。受益于高油价和增加的原油产量，2012 年沙特阿拉伯的实际 GDP 增长了 5.7%，与 2011 年的 7% 相比，其经济增长略有下降。（见表 1、表 2）这一方面是因为，沙特阿拉伯作为国际石油市场上最大的平衡力量，在 2012 年的大多数时间里扩大生产以弥补伊朗石油出口大幅减少造成的缺口，但在年底又大幅降低产量来应对伊拉克和美国的产量增长，其目的就是将国际原油价格控制在合理的范围内。另一方面是基于其现实的政治考量。2011 年以后，受"阿拉伯之春"影响，经济重心从长期实行的增强私营部门作用的政策让位于创造就业，尤其是为青年人创造就业并进一步提高国民生活水平的政治需要。

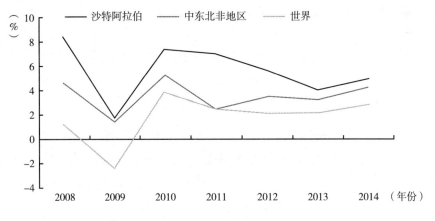

**图 3　沙特阿拉伯实际 GDP 走势**

资料来源：EIU, *Country Report: Saudi Arabia*, April 2013, p. 11。

科威特经济在经历了 2009 年、2010 两年收缩之后，受益于本轮国际油价上涨，2011 年、2012 年强劲反弹。根据科威特中央统计局、EIU 的最新修正，2011 年、2012 年科威特实际 GDP 分别增长了 6.3% 和 7.9%。2012 年日产原油 275 万桶，[①] 石油出口收入高达 1051 亿美元，占出口总额 1135 亿美元的 92.6%，实现经常项目盈余 778 亿美元，经常项目盈余占 GDP 的 45.6%。

而根据科威特国民银行的数据，科威特的财政状况十分乐观。数据显示，

---

[①]　该数据与 *BP Statistical Review of World Energy*（June 2013）的相关数据差异较大。参见 *BP Statistical Review of World Energy*, June 2013, p. 8。

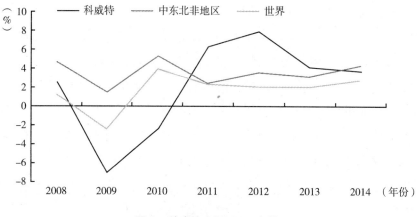

**图 4 科威特实际 GDP 走势**

资料来源：EIU，*Country Report：Kuwait*，April 2013，p. 11。

2012/2013 财年前 9 个月，科威特财政盈余增加到 161 亿科威特第纳尔（570 亿美元），同比增长了 22.4%，财政收入同比增长了 13.3%，其中石油收入占总收入的 94.2%，支出同比下降了 1.2%，截至 2012 年 12 月底，只使用了全年预算的 38.4%。而 2012/2013 财年的预算是基于每桶 65 美元的油价计算的，远低于 2012 年 4～12 月科威特原油平均 109.3 美元/桶的出口价，因此，2012/2013 财年前 9 个月的石油收入就达到了科威特全年预算总额的 178.9%，预计 2012/2013 财年的预算盈余会超过 2011/2012 财年 132 亿科威特第纳尔的历史纪录。①

阿联酋 2012 年日产原油 265 万桶，石油出口收入达 1133 亿美元，但它与中东其他主要产油国不同，阿联酋非石油部门发展良好，其同期出口总额高达 3009 亿美元，石油收入只占出口总额的 37.65%。经过 2009 年迪拜债务危机的沉重打击，阿联酋政府认为，其贸易、旅游集散地的定位对其经济增长至关重要，因而，在投资增加石油生产能力的同时，阿联酋继续大力推进经济多元化。虽然这导致政府支出增加，但得益于高油价，2012 年阿联酋的财政盈余也有所增加，基本扭转了 2009 年、2010 年因债务危机造成的财政赤字。②

卡塔尔油气收入占总收入的 75% 左右，2012 年其油气部门仅增长了

---

① EIU，*Country Report：Kuwait*，March 2013，p. 25.

② EIU，*Country Report：United Arab Emirates*，April 2013，p. 8.

1.7%，拖累实际 GDP 增速降至 6.2%，而其非石油部门增长了 10%。2012/
13 财年卡塔尔收入强劲增长，财政盈余占 GDP 的 8.6%，在前 6 个月的财政
预算中，占收入前 3 位的是油气出口收入、投资收益和公司税。由于油气价格
坚挺，预计财政收入还会继续平稳增长。2012 年卡塔尔出口 1337 亿美元，实
现经常项目盈余 623 亿美元，经常项目盈余占 GDP 的 32.4%。由于外籍工人
侨汇快速增长，服务债务飙升，预计 2013～2017 年卡塔尔经常项目盈余会收
窄。

2012 年 1 月份在阿尔及利亚东南部因阿美纳斯气田发生的轰动世界的人
质事件破坏了阿尔及利亚的投资环境，中断了该国的天然气供应，这对 2012
年阿尔及利亚的油气生产和吸引外资产生了一定的负面影响。

根据《BP 世界能源统计年鉴》的数据，2012 年阿尔及利亚石油产量为
166.7 万桶/日，同比下降了 0.9%，天然气产量为 815 亿立方米，同比下降了
1.7%，[①] 但得益于高油价，2011 年、2012 年其油气出口收入大幅提高，分别
达 728.8 亿美元和 718.1 亿美元，出口收入几乎全部来自油气部门。受恐怖袭
击影响，2012 年油气收入相比 2011 年略有下滑，经常项目盈余 155 亿美元，
占 GDP 的 7.3%。高油价加上政府持续投资，在 2012 年拉动阿尔及利亚 GDP
增长了 2.4%。

阿尔及利亚粮食不能自给。粮食在阿尔及利亚通胀篮子中占比高达 43%，
国际农产品价格对其经常项目平衡和国内通胀影响很大。受本轮国际粮食涨价
的影响，2012 年阿尔及利亚年均通货膨胀率上升到 8.9%。

2012 年的高油价和产量增长为阿曼带来了可观的收入，其石油产量达到
创纪录的 92.2 万桶/日，同比增长了 3.5%，[②] 油气收入占到了名义 GDP 的
55%，实现财政盈余 32 亿里亚尔（83 亿美元），占 GDP 的 10.8%。贸易盈余
和经常项目盈余分别达 255 亿美元和 92 亿美元，经常项目盈余占到了 GDP 的
11.8%。油气增产加上扩大的非油经济，带动阿曼 2012 年实际 GDP 增长了
5%。

---

① *BP Statistical Review of World Energy*，June 2013，pp. 8，22. 其中石油生产数据与 EIU 相差很大。
参见 EIU，*Country Report：Algeria*，April 2013，p. 7。

② *BP Statistical Review of World Energy*，June 2013，p. 8。

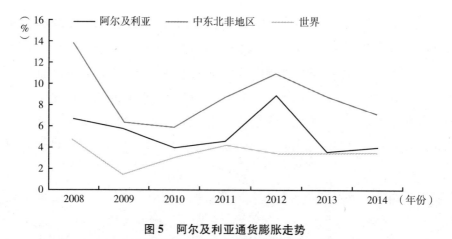

图 5　阿尔及利亚通货膨胀走势

资料来源：EIU, *Country Report*：*Algeria*, April 2013, p. 11。

今后，阿曼还会努力扩大原油生产，但随着采油越来越困难、成本越来越高，加上内需增加，其石油出口增长缓慢，因而其多元化战略变得更加重要。

### 3. 国内政治动荡打击石油出口小国经济

小国巴林石油储量小，2012 年由于巴林的主要油田阿布·沙发油田减产，其石油日产量仅 17. 7 万桶，全年石油出口收入约 173. 9 亿美元，占出口总收入 214 亿美元的 81. 3%。在 2011 年受抗议影响之后，其经济在 2012 年仅增长了 3. 4%，低于预期，只达到 2008 年全球经济衰退之前 5 年平均增长率的一半。[①]

因为政治动荡仍在继续，巴林主要的非商品部门旅游和金融服务遭受沉重打击，其贸易平衡更多依赖精炼油品和铝的出口。持续的政治动荡严重损害了巴林苦心孤诣培育起来的金融安全港的声誉，其直接结果是，虽然没有发生机构大规模撤离的情况，但外国投资和离岸银行的总资产与 2010 年年底相比已经下降了 1/4。[②] 长期的影响可能会让巴林沦为替邻国金融业打杂的角色，其损失可谓巨大。其次，因为政治不稳定，加上巴林市场狭小，外国直接投资也会减少。可以想见，巴林政府当前经济政策的核心是如何恢复外界对巴林经济

---

① EIU, *Country Report*：*Bahrain*, April 2013, pp. 6, 7.

② EIU, *Country Report*：*Bahrain*, April 2013, p. 4.

尤其是巴林金融业的信心。为了支持经济，巴林央行保持低利率以维持负担得起的信贷，以免损害商业部门，并在国内外发行传统债券和伊斯兰债券来进行融资，但其国内政治动荡已经造成融资成本上升。

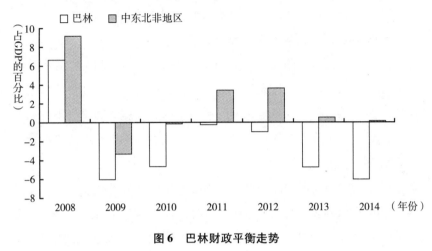

**图 6　巴林财政平衡走势**

资料来源：EIU, *Country Report*：*Bahrain*, April 2013, p. 10。

也门当前安全形势恶化，国家基本处于四分五裂的状态，海合会国家支持的新总统哈迪所领导的全国团结政府对全国的控制很弱。由于国内输油管线屡遭破坏，也门石油产量持续下降，2012 年日产原油仅 18 万桶，降幅高达21.4%，[1] 每天减少 4.8 万桶，这让本已捉襟见肘的也门财政更趋紧张。为了增加收入，也门政府被迫将石油出口置于国内供应之上。

也门的金融系统仍以现金为基础，央行管理流动性的方法主要就是发行国库券。由于政府财政紧张，需要发行更大数额的债券和国库券，也门央行也面临很大的压力。在其最新发布的财政声明中，也门央行表示，2012 年它突破了给政府借钱数额的法律限制，达 3480 亿也门里亚尔（16 亿美元）。[2] 而自2011 年政局动荡以来，也门里亚尔面临巨大的下行压力，虽然沙特阿拉伯在也门央行存款 10 亿美元帮助支持里亚尔，甚至 IMF 也提供了一小笔紧急贷款，但收效甚微，也门外汇储备迅速降至警戒水平。

---

① *BP Statistical Review of World Energy*, June 2013, p. 8.

② EIU, *Country Report*：*Yemen*, 2<sup>nd</sup> Quarter 2013, p. 5.

由于石油生产下滑，经常项目逆差会进一步扩大。[①] 估计海合会国家可能向也门提供进一步的政策支持，如允许更多也门人进入其劳务市场，也门的侨汇收入估计会有所增长，但这无法抵消也门的经常项目赤字。

总之，也门近几年的经济发展前景不容乐观。

**4. 遭受国际制裁的国家经济形势严峻**

遭受国际制裁的伊朗情况比较特殊。2012 年，由于美欧的制裁，伊朗被迫加强经济上的自给自足，优先投资油气部门，更想抓住高油价的机遇打破美欧的制裁，但伊朗的石油生产早在国际制裁实施之前就面临投资不足和油田老化的问题，而本轮制裁造成的石油收入进一步减少与油田开发所需的资本、货物短缺更增大了增产的难度，而外国石油公司因为担心欧美的制裁而不敢向伊朗投资，因此，伊朗投资增产的努力将面临现实的严峻挑战。

为了压伊朗在核问题上让步，美欧重点打击伊朗的石油生产与出口，最大限度地削弱其获得外汇的能力；定点打击伊朗央行马卡兹银行，使其难以为伊朗石油清欠，并破坏央行支持里亚尔的能力。目前美欧的制裁甚至扩展到了汽车领域。

这些制裁在伊朗产生了立竿见影的效果，伊朗石油从 2011 年日产原油 435.8 万桶降到了 2012 年的 368 万桶，降幅高达 16.2%，平均每天减少 67.8 万桶。[②] 伊朗石油生产降至 20 年来的最低水平，并且因为制裁导致国际需求下降，预计伊朗的石油出口还会继续下滑。

由于石油出口大幅下降，伊朗贸易平衡从 2011/2012 财年的顺差 356 亿美元下降到逆差 700 万美元，经常项目也从盈余 263.6 亿美元变成了 87.8 亿美元的赤字，在十几年的经常项目盈余之后，2012/2013 财年经常项目赤字达到 GDP 的 1.8%。国际制裁严重恶化了伊朗的国际收支和财政状况，直接导致 2012/2013 财年伊朗实际 GDP 收缩了 3%。伊朗的财政状况严重依赖石油收入，2012/2013 财年石油出口骤降是公共财政严重恶化的原因，如果没有高油

---

① EIU 给出的也门统计数字不太可靠。在其最近两期的也门国别报告中，2012 年也门经常项目逆差分别估计为 24.15 亿美元和 9.47 亿美元，其他数字也大体如此，如实际 GDP 增长率等。参见 EIU, *Country Report*：*Yemen*, 1<sup>st</sup> Quarter 2013；EIU, *Country Report*：*Yemen*, 2<sup>nd</sup> Quarter 2013 相关页。

② *BP Statistical Review of World Energy*, June 2013, p. 8. 其数据与 EIU 相差很大，EIU 统计伊朗 2012 年石油产量为 288.2 万桶/日，参见 EIU, *Country Report*：*Iran*, April 2013, p. 7.

价的支撑，估计伊朗的财政状况会更加严重。EIU 预计，2012/13 财年伊朗官方净财政赤字占 GDP 的比重为 5.3%。[1]

因为制裁，伊朗外汇短缺，官方汇率和黑市汇率大幅下跌。自 2011 年以来，里亚尔的黑市价已经下跌了 80%，2012 年 10 月跌至 35000 里亚尔兑 1 美元。[2] 央行试图通过提高利率来限制贬值，引入了多重汇率制并开办了一家外汇中心来满足对外汇的需求，但收效甚微。

2012 年物价同比平均上升了 27.2%，高通胀和币值不稳打压了伊朗 GDP 的最大部分私人消费。通货膨胀高企的最直接后果是造成伊朗里亚尔贬值和进口价格飙升，人民生活条件进一步恶化。

## 二 高油价、高粮价恶化石油进口国经济

2012 年，中东石油进口国大多面临国内政治稳定与经济下滑的双重挑战。一方面，国内政局不稳，不少国家遭受着一轮轮社会骚乱的冲击，令政府疲于应对，就连中东地区最杰出的"伊斯兰民主政治典范"土耳其今年也未能幸免；而叙利亚冲突已经升级为全国范围的内战，各种国际势力纷纷插手，对立双方战斗日趋惨烈，由此引起的叙利亚难民潮也给周边国家增添了财政和安全负担；即使是未发生动荡的国家内部也是暗流汹涌，政府不得不采取多种措施严加防范。

另一方面，由于世界经济复苏艰难，尤其是中东国家的主要贸易伙伴欧洲危机深化和中国经济减速，加上高油价和高粮价，导致石油进口国的出口大幅下降，而进口不断增加，结果是庞大的对外经常项目逆差进一步扩大，外汇储备急剧下滑。[3] 随着地区政治、经济形势恶化，许多国家外国直接投资疲弱，旅游业复苏乏力，失业情况日趋严重。为了应对高油价、高粮价，各国政府被迫增加了各种补贴的支出，[4] 导致政府财政状况的进一步恶化。而中东石油进

---

① EIU, *Country Report*：*Iran*，April 2013，p. 5.

② EIU, *Country Report*：*Iran*，April 2013，p. 7.

③ 相比 2010 年的储备，埃及累计下降了 60%、约旦 47%、突尼斯 36%、摩洛哥 29%。参见 IMF, *Regional Economic Outlook*，*Middle East and Central Asian*，November 2012，p. 42。

④ IMF, *Regional Economic Outlook*，*Middle East and Central Asian*，November 2012，p. 43.

口国的公共债务水平平均超过了 GDP 的 70%，[1] 政府的高负债大幅压缩了政府实施有效财政、货币政策的空间。因此，中东北非石油进口国 2012 年的经济明显减弱，经济增长还不到 2%，[2] 低于本就疲软的全球经济 2.2% 的平均增长率，加上局势动荡，其经济的脆弱性进一步上升。

关于高油价、高粮价对中东北非石油进口国的影响。IMF 对粮价、油价上涨的首轮效应进行了估算，粮价上涨 10% 估计会让中东北非石油进口国的经常项目和财政赤字占 GDP 的比重各增加 0.3% 和 0.2%，与此相似，10% 的油价上涨会让其经常项目和财政赤字占 GDP 的比重各增加 4%，[3] 而本轮油价上涨，仅2011 年第一波的涨幅就高达 40%，[4] 而后一直在 110 美元/桶上下小幅震荡。

但粮价上涨对人的心理影响非常之大，尤其是在中东北非，因为中东北非大多数国家粮食不能完全自给，其中阿尔及利亚、埃及、约旦还位列世界上粮食对外依赖最为严重的国家。因而，最近几十年，粮食不安全一直是阿拉伯世界社会紧张和冲突的一个主要原因。[5] 而 2012 年粮价飞涨，其价格已经回到了 2007～2008 年全球粮食危机时的水平，（见图 7）这种情形对中东石油进口国的经济和人民生活造成了很不利的影响，它加大了当事国的财政压力和外贸失衡，推动着通货膨胀进一步上升，致使本就不安定的中东北非石油进口国变得更加动荡和不安。

**1. 阿拉伯石油进口国政治经济互相恶化**

埃及动荡的这两年，恰逢全球金融危机后的油价和粮价大涨，其经济随之大幅下滑。2011 年、2012 年实际 GDP 仅增长了 1.8% 和 2.2%，2013 年埃及政治动荡加剧，估计全年实际 GDP 增长不会超过 2%，而 2008 年、2009 年、2010 年穆巴拉克时期经济分别增长了 7.2%、4.7%、5.1%。[6]

由于国际粮价和油价飙升，而埃及进口资金又不足，通胀压力加大，截至

① IMF, *Regional Economic Outlook, Middle East and Central Asian*, November 2012, p. 44.

② IMF, *World Economic Outlook*, April 2013, p. 62.

③ IMF, *Regional Economic Outlook, Middle East and Central Asian*, November 2012, p. 48. 注意 IMF 的分析研究不包括以色列和土耳其两国。

④ *BP Statistical Review of World Energy*, June 2013, p. 2.

⑤ IMF, *Regional Economic Outlook, Middle East and Central Asian*, November 2012, p. 55.

⑥ EIU, *Country Report: Egypt*, April 2013, p. 9.

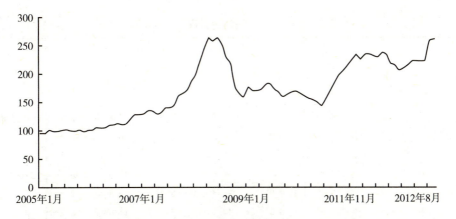

图 7　IMF 粮食价格指数（2005 年为 100，2005 年 1 月至 2012 年 8 月）

资料来源：IMF, *Regional Economic Outlook*, *Middle East and Central Asian*, November 2012, p. 54。

2013 年 2 月底，除去黄金和特别提款权，埃及的外汇储备降至 88 亿美元，只相当于 7 个星期的进口额。[①] 为了节省外汇，抑制进口需求，政府提高了 100 多个税目的进口商品的附加税，其中大部分是奢侈品。为了节省外汇，政府甚至大幅削减了小麦进口量，转而寄望于国内小麦丰收；而埃及小麦库存 3 月份已降至 220 万吨，只有平时储备量的一半，勉强够 3 个月的消费量。

因为全球需求尤其是欧元区需求疲软，埃及出口不畅，就连苏伊士运河的通行费都受到了影响，而宏观经济失衡、财政拮据、失业率高涨，又令埃及政局动荡不安，已经陷入了内忧外患的局面，其经济前景不太乐观。（见表 1、表 3）

革命成功两年后的突尼斯正经受政治混乱和经济恶化的双重折磨，执政联盟内部矛盾重重，无力解决突尼斯当前面临的各种紧迫的社会经济问题。革命前，公众尤其是青年对政府腐败、高物价、高失业不满，革命成功两年后，公众除了对腐败、高物价、高失业依旧不满外，对生活水平的下降和失业攀升更感失望。2011 年、2012 年其登记失业率高达 18.3% 和 18.1%，比革命前上升了 5 个百分点。

---

① EIU, *Country Report*：*Egypt*，April 2013，p. 7.

表3　2012年中东石油进口国主要经济指标

| | 实际GDP增长率（%） | 通货膨胀率（%） | 登记失业率（%） | 财政赤字占GDP的百分比（%） | 经常项目平衡(10亿美元) | 经常项目平衡占GDP的百分比（%） | 年底外债总额(10亿美元) | 外债占GDP的百分比（%） |
|---|---|---|---|---|---|---|---|---|
| 埃 及 | 2.2 | 7.1 | 13.5 | −10.9 | −6.9 | −2.8 | 38.9 | 88.0 |
| 以色列 | 3.1 | 1.7 | 6.9 | −4.2 | −0.2 | −0.1 | 99.4 | 73.7 |
| 约 旦 | 2.7 | 7.2 | 12.5 | −9.7 | −5.4 | −17.5 | 17.5 | 69.3 |
| 黎巴嫩 | 1.7 | 10.1 | — | −8.6 | −6.7 | −14.8 | 30.2 | 126.4 |
| 摩洛哥 | 2.4 | 1.2 | 9.0 | −8.3 | −9.4 | −9.8 | 32.3 | 73.7 |
| 叙利亚 | −18.8 | 37.0 | 18.0 | −14.7 | −5.2 | −11.0 | 8.2 | 48.6 |
| 突尼斯 | 2.9 | 5.6 | 18.1 | −7.0 | −3.7 | −8.3 | 24.4 | 48.1 |
| 土耳其 | 2.2 | 6.2 | 9.2 | −2.0 | −48.9 | −6.2 | 336.8 | 36.0 |

资料来源：英国经济学家情报部2013年4月相关国家国别报告。

　　由于社会动荡日益严重，为了维稳，政府被迫推行扩张性的财政政策，这让本就严峻的财政更加恶化，而这两年的高油价和2012年的粮价上涨，让突尼斯的经济形势雪上加霜。2012年突尼斯财政赤字急剧扩大，已经从2011年占GDP的2.8%上升到7.0%，公共债务也上升到了GDP的48.1%。

　　突尼斯经济严重依赖旅游业，但政治社会动荡打击了突尼斯作为旅游度假胜地的声誉，而主要客源地欧洲的经济低迷也对突尼斯旅游业产生了不利影响。2012年突尼斯经济只增长了2.9%，远低于降低失业所需要的6%以上的增长率，而如果要平息可能的骚乱，甚至需要15%的年增长率，① 而这种情况，在可见的将来，几乎是不可能的，因此，突尼斯的动荡还会持续下去。

　　因为地区动荡和世界经济持续低迷，约旦经济受到显著影响。2012年约旦经常项目赤字大幅扩大，其原因一是受最大出口市场美国经济低迷的影响，农业收入和磷酸盐收入降低，出口收入减少；二是进口大幅攀升，从2010年的138亿美元增加到2011年、2012年的168亿、184亿美元，原因是受高油价和粮价上涨的影响。加上侨汇增长缓慢，2012年经常项目赤字飙升至54亿

---

① EIU, *Country Report：Tunisia*，April 2013，p.5.

美元，占 GDP 的 17.5%。年底外债总额达到 175 亿美元，占 GDP 的 69.3%，近两年仅偿付利息一项每年就超过 9 亿美元。①

2012 年约旦平均通胀率达 4.8%，预计 2013 年还会加速上涨到 6.2%。为了遏制通胀上升，约旦央行多次上调利率，但收效甚微，通胀率仍在不断上升，2013 年 1~3 月份，通胀率分别高达 6.7%、7.8%、7.6%。② 与此同时，平均登记失业率仍在 12.5% 左右徘徊，政府为此鼓励公司企业用约旦本国人来取代外国雇员。

高通胀、高失业、高赤字、高外债严重拖累约旦经济。2012 年虽然国王三换首相，并向海合会国家求援，加上 IMF 开的药方及其 3.85 亿美元的支持，但在大环境疲软的背景下，约旦经济依旧没有起色，2012 年其经济增长率仅为 2.7%。

2012 年摩洛哥遭遇严重旱灾，农业在 GDP 中的比重同比下降了 6%，并且国际市场磷酸盐价格暴跌，作为磷酸盐的主要出口国，摩洛哥的出口收入停滞不前，加上高油价、高粮价的影响，其经常项目逆差增至约 94 亿美元，经常项目逆差占 GDP 的 9.8%，拖累经济增长率下滑至 2.4%。

黎巴嫩是一个长期为国内教派冲突所折磨的国家，国内政治派别四分五裂，并且深受邻国叙利亚的影响。而黎巴嫩经济又严重依赖对政治风险十分敏感的服务业，如旅游和金融。2012 年因为叙利亚冲突持续并且向黎巴嫩扩散，黎巴嫩的旅游及与旅游相关的房地产投资受到了严重影响，将经济增长拉低到 1.7%，原因是，旅游业间接支持了黎巴嫩近 1/4 的就业，并带动大部分建筑需求。③

2012 年影响黎巴嫩经济的除了政治，还有高油价与高粮价，因为黎巴嫩的能源、粮食和工业原料都依赖进口，其经常项目逆差长期占 GDP 的 10%~20%，对外平衡对国际能源价格高度敏感。因为高油价和粮价上涨，黎巴嫩 2012 年在 2011 年进口增长 21 亿美元的基础上又增长了 10 亿美元，达 203.8 亿美元，而其出口仅有 56.6 亿美元，贸易逆差扩大到 147.2 亿美元，经常项

① EIU, *Country Report*：*Jordan*，April 2013，p. 8.

② EIU, *Country Report*：*Jordan*，April 2013，p. 10.

③ EIU, *Country Report*：*Lebanon*，April 2013，pp. 6，8.

目逆差达 67 亿美元，占 GDP 的 14.8%。

2012 年黎巴嫩的通货膨胀上升很快，达 6.4%，年底曾上升到 10.1%。[①]高房价推动黎巴嫩通货膨胀上涨，而通货膨胀又为高油价、高粮价所恶化，这种状况会造成社会不稳，但黎巴嫩政府没有什么办法对商品价格进行补贴。

因为内战持续和国际制裁，叙利亚经济状况日益恶化。2010 年叙利亚石油收入占总收入的 25%，但目前几乎不出口石油。而根据叙利亚海关的初步数据，2012 年以美元计价的总贸易量同比减少了 59%，由于进口锐减，关税收入肯定大幅下滑。

由于战争，叙利亚政府的财政赤字很大，2012 年财政赤字估计占 GDP 的 14.7%。一年多的内战对叙利亚的国民经济造成了极大破坏，农业、工业和服务业都大幅下降，实际 GDP 估计将收缩 18.8%。[②] 由于外汇短缺，叙利亚央行采取了某些外汇管制措施，但无法控制叙利亚镑的持续贬值和物价飞涨，尤其是食品价格，原因是农业减产和国际制裁造成的供应中断。据估计，2012 年叙利亚平均通胀率达 37.0%，2012 年 11 月份甚至高达 49.5%。[③]

目前，叙利亚内战已经进入胶着状态，鉴于国际制裁日趋加大，如果战争持续下去，叙利亚的经济前景非常不乐观。

**2. 非阿拉伯石油进口国经济明显下滑**

以色列总理内塔尼亚胡长期倾向于减税、低公共支出和经济自由化，但由于高油价和高粮价激起民众抗议，一向以强硬示人的内塔尼亚胡政府也被迫增加了福利开支，以减轻高油价、高粮价对以色列普通家庭的影响。这直接导致政府财政状况恶化，2012 年财政赤字扩大到 390 亿谢克尔（100 亿美元），占 GDP 的 4.2%，超出原定目标一倍多。[④]

面对快速增长的财政赤字，政府被迫提高税收。2012 年 9 月起，增值税从 16% 提高到 17%，2013 年年初提高了中高等收入人群的所得税率。议会也

① EIU, *Country Report*：*Lebanon*，April 2013，pp. 7，8.
② EIU, *Country Report*：*Syria*，April 2013，p. 8.
③ EIU, *Country Report*：*Syria*，April 2013，pp. 7，8.
④ EIU, *Country Report*：*Israel*，April 2013，p. 5.

批准了针对能源部门的新的税收办法，把政府所占的油气收入份额从当前的 33% 提高到 52% ~62% 。[①] 除了增税，政府还打算节支，这包括对以前过高的公共部门支出和激励进行限制。

以色列经济严重依赖出口，对美欧的出口占其出口总额的 3/5，2012 年由于美国经济低迷和欧洲经济的进一步衰退，以色列 2012 年几乎每个月的出口额同比都有明显下降，[②] 其经常项目甚至出现了自 2003 年以来的首个逆差。出口不畅，支出大幅增加，不仅增加了以色列政府的财政赤字，也拉低了经济增长。2012 年以色列的实际 GDP 增长率仅 3.1%，是继 2009 年全球金融危机造成低增长后最低的一年。[③]

2011 年中以来，土耳其的实际 GDP 增长率大幅下滑，从 2011 年的平均 8.8% 骤降到 2012 年的 2.2% 。（见图 8）

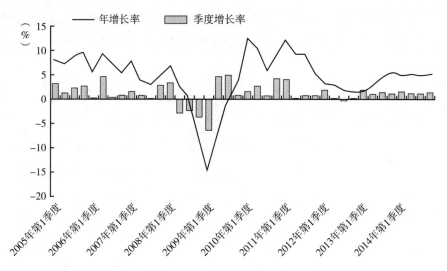

**图 8　土耳其实际 GDP 增长率走势**

资料来源：EIU, *Country Report：Turkey*, April 2013, p. 13。

2011 年由于土耳其央行持续量化宽松，造成通货膨胀迅猛上升，里拉大幅贬值，土耳其央行被迫于 2011 年年底至 2012 年年初收紧货币政策来扭转土

---

① EIU, *Country Report：Israel*, April 2013, p. 4.
② EIU, *Country Report：Israel*, April 2013, p. 11.
③ EIU, *Country Report：Israel*, April 2013, p. 6.

耳其里拉的颓势，并约束一路狂奔的通货膨胀。其直接后果是经济减速，私人消费紧缩致内需不足，尽管 2012 年政府消费和公共固定投资增长强劲，但是这没有抵消家庭消费和私人部门固定投资低迷的影响。

2012 年货物和服务进口减少了 0.1% 而出口大幅增长了 17.3%，土耳其的经常项目赤字从 2011 年创纪录的占 GDP 的 10% 下降到 6.2%，[1] 这得益于土耳其对非欧盟国家出口的强劲增长以及黄金出口量的飙升，同时也是因为里拉贬值提高了土耳其商品的出口竞争力，但土耳其在石油和油品上严重的对外依赖造成了巨额的经常项目赤字。

2012 年土耳其的年均登记失业率为 9.2%，略有降低。外债总额增加了326 亿美元，到年底高达 3368 亿美元，外债占 GDP 的比重高达 42.8%，其中短期债务增加了 190 亿美元，总额高达 1011 亿美元。值得注意的是，私人部门占外债总额的 67%，占短期债务的 88%，[2] 显示私人对外融资的需求庞大，同时也表明了土耳其经济对外国投资的依赖和其脆弱性。

## 三 "阿拉伯之春"延后效应对中东经济的影响

2011 年爆发的"阿拉伯之春"对整个中东北非地区的震动是巨大的，两年时间过去了，其余震却丝毫未有结束之势。当前，不仅叙利亚内战愈演愈烈、转型国家内乱不休，就是未受直接冲击的国家也是暗流汹涌，其结果是，阿拉伯各国政府面对"阿拉伯之春"所培养起来的"街头政治"这种迅速地区化了的政治文化，维稳超越经济发展成了政府最优先的课题。而根据阿拉伯各国维稳的方式，大致可分为回馈型、应对型、顺势防范型和被动防范型，各种类型的典型代表分别是埃及、巴林、科威特和阿联酋。

第一类主要是转型国家，在政权更迭之后，政府的核心任务除了稳定国内局势外，最大的课题就是要回应国民"革命"的期望和要求。但新上台的政党，无论是埃及穆兄会的自由和正义党、突尼斯的伊斯兰复兴党，还是利比亚

① EIU, *Country Report: Turkey*, April 2013, p. 9.
② EIU, *Country Report: Turkey*, April 2013, p. 31.

的执政联盟，其领导人都缺少管理经济、治理国家的必要经验，同时又大多拒绝给予前政府官员必要的政治宽容，因此，在其执政最初的兴奋过去之后才发现，政治理念与政治治理并不是一回事，以致陷入难以恢复政治稳定和安全、难以处理经济问题的怪圈。

典型也是极端的事例是埃及总统穆尔西在竞选期间最吸引选民的"百日计划"，它直指埃及社会最关心的安全、交通、能源、粮食补贴和环境卫生五大类 64 项议题，企图以"毕其功于一役"的方式迅速解决埃及的积弊。虽然执政百日之后，穆尔西宣布已完成其承诺的 70%，但其执政一年之后，埃及民众并没有感到新政权新政策给他们的生活带来了多少积极变化，相反，政治上，穆尔西与世俗自由派尖锐对立，国家政局动荡不安；经济上，财政困窘、通胀加剧、外汇剧减、失业高企；社会治安进一步恶化，人民生活没有得到实质性的改善。

而面对这样的局面，穆尔西显然过高估计了自己作为民选总统的实力，在一系列问题上决策失当。一方面他通过修宪扩大总统权力来巩固其执政地位，甚至将其权力凌驾于司法之上，以至于被人指责为"新穆巴拉克""新法老"，其行为无法获得军队、宗教正统派乃至商人集团的真正支持；另一方面，信奉新自由主义的穆尔西经济团队不顾国内的实际情况，可能部分出于满足 IMF 更大幅度经济改革要求的原因，采取了取消政府对市场的干预、取消补贴并对外开放市场的措施。而这样激进的做法，几乎类似于某种程度的休克疗法，相当于要埃及民众承担其承担不起的改革代价，这种政策令穆尔西大失民心，而民众尤其是青年已经习惯于"街头抗议"，失望的"街头抗议派"与世俗自由派相结合，抗议和骚乱逐步升级也就难以止息。此时，穆尔西无法获得从摆脱国家控制中得到好处的宗教正统派的支持，而其转向传统老路，寻求军方的支持则与饮鸩止渴无异。因此，应当说，是穆尔西政治上的激进和经济政策上的失误，造成了埃及国内政治分裂、社会混乱分化、财政经济下滑、社会治安恶化的结果，埃及国民对穆尔西的支持率急剧下滑只是这一结果的表现而已。①

---

① Olivier Roy, *The Myth of the Islamist Winter*, December 13, 2012, http：//www. newstatesman. com/ world - affairs/world - affairs/2012/12/myth - islamist - winter.

在朝野两派尖锐对立的情况下，数十年来一直打压穆兄会、本来就对穆尔西前倨后恭心怀不满的军队出手干预就是一个无需预言的必然选择。而当前埃及社会表面要解决的是教俗冲突和西方宪政理念下军队干预政治的合法性问题，现实的问题却是如何回应并满足埃及国民对"革命"的期望并让埃及社会回归正轨，它包括消除政治专制和腐败特权（尤其是军队特权）、发展经济和改善民生等方面，而这其中任何一项都不是埃及任何一派政治势力短期内所能解决的。

第二类是遭"阿拉伯之春"风暴冲击，政权动摇但未发生政权更迭的国家。这些国家教派矛盾日益尖锐，政治动荡使国家经济遭受严重破坏，激烈的镇压措施既损害了国家的声誉和形象，也让民族创伤难以弥合，更让抗议、冲突难以平息。这种源于教派政治经济上的不平等，在"阿拉伯之春"影响的冲击下，让冲突双方都难以做出实质性的妥协，回到原点绝无可能，而外部的干涉进一步扩大了内部的分裂，并且其影响也易于向周边国家扩散。为了维稳，政府被迫动用大量的资源来满足民众的部分要求，造成了沉重的财政赤字和债务负担，不可避免地会损害国家的经济增长。这类国家的典型是巴林和陷入战乱的叙利亚。

自2011年3月什叶派抗议升级、海合会出兵镇压以来，巴林的骚乱迄今就没有真正平息过。持续的政治动荡首先严重损害了巴林作为金融安全港的声誉，打击了巴林苦心孤诣培育起来的商业友好型形象。其直接结果是，虽然没有发生机构大规模撤离的情况，但外国投资和离岸银行的总资产与2010年年底相比已经下降了1/4。① 长期的影响可能会让巴林沦为替邻国金融业打杂的角色，其损失可谓巨大。其次，因为政治不稳定，加上巴林市场狭小，外国直接投资也会减少。

可以想见，巴林政府当前经济政策的核心是如何恢复外界对巴林经济尤其是巴林金融业的信心。但持续的动荡让民生政策成为政府政策的优先选项，公共部门涨薪和各种补贴日益成为政府的负担，其代价则是削减政府的投资支出。政府的财政赤字和债务总额的持续增长，迫使巴林政府东挪西借甚至靠发行债券

---

① EIU, *Country Report: Bahrain*, April 2013, p. 4.

来弥补赤字和债务。这让政府恢复外界对巴林经济信心的努力变得尤为艰难。

另一方面，因为政治敏感性，当前任何对公共补贴进行改革的计划都无法推行，相反，政府还必须在住房项目中投入大笔公共资金，而占财政收入大头的石油收入对石油小国巴林来说又十分有限，因此，巴林政府今后的维稳之路相当艰辛，维稳费用高昂。

第三类国家是目前尚未发生大的动荡的国家，主要是君主国，也包括曾经动荡的国家如阿尔及利亚。其共同特点是国家统治精英为"阿拉伯之春"中平民革命的冲击所震撼，都采取了外松内紧的政策，防患于未然。所不同的是，一部分国家采取措施进行政策调整，积极改善民生，其他国家则沿袭传统的政治压制政策，尽管它们也被迫在经济上做出一些调整来减轻国家发生动荡的风险。

科威特与约旦、摩洛哥等国相似的是君主和政府面对国内抗议大都能顺势而为，及时提高公务员薪资和各种补贴以平息公众被"阿拉伯之春"激发起来的不满情绪，并且不时做出一些让步来缓解国内矛盾。这类国家中极端的例子是科威特，因为科威特民选议会具有一定的实权，新当选的议员为了加强其民望和政治合法性，不断提出各种各样民粹主义的议案以取悦民众，其中包括设立中小企业基金向新公司提供 80% 的融资；为创造就业，要求民政部门确保申请就业的科威特人 6 个月内就业，即使未能如愿就业，也将无差别地获得工资。更有甚者，议会最终与政府达成协议，取消公民贷款的利息；向公务员过去 8 年的工作提供高额补偿。议会鼓动雇员本地化，要求将公共部门外国人比例从 28% 削减到 20%，并在未来 10 年内将居住在科威特的外国人削减 100 万。在政府提供各种补贴控制总体通胀率的同时，议员们甚至不顾外国人对科威特经济的贡献，呼吁政府取消外国人在水、电、燃油上的补贴等，不一而足。

而阿联酋和沙特、阿尔及利亚则是被动防范型国家，它们不打算主动进行政治变革。阿联酋政府甚至自信地认为阿联酋不会爆发革命，因为政府已经是人民的公仆，向国民提供服务，人民获取政府的服务，人民实施权力的机制与民主无关。① 因此，财大气粗的阿联酋政府一手"慷慨地"向国民提供较好的

---

① "Prime Minister Reflects on the Arab Spring", EIU, *Country Report*: *United Arab Emirates*, March 2013, p. 18.

生活条件，一手强硬对待国内的政治多元化等要求，并且两手都很"硬"。一方面它粗暴对待来自北方贫穷的酋长国的政治多元化要求，强硬逮捕并审判激进人士，2013年3月4日还开始审判在过去一年内逮捕的94名与穆兄会有染的国民，罪名是企图推翻阿联酋政体。另一方面，由于担心"阿拉伯之春"的冲击，阿联酋政府大幅增加社会支出，其比例超过联邦预算总支出的一半；因为害怕通货膨胀激起骚乱，政府维持给国民的高补贴；鉴于青年失业严重，政府扩大公共部门的就业，大幅增加公职人员薪水，并大力促进私人部门就业，甚至像其他海湾国家一样，不顾实际国情，全力推动雇员本土化政策。

唯一没有进入"阿拉伯之春"轮回的是伊拉克，主要原因有以下五个方面：其一，伊拉克目前的国家政治权力分配基本合理，改变了以前少数人统治多数人的状况；其二，中央政府和安全部队的虚弱也让三个派别保持了各自相对的独立性；其三，教派冲突虽时有发生，但基本上从街头转到了议会内部；其四，长期的战乱也让人心思定，大多数民众渴望过上安定的生活，"基地"组织等极端势力，尤其是其极端行动，已失去了"英雄主义"的合理性和民众的广泛支持；其五，经济上的快速恢复，通货膨胀的降低，明显改善了人民的生活，国家经济和人民生活进入了向上的通道。

总之，"阿拉伯之春"和叙利亚内战对整个中东地区的冲击与影响是深远的，这充分表现在国家政策层面和心理层面。一方面，受"阿拉伯之春"的鼓舞，大多数中东国家的民众改革愿望日趋增强，为安抚民众，相关国家政府被迫拿出大量资源用于社会支出，而单纯从社会经济发展的角度看，这些高额补贴和支出并不都是十分必要的，并且过高的社会支出挤占了投资资金，不仅缺乏可持续性，而且拖累这些国家急需的经济成长。另一方面，由于中东大多数国家民众社会心理高度趋同，人心浮动，增加了社会动荡的风险，给中东各国政府造成了巨大心理压力，维稳成为优先于经济改革和经济发展的第一要务，从而直接推动各国维稳成本的升高，并让其经济政策表现出强烈的"民粹化"倾向。

## 四　2013年中东经济展望

根据国际货币基金组织2013年7月的预测，进入2013年，全球经济局势依然没有向好的方向转化，反而由于新兴经济体经济增长减速，全球经济的困局进一步加剧，预计 2013 年全球经济增长仅为 3.1%，与 2012 年持平。[①]

这主要是因为，美国经济年初一度呈现出的开始复苏的迹象随着美国大幅的财政整顿而萎缩，因而美国退出货币量宽措施出现不确定性，预计美国 2013 年经济增长率仅为 1.75%，低于去年；而欧元区危机还在深化，预计 2013 年会进一步收缩 0.6%，不仅外围国家增长疲软，核心国家状况也不佳，这种情况进一步加剧了人们对欧元区前景的担忧；中国等新兴经济体虽然仍是世界经济增长最快的地区，但内需疲软、外需不足造成经济增长明显减速，预计 2013 年将放缓到 5%。[②]

2013 年国际油价虽然有所下滑，但布伦特油价迄今仍在每桶 100 美元以上的高位运行；而 2013 年上半年全球粮价走势与 2012 年正好相反，呈现先强后弱态势，全球"粮荒"基本缓解。[③]

在此大环境下，估计 2013 年中东北非地区经济是利空多于利好，这主要是因为全球经济基本面令人担忧，而中东北非经济存在很强的对外依赖。

**1. 国际油价走势趋软，但不大可能暴跌**

由于全球经济增长放缓，尤其是 G3 经济增长前景低于预期，预计全球石油总需求会相对疲软，而供给方面，由于同样面临战后重建问题的伊拉克和利比亚千方百计增产，其增加的供应量预计远大于伊朗减少的石油出口量，这还不算非欧佩克国家尤其是美国的增产潜力，预计 2013 年的原油供给会大幅上升。

而影响国际油价的地缘政治因素方面，由于美欧对伊朗的政策是通过勒紧经济制裁的绳索迫其在核开发问题上就范，而鲁哈尼在当选总统之后也向西方表现出了相对温和与灵活的姿态，2013 年美、欧、以与伊朗发生军事冲突的可能性大幅降低；而叙利亚问题随着国际势力的插手虽有不断升级之势，甚至会有蔓延到邻国黎巴嫩的可能，但对中东主要产油国的安全和国际石油通道不

---

① IMF：《世界经济展望最新预测》，2013 年 7 月 9 日，第 2 页。

② IMF：《新兴市场的减速加剧了全球经济的困局》，2013 年 7 月 9 日，第 1 页。

③ 《2013 年全球粮食价格走势预测分析》，中商情报网，2013 年 6 月 26 日，http：//www. askci. com/news/201306/26/2617512532361. shtml。

会产生太大威胁；国内政治突变的埃及在军方的掌控下也不太可能出现大的动荡而威胁到苏伊士运河的通航，相反埃及军方会努力维持国内稳定。因此，国际资本在地缘政治问题上的炒作空间相对较小。

因而，如果抛开季节性因素，国际油价在2013年总体将呈现下行的趋势。同时由于作为能源消费增量最大国家的中国和印度，[①] 其2013年经济增长率预计仍高达7.8%和5.6%[②]——中国经济增长将与2012年持平，印度经济增长相较2012年还有所加速，因此，中印两国2013年的能源需求增量估计仍会领涨全球。而根据季节性因素，2013年下半年，美、日、韩等国的石油需求将会增长，这对国际石油总需求将形成一个基本的支撑。相应的，5月31日欧佩克维也纳会议要求坚守目前3000万桶的最高日产量不变。[③] 如果原油价格下跌幅度过大，欧佩克尤其是沙特阿拉伯会启动产量调节手段，从而支撑起目前各方都能接受的100美元/桶的心理价位。再者，努力开发页岩油的美国也不希望国际油价跌破其开采成本。因此，国际资本炒作新兴经济体增长放缓做空油价的空间也不会太大。IMF在2013年4月《世界经济展望》中提醒的国际油价持续大跌的可能性并不大。

基于以上分析，2013年的国际油价总体会比2012年略有降低，基本会在100美元/桶左右震荡运行，因而2013年的国际油价不太可能给中东国家经济造成大起大落的冲击。

**2. 油价下降会拉低中东经济增长**

由于全球经济增长放缓，国际油价预期下滑，中东石油出口国的石油总产量可能会有所降低，因此，与2012年中东石油GDP增长4.25%相比，预计2013年中东石油总GDP会停滞不前甚至可能负增长。加上中东大多数石油出口国的财政和经常项目平衡对油价敏感，并且近两年不少国家在基础设施和公共支出尤其是公共部门薪资和社会补贴方面投入巨大，油价下跌可能会给不少石油出口国造成财政赤字，其中甚至包括沙特阿拉伯。据IMF估算，2012年

---

① "所有消费净增量来自新兴经济体，仅中印两国就占了全球能源消费净增量的近90%。" 参见 *BP Statistical Review of World Energy*, June 2013, p. 2。

② IMF：《世界经济展望最新预测》，2013年7月9日，第2页。

③ *OPEC 163rd Meeting Concludes*, http：//www. opec. org/opec_ web/en/press_ room/2553. htm.

石油出口国经常项目的总盈余接近其历史纪录的 4000 亿美元，但是如果油价下跌 10%，其盈余就会减少约 1500 亿美元。① 如果按照 100 美元/桶的心理价位计算，2013 年的油价比 2012 年 111.67 美元/桶的平均价要少近 12 美元。这不可能不给中东石油出口国的经济造成一定的冲击。

而对中东北非的石油进口国来说，油价下跌是一项大的利好，加上粮价回归正常，其通货膨胀和进口会得到很大改善。但鉴于中东北非的石油进口国存在很强的对外依赖，尤其是北非国家对欧洲经济的严重依赖，在全球经济下行、欧债危机不断深化的情况下，其货物出口和外国直接投资会出现双双下滑的局面，主要客源地欧洲的游客人数也会减少，侨汇收入也会降低，这将恶化石油进口国庞大的财政和经常项目赤字，直接拉低其经济增长，并恶化其本就严峻的就业形势。如果没有恰当的国内政策支撑和国际支持，本就不太稳定的转型中的石油进口国将会面临严重的国内政治问题。

因此，2013 年的中东北非经济面临较多的下行风险，IMF 预测其 2013 年增长率为 3.0%，将比 2012 年下滑 1.5 个百分点。②

# Middle East Economy 2012：Split into Two Worlds by the High Oil and Food Prices

*Jiang Mingxin*

**Abstract**：Under the impact of the five major factors of the world economy, as well as the spill-over effects of the "Arab Spring" and of the escalation of the Syrian civil war, the Middle East economy in 2012 has demonstrated its distinctive features. First, on the basis of the energy production and exporting capacity, the sustained high prices in the international oil market has divided the Middle East into two speeds, two worlds：most oil-exporting economies boomed as the financial

① IMF, *Regional Economic Outlook*, *Middle East and Central Asian*, November 2012, p. 5.
② IMF：《世界经济展望最新预测》，2013 年 7 月 9 日，第 2 页。

performances of the oil-importing economies deteriorated, while the economic imbalance in the oil-importing economies was further exacerbated by the high food prices. Second, the lagging effects of the "Arab Spring" and the ongoing Syrian Civil War have made tremendous impact, directly or indirectly, on the economic development and its policy-making in most Middle East countries. On the one hand, to satisfy the extensive subsidies and salary requirements of the people exacerbates the financial positions of the Middle East countries concerned, thus restricts their economic growth. On the other hand, the prospect of domestic and regional social unrest increases the anxiety of the Middle East authorities as the result of the homogenization of social psychology among the populace and the rise of Islamic political forces in most Middle East countries, and obliges the economic policies of the divergent political forces, especially that of the incumbent governments, convergent to satisfy the populist requirements.

**Key Words**: Middle East Economy; Food Prices; Oil Prices

# Y.15
# 中东的人口问题与可持续发展

仝　菲*

摘　要：

人口增长过快、人口结构低龄化、人口分布不均衡和人口素质亟待提高是中东国家可持续发展面临的挑战。上述人口问题得不到解决，中东国家就无法从根本上解决经济增长滞后、失业率高、贫富差距大和社会动荡等问题，也不可能解决可持续发展问题。解决中东国家人口问题的出路在于采取切实可行的措施控制人口数量，提高人口素质。

关键词：

中东　经济　人口　可持续发展

中东国家人口增长速度过快、人口结构低龄化、人口分布不均衡，以及人口素质亟待提高等问题是中东国家多年来一直难以解决的人口问题。人口问题的实质，归根结底就是发展问题。而可持续发展是传统发展观的进化和升华，可持续发展问题包含人口、资源、环境、社会和经济等多个领域的可持续发展，其中心问题是人的问题。中东国家由于上述人口特征带来了很多诸如经济增长滞后、失业率高、贫富差距不断加大、城市化进程过快、政治动荡不安等影响可持续发展的问题。每个国家或者地区都存在这样那样的人口问题与可持续发展问题，只不过相比之下这些问题在中东国家更突出，解决难度更大。

---

\* 仝菲，中国社会科学院西亚非洲研究所副研究员，博士，主要研究方向为中东经济和社会发展问题。

# 一 人口问题与可持续发展

人口问题一般包括人口数量、人口素质以及人口的结构和分布问题。人口增长速度过快就会出现人口与资源环境、社会经济发展之间的不协调的问题，因此人口问题的实质是考察人口再生产是否与物质资料再生产和经济增长的比例协调的问题。人口问题的主要任务是考察一个国家或地区在一定时期内的人口数量、人口质量和人口结构是否与其物质生产资料和社会发展阶段相适应和协调的问题。

可持续发展是关于自然、科学技术、经济、社会协调发展的理论和战略，是科学发展观的基本要求之一。"可持续发展"的提法最早出现于1980年国际自然保护同盟的《世界自然资源保护大纲》："必须研究自然的、社会的、生态的、经济的以及利用自然资源过程中的基本关系，以确保全球的可持续发展。"1981年美国布朗（Lester R. Brown）出版了《建设一个可持续发展的社会》，提出以控制人口增长、保护资源基础和开发再生能源来实现可持续发展。1987年，世界环境与发展委员会出版了《我们共同的未来》报告，将可持续发展定义为："既能满足当代人的需要，又不对后代人满足其需要的能力构成危害的发展。"它系统阐述了可持续发展的思想。

可持续发展理论涉及人口、资源、环境、经济和社会等多个领域。1994年在开罗召开的联合国国际人口与发展会议通过的《行动纲领》指出，"可持续发展问题的中心是人"，突出了人口在可持续发展中的地位和作用，认为应充分认识和妥善处理人口、资源、环境和发展之间的相互关系，寻求它们之间的协调和平衡。人口与经济、社会、环境的可持续发展归根结底还是要以人口与资源能否达到"协调一致"和"互动平衡"为转移，人口与资源的可持续发展是全部可持续发展的条件，是制约可持续发展的终极因素。[①]

资源分为自然资源和社会资源两大类。自然资源又可分为可再生资源

---

[①] 田雪原：《人口与资源的可持续发展》，《田雪原文集》，上海辞书出版社，2005，第287～288页。

和不可再生资源。随着人口数量的不断增加和对资源需求量的扩大，无论哪种资源都会面临资源稀缺的问题。世界上很多地区和国家已经出现了对自然资源过度开发和利用的现象。人类是实现资源可持续利用的主导力量。如果无视自然界客观规律，一味追求单纯的经济发展，就会使资源枯竭、环境污染、生态平衡遭到破坏。反之，如果人类重视合理利用环境资源，并通过合理的方式控制人口数量，就能够使自然资源得到合理的利用和保护，环境和生态得到有效的治理和维护，从而实现人与环境资源的可持续发展。

## 二　中东国家面临的主要人口问题

中东国家的人口增长、人口结构、人口分布问题和人口素质问题一直与该地区的经济和社会发展、政治稳定密切相关。中东国家的人口增长速度居高不下、人口结构年轻化趋势日益明显、人口分布不均衡、人口素质亟待提高等人口问题得不到妥善的解决，会给可持续发展埋下很大的隐患。

### 1. 中东国家人口增长迅速

经济学家的研究表明，人口每增长 1%，国民生产总值中用于人口投资的部分就要增加 3%。因此，人口的增长必须与物质生活资料的生产保持协调的比例。中东地区的人口增长速度在全球一直处于领先地位。人口增长速度过快，是经济贫困问题日益突出的一个重要原因。根据联合国有关资料，西亚和北非生育率最高的阶段分别为 1950～1955 年和 1960～1965 年，生育率分别为 6.49% 和 7.06%。这两个地区人口生育率开始下降的年份分别是 1965 年和 1970 年。[①] 世界银行报告《世界人口的增长》数据显示，1980 年和 1995 年中东和北非的平均人口生育率分别为 6.1% 和 4.2%。[②]

---

① 《世界人口的增长》，第 15 页图，世界银行网站，http://www.worldbank.org/depweb/chinese/beyond/pdf/beg_03.pdf。

② 《世界人口的增长》，第 15 页图，世界银行网站，http://www.worldbank.org/depweb/chinese/beyond/pdf/beg_03.pdf。

以埃及为例。埃及是中东地区人口最多的国家。1882 年埃及进行第一次人口普查，当时全国有 670 万人。1980 年的时候，埃及人口 4400 万，1986 年为 5050 万。此后埃及每 10 年平均增长人口数为 1000 万，大约每 23 秒钟埃及就有一名新生儿呱呱坠地。2007 年 4 月，人口普查结果显示，埃及人口已经突破了 7600 万，比 1996 年的 6100 万增长了 24.5%。人口极度膨胀严重影响埃及的社会、经济发展，给粮食、教育、就业、社会治安、生态环境和医疗卫生事业带来许多难题，造成失业严重、社会秩序混乱、交通拥挤、住房紧张、物价上涨等社会现象。2007 年埃及全国 32% 的人是 15 岁以下的儿童，文盲率为 29%。[①]

埃及与其所在的北非地区其他中东国家一样面临人口增长迅速的问题，虽然它自 20 世纪 80 年代中期就开始实施名为"计划生育国民计划"的国家人口战略。该人口战略采取的措施主要有建立计划生育服务中心，免费提供计生用品，定期派医护人员下乡宣传和解释计划生育政策的合理性和重要性。2006 年，埃及有关方面共进行了 360 万人次的家访，向近 50 万个家庭的 160 万名育龄妇女宣传了计划生育政策、普及计生知识。即便如此，埃及农村人观念陈旧，对计划生育阻挠反对，城里人也常钻空子。因此，埃及计划生育政策执行得并不十分理想。[②]

无论是北非的中东国家还是西亚地区的中东国家，人口增长迅速的主要原因大致相同。主要受如下几个因素影响。宗教观念的影响。在一些宗教观念中，堕胎和流产被认为是对生命的亵渎，因此这些国家不仅不实施计划生育，一些国家甚至还鼓励多生育。反对计划生育的伊斯兰学者形成了系统的观点，认为人口控制不符合伊斯兰文化传统，安拉才是人口的真正控制者和计划者，世人无权染指安拉的主权；计划生育有害无益，它势必导致身心的、道德的和社会的危害，并因此减少需求、就业，导致经济衰退。其观点是解决世界人口过剩的唯一方案是"充分利用安拉的资源和坚持不懈地努力发现新资源"。在

① 黄培昭：《非洲人口增长敲响警钟，人口构成呈现低龄化趋势》，中国网，2007 年 4 月 7 日，http：//www. china. com. cn/international/txt/2007 - 04/07/content_ 8080544. html。
② 黄培昭：《非洲人口增长敲响警钟，人口构成呈现低龄化趋势》，中国网，2007 年 4 月 7 日，http：//www. china. com. cn/international/txt/2007 - 04/07/content_ 8080544. html。

这种观念下，许多国家的计划生育工作举步维艰，广播电视、报刊等舆论工具对避孕、堕胎等问题都采取回避态度。有的国家还鼓励生育，实行人口控制的国家政策实施效果也不理想。①

另外，一夫多妻制、早婚等风俗习惯都是中东国家人口数量迅速增长的因素。

**2. 中东国家人口增长的特点是高出生率、低死亡率和高自然增长率**

中东国家 95% 以上的人口信仰伊斯兰教，伊斯兰教鼓励生育。因此，历史传统和宗教信仰影响是中东国家人口呈现高生育率、高自然增长率的因素之一。

1953 年，绝大多数中东国家的人口出生率高达 4.5‰ ~ 5.0‰ 左右，除了塞浦路斯和以色列平均每个妇女生育孩子的数量分别为 2.8 个和 3.7 个，其他国家每个妇女一般有 7 个孩子。1962 年以后，埃及和土耳其等国家开始推行计划生育。20 世纪 70 年代中期，15 ~ 44 岁已婚妇女采用避孕措施的比例不高，土耳其达 37%，南黎巴嫩地区为 35%，约旦为 24%，伊朗为 23%，叙利亚 22%，埃及为 21%。② 1995 ~ 2000 年，阿拉伯国家的生育指标有所下降，每个妇女一般有 4.1 个孩子。2009 年，世界卫生组织的报告显示，科威特在中东地区 22 个国家中人口年增长率为 9.3‰，排名第一；阿联酋为 6.2‰，卡塔尔为 5.2‰。③

历史上，中东地区由于自然条件艰苦、经济落后、战争频发和医疗卫生条件差等原因，人口自然增长率低。20 世纪 70 年代以来，中东国家医疗卫生事业取得了引人注目的成就，从中央政府为医疗卫生事业投入的人均数字看，绝大多数中东国家均高于同档次国家的总平均数。1980 年，世界下、中等收入国家人均医疗卫生的支出为 5 美元，而埃及、土耳其和约旦分别为 6 美元、9 美元、12 美元；上、中等收入国家如伊朗为 23 美元，高收入石油出口国科威特为 154 美元，阿联酋为 200 美元。海湾各国建国后先后实行了

---

① 车效梅：《中东城市化的原因、特点与发展趋势》，《西亚非洲》2006 年第 4 期，第 45 ~ 46 页。
② 车效梅：《中东城市化的原因、特点与发展趋势》，《西亚非洲》2006 年第 4 期，第 45 ~ 46 页。
③ 《科威特在中东地区人口增长最快》，中国商务部网站，2009 年 8 月 13 日，http://www.mofcom.gov.cn/aarticle/i/jyjl/k/200908/20090806456761.html。

免费医疗制度，医疗卫生事业的进步为中东地区人口迅速增长提供了有力保障。根据世界银行的统计数字，1960~1981年，粗出生率下降30%的只有黎巴嫩和阿联酋，而同期粗死亡率除阿富汗和原阿拉伯也门外，都下降了30%以上。1950年，中东18国的人口为9291万，到1998年为31123万，年平均增长率为2.5%。1950~1998年大多数中东国家人口平均增长率为2.3%~3.1%，低于2.3%的有阿富汗、黎巴嫩和塞浦路斯，而人口增长率最高的卡塔尔竟达7.8%。到2002年上半年，中东地区人口增长率为2%，而世界平均为1.2%。医疗条件的改善，也使中东国家人口寿命延长，如沙特1970~1975年人均寿命为53.9岁（世界人均寿命为59.9岁），而1995~2000年，沙特的人均寿命已达70.9岁（世界人均寿命为66.4岁）。① 经济发展和医疗条件的改善，给中东国家人口呈现高出生率、低死亡率和高自然增长率的特点提供了客观条件。

**3. 人口结构呈低龄化趋势，人口分布不均衡**

人口的构成、分布和可持续发展的关系紧密。人口构成对社会经济的可持续发展有重要影响。当人口年龄构成中劳动年龄人口比重大时，就能够为经济发展提供充足的劳动力；反之，人口结构老化的国家不仅无法为经济发展提供必要的劳动力，而且社会养老负担过重，给经济和社会发展造成沉重负担。

联合国人口基金会在《2011年人口状况报告》中指出，全球70亿人口中有18亿年轻人，这18亿中有90%生活在发展中国家。有资料显示，1980年，北非和西亚人口约为2.3亿，2010年增至4.4亿，几乎翻了一番。随着人口数量的增加，与发达国家的老龄化形成鲜明对比，该地区人口结构的年轻化趋势也日益明显（24岁以下人口超过50%）。舆论认为，如果发展中国家增加在教育、卫生等领域的投入，提高年轻人的素质，未来就可以为国家发展带来巨大的"人口红利"。大多数发展中国家人口呈现年轻化趋势，年轻人口的增加会对这些国家的国内社会变革起到正面作用。② 2011年以来席卷西亚北非地

---

① 车效梅：《中东城市化的原因、特点与发展趋势》，《西亚非洲》2006年第4期，第45页。
② 《人口增长不平衡，穷国富国都头疼》，《南方日报》2011年11月1日，第A09版，http://epaper.nfdaily.cn/html/2011-11/01/content_7020961.htm。

区国家的"阿拉伯之春"运动就是由年轻人推动，从最初的民生诉求迅速发展为矛头直指执政当局的革命，并且在埃及、突尼斯、利比亚、也门等国家实现了政权更迭的。

中东地区的国家多属于年轻社会，人口增长率及年轻人口占全国人口的比重均显著高于世界其他地区。人口出生率居高不下，就会形成大量剩余劳动力。大批的年轻人口失业，基本的生活保障和社会福利等问题得不到妥善解决，并伴随日益突出的贫富差距和社会腐败现象。许多青年人感觉不到生存的希望，社会中蕴藏着巨大的不安定因素。埃及现有人口8400多万，其中25岁以下的就占到一半。[1] 在突尼斯，革命运动缘起于2010年12月一名在街头售卖水果和蔬菜的26岁青年，遭执法人员粗暴对待后自焚。事发后，当地居民为声援该青年与国民卫队发生冲突，并相继在全国多处地区发生大规模社会骚乱和流血冲突。最终政权被推翻，突尼斯前总统本·阿里出逃后客死异乡。本·阿里执政期间，突尼斯失业率高达约14%，其中青年人失业率高达52%。[2] 在突尼斯和埃及的政变中，激进的青年人成为运动的主力军，与社会的年龄结构有密切的联系。[3]

联合国相关报告认为，人口年龄结构的变化对经济增长影响重大，人口增长能否与经济和社会发展相适应是人口问题的主要标准。中东的"青年膨胀"暴露出部分中东国家尚未解决好教育和就业问题，所以青年人失业率高；而欧洲的"老年膨胀"现象则显示欧洲国家没有解决好经济发展乏力问题，因此人们的福利无法像以前那样维持。[4]

人口分布与资源利用和经济结构布局紧密相关。人口分布不均的情况下，人口密集的地区就会出现资源和环境承载压力过大，人均占有资源的数量减少

① 程亚文：《第三波世界人口变迁与政治重塑》，中国改革论坛网，2012年5月21日，http://www.chinareform.org.cn/Explore/explore/201205/t20120521_142408_3.htm。

② 《突尼斯前总统本·阿里的家族经济》，财识网，2011年1月21日，http://www.21fd.cn/a/guanshijie/2011/0121/18549.html。

③ 《中东北非剧变及其对中国的影响》，新浪网，2011年5月21日，http://finance.sina.com.cn/emba/bimbasf/20110521/09369878372.shtml。

④ 《联合国发布人口展望，称世界人口世纪末或超百亿》，西部网，2011年5月7日，http://news.cnwest.com/content/2011-05/07/content_4544819.htm。

的问题，导致一系列资源和环境问题的出现；自然环境较差，人口稀少的地区就会出现人力资源短缺问题，地区资源的开发和利用滞后，经济发展缓慢。中东国家地处干旱的亚热带地区，由于沙漠、山地和高原广布，平原面积狭小，人口分布不均衡现象严重。

埃及是一个沙漠占国土面积95%以上的国家，5%适合人类居住的地区集中在像开罗这样的大城市以及尼罗河三角洲一带。埃及中央统计局公布的人口普查结果显示，包括生活在国外的800万埃及人在内，2012年埃及全国人口总数已超过9000万。为了更好地生存，人们纷纷涌往城市，产生了过度城市化的现象。国内人口的8.2%即820万人集中在首都开罗。目前，包括吉萨省和盖勒尤卜省在内的所谓大开罗地区，人口已经达到2000多万，占埃及全国人口的近1/4。这些地区城市出现了住房紧张、失业严重、交通拥挤、物价上涨、贫富悬殊、水电匮乏等社会现象。不少人因为无处栖身，索性就住在"死人城"里。"死人城"原本是一片有着数百年悠久历史的墓地，位于开罗城东南。一些穷人迫不得已在其中借宿，目前在"死人城"居住的人越来越多。他们在坟茔边建起了大片大片的简陋房屋，形成了死者与生者共居一地的独特景观。① 人口高度集中使得尼罗河流域的狭小区域拥挤不堪，资源严重匮乏，很多人挣扎在贫困线以下，连温饱问题都无法解决。

在海湾地区人口分布不均衡的现象也十分严重，海湾国家的人口多集中在沿海城市和绿洲等地区，广袤的沙漠地区几乎无人居住。2013年，阿曼全国人口383万，其中首都所在的马斯喀特省有人口115万，巴提纳区有97万人，仅这两个省区就聚集了全国55%的人口。② 2013年，美国中央情报局网站资料显示，卡塔尔全国人口204万，其中96%的人口分布在城市。沙特阿拉伯全国人口2694万，城市化比例为82%。巴林人口约128万，城市化比例为89%。科威特全国人口约270万，城市化比例为98%。阿联酋人口总数为547

---

① 黄培昭：《人口膨胀给埃及敲响警钟》，人民网，2012年5月7日，http：//world. people. com. cn/GB/17826389. html。

② 《阿曼人口增长达383万新高》，中国商务部网站，2013年4月24日，http：//www. mofcom. gov. cn/article/i/jyjl/k/201304/20130400100653. shtml。

万，城市化比例为84％。① 大量人口涌进城市，造成了过度城市化，继而引发了资源短缺、环境污染、失业率上升、社会治安恶化、经济发展延缓等一系列问题。

采取适度措施控制中东国家人口结构低龄化、人口分布不均衡的问题，对于解决失业问题、有效利用自然资源、减轻环境压力、维护社会治安和促进经济可持续发展有重要的意义。

### 4. 中东国家的人口素质发展状况

可持续发展观不同于传统发展观，是人类对自身发展阶段认识的一次飞跃。随着社会进步，经济发展已经开始从依靠人口数量转向依靠人口素质，人口素质高低决定一个国家的智力水平、科技水平和教育水平。高素质的人口是生产力发展的动力，是科技进步的源泉，是实现可持续发展技术要求的基本保证。它能够从各个方面影响可持续发展，包括资源的高效利用、科技教育水平的提高、环境承载力的提高、人口生育率的下降等。人口素质对经济发展的影响将会越来越大。②

人口受教育的状况决定人口的科学文化素质高低。中东国家的殖民地历史造成其教育发展落后、大量文盲存在的人口素质现状。中东国家文盲率普遍达50％，妇女文盲率更高达80％。在20世纪70年代前，很多中东国家没有现代意义上的学校。传统的教育模式从小学生到接受高级教育的学生都是学习阿拉伯语，背诵《古兰经》。接受较高级教育的学生主要在清真寺背诵神学、圣训和法学。该教育制度的核心是宗教教育，目的是加强人们的宗教信仰，培养宗教知识人才。近现代，遭受了殖民主义者统治的中东国家纷纷把培养合格人才作为各国教育的首要课题，把教育作为头等任务之一。埃及的教育发展在中东国家是起步较早的。在奥斯曼帝国时期，埃及省督穆罕默德·阿里就建立了

---

① 美国中央情报局网站，2013年5月15日更新的各国情况：卡塔尔：https：//www. cia. gov/ library/publications/the－world－factbook/geos/qa. html；沙特阿拉伯：https：//www. cia. gov/ library/publications/the－world－factbook/geos/sa. html；巴林：https：//www. cia. gov/library/ publications/the－world－factbook/geos/ba. html；科威特：https：//www. cia. gov/library/ publications/the－world－factbook/geos/ku. html；阿联酋：https：//www. cia. gov/library/ publications/the－world－factbook/geos/ae. html。

② 邱红编《人口学概论》，中央广播电视大学出版社，2011，第158页。

一套优先发展高等教育，然后是中等教育的教育模式。奥斯曼帝国还开办了许多军事学校和职业学校，如1827年在首都建立的医学院，1831年、1834年建立的帝国音乐学院和军事科学院。随着西方殖民主义者的入侵，传教士也纷纷在阿拉伯世界创办西式学校。到19世纪末，以法国人为主的天主教徒和以美国人为主的新教徒创办了一批著名的高等学校。其中有1866年美国传教士在贝鲁特创建的叙利亚新教学院，1875年在贝鲁特开办的圣约瑟夫耶稣大学，1885年在黎巴嫩建立的美国大学等。西方学校打破了中东国家对女子教育的限制。1858年奥斯曼帝国开办了第一所女子中学，随后相继创办了女子职业学校和第一所女子师范学校。一些有钱的家庭则开始为女孩子聘请西方的女家庭教师。在殖民主义的压迫下，阿拉伯世界的教育发展受到很大的限制，新式教育无法惠及广大群众。在海湾地区，第二次世界大战之前几乎不存在现代教育。[1] 1980年，除黎巴嫩和科威特以外，中东国家的文盲比例都高于40%，摩洛哥文盲比例高达74%，苏丹为78%，沙特阿拉伯为84%，阿拉伯也门共和国甚至高达92%。[2]

二战后经过几十年的发展，1960~1991年，阿拉伯国家的教育事业取得了引人注目的进步。中小学在校学生人数从800万猛增到4600万，成人的识字率从1970年的30%上升到1992年的54%。2000年，阿拉伯国家共有大学203所，其中65所是在1975~1989年间建立的，54所是在20世纪90年代建立的（其中36所在苏丹、约旦和也门），32所是2000年以后建立的。此外，许多阿拉伯国家还建立了不少社区学院、高等技术教育研究院、技术专科学院等新型院校。相比其他中东国家，埃及的教育事业起步早，发展水平也较高。1996年其初等教育和中等教育的普及率分别为93%和68%。[3] 埃及15~35岁年龄段的文盲率由2007年的29.7%降至2008年的27.4%，10~15岁儿童失学率为4.5%。[4] 根

<hr />

① 车效梅：《中东国家的教育：发展和局限》，《纪念〈教育史研究〉创刊二十周年论文集》（17），第1342~1343页。

② 里阿德·巴希杰·塔巴拉：《阿拉伯世界发展中的人口和人力资源》，《人口研究》1981年第S1期，第62页。

③ 车效梅：《中东国家的教育：发展和局限》，《纪念〈教育史研究〉创刊二十周年论文集》（17），第1342~1343页。

④ 《世界知识年鉴2010/2011》，世界知识出版社，2011，第275页。

据最新统计，埃及 8500 万人口中文盲比例约为 27%，妇女文盲率高达 69%，15 ~ 35 岁的人口受教育程度低。文盲比例高严重影响劳动力素质，进而制约经济社会发展。①

有丰厚的石油美元作后盾，海湾国家的现代教育的发展在中东国家中非常突出。在沙特，据《沙特公报》报道，2012 年沙特男性文盲率下降 4%，目前，沙特男性识字率已经超过 90%，15 岁以下男性儿童识字率为 89.2%；女性文盲率下降 11%，女性识字率超过 70%，女性儿童识字率为 93.2%。② 沙特阿拉伯皇室家族资助 200 亿美元，建设阿卜杜拉国王科技大学，计划在 2020 年前从世界各地引进优秀教职人员和顶尖的博士后人才。该大学另一个特点就是男女同校，女性可以开车，可以不戴面纱。这在女性权利被严格限制的沙特非常难得，充分体现了该学校"为研究人员提供创造和实验的自由"的精神。③ 在卡塔尔，在首都多哈的郊区建成了卡塔尔教育城，该教育城占地 2500 英亩。目前已经有 7 所美国的大学进驻，其中包括卡内基梅隆大学、威尔康奈尔医学院、得克萨斯农工大学。与该大学城相邻的还有一个由卡塔尔基金会出资 79 亿美元建设的锡德拉医学研究中心（Sidra Medical and Research Center）。2012 年 12 月，正在建设中的该医学研究中心就加入了世界领先的儿科协会——日内瓦国际儿科协会。④ 阿联酋政府重视发展教育事业和培养本国科技人才，实行免费教育制。其教育理念是接受教育是每个公民的权利，政府有义务向所有公民提供受教育的机会。通过基础教育、扫盲和成人教育等多种方式，阿联酋的教育事业在很短的时间里取得了引人注目的进步。在政府的大力倡导和支持下，自 20 世纪 90 年代初至 2000 年，阿联酋扫盲和成人教育成绩斐然。据 1993 年的统计，阿联酋的成人文盲率已从 1975 年的 56.7% 下降到 16.8%。政府的目标是在 2020 年之前消除文盲。现已建成 110 个扫盲中心，

① 《埃及文盲率较高是新政府要重视解决的问题之一》，中国商务部网站，2012 年 7 月 8 日，http：// www. mofcom. gov. cn/aarticle/i/jyjl/k/201207/20120708219327. html。

② 《沙特人口文盲率下降》，中国对外承包工程商会网站，2013 年 4 月 17 日，http：// www. chinca. org/cms/html/main/col286/2013 – 04/17/20130417090602937798979＿ 1. html。

③ 《中东研究报告》，《科学观察》2011 年第 5 期，第 22 页。

④ 《卡塔尔在建医学中心加入世界领先的儿科协会》，美通社（亚洲）香港新闻网，2012 年 12 月 7 日，http：// www. finet. hk/mainsite/newscenter/PRNHKX/2012120717045243e210xprbgs. html。

公立学校 761 所,各类私立学校 420 所,在校学生 57.5 万人,教师 2.4 万余人。① 伊朗政府也十分重视发展教育,实行中、小学免费教育。重视高等教育,并于 1989 年制订高等教育 5 年发展计划,通过提供贷款和给予物质、政策支持等措施鼓励民办高等教育。6 岁以上受教育人口占全国人口的 82.5%。目前伊朗全国共有高等院校 346 所,大学生近 340 万人。德黑兰大学是伊朗著名的高等学府。② 2008 年和 2009 年教育公共开支占伊朗 GDP 的比例分别为 4.8% 和 4.7%。③

中东国家在重视发展教育同时,教育发展战略上也出现过失误。比如在阿拉伯国家高校中,文学、政治和法律等长期居于主导地位,而理工科则长期被忽视。1996 年,大学本科的文科生所占百分比高达 71.3%。1999 年以来,埃及、伊拉克、科威特、阿曼、索马里、叙利亚和突尼斯等国共新建大学 12 所,其中只有 4 所大学强调科学与技术等理科课程,其他的则以人文学科课程为主。这种重文轻理的发展战略使得就业市场上文科毕业生供过于求,出现大批毕业生失业现象,理工科毕业生却供不应求。④ 另外,阿拉伯国家的高校在专业设置和市场需求之间也存在信息不对称的现象。社会需求的专业人员供应不足,另外一些大学毕业生却面临毕业即失业的境况。

中世纪,伊斯兰国家的数学、天文和医学及其他学科知识都曾占据时代的前沿阵地。而殖民统治的历史让它丧失了优势地位,被世界远远地抛在后面。汤森路透(Thomson Reuters)发布的全球系列研究报告表明,中东国家的科学研究相比西方国家已经落后很多。但是 2000~2009 年的近 10 年间,通过对论文数量和引文指标的分析发现,中东地区的研究工作有了很大的进步,出现了良好的发展趋势。如 AP&TME 集团国(由汤森路透选定的 14 个中东国家,作

---

① 《阿联酋国家概况》,中国外交部网站,2013 年 3 月更新,http://www.fmprc.gov.cn/mfa_chn/gjhdq_603914/gj_603916/yz_603918/1206_603946/。
② 《伊朗国家概况》,中国外交部网站,2013 年 3 月更新,http://www.fmprc.gov.cn/mfa_chn/gjhdq_603914/gj_603916/yz_603918/1206_604882/。
③ 世界银行网站统计数据,http://data.worldbank.org.cn/indicator/SE.XPD.TOTL.GD.ZS。
④ 〔也门〕阿卜杜勒哈迪、杨秀玉:《阿拉伯国家高等教育的新进展》,《外国教育研究》2004 年第 5 期第 31 卷,第 16、19 页。

为中东研究报告的研究对象国，包括巴林、埃及、伊朗、伊拉克、约旦、科威特、黎巴嫩、阿曼、卡塔尔、沙特阿拉伯、叙利亚、土耳其、阿联酋和也门）的全球论文份额在 2000～2009 年的 10 年间从低于 2% 增加到高于 4%。论文数量从大约 76 万篇增加到 116 万多篇，论文数量有明显的提高。其中土耳其占了中东地区论文与综述数量的大约 1/2，医学研究领域是其最大的优势学科。2000～2009 年土耳其的论文数量从 5000 篇增长到 22000 篇。同期，伊朗的论文数量从 1300 篇增加到 15000 篇，占了中东地区论文数量的大约 1/4。同期埃及论文数量略低于中东地区论文数量的 1/8，沙特阿拉伯大约为埃及的一半，约旦约为沙特阿拉伯的一半。这 5 个国家的论文数量之和能占到 AP&TME 集团论文总量的 90% 以上。论文数量最少的 5 个国家分别是叙利亚、卡塔尔、伊拉克、巴林和也门，同期这些国家的论文总数量大约是 3000 篇。[①]

汤森路透将 AP&TME 集团国家分为两类，一类国家有 5 个，分别是土耳其、伊朗、埃及、沙特阿拉伯和约旦。数据库资料显示这些国家每年发表论文超过 1000 篇；其余 9 个国家则是二类国家。其中阿联酋在二类国家中表现最为优秀，从 2000 年开始论文数量飞涨，到 2009 年发表论文数量约 900 篇。卡塔尔的论文数量也从 2000 年的 51 篇增加到 2009 年的 230 多篇。伊拉克、卡塔尔和也门的全球论文数量 2000～2009 年都增长了 2 倍多。[②] 这一发展势头显示这些国家在科学研究中蕴藏着巨大的潜力。随着这些国家在教育和科研领域投资的增加，在可以预见的将来，它们的论文发表数量将不断增长。论文数量的增长在一定程度上反映了一个国家在教育和科研方面资金投入的增长水平。

引文指标是某国或某地区的科研影响力的指征，引文率随科学领域的不同而变化，引文数量则随时间的推移而增长。根据论文研究领域、发表时间和实际的引文数量与相对世界平均值比较，最后得到一个相对引文影响指数（世界均值 =1.00）。AP&TME 集团的 5 个一类国家（土耳其、伊朗、埃及、沙特阿拉伯和约旦）论文的影响力在 20 世纪 90 年代为世界平均值的约 1/4，到近

① 《中东研究报告》，《科学观察》2011 年第 5 期，第 21、23、24、25 页。
② 《中东研究报告》，《科学观察》2011 年第 5 期，第 25 页。

期则上升为世界平均水平的约 1/2。2005～2009 年，AP&TME 集团全球论文份额最大的学科是工程学，其次为农业科学，临床医学和化学分列第三、第四位。高被引论文是指在规定的学科领域与发表年份引文数量排名 Top1% 的论文。2000～2009 年，在数学领域，伊朗有 1.7% 的论文为高被引论文，沙特阿拉伯、约旦和埃及的高被引论文分别为 1.5%、1.5%、1.0%。工程学领域，土耳其的高被引论文比例为 1.5%，伊朗为 1.3%。数学与工程领域是 5 个一类国家的高被引论文百分比都相对很高的领域，排名都在第一或第二。埃及与沙特阿拉伯在数学领域中的引文影响力超过了世界平均水平，土耳其在工程领域超过了世界水平。[①]

从这些对比数据中，我们可以看出，中东国家虽然在最近十年的时间里教育和科研工作都取得了明显的进步，但是科研水平还极大地落后于欧洲和部分亚洲国家。而且中东国家之间的教育和科研水平也参差不齐，差距很大，学科发展也不均衡。中东国家整体人口素质水平与发达国家之间，以及地区国家之间的差距依然很大。中东地区国家普遍人口结构年轻化，青年数量庞大。中东国家如果能够提高对教育和科技的投入，这些青年就能够被培养成适应社会发展需求的高素质人口。这种发展模式不仅能够缓解居高不下的失业率，也可为中东国家的可持续发展准备大量的后备人才。

## 三　中东人口问题对可持续发展的影响

人口是制约和实现可持续发展的决定性因素，社会和经济可持续发展的最终目的是满足人的需求，实现人口的可持续发展。人口与可持续发展的关系表现为人口的数量、素质、分布、结构等与可持续发展密切相关，这些因素既可以成为可持续发展的动力，也可以成为可持续发展的阻力。[②] 在分析人口经济效应时，西方人口经济学把经济目标作为确定人口数量的标准，以此来分析人口与经济之间的关系是否适宜。所谓经济适度人口是指其他经济条件均相同

① 《中东研究报告》，《科学观察》2011 年第 5 期，第 25～27 页。
② 邱红编《人口学概论》，中央广播电视大学出版社，2011，第 157～158 页。

时，达到每人平均产量最大值的人口规模。人口对可持续发展的核心影响还体现在对经济发展的作用和影响上。

**1. 中东国家的人口与经济增长**

如果一个国家的生育适龄男女在总人口中所占比例较之以往有所提高的话，那么即使是较低的生育率也不会立即导致这个国家出生率与人口增长速度的降低。人口增长的快慢取决于"人口惯性"，意即在每位母亲生育后代的数目不变甚至更低的情况下，具有生育能力的妇女人数反而在增加。[①] 中东国家处于生育年龄的人口数约占人口总数的50%，因此按照这个人口惯性的概念推理，中东国家的人口增长迅速的势头在短时期内难以遏制。

对于人口增长对社会经济发展的影响，有乐观派和悲观派两个截然不同的观点。乐观派认为人口增长使需求增加，刺激人们去寻找新的资源，推进经济的发展；悲观派则认为人口按现有增长速度增长下去，必将使资源耗尽，污染严重，100年内将引起人口数量的急剧减少。人口过剩与资源稀缺的局面在相当长的一段时间内都是难以扭转的，人口的持续增长将直接导致资源人均占有量的下降。人们不得不对有限的自然资源进行过度的开发与利用，从而造成资源的加速枯竭，生态失衡和环境严重污染。人口的激增也必然伴随消费的增加，而消费的增加就意味着人们对资源需求量的增加和向环境排放废物的增加，环境对人口的承载能力不断受到挑战。

根据国际公认标准，凡是人均水资源拥有量不足5000立方米的国家，即被视为缺水或者半缺水国家。中东是世界上最缺水的地区，没有一个国家达到此标准，中东地区每年可再生的水资源只占全球的0.7%。由于人口增长过快和城市化进程的推进，中东国家人均拥有水资源的数量仍在不断下降，缺水现象还在不断恶化。缺水现象又导致了农业灌溉用水的短缺，进一步影响了粮食产量。中东地区本来可耕地面积就少，粮食供给困难。随着人口的不断增加，人均可耕地面积将变得更少。中东国家长期以来粮食增长率一直低于人口增长率，可以预见，未来对粮食进口的依赖性将更强。

---

① 《世界人口的增长》，第13页，世界银行网站，http：//www.worldbank.org/depweb/chinese/beyond/pdf/beg_03.pdf。

2008 年世界粮食危机爆发，粮食价格不断上升。2010 年 12 月，世界粮食价格指数为 215 点，是 2008 年 9 月以来的最高位。其中谷物价格指数为 238 点，与 2009 年 12 月相比上涨 39%。2010 年 12 月，埃及小麦价格上涨 32%；同年 11 月，阿尔及利亚食糖价格上涨 23.5%，食用油上涨 13.5%；阿富汗一些市场面粉价格涨幅达 46%。中东国家基本食品价格的飙升，对当地居民特别是贫困居民的生活造成了严重影响，是导致突尼斯、埃及等中东国家动乱的直接经济原因。[①] 据统计，2011 年西亚北非地区平均经济增长率从 2010 年的 4.4% 降至 3.9%，预计 2012 年经济增速将降至 3.7%。事实上，如果不考虑石油出口国的因素，本地区其他非产油国的经济增长率已从 2010 年的 5% 以上骤降至 2011 年的 2% 以下。[②] 动乱对这些中东国家的可持续发展造成了不可逆转的破坏。

早在 2003 年埃及前总统穆巴拉克就警告说：“人口增长过快是埃及国内各种社会问题的症结所在，特别是失业、失学等问题。”他当时指出，如果保持目前的人口增长速度，那么已经有 7000 多万人口的埃及，再过 10 年就将拥有 8500 万人口，届时埃及政府将因资源短缺而被迫采取征收重税等措施以解决失业问题，这“会把外国投资者吓跑”。[③] 经济增长会对一个国家的人口素质和人口数量不断提出新的需求，而且随着经济的增长，政府和社会投资教育和人力资源的能力也会不断提高。但是从短期来看，一个经济不发达的发展中国家人口增长过快不但会降低该国的人均 GNP 的值，还会导致国家在每个国民身上投入的资本也相应减少。[④] 因此，处理好经济增长与人口增长这对矛盾，是解决人口与可持续发展问题的关键。

**2. 中东国家的人口与就业问题**

人口和经济是否协调发展的一个重要指标就是劳动力就业比例是否适当。

---

① 车效梅、李晶：《中东城市化与粮食安全》，《阿拉伯世界研究》2011 年第 5 期，第 65、66 页。

② 《中东北非地区经济：动荡之中尚有亮点》，人民网，2012 年 8 月 13 日，http://world.people.com.cn/n/2012/0813/c157278 - 18729976 - 2. html。

③ 黄培昭：《非洲人口增长敲响警钟，人口构成呈现低龄化趋势》，中国网，2007 年 4 月 7 日，http://www.china.com.cn/international/txt/2007 - 04/07/content_ 8080544. html。

④ 《世界人口的增长》，第 14 页，世界银行网站，http://www.worldbank.org/depweb/chinese/beyond/pdf/beg_ 03. pdf。

中东国家的人口出生率一直较高，年轻人口失业比例也高。2009 年统计数据显示，科威特在中东地区 22 个国家中失业率最低，仅为 1%，阿联酋为 4%；索马里失业率最高，为 47%；巴勒斯坦为 26%；利比亚为 17%；也门为 16%；埃及为 11%。① 2011 年席卷中东地区的"阿拉伯之春"运动显示出旧的政治、经济和社会制度无法满足数量庞大的年轻人口的就业和福利诉求，引发了以年轻人为主体的反政府运动。人口增长过快，经济发展速度无法满足由于人口增长带来的对物质资料、就业等方面的需求，年轻人失业率居高不下是这场"阿拉伯之春"运动的重要原因。

以动乱爆发较早并且推翻政权的埃及为例。埃及人口增长迅速，1955 ~ 2000/2001 财年，人口从 2324 万激增至 6648 万，增长了 1.86 倍。埃及人口年增长率超过 2.0%，人口增长过快加剧了失业问题。截至 2008 年 12 月，埃及人口数上升为 7950 万人，失业人口达 201 万人，其中大中专毕业生占了 90%。失业人员中不仅有大批的高校毕业生，还有大批的文盲、从国外返回的劳务人员和军人。失业人员中，女性高于男性 4 倍。埃及至少有 200 万农民流入城市，因此埃及实际失业人数可能达 400 万人。国际金融危机爆发后，一些赴国外工作的劳务人员返乡，使国内原本严峻的失业问题雪上加霜。埃及政府公布的 2007/2008 财年失业率为 8.9%，实际的失业人数可能更高。90% 的失业者是 29 岁以下的青年。2010 年埃及受过高等教育的人口失业率达到 18%，比全国平均失业率高很多。②

为了把失业控制在一定范围内，埃及的年经济增长率必须达到 6% 以上，每年创造 60 万 ~ 80 万的工作岗位，才能够基本满足劳动力市场的就业需求。据统计，1990 ~ 1997 年，埃及平均每年新创造的工作岗位仅为 37 万个。③ 在埃及的失业人群中，接受过高等教育的人群失业率 2002 年为 22.8%，女性毕业生失业率高达 22%。国际货币基金组织前总裁斯特劳斯－卡恩曾说："埃及国内这种高失业率，尤其是青年的失业，再加上国内的高度不平等，很可能导

---

① 《科威特在中东地区人口增长最快，失业率最低》，中国商务部网站，http：//www.mofcom.gov.cn/aarticle/i/jyjl/k/200908/20090806456761.html，2009 年 8 月 13 日。
② 安维华：《埃及政治变局与经济因素》，《热点透视》2011 年 4 期总第 565 期，第 6 ~ 7 页。
③ 谢尧：《埃及对外移民问题研究》，外交学院硕士学位论文，2011，第 32、33 页。

致埃及动乱的社会局面。"埃及经济问题得不到妥善的解决转化成了政治问题，最终政权被推翻。

### 3. 中东国家的人口与贫富差距

在大多数阿拉伯国家中，相当多的人仍生活在贫穷和愚昧之中，挣扎在贫困线以下。目前有关中东国家收入分配和贫穷状况的资料不太容易查找，但是这些国家都有一个共同特点，就是不同社会阶层之间贫富差距很大。集中体现了"马太效应"在收入分配不公现象中的反映，即贫者愈贫，富者愈富。最典型的代表就是在"阿拉伯之春"运动中被推翻的几位前国家总统，他们在下台后都被查出了巨额的非法所得。

突尼斯逃亡总统本·阿里家族所拥有的财富几乎可以用天文数字来形容，整个国家就像是他的家族企业。本·阿里夫人的家族几乎控制了突尼斯所有的重要经济领域。另外，总统的女婿马特里也拥有许多大企业，他涉猎的行业包括汽车、房地产、港口、媒体、银行、广播和电视台、酒店和航空业等。2000年年初，国际货币基金组织要求突尼斯实行私有化以整顿突尼斯经济。总统家族趁机将国有企业据为己有，并利用特权获得银行贷款来收购他们想要的企业，还拖欠贷款造成银行坏账泛滥。突尼斯银行坏账如此之多以至于经合组织向它公开发出警报。法国媒体初步估计本·阿里家族有财产55亿欧元。这些财产大多集中在马耳他和迪拜。①

埃及前总统穆巴拉克的官方工资并不高。根据埃及的一个智库提供的数据，在2007年和2008年，作为总统，穆巴拉克的官方月薪是4750埃及镑。《埃及经济报告》主编艾哈迈德·艾因阿伽表示，自20世纪90年代开始，对国有企业和公共土地的贱卖，令穆巴拉克和埃及商业精英都受益良多。他表示，"私有化是埃及历史上最大的腐败行为，从法老王时期，一直至现在都是如此"。与此同时，穆巴拉克的两个儿子掌握着向外国公司出售在埃及经营特许状的利益网。穆巴拉克家族的绝大部分资金都投资到了欧洲的离岸账户，以及分布在美国和欧洲的高档房地产项目上。据分析，穆巴拉克的财

---

① 《突尼斯前总统本·阿里的家族经济》，财识网，2011 年 1 月 21 日，http：//www.21fd.cn/a/guanshijie/2011/0121/18549.html。

产分布在外国银行、各类投资及黄金中，并散布在伦敦、纽约、巴黎等地。瑞士政府已经下令冻结穆巴拉克在瑞士的资产，在名单中，包括穆巴拉克本人、妻儿和媳妇等亲属。一般资产冻结为期 3 年，瑞士当局希望此举可以防止埃及的国家财产被侵吞。在穆巴拉克时代，拥有 8000 多万国民的埃及，40％的民众每天靠 2 美元为生，对于官员侵占国家财富的批评之声不绝于耳。

沙特法国银行的经济学家约翰·斯法基亚纳基斯（Sfakianakis）表示，"腐败是普遍的，与埃及做生意，几乎不会有没被腐败所涉及的交易业务"。①据法国媒体 2011 年 6 月 21 日报道，埃及一位国家检察官在 6 月 20 日表示当局评估前总统穆巴拉克及其妻子和两个儿子的财产价值 90 亿埃及镑（约合 12 亿美元）。这是埃及官方首次提供穆巴拉克家庭的财产数据。国家检察官马哈茂德（Mahmud al - Hefnawy）表示"来自管理监督部门、非法收入部门和中央账目部门的报告证实了"穆巴拉克的家庭拥有 90 亿埃及镑的财产。穆巴拉克两个儿子的妻子的个人资产也被包括在内。金额的总和由"他们的现金资产和在埃及的公司的股票"组成。②

2011 年 10 月，卡扎菲在利比亚内战中伤重身亡。南非《星期日泰晤士报》报道称，卡扎菲家族藏匿在南非四家银行和两家保安公司中的"现金、黄金和钻石总价高达 10 亿美元"。该报称卡扎菲的海外资产可能多达 800 亿美元，其中近 400 亿美元的巨额资产由他的前办公室负责人巴希尔·萨利赫控制。南非财政部部长普拉温·戈尔丹证实，已与利比亚政府达成共识，将返还该国前政权及前领导人卡扎菲家族的巨额财产。③

也门国内政局动荡和武装冲突导致国家瘫痪，总统萨利赫被迫下台。也门主要反对党一名领导人呼吁西方国家冻结总统阿里·阿卜杜拉·萨利赫的资产，用于偿还国家的外债，并批评萨利赫和他的儿子"不顾一切"地把持权

① 冯凡迪：《穆巴拉克财产之谜》，凤凰网，2011 年 2 月 24 日，http：//news.ifeng.com/world/special/aijisaoluan/content - 2/detail_ 2011_ 02/24/4826315_ 0.shtml？_ from_ ralated。

② 《埃及当局评估穆巴拉克家庭财产价值 12 亿美元》，大洋网，2013 年 6 月 21 日，http：//news.dayoo.com/world/57402/201306/21/57402_ 110129549.htm。

③ 《南非将向利比亚返还卡扎菲财产》，和讯网，2013 年 6 月 15 日，http：//news.hexun.com/2013 - 06 - 15/155167668.html。

力。也门局势混乱前，大约 40% 的也门人每天收入不足 2 美元。①

本·阿里、穆巴拉克和卡扎菲以及也门总统萨利赫在位期间虽然推行过一定程度的变革，但是变革过程中其家族掌握了国家的政治和经济命脉，聚敛了巨额的个人财富，过着穷奢极欲的生活。国内民主改革往往趋于停滞，社会贫富差距悬殊。有相当大一部分百姓生活在贫困线以下。民众对于这些独裁家族的不满和怨恨由来已久，其独裁统治被推翻也就是众望所归了。中东国家总体人口增长速度过快，经济增长难以满足人口快速增长的需求，导致社会和自然资源紧张。由于各国不同程度地存在腐败和贪污现象，少数官员和上层社会在对资源的掌握和把控方面有得天独厚的优势，出现了少数人掌握绝大多数国家资产的现象，不同社会阶层之间的收入和生存状态悬殊，即便是贫困人家的大学毕业生也难以逃脱失业的命运。"马太效应"使生活在贫困和愚昧状态的社会下层百姓更加丧失公平竞争的机会和能力，无法进入主流社会。

### 4. 中东国家的人口与城市化问题

人口日益向城市集中是世界人口发展的一大趋势。随着经济、技术和社会的发展，城市的功能、作用和范围也在不断扩大。一方面，工业化以城市为载体，需要大量的劳动力；另一方面农业劳动生产率的提高使农村出现了大量的剩余劳动力。人口城市化是所有实施工业化国家的必然趋势。人口城市化的核心是农村剩余劳动力转移到城镇。② 但合理的城市化进程必须同产业结构的调整相适应。

中东地区的城市起源已久。据史料证明，世界最早的城市是位于约旦河口、死海北岸的杰里科，距今约有 9000 年的历史。中世纪的伊斯兰城市文明再度辉煌，1800 年时中东是世界上城市化最高的地区。在近代，中东城市人口所占总人口比重不断上升。土耳其城市人口在 1927 年占全部人口的 24.4%；埃及城市人口占全部人口的比例从 1897 年的 17% 升至 1907 年的 19%，1917 年为 20.9%。二战前，中东城市集中分布在土耳其、伊朗和东地

① 《也门反对派要西方冻结萨利赫资产》，新华网，2011 年 8 月 16 日，http：//news. xinhuanet. com/world/2011 - 08/16/c_ 121863590. htm.
② 田雪原：《田雪原文集》，上海辞书出版社，2005，第 283 ~ 284 页。

中海沿岸地区国家。二战后，随着经济的发展和石油的开发，中东国家城市化步伐也不断加快。1960～1970年城市人口年均增长率为5.95%，1970～1975年为5.1%，中东城市人口在12～14年间翻了一番。阿拉伯半岛是中东城市化水平最高的地区，城市人口比例平均超过80%。科威特、卡塔尔、巴林等海合会产油国的城市人口比例在90%以上。两河流域地区国家的城市人口比例也多在70%以上。如约旦为71.9%，伊拉克为75.0%，黎巴嫩为88.0%，以色列为90.8%。[①]

单纯从城市化比例来看，中东国家已经属于较为成熟的城市化阶段，但是从现代化程度这个方面比较，中东各国与发达国家差距悬殊。据联合国公布的"2010年人类发展报告特刊"《国家的真正财富：人类发展进程》的评估，中东18个国家只有以色列的人类发展指数达到0.872，高于西方发达国家中非经合组织国家的平均值0.844，但低于西方发达国家中经合组织国家的平均值0.879。其他中东国家与西方发达国家人类发展指数相比差距更大。阿拉伯国家整体人均发展指数仅为0.558，低于世界平均值0.624。阿拉伯国家整体落后于世界发展水平。[②]

综上所述，中东国家城市化的特点之一是过度城市化。过度城市化的后果之一就是大批青壮年农村人口涌进城市，造成了城市资源需求量大增；而农村多留守老人、妇女和儿童，农业由于缺乏青壮年劳动力而产能不足。特点之二是城市化进程集中在首都和各大城市。像卡塔尔、巴林和科威特这些海湾小国几乎90%的人口都集中在首都地区。目前埃及人口已达9000万，这些人口集中在全国5%适宜居住的国土面积上，仅首都开罗就集中了全国8.2%的人口，即820万。[③] 特点之三是城市化多集中在交通便利、资源丰富的地区或者沿海地带，一些交通闭塞、资源贫乏的内陆城市的城市化进程相对缓慢得多。特点之四是中东国家的城市化发展迅速，工业化程度与城市化发展速度不协调。西方国家城市化发展多建立在工业化基础之上。而中东国家的城市化多与工业化

① 车效梅：《中东城市化的原因、特点与发展趋势》，《西亚非洲》2006年第4期，第42页。
② 王泽壮等：《中东过度城市化与社会稳定》，《史学集刊》2011年第4期，第98页。
③ 黄培昭：《人口膨胀给埃及敲响警钟》，人民网，2012年5月7日，http://world.people.com.cn/GB/17826389.html。

的发展不匹配。如，1975～1980 年，伊拉克城市化比例已经高达 61.4%～65.5%，而 1977 年伊拉克制造业就业者占全国就业人口比例仅为 8.4%，[①] 工业对于劳动力的吸纳能力非常有限。城市化进程过快带来各种城市问题，如，人均资源（粮食、水、电）紧张、失业率居高不下、交通拥挤、住房困难、社会治安恶化、基础设施供应不足、贫富分化严重、环境污染严重等。

## 四　解决人口问题的挑战和出路

长期以来中东国家面临人口增长快、人口素质亟待提高的问题，而且中东国家人口结构年轻化严重，处于育龄阶段的人口基数大，人口迅速增长的趋势难以改变。人口增长过快给国家的可持续发展带来一系列难题，也给提高人口素质增加了难度。人口问题的实质是发展问题，只有下大力气控制人口增长、提高人口素质，才能够从根本上为解决中东国家的可持续发展问题提供保障。

**1. 控制人口增长的挑战和出路**

人口增长过快是困扰中东国家多年的难题。年轻人口过多给中东国家的就业市场带来了巨大的压力。在未来的发展战略上应该在控制人口数量、降低出生率方面多下功夫。措施一：大力推广计划生育政策。中东国家的宗教、多妻制和早婚等传统习俗影响根深蒂固，改变观念相对困难，因此，要在各地特别是广大的农村地区增设妇幼保健机构，通过医务人员的宣讲，普及优生优育的计生知识并免费发放节育药品和用具。措施二：政府通过重奖晚婚晚育和少生优生家庭，起到模范示范作用。措施三：减轻性别歧视，提高女性在社会中的地位，鼓励女性多走出家门参加社会工作。措施四：完善社会保障制度，减少贫富差距。很多例子证明，越是贫穷落后的地区越是生育率高。这些地区的人一般都会有多子多福、老有所养的思想，如果政府能够为他们提供相应的社会保障，消除多子多福的思想根源，则人口增长速度有可能放缓。

**2. 提高人口素质的挑战和出路**

人口素质既包括人口的身体素质也包括人口的文化素质。因此，要提高人

---

① 王泽壮等：《中东过度城市化与社会稳定》，《史学集刊》2011 年第 4 期，第 98 页。

口素质，要从提高人口的受教育水平和身体素质两个方面一起抓。

从西方国家人口增长由迅速到逐渐缓慢下降的过程观察，人口受教育程度的提高与生育率呈负相关关系。受教育程度较高的人群生育率普遍较低。中东国家教育事业起步晚，文盲比例高，因此，中东国家应该加大对教育的投资力度。近几十年来随着对教育重视程度的提高和对教育投资的不断增加，中东国家的教育事业迅速发展，成就斐然。但是鉴于中东国家普遍教育基础薄弱，公民受教育的状况要得到进一步提高，政府就应该继续增加教育投入，在全社会普及义务教育。教育是百年大计，不是一朝一夕能够看到效果的。以日本为例，1905~1960年日本物化资本增长6倍，人力资本教育投资增长22倍。日本全国普及高中教育，大学和研究生数量成倍增长，通过提高劳动者素质，在劳动者人数仅增长70%的情况下，取得了国民收入增长10倍的经济效果。由于培养了一大批科技人才和熟练工人，发展了一系列的新兴产业，在20年的时间里就消除了同欧美国家大约落后30年的科技差距，达到了经济大国和科技发达国家的水平。[①]

另外，中东国家普遍存在重文轻理的不合理的教育结构。因此，增加教育投入的同时应该注重调整教育结构。比如搞好职业培训调研，使教育培训方向与就业市场水平相结合；重点培养一些国内急需专业的高校毕业生和职业技校毕业生，使学生跨出校门后很快就能学以致用，减少失业率。以埃及为例。2010年埃及10岁以上有认读能力的人占人口总数的72%，其中男性占80.3%，女性占63.5%。2004年男女平均受教育年限均为11年（包括小学和初中教育）。2010年埃及15~24岁之间失业人口比例为24.8%，其中男性比例为14.7%，女性为54.1%。[②] 如果能提高他们的教育程度并使之与市场需求相结合，将有助于降低失业率。

中东多数国家仍处在工业化过程之中，工业基础薄弱，技术水平不高。国家还应该加大在科研工作中的投入，在提高公民的科技水平和创新能力方面多下功夫。根据Nature以及伦敦皇家自然知识促进学会统计，伊斯兰会议组织

① 田雪原：《田雪原文集》，上海辞书出版社，2005，第279页。
② 美国中央情报局网站，2013年5月15日更新，https：//www.cia.gov/library/publications/the-world-factbook/geos/eg.html。

的 57 个成员国的研究投资（研发费用与 GDP 的比值）及规模（研究人员数量与人口数量的比值）仅为世界平均水平的 1/4。① 因此，提高中东国家人口受教育水平是非常紧迫和必要的。提高人口受教育水平不仅能够提高中东国家的人口素质，还能够达到控制人口过快增长的目的。

中东国家要提高人口身体素质主要应从以下几个方面采取措施。

禁止近亲结婚。中东国家传统上多有近亲结婚的现象，一是为了保全家族财产不外流，二是因为亲戚之间情况熟悉，方便婚后相处。但近亲结婚不利于优生优育——这也是中东国家残疾人口数量多的一个原因。因此，中东国家应该通过立法或者其他手段来禁止近亲结婚，以提高人口素质。近年来，随着医学和科学知识的普及，近亲结婚的现象在中东国家在逐渐减少。

加大医疗卫生保障力度，从医疗条件的改善开始，改善公民的医疗环境和提高其身体素质。通过大力发展教育和改善医疗卫生条件，培养一大批受教育水平较高、身体素质良好的高素质人才，最终实现控制人口数量、提高人口素质的目标。

# 结　语

人口增长过快、人口分布不均衡造成的过度城市化给中东国家的资源、环境带来巨大压力。农村人口大量涌入城市，造成城市超负荷运转。粮食、水资源和能源供应紧张，环境污染严重。失业率高、贫富差距拉大导致社会动荡不安，甚至引发政权更迭，严重影响社会的可持续发展。大批青壮年离开农村前往城市造成农村劳动力短缺，粮食生产不足，使粮食供应本就紧张的中东国家对进口粮食的依赖性更强了。城市化进程过快给农村和城市的可持续发展都带来了不利影响。

中东国家人口的一个重大特征是劳动年龄人口较长时间保持较高比例，这一方面意味着中东国家具有巨大的人力资源开发潜力，另一方面，劳动年龄人口持续保持高比例增长也会形成巨大的就业压力。如果不能有效地进行人力资

---

① 《中东研究报告》，《科学观察》2011 年第 6 卷第 5 期，第 23 页。

源开发，实现劳动年龄人口的有效就业，就会产生严重的社会问题。"阿拉伯之春"运动就是由青年大量失业引起的，并从民生问题发展为中东国家一系列的社会动荡和国家政权更迭，给中东国家的可持续发展造成严重破坏。

2011 年中东动荡以来，中东地区经济增长放缓，增长率从 2010 年的 4.1% 下降为 2011 年的 3.1% 。发生动乱的国家由于社会稳定遭到破坏，经济陷于崩溃边缘，大规模的外国援助也陷于停滞。动乱国家经济增长率大幅下降，经济发展严重受阻。[①] 解决青年失业问题将是中东国家在相当长一个时期内解决人口问题的首要历史任务。经济发展要惠及广大的民众，让普通百姓能够分享到国家经济发展带来的成果，人民安居乐业，才能为国家政权打下坚实的基础，才能够保持国家的稳定和可持续发展。

# Demographic Problems and Sustainable Development in the Middle East

*Tong Fei*

**Abstract**：The population problem is one of the main challenges in the field of the sustainable development of the Middle East Countries, including the rapid increase and the large scaled young-aged population, unbalanced regional distribution and improvement the quality of the population. And without solving these problems, the Middle East Countries couldn't fundamentally achieve the sustainable development, and the economic growth lag, high rate of unemployment, economic inequality and social instability. Take feasible measures to control the size of population and improve the quality of population is the solution to the population problems of the Middle East Countries.

**Key Words**：Middle East；Economy；Population；Sustainable Development

---

① 陈沫：《中东政局动荡殃及经济发展》，《中东发展报告 No. 14（2011~2012）中东政局动荡的原因和影响》，社会科学文献出版社，2012，第 122 页。

# 市 场 走 向

Market Development

# Ⅹ.16
## 2012 年西亚国家的外国投资<sup>*</sup>

李志鹏**

**摘　要：**

　　2012 年，国际资本流动整体萎缩已经影响到西亚吸收外资。但从中长期来看，该区域经济基本面向好，日益开放的经济合作政策、丰富的资源禀赋以及依靠国家庞大的开支计划，多数国家吸收外资的情况有望保持稳定。另外，在中国"走出去"战略的重要支撑下，中国企业"走出去"赴西亚投资也有望继续保持较快增长。

**关键词：**

　　西亚　外国直接投资

　　2012 年全球外国直接投资 1.35 万亿美元，同比下降了 18%。这一数字表

---

\* 文中数据主要来源于商务部的《对外投资统计公报（2011）》和联合国贸发组织的《世界投资报告（2012）》。

\*\* 李志鹏，商务部国际贸易经济合作研究院副研究员、博士后，主要研究国际投资、工程承包与劳务合作等问题。

明，面对全球经济特别是一些主要经济体经济复苏的脆弱性及政策不确定性，跨国公司对外投资仍十分谨慎，全球外国直接投资复苏势头疲软。这一情况同样也在西亚表现出来，深度分析西亚国家的外国直接投资状况，有利于中国与西亚国家进一步加强合作，发挥各自优势，实现共同发展。

## 一 西亚吸收外资特征

过去几年中，能源价格的持续高企、非石油行业的快速发展、日益开放的外资政策以及相对稳定的投资环境使得资源丰富的西亚地区成为诸多跨国公司青睐的投资目的地。但在全球跨国资本流量萎缩的大背景下，其在吸收外国投资方面主要体现出以下几个特点。

第一，西亚吸收外资的绝对数和占全球吸收外资的比例继续呈现下降势头。根据联合国贸发会议的《2012 年世界投资报告》统计，受国际金融危机影响，西亚地区 2012 年吸收外国直接投资 471.19 亿美元，同比下降了 3.95%，继续保持了 2010 年和 2011 年以来的下滑势头。此前的 2010 年和 2011 年，西亚地区吸收外国投资当年流量同比分别下滑 17.32% 和 17.49%。尽管西亚国家积极改善投资环境以求吸引外资，但近年来国际资本流动放缓等因素还是使得西亚吸收外资水平出现了下降的趋势。2009 年西亚吸收外资占全球吸收外资比重还高达 5.9%，到 2012 年却下降为 3.49%。总体来说，相对于全球平均水平而言，近年来西亚地区在吸收外资方面没有交出一份令其满意的答卷。

第二，土耳其、沙特和阿联酋是西亚吸收外资最多的国家。近年来，土耳其政局稳定，社会安定，经济快速发展，投资环境日益改善，越来越受到外国投资者尤其是欧洲投资者的关注。根据科尔尼（A. T. Kearney）外国直接投资信心指数，2012 年土在全球最具吸引力的外国直接投资目的地榜单中排名第 13 位。2012 年，土耳其吸收外资 124.19 亿美元，已成为西亚地区吸收外国投资体量最大的国家，占整个西亚地区吸收外国直接投资的 26.36%。沙特则由于经济规模和人口优势长期以来处于该地区吸引外国直接投资的重要地位。世界经济论坛发布的 2013 年度全球 144 个国家和地区竞争力排名显示，沙特位居第 18 位，与 2012 年相同。近年来，由于部分西亚国家政治、经济动荡，大量的外国直接投资流向沙特的能源、工

业、金融服务、房地产和承包行业。2012 年沙特吸收外资 121.82 亿美元，占整个西亚国家的 25.85%。截至 2012 年年底，沙特吸收外商直接投资总额 1990 亿美元。另外，对于阿联酋而言，近年来受益于完备的基础设施、重要的战略位置和免税环境，其近年来吸收外国投资一直呈现增长势头，2012 年阿联酋吸收外资高达 96.02 亿美元。据瑞士洛桑管理学院（IMD）最新发布的 2013 年国家竞争力榜单，阿联酋竞争力排名由上年的第 16 位大幅上升至第 8 位，体现出较强的竞争力。

第三，随着一些早期受局势动荡等因素影响的西亚国家局势的稳定，2012 年其吸收外国投资呈明显的恢复性增长。在地区其他国家局势动荡的 2011 年和 2012 年期间，阿联酋吸收外国投资同比分别增长 40% 和 25%，说明社会安定和经济开放凸显了其外资吸引力。对于其他西亚国家而言，随着其国内局势的逐渐稳定，吸收外国投资体现较好的发展势头。战后的伊拉克政府于 2006 年 10 月首次通过了一项国家投资法，旨在开放经济和吸引外国投资，为伊拉克提供一个更加有利的投资环境，同时伊拉克也在积极努力重新融入国际社会，其中一个重要目标就是争取尽早加入世界贸易组织。近年来，随着伊拉克国内局势的逐步稳定，加之其较大范围的基础设施重建活动和油气资源领域对外招标活动的重启，对外资的吸引力加大，2011 年外国直接投资达到了 20.82 亿美元。2012 年伊拉克吸收外国投资继续保持增长势头，当年吸收外国投资 25.49 亿美元，同比增长 22.41%。2011 年巴遭受社会动荡，经济维持了低速增长，2012 年经济出现复苏，国内生产总值达 308 亿美元，同比增长 3.4%，宏观经济形势基本稳定，诸多行业逐渐回暖，同时基础设施和配套保障服务完善、市场辐射带动力强和税负低等多种因素使得其吸收外资稳定增长。2012 年，巴林吸引外国直接投资仍增长 14%，达到 8.9 亿美元。

第四，西亚地区吸收外资的区域和行业都呈现更加分散化的特征，外资集中度在降低。尽管土耳其、沙特和阿联酋依旧是西亚地区吸收外国投资的中坚力量，但是其所占份额在减少。2011 年三国吸收外资的份额占西亚全部份额的 81.61%，但到 2012 年，这一比重下降到 72.59%。主要原因是沙特和土耳其吸收外资的能力大幅下降：2012 年，沙特吸收外国投资同比下降了 25.3%，土耳其则同比下降了 22.61%。两国下降的幅度远高于西亚地区的平均水平。究其原因，劳动力成本迅速提高应是影响沙特吸收外国投资的重要因素。2012

年中，沙特劳工部执行了一系列劳务人员的"沙特化"规定，尽管大幅提升了沙特的就业率（据不完全统计，在 2012 年的前十个月中，该新政已为沙特人创造了 38 万个新工作岗位），但是该新政也暴露出诸多问题，比如大幅提升了企业的运营成本，增加了管理协调成本，削弱了沙特吸收外资的竞争力。再看土耳其。近年来土经常账户的长期赤字导致外债规模较大，联合评级评定土耳其长期外币信用等级为 BB +、长期本币信用等级为 BBB。另外，2002 ~ 2011 年这 9 年间，土耳其 GDP 年均增长率达到 5.2%，但 2012 年土耳其 GDP 仅比上年增长 2.2%，低于此前政府的预期，这些都影响了全球资本市场对土耳其市场的看法，进而影响其吸收外国投资。外资进入该区域的行业领域，也更多地呈现多元化特征。尽管油气依旧是多数西亚国家国民经济的支柱产业和外国投资进入的重点领域，但是其他非油气行业也越来越成为外国投资青睐的领域。比如，房地产近年来成为外国投资者青睐的重要行业。

第五，一些特殊经济区域成为西亚吸收外国投资的重点。面对国际市场引进外资的激烈竞争，西亚国家越来越注重利用一些特殊经济区来吸收外国投资。以迪拜为例，近年来其在吸收外国投资方面可谓可圈可点。据迪拜经济发展局外资办公室发布的数据，2012 年迪拜吸引外资 80 亿美元，比 2011 年的 63 亿美元增长 26%，占全球吸引外资金额的 1.6%，比 2011 年增长 0.2 个百分点，涉及项目包括服务业、旅游、酒店、金融、零售、商业和信息服务、食品、烟草及化学制品等。再比如巴林，其国际投资园项目，占地面积 250 万平方米，交通便利，基础设施齐全，管理有序，重点吸引出口加工、工业配套服务等高附加值项目。西亚地区的投资园区普遍享受较高的政策优惠度，比如巴林国际投资园免征至少 10 年的营业税、所得税，并且 5 年内不受用工本地化指标限制；又比如土耳其的自由经济区内通过各种经济活动所获得的收入免交任何税费，包括收入税、公司税和增值税，且对雇员不收个人所得税。这些园区都吸引了大量的外资公司入驻。

## 二 中国企业赴西亚投资特征

2012 年，我国境内投资者共对全球 141 个国家和地区的 4425 家境外企业

进行了直接投资，累计实现非金融类直接投资 772.2 亿美元，同比增长 28.6%。其中股本投资和其他投资 628.2 亿美元，占 81.4%；利润再投资 144 亿美元，占 18.6%。在中国企业"走出去"快速发展的大背景下，中国企业赴西亚地区投资合作也取得了较快的发展速度。"中国资本"已成为该地区部分国家吸收直接外资的重要组成部分。总体来看，当前中国企业赴西亚地区投资呈现以下特征。

### （一）中国企业投资西亚继续保持较快增长水平

第一，中国对西亚的直接投资是我国对外投资中增长最为迅速的区域之一。2005~2010 年间，中国对西亚投资年均增长高达 57.83%。2011 年，中国对西亚非金融类直接投资 12.7 亿美元，同比增长 21.26%。初步统计显示，2012 年，中国对西亚的非金融类投资超过 16 亿美元，同比增长 25% 以上。西亚地区已成为中国企业"走出去"开展跨国经营的重要区域。以沙特为例。据中国商务部统计，截至 2013 年 5 月，在沙开展业务的中资企业共有 163 家，相比 2011 年年末的 138 家增幅较大，中资企业在沙商务人员超过 3.5 万人。据沙特投资总局的数据，目前中国已成为沙特的主要投资者，2011 年位列外国投资者的第四位，仅次于美国、法国、科威特。再以阿联酋为例。初步统计，2012 年中国对伊朗非金融类直接投资额超过 7.5 亿美元，同比增长超过 21%，涉及钢铁、建材、建筑机械、五金、化工等多个行业。截至 2013 年 7 月，在伊朗开展业务的中资企业共有 102 家，而在 2011 年年末，在伊朗开展业务的中资企业仅有 72 家。

第二，对西亚直接投资的国别覆盖率高。中国商务部发布的《2011 年对外直接投资统计公报》显示，截至 2011 年年底，中国的境外企业共分布在全球有对外直接投资统计的 178 个国家和地区，其中对西亚的投资，除了巴勒斯坦以外，其他国家和地区均有涉及，覆盖率高于欧洲（71%）、北美（75%）、拉丁美洲（57%）和大洋洲（40%）。

第三，中国对西亚投资集中度较高。从区域来看，中国对西亚的投资主要集中在伊朗、阿联酋和沙特。2011 年，中国对三国分别投资 6.16 亿美元、3.15 亿美元和 1.23 亿美元，当年对这三国的投资占到对西亚地区全部投资的

82.88%，2012 年这一比重仍高达 82.47%。在其他国家，中国企业投资则相对较少。比如，截至 2012 年年底，中国在黎巴嫩直接投资总额仅为 300 万美元左右，在黎中资企业数目仅为 7 家。约旦的情况也类似。根据中国商务部统计，截至 2011 年年底，中方在约累计直接投资额 1281 万美元，2012 年中国对约旦则仅有数十万美元直接投资。截至 2013 年 7 月，在约旦含办事处在内的各类中资企业机构仅 18 家。

## （二）双边各领域投资合作不断深化

近年来，双方在资源化工、制造业和商贸物流业等领域进行了较为深入的合作，发挥了中国和西亚产业结构互补性强的优势，取得较好效果。

第一，资源化工类投资合作向深加工领域和配套产业拓展。资源领域一直是我国对西亚对外投资的重点领域。2012 年年初至 2013 年 7 月间，在中国商务部门新增备案的赴西亚投资的化工类企业超过 10 家。我们也注意到，尽管石油和能源产业为海湾地区的发展作出了巨大贡献，但未来其更关注在该行业拓展深加工领域能提供更多投资机会。比如，沙特认为，尽管其石油和能源行业已经取得了诸多成就，这一行业仍然极具发展前景，沙特已采取措施提高该行业附加值，鼓励在下游炼化、制造、工程、建筑等领域建立相关产业和配套服务业。当前中国企业注重配合当地的政策引导，积极在资源产业的下游领域和其他配套服务方面进行相关投资合作活动。比如，2012 年年初，中石化集团公司与沙特阿美石油公司签署合同，投资 85 亿美元在沙特延布合资建造一座全转换炼油厂，每天产能为 40 万桶重油。中国化工集团则完成了总投资 24 亿美元的对以色列马克西姆·阿甘公司这家世界著名的农用化学品生产商和销售商的收购。该项目也成为中以两国最大的投资合作项目。又比如，2013 年，中石化炼化工程股份公司在阿联酋阿布扎比的分公司，积极在当地开展化工和储运工程总承包、炼化工生产装置操作及维护服务承包等化学工程类服务。这些都大大延展了双方在资源产业领域合作的产业链条。

第二，中国工程服务类企业在西亚地区投资合作取得较好成绩。近年来，我国一些通信、建筑等领域工程承包服务商大力开拓西亚地区市场并取得了不菲成绩，如 2012 年华为在西亚地区实现收入 20.8 亿美元，较上年增加 18%，

占其全球收入的比重为 5.9%。中国化学工程股份有限公司则顺利承揽到迪拜国民安居项目施工总承包合同，合同总金额约 29.5 亿美元。事实上，近年来石油价格的持续高企使西亚的石油输出国，积累了大量财富，使得整个西亚地区基础设施建设需求较为旺盛，特别是一些追求高品质和高技术的国家，基础设施建设市场巨大。但多数西亚国家的承包市场大都是政府投资推动，同时也受到东道国政策某种程度上的保护，诸多政策因素使得我国企业只能先在当地投资注册，然后才能在当地承揽工程。以沙特为例，除了私人投资项目外，沙特政府投资项目仍未对国际承包商普遍开放。初次进入沙特市场且没有在当地获得注册经营地位和承包商资格的外资承包企业，必须通过与有资格的当地承包商建立联合体、建立合资企业等间接方式参与承接当地工程。

第三，西亚地区已成为我国部分加工制造行业全球产能转移的重要区域。近年来，除了资源重化工业外，受国内部分行业产能过剩以及一系列推动产业结构调整的政策措施的影响，我国加工制造业"走出去"步伐加快。尽管人工、土地价格较高，但为了开拓当地市场和辐射整个西亚北非市场，不少中国制造业企业还是选择投资西亚区域。比如，2012 年，为有效拓展公司铸管产品的海外业务，提高产品的国际竞争力，新兴铸管公司在沙特与当地公司合资组建"新兴铸管沙特有限责任公司"，该公司投资 1.17 亿美元在沙特延布工业城建设 15 万吨离心球墨铸铁管生产线项目。再比如，天津钢管厂投资 15 亿元人民币在迪拜杰拜勒·阿里自由区设立的分公司、北京明泰远洋建材有限公司在沙特开办的明泰远洋建材有限公司等，都是基于国内建材产能过剩和考虑到整个西亚市场的联通效应而实施的产能转移活动。

第四，中国与西亚间的金融业务投资合作方兴未艾。2012 年，我国金融机构进入西亚市场步伐加快。目前，中国工商银行、中国银行、中国农业银行、国家开发银行等诸多国内金融机构纷纷在西亚设立了分行或办事机构，提供包括项目融资、贸易融资、资产管理、投融资咨询与安排等多种金融服务。同时，这些中资金融机构利用资金优势，与驻西亚中资企业携手开拓市场，形成相互支持、互惠共赢局面，取得良好效果。以中国工商银行为例。数据显示，总部位于阿联酋迪拜的中国工商银行西亚分行 2012 年税前盈利增长69%，达到 5400 万美元；而其 2012 年营业收入也增长 47%，达到 7200 万美元。数据同时显示，中国工商银行西亚分行 2012 年资产总值达到 39.6 亿美元，比 2011 年增长 29%。未来，该行还计划在西亚地区发展投资银行、资产管理业务以及零售银行服务。如果零售银行等业务能够适时得到批准，居住西亚地区的数十万中国公民和侨民这一重要市场将得到开拓。这些都将进一步密切中国与西亚日益密切的双边经贸关系。

第五，各类商贸交易平台登陆并活跃于西亚地区。西亚很多城市是全民经商的城市，城市中遍布各式的批发、零售市场，供应本地区绝大部分消费品和对非洲及周边国家的转口贸易。加之西亚国家较好的经商环境和西亚国家对中国制造业产品的需求，我国国内的一些商贸交易平台类公司纷纷在西亚登陆。除了早期登陆该区域的光芒建设发展有限公司在沙特吉大与当地合作开发的中国商品城等外，近年来又出现了一批新的加入者。比如，汕头市纳佳兴针织内衣有限公司开设的西亚中国手机批发城等。从投资类型看，既有单一类型的，如上海欣达电梯工程有限公司投资的多哈建材批发中心，也有综合型的，比如广东中鑫投资发展有限公司投资的阿联酋中国批发城等。

## 三　西亚吸收外国投资展望

联合国贸发组织预测，2013 年全球外国直接投资仍将接近 2012 年的水平，其上限为 1.45 万亿美元。主要原因是全球金融体系的结构性缺陷、宏观经济环境可能出现的恶化以及重要经济体经济政策的不确定性等。从西亚视角看，随着西亚局势的稳定以及全球资本流动可能出现的进一步恢复，西亚地区绝大多数国家吸收外资有望出现恢复性增长。同时，基于我国对外投资整体快速发展和双方产业结构的高度互补性，我国对西亚的投资有望继续保持较快增长的势头。

### （一）经济总体趋稳将给其吸收外资提供一定基础

第一，多数国家经济仍保持较强活力使得该地区吸收外资仍有较强支撑。得益于石油产业盈利，西亚地区内石油输出国实际 GDP 增速有所提高。据西亚内部一些主流经济研究机构预测，石油输出国实际 GDP 增速有望从 2011 年

的 3.9% 增加至 2013 年的 5.7%。微观企业主体经济效益和经济活力还保持较高水平。比如沙特，2013 年上半年，沙特股市（TASI）表现强劲，6 月份最后一个交易日报收 7496.57 点，同比上涨 11.72%。再比如阿联酋，在地产和银行股的带动下，2013 年 5 月 19 日，迪拜股指上涨 2.45%，创下近 4 年新高；阿布扎比股指涨 1.42%，达到自 2008 年 10 月以来最高。这些都反映了近来阿联酋公司业绩的强劲表现和国际投资者信心的恢复。对经济增长预期的调高和宽裕的资金将促使该地区政府有动力，也有能力进一步吸引本国及国外投资。

第二，西亚地区部分国家加速改革发展，将进一步为其中长期发展提供动力，并为其长期稳定吸收外国投资奠定基础。近年来，以海湾国家为代表的石油输出国，为实施国家中长期发展规划，正持续加大财政投入，加快实施各类经济社会支出计划。阿联酋目前正在推行强有力的发展政策，加强工业部门在阿经济系统的地位，增加工业部门在国内生产总值中所占的比重。阿经济部正准备起草修正 1979 年联邦法 1 号令中关于工业部门的规定，同时阿联酋中小企业法也将出台，这些将为外资流入工业领域形成良好支撑。再比如，阿联酋还计划在 2013～2018 年的 5 年中引入各类型投资 250 亿美元，用于勘探新天然气田和提高现有气田产量，这些也将给全球资本带来机遇。

第三，海湾国家经济多元化势在必行，给非石油产业带来更多吸收外国投资的机会。从本质上来说，石油输出国未来的主要任务是借助当前有利的经济局面，增强抵御油价下降风险的能力，实现经济多元化，增加私营企业就业人数，控制政府财政支出，鼓励国民储蓄。因此，未来一段时间，多数西亚国家政府都计划采取扩张性的财政金融政策，大力发展非石油产业，加大对基础设施建设的投资，从而刺激非石油部门的增长，给经济发展注入了更多活力。当然，这必定也会给外资进入诸多的非石油产业提供更多机会。比如，近年来阿联酋航空业发展迅速，为了应对快速增长的民航维护（MRO）服务需求，阿联酋将在迪拜建立世界级 MRO 服务中心项目以吸引外国投资者。

### （二）生产及资本要素流动瓶颈进一步被消除有利于其吸收外资

一方面，各种制度框架设计有助于推进区内相互投资。2008 年启动的海湾共同市场为区内劳动力流动、资本流动、土地交易便利化奠定了较好基础。

预计 2013 年年底在科威特举行的海合会首脑会议议题将涉及金融监管、电子政务、贸易便利、重大项目等经济一体化进程的重要领域。在该次会议上，可能做出 3 项重大决议：在海合会金融市场设立投资基金的统一规则，海合会金融市场交易监管的统一规则，海合会国家电子政府战略指导文件。这将进一步加快、加深海合会经济一体化进程，也将进一步促进西亚区内相互投资。卡塔尔金融中心发布的《2013 年西亚财富调查》显示，55% 的被调查西亚投资者倾向投资本地区而非国际其他地区，该比例远高于以往。另外，2013~2020 年，海合会地区计划投入 1420 亿美元用于基建，包括铁路、公路、卡塔尔世界杯和阿布扎比世界金融中心相关项目等，这也使得嗅觉灵敏的海湾主权财富基金更加倾向转向本地基础建设投资。数据显示，2012 年，海湾主权基金向本地区投资同比增长 10%，而海外投资减少 1%。

另一方面，对外资更大领域和更高层次的开放将有力推动外资进入。为了更好地吸收外国投资，西亚各国已创新多样化的外资政策。比如，各种类型的经济自由区层出不穷将有助于其吸收外资的规模和质量。以 2013 年 5 月阿联酋颁布法令建立阿布扎比金融自由区为例，该区域对外资政策开放度高，基础设施完善，建成后将成为首都新资本金融中心和中央商务区，未来有望成为沙特吸收外国投资的重要新增长点。再比如，尽管在 2013 年 2 月，阿联酋经济部决定删除原公司法中关于限制外资所有权的条款，在外资法中放宽外资对公司所有权 49% 的限制，没有成功，但到 6 月公司法修正案委员会将再次开会讨论是否放宽外资所有权限制，一旦有所突破，将可能极大地促进阿联酋的外资吸收水平。

### （三）西亚地区吸收外资依然有诸多负面不确定因素

其一，石油等关键产业的发展未来一段时间内存在不确定因素。北美页岩油气开采的持续升温以及中国下调经济增长速度而带来的对资源型产品需求的降低等因素都会影响对西亚油气资源的依赖度，进而也将影响西亚地区油气资源的外资进入热情。由于世界经济复苏缓慢，原油市场供大于求，加上北美地区原油产量增加，页岩油革命使美国大幅减少了从欧佩克国家特别是西亚国家的原油进口。同时，中国、印度经济增长放缓将可能影响欧佩克生产。以沙特

和阿联酋为例,2012年沙特石油日产量980万桶,2013年的石油日产量预估为960万桶,同比下降2.3%;阿联酋也将日产350万桶原油的增产目标推迟至2020年。

其二,部分西亚国家的政策推动劳动力成本进一步提高,或影响其吸收外国投资。为给本国劳动力创造就业机会,特别创造一些在私营部门就业的机会,沙特政府出台了一项饱受争议的政策,即雇用沙特人少于其雇员总数一半的企业,每月须为每名外籍雇员缴纳200沙特里亚尔的费用。这一政策受到各界质疑,认为该政策会刺激通货膨胀,并促使企业解雇工人,无助于就业问题的解决。据测算,该政策将使沙特私营部门在一年内向沙特政府缴纳约100亿里亚尔的费用。如果该项政策长期实施,将大幅提升包括外资企业在内的各类在沙特经营企业的成本,进而影响其投资热情。

### (四)中国对西亚投资仍将保持较快增长

第一,中国企业赴西亚地区投资将整体上保持较快增长。未来一段时间,中国的对外投资将继续保持较快的发展势头。2013年1~5月,中国境内投资者共对全球144个国家和地区的2494家境外企业进行了直接投资,累计实现非金融类对外直接投资343亿美元,同比增长20.3%。其中股本投资和其他投资270.5亿美元,占78.9%,利润再投资72.5亿美元,占21.1%。根据中国商务部的"走出去"业务的"十二五"规划,到"十二五"末期,对外投资的当年流量将与吸收外资的当年流量持平。在这种大背景下,中国与西亚发挥各自比较优势,不断拓展和深化互利合作是大的趋势,中国企业赴西亚地区有望继续保持快速增长。

第二,金融等领域的深度合作将进一步推动中国与西亚的双向投资合作。一方面,人民币国际化进程的进一步加速将推动中国与该地区的经贸合作。据统计,2012年西亚北非地区的贸易结算中人民币占12%,而在2010年这一比例仅为3%。根据汇丰银行(HSBC)预测,未来两年内西亚地区与中国的贸易中将有两万亿美元的贸易额以人民币结算,至2015年人民币结算比例将占贸易总额的1/3。人民币国际化的广度和深度将大大促进中资企业在当地的贸易投资活动。另一方面,中国金融机构在西亚精耕市场将进一步推动中国企业在当地的投资。近年来,国内一大批中资银行纷纷致力于开拓西亚业务。比如，2013 年 2 月在迪拜正式运营的中银西亚等。这些中资银行在当地的分支机构依托中资银行海内外联动的整体优势，为中国和西亚国家间的经贸活动提供了更加直接和便捷的金融服务，将有力地促进中国企业在当地的实业投资。

第三，政府层面良好的互动关系有利于推动双方开展各领域的投资合作。2012 年 3 月召开的中国—海合会经贸投资技术合作联委会第一次会议，双方签署了会议纪要和工作计划（2012～2015），该计划包含了双方在贸易、投资、经济、金融、货币、农业、粮食安全、交通运输、旅游、培训等领域的合作目标和计划。2012 年 9 月召开的第三届中阿经贸论坛等也对开展中国西亚双边投资合作起了积极作用。总之，相关协议的签订和实施，对于进一步促进中国企业赴西亚相关国家展开投资合作具有重要意义。

# Foreign Direct Investment in West-Asian Countries

*Li Zhipeng*

**Abstract**：In the last year, the figures of the international investment is worrying. In that backyard, FDI inflow of the West Asia region decreased. In the medium and long-term, most of the country's FDI is expected to remain stable because of the good foundation, the rich resources, the open policy and the huge country's spending plan. Chinese enterprises "go global" in the West Asia is also expected to continue to maintain rapid growth.

**Key Words**：West Asia；Foreign Direct Investment

# Ɏ.17
# 2012年西亚国家的工程承包

金 锐*

**摘 要:**

2011年以来,因金融危机压抑数年的市场需求全面释放,西亚地区的国际工程承包市场呈现恢复性增长,但仍然存在风险因素。经济发展动力不足、地区局势不稳、外籍劳工政策日趋收紧等因素对其国际承包市场的走势必将产生深远影响。中国对西亚承包工程业务保持稳步增长的同时,面对市场新的变化,亟须采取应对措施,防范风险。

**关键词:**

西亚 国际工程承包

2011年以来,因金融危机压抑数年的市场需求全面释放,国际工程承包市场营业额激增,增幅恢复到金融危机前的水平。根据美国《工程新闻记录》(ENR)2012年8月发布的全球最大225家国际工程承包公司业绩,2011年225强完成国际市场营业额为4530.2亿美元,较上年增长18.1%。西亚地区依然保持领先地位,成为继亚洲、欧洲之后的第三大国际工程承包市场。

## 一 西亚国际工程承包市场发展现状回顾

尽管金融危机对西亚地区造成了很大的冲击,国际油价大幅波动给西亚各国经济发展带来了较大压力,且部分国家的社会政治形势趋于动荡,但是,受

---

* 金锐,商务部国际贸易经济合作研究院副研究员,主要研究中国对外工程承包、劳务合作、海外投资、服务贸易,以及自贸区、政府采购协议等问题。

益于石油增产，以及各国政府均采取扩张性的财政金融政策，大力发展非石油产业，加大对基础设施建设的投资，从而刺激了非石油部门的经济增长，给经济发展注入了更多活力，保障了西亚地区的国际工程承包市场呈现恢复性增长。

**1. 2011 年全球最大 225 家国际工程承包公司在西亚地区的业绩情况**

根据美国《工程新闻记录》统计，225 家全球最大国际工程承包公司在西亚地区的市场营业额继 2010 年首次出现负增长（降幅 6.6%）以来，2011 年增幅恢复增长，为 14.7%；完成营业额 830.7 亿美元（2010 年为 724.3 亿美元），下降 6.6%，占当年国际市场营业总额的 18.3%（2010 年为 18.9%）。

尽管欧洲、美国、日本等发达国家的建筑商依然主导着西亚国际工程承包市场，但其市场份额连年下降，从 2008 年的 39.2%、19.8%、11.3%，逐年缩减至 2011 年的 30.3%、15.4%、4.7%。而中国、韩国、土耳其等发展中国家的承包商则继续扩大市场份额。2011 年，韩国企业在西亚地区完成营业额的规模已超越美国，韩国首度成为最大承包商，所占份额达到 20.7%；中国依然位列第三，所占份额为 13.6%。土耳其则排名第五，市场份额为 6.0%。（见表 1）

**2. 2012 年以来西亚地区的国际工程市场规模变化情况**

根据迪拜室内装饰展（Index）委托 Ventures ME 公布的研究报告，2012 年海湾国家建筑市场（民宅、商业地产、酒店、商场等）发包额和完成营业额分别为 655 亿美元和 795.5 亿美元。其中，阿联酋继续高居首位，所占市场份额高达 48%，位居其后的分别是沙特（33%）、科威特（8%）、卡塔尔（6%）、阿曼（3%）和巴林（2%）。

中东地区著名工程类杂志《中东经济文摘》（MEED）公布的数据表明，2013 年 6 月份中东地区工程承包发包额约 90 亿美元。MEED 预测，2013 年沙特各类工程项目发包总额有望超过 800 亿美元，同比增长 36%，成为中东地区最大的工程承包市场。

受房地产业复苏的利好因素影响，截至 2012 年年末，阿联酋建筑业增长约 20%。

表 1　全球最大 225 家国际工程承包公司在西亚完成的市场营业额

单位：百万美元，%

| 承包商国籍 | 2008 年 | | 2009 年 | | 2010 年 | | 2011 年 | |
|---|---|---|---|---|---|---|---|---|
| | 完成营业额 | 占西亚市场比例 | 完成营业额 | 占西亚市场比例 | 完成营业额 | 占西亚市场比例 | 完成营业额 | 占西亚市场比例 |
| 美　国 | 15353.5 | 19.8 | 14407.7 | 18.6 | 11747.7 | 16.2 | 12786.2 | 15.4 |
| 加拿大 | 29.5 | 0.0 | 304.5 | 0.4 | 138.6 | 0.2 | 226.9 | 0.3 |
| 欧　洲 | 30384.5 | 39.2 | 26801.2 | 34.6 | 23112.2 | 31.9 | 25208.3 | 30.3 |
| 英　国 | 3821.6 | 4.9 | 3938.1 | 5.1 | 3037.6 | 4.2 | 3321.0 | 4.0 |
| 德　国 | 1244.0 | 1.6 | 1327.2 | 1.7 | 1722.7 | 2.4 | 1422.1 | 1.7 |
| 法　国 | 4769.0 | 6.2 | 3018.1 | 3.9 | 2344.6 | 3.2 | 2731.9 | 3.3 |
| 意大利 | 8249.1 | 10.6 | 6025.1 | 7.8 | 5374.4 | 7.4 | 6491.3 | 7.8 |
| 荷　兰 | 297.0 | 0.4 | 740.2 | 1.0 | 959.2 | 1.3 | 426.6 | 0.5 |
| 西班牙 | 2928.6 | 3.8 | 2649.7 | 3.4 | 2649.3 | 3.7 | 3251.9 | 3.9 |
| 其　他 | 9075.1 | 11.7 | 9102.8 | 11.7 | 7024.0 | 9.7 | 7563.6 | 9.1 |
| 澳大利亚 | 939.3 | 1.2 | 1502.7 | 1.9 | 1246.0 | 1.7 | 1569.0 | 1.9 |
| 日　本 | 8729.8 | 11.3 | 5413.6 | 7.0 | 4218.5 | 5.8 | 3902.6 | 4.7 |
| 中　国 | 5048.4 | 6.5 | 8386.9 | 10.8 | 10009.2 | 13.8 | 11270.8 | 13.6 |
| 韩　国 | 5970.2 | 7.7 | 9530.9 | 12.3 | 11146.9 | 15.4 | 17232.5 | 20.7 |
| 土耳其 | 3889.0 | 5.0 | 4257.7 | 5.5 | 4580.7 | 6.3 | 5012.3 | 6.0 |
| 所有其他 | 7126.3 | 9.2 | 6951.7 | 9.0 | 6234.3 | 8.6 | 5865.7 | 7.1 |
| 全部公司 | 77470.6 | 100.0 | 77557.0 | 100.0 | 72434.0 | 100.0 | 83074.2 | 100.0 |

资料来源：美国《工程新闻记录》，2009～2012 年。

根据阿赫利商业银行的报告，2013 年第一季度沙特承包工程发包额为 130 亿美元，尽管比上年同期的 140 亿美元略有下降，但仍反映出政府投资规模的延续。项目主要集中在基础建设领域，医院、住宅和学校等社会基础设施类工程发包额占 75 亿美元，油气和石化类项目工程的发包额为 20 亿美元。按工程项目类别细分，占总发包额比重较大的有：医院（26%），住宅（16%），学校（14%），电力（9%），道路（9%），工业（7%），水利（5%），石化（4%），石油天然气（4%）等。

约旦建筑业共有 2233 家注册企业，从业人员超过 10 万人。2012 年约旦当地建筑商建设项目金额仅 2.1 亿美元，与 2009 年 50 亿美元的承包数额相比下降了 96%。由于政府拖欠工程款以及行业产出急剧下降，约旦建筑行业面临危机。目前，约旦政府拖欠工程款已达 1.7 亿美元。

### 3. 西亚地区的国际工程市场的行业分布

西亚是世界上最缺水的地区之一，需求的增长和工业快速发展使其成为供水和电力工程项目建设最具活力的地区。2012 年，97 个电力和供水项目先后开建，总造价 327 亿美元。其中，沙特有 15 个独立供水和发电厂项目开建，总投资 88 亿美元；摩洛哥投资 44 亿美元兴建太阳能电厂和风电厂等 7 个项目；科威特已批准总投资 42 亿美元的 19 个电力和供水项目；阿联酋有 10 个电力和供水项目陆续开建，项目总投资 15 亿美元；此外，埃及、阿曼、卡塔尔、约旦、伊拉克、也门、叙利亚和巴林等国也有相关电力和供水项目开建。

石化项目依然是中东各主要产油国的投资重点。根据英国 BP 石油公司的数据，2012 年中东地区天然气产量为 5484 亿立方米，较 2011 年的 5187 亿立方米增长 5.4%，远高于全球 1.1% 的增长率，是产量增长最快的地区。2012 年沙特石油产量创历史新高，达到 35 亿桶，比 2011 年产量增长 2 亿桶，同比增长 3.4%。

西亚地区住宅市场对于新项目的需求仍相对较弱。但是，阿联酋旅游业和酒店服务业的迅速发展，推动了高档酒店项目的纷纷上马：2012 年有 27 家酒店开业，2013 年将有 12 家开业，从而使市场上的酒店数量达到 312 家，充分显示了开发商和投资者的偏好。受住宅需求和投资因素影响，科威特房地产行业总体上运行良好，商业地产初现复苏迹象，持续吸引着投资者的目光。2013 年前 5 个月，已批准的用于新建筑的贷款平均规模为 6.84 万科威特第纳尔。

## 二 中国对西亚的国际工程承包发展特点

中国对外承包工程企业最初是从科威特、伊拉克等中东市场走向国际工程承包市场的，目前进入该市场的企业数量众多。2011～2012 年，中国企业在西亚地区的业绩分别占对外承包工程新签合同份数总额的 12.4% 和 13.7%，完成营业额所占的比重分别为 10.9% 和 11.3%。

### 1. 中国对西亚地区承包工程业务规模

2011 年，中国在西亚地区新签合同额 175.9 亿美元，完成营业额 142 亿

美元。（见表 2） 新签合同额超过 10 亿美元的国家和地区包括：沙特（45.1
亿美元）、伊朗（29.6 亿美元）、土耳其（25.9 亿美元）、伊拉克（19.7 亿美
元）、卡塔尔（19.1 亿美元）、科威特（15.5 亿美元）、阿联酋（10.6 亿美
元）。完成营业额超过 10 亿美元的国家和地区分别为：沙特（43.6 亿美元）、
伊朗（21.6 亿美元）、阿联酋（19.4 亿美元）、伊拉克（17.7 亿美元）、卡塔
尔（11.3 亿美元）。其中，在中国对外承包工程完成营业额前 20 名的国家
（地区）排行榜中，沙特阿拉伯跻身第 3，占总额的 4.2%；伊朗位居第 12 位，
占总额的 2.1%；阿联酋降至第 16 位，占总额的 1.9%；伊拉克重进榜单，排
名第 19 位，占总额的 1.7%。

表 2　2011～2012 年中国企业在西亚地区承包工程业务统计

单位：万美元

| | 新签合同额 | | 完成营业额 | |
|---|---|---|---|---|
| | 2011 年 | 2012 年 | 2011 年 | 2012 年 |
| 巴 林 | 205 | 367 | 1519 | 179 |
| 塞浦路斯 | 340 | 480 | 4005 | 2091 |
| 伊 朗 | 295686 | 465826 | 215792 | 149418 |
| 伊拉克 | 196622 | 364101 | 177328 | 170054 |
| 以色列 | 19512 | 28 | 244 | 3254 |
| 约 旦 | 26 | 2014 | 25339 | 1774 |
| 科威特 | 155334 | 176937 | 65926 | 72217 |
| 黎巴嫩 | — | 9364 | 1739 | 3457 |
| 阿 曼 | 25590 | 29013 | 58892 | 29681 |
| 巴勒斯坦 | — | 170 | — | 170 |
| 卡塔尔 | 190517 | 44090 | 112918 | 151785 |
| 沙 特 | 451254 | 398830 | 435846 | 462231 |
| 叙利亚 | 29986 | 12402 | 11946 | 4813 |
| 土耳其 | 258679 | 85705 | 84201 | 105698 |
| 阿联酋 | 105577 | 112673 | 193825 | 154369 |
| 也 门 | 29880 | 6224 | 30225 | 6623 |
| 西亚合计 | 1759208 | 1708224 | 1419745 | 1317814 |
| 全球合计 | 14233229 | 15652922 | 10342448 | 11659697 |
| 西亚/全球（%） | 12.4 | 10.9 | 13.7 | 11.3 |

资料来源：中国商务部。

2012 年，中国在西亚地区新签合同额 170.8 亿美元，完成营业额 131.8 亿美元。新签合同额超过 10 亿美元的国家和地区包括：伊朗（46.6 亿美元）、沙特（39.9 亿美元）、伊拉克（36.4 亿美元）、科威特（17.7 亿美元）、阿联酋（11.3 亿美元）。完成营业额超过 10 亿美元的国家和地区分别为：沙特（46.2 亿美元）、伊拉克（17 亿美元）、阿联酋（15.4 亿美元）、卡塔尔（15.2 亿美元）、伊朗（14.9 亿美元）、土耳其（10.6 亿美元）。其中，在中国对外承包工程完成营业额前 20 名的国家（地区）排行榜中，沙特阿拉伯退至第 5 位，占总额的 4.0%；伊拉克居第 18 位，占总额的 1.5%。

**2. 中国企业在西亚地区承包工程的行业分布**

2012 年，中国企业在西亚承包工程的项目主要包括：石油化工（占全国同类项目总额的 29.6%，下同）、环保产业建设（28.7%）、制造及加工业（占 15.7%）、电力工业（占 9.6%）、房屋建筑业（占 8.8%）、交通运输（占 7.7%）、供排水（占 5.9%）、其他（占 5.5%）、电子通信（占 4.7%）、矿山（4%）。

**3. 中国在西亚地区承包工程的主要项目和企业**

2012 年，中国在西亚对外承包工程业务新签合同额在 500 万美元以上的主要项目及承建企业如下。

阿联酋 500 万美元以上项目共有 26 个，其中 1 亿美元以上的项目主要包括：阿联酋电信项目（2.8 亿美元，华为技术有限公司）、阿联酋迪拜港项目（1.7 亿美元，上海振华重工股份公司）、阿布扎比机场钢结构项目（1.6 亿美元，中国建筑工程总公司）。

阿曼 500 万美元以上项目共有 6 个，其中 1 亿美元以上的项目主要包括：阿曼电信项目（1.7 亿美元，华为技术有限公司）。

卡塔尔 500 万美元以上项目共有 4 个，其中 1 亿美元以上的项目主要包括：喀麦隆 17 号国道项目（1.9 亿美元，大连国际经济技术合作集团公司）、杜阿拉城市饮用水供给项目（1.1 亿美元，浙江中地海外水务有限公司）。

科威特 500 万美元以上项目共有 11 个，其中 1 亿美元以上的项目主要包括：斯威特大学科学学院项目（6.7 亿美元，中国十七冶集团有限公司）、大学城女子学院商学院项目（3.9 亿美元，中国水利水电建设股份有限公司）、

科威特大学城 5A5B 基础设施项目（3.5 亿美元，中国水利水电建设股份有限公司）、科威特新塔米尔大楼项目（1.2 亿美元，五冶集团上海有限公司）。

沙特 500 万美元以上项目共有 58 个，其中 1 亿美元以上的项目主要包括：沙特阿拉伯电信项目（4.8 亿美元，华为技术有限公司）、SWCC 管道项目（4.3 亿美元，中国石化集团国际石油工程有限公司）、沙特边境大学职工宿舍楼项目（3.6 亿美元，云南建工集团有限公司）、阿尔阿尔北部边境大学医院项目（2 亿美元，云南建工集团有限公司）、沙特 ALJOUF 水泥扩建项目（1.9 亿美元，成都建筑材料工业设计研究院有限公司）、达曼国王港第二集装箱码头项目（1.8 亿美元，中国港湾工程有限公司）、沙特 NDA 项目（1.3 亿美元，中石化南京工程有限公司）、内政部安全大楼发展二期项目（1.3 亿美元，中国水利水电建设股份有限公司）、阿美 S62 三维地震数据采集项目（1.2 亿美元，中国石化集团国际石油工程有限公司）、沙特 SINO－18 项目（1.1 亿美元，中国化学工程第十一建设有限公司）、焦夫大学城医院项目（1 亿美元，四川乾亨建设工程有限公司）。

土耳其 500 万美元以上项目共有 25 个，其中 1 亿美元以上的项目主要包括：土耳其电信项目（2.1 亿美元，华为技术有限公司）、EREN（1＋1）＊600MW 电站工程项目（1.1 亿美元，中国能源建设集团东北电力第一工程公司）。

叙利亚 500 万美元以上项目共有 4 个，包括油田集输系统改造项目、水泥厂项目等。

伊拉克 500 万美元以上项目共有 49 个，其中 1 亿美元以上的项目主要包括：伊拉克萨哈拉丁燃油气电站项目（11.9 亿美元，中国机械设备工程股份有限公司）、伊拉克鲁迈拉 3 年运营维护项目（2.3 亿美元，中国石油工程建设公司）、伊拉克巴德拉原油外输管线项目（2 亿美元，中国石油天然气管道局）、伊拉克 GRD 水泥项目（1.8 亿美元，苏州中材建设有限公司）、伊拉克 TAWER 水泥生产线项目（1.8 亿美元，苏州中材建设有限公司）、鲁迈拉油田项目（1.5 亿美元，中国寰球工程公司）、伊拉克巴德拉油田原油集输项目（1.5 亿美元，中国石油天然气管道局）、伊拉克 AS 污水处理项目（1.3 亿美元，葛洲坝集团）、萨哈拉丁燃油气电站工程项目（1 亿美元，中铁国际经济合作有限公司）。

伊朗 500 万美元以上项目共有 22 个，其中 1 亿美元以上的项目主要包括：伊朗高速铁路项目（21.9 亿美元，中铁国际经济合作有限公司）、伊朗北阿油田地面设施项目（7.4 亿美元，中国石油工程建设公司）、伊朗年产 5000 吨甲醇项目（4.7 亿美元，中国天辰工程有限公司）、伊朗市政隧道项目（2.8 亿美元，中信建设责任公司）、沙珐如德水坝和水电站项目（2.4 亿美元，中工国际工程股份有限公司）、伊朗钻井服务项目（1.7 亿美元，中国石油集团长城钻探工程有限公司）、伊朗 NEYRIZ 水泥厂项目（1.6 亿美元，中国技术进出口公司）。

约旦 500 万美元以上项目共有 1 个，由上海振华重工股份公司承建。

**4. 中国企业在西亚地区承包工程存在的主要问题及对策**

中东是中国对外承包工程企业的传统市场，其市场规模大、机遇多，但是，竞争激烈、市场开发难度很大。中国铁建建设沙特麦加轻轨项目出现了巨额亏损，极具代表性，暴露了中国企业的多种问题：对市场投资环境和特点认识不够全面和深入，决策缺乏科学性；对风险的识别能力和防控能力不足；项目管理的能力、经验和水平不能适应国际工程承包业务发展的需要；等等。

国际工程承包是一个复杂的系统工程，涉及目的地国的法律环境、行业政策、国内相关制度和规定、投资者的投资保障机制等。企业在决策前，应从国别、行业、技术、环保、劳工、社区、宗教和民族等非技术类风险分析入手，充分了解在东道国执行项目的潜在风险，做好项目风险评估。

中资企业应增强合同意识，签署合同时，要充分依靠法律、商务和技术等专业人士的密切配合和合作。要建立和完善合同的执行管理机制并确保自身有能力选择最合适和最有利的方式解决纠纷。

# 三 西亚建筑市场发展趋势展望

西亚地区部分国家和地区政局不稳，严重影响经济发展，短期内实现整体好转的可能性较小。与此同时，该地区石油出口国和石油进口国呈现两极化发展态势，其国际工程承包市场的挑战和机遇并存，需企业审时度势，把握机会

的同时，一定要注意加强风险防控意识。

**1. 经济发展动力不足对国际工程承包市场的影响**

西亚地区 GDP 增长乏力，预计 2013 年增长率将从上年度的 4.8% 降至 3.1%。以海湾国家为代表的石油输出国，为实施国家中长期发展规划，将持续加大财政投入，加快实施各类社会支出计划，尽管如此，其整体财政状态并不乐观。各国政府均采取扩张性的财政金融政策，大力发展非石油产业，加大对基础设施建设的投资，从而刺激非石油部门的经济增长，给经济发展注入了更多活力。在此背景下，水资源匮乏、基础设施建设滞后、产业单一化等经济发展的瓶颈中蕴含着西亚国际工程承包市场新的增长点。

**2. 地区局势不稳对国际工程承包市场的影响**

西亚北非地区部分国家局势动荡，未来安全形势仍存在不确定性。叙利亚形势恶化影响邻国黎巴嫩的社会稳定，2012 年黎安全事件发生量明显增加，且出现多起较大规模的武装冲突和恶性爆炸、暗杀事件。在此背景下，企业和劳务人员必须深刻认知长期安全形势的风险，做好预警和安全防护工作。

**3. 业主对合同执行能力和项目管理水平的要求与日俱增产生的影响**

2012 年，中东地区建筑行业合同纠纷额达 6500 万美元，调解期平均为 14.6 个月，均为全球最高。中铁建麦加轻轨项目的巨额亏损充分反映了企业合同执行能力薄弱、项目管理水平不足。要在竞争异常激烈的市场立足并谋求长远发展，业主和企业必将更加重视合同的制定及有效执行，并通过实施高水平的项目管理，从而实现共赢目标。

**4. 外籍劳工政策日趋收紧造成的影响**

2013 年 4 月，沙特劳工部发布公告称，将降低外国劳工比例至 20%，比原来的 26.6% 降低了 6.6 个百分点。受新政影响，沙特预计将至少有 200 万外籍劳工失业。科威特保护本国劳动力的一系列措施也即将出台。科威特劳工与社会事务部已经做出决定，很快将与政府其他部门密切配合，执行 10 年减少 100 万外籍劳动力的计划。

因工作效率较高、部分专业技术水平相对较强，中国企业习惯大量使用中国的劳务人员。而中东地区大量削减外籍劳动力的趋势必将对中资企业进入中东地区市场产生长远影响。

**5. 非石油行业对 GDP 贡献增加形成的影响**

据 MEED 预测，2013 年海湾国家各类工程项目合同总金额将达 1.35 万亿美元，分布于能源、水电、采矿、旅游、房建、运输等领域。

由于城市化进程不断加快、人口快速增长、产业多元化以及工业扩张等原因，中东北非地区电力需求巨大。预计该地区未来五年电力装机总量将年均增长 7.8%，电力领域投资将达到 2500 亿美元。按地区来看，未来五年中东北非地区投资总额的 42% 集中在海湾阿拉伯国家合作委员会（海合会）成员国，约为 1050 亿美元。而伊朗一国则将需要 490 亿美元的电力建设投资，占该地区电力投资总额的 20%。投资范围包括发电、输送和配电等领域，在建或筹划中的项目超过 200 个，投资额 1 亿到 200 亿美元不等。

大力发展可替代能源发电项目是目前中东地区许多国家关注的重点。阿拉伯联合酋长国、科威特、阿曼和约旦等国目前正在建设中的太阳能发电站超过 10 座，这些项目总投资超过 68 亿美元。该地区许多国家也计划发展核电项目。阿联酋目前正在建设的四座核电站项目总投资 200 亿美元，是海湾地区的第一个核电项目，其中首座核电站将在 2017 年运营发电，其余三座核电站项目将分别于 2018 年、2019 年和 2020 年完工。

水资源严重短缺困扰海湾地区，各国一直致力于强化海水淡化和污水处理能力。阿联酋阿布扎比水电局计划扩建水电厂，完工后预计每天将增加 3000 万加仑的淡化能力。沙特政府计划在未来十年投资 660 亿美元用于供水建设，包括建设世界上最大的淡化厂。

随着中东国家筹措的 2500 亿美元专项资金的逐步落实，未来三年将迎来铁路建设高潮。该地区的铁路总里程将达到 6.7 万公里，并给各铁路建设相关企业带来巨大商机。其中，海合会各国铁路计划投资额呈井喷之势。除了投资总额 300 亿美元、全长 2200 公里的海合会国家铁路网建设项目之外，各国还推出了本国铁路投资计划，投资总额达 1062 亿美元。

市政建设是沙特等国的投资重点。利雅得公共交通发展规划将于 2013 年夏天完成，将修建全长 176 公里的地铁线路。麦加正大力改造基础设施，建设现代化交通系统，包括公交网络和地铁系统。

中东黄皮书

# Construction Markets in West Asia

*Jin Rui*

**Abstract:** Since 2011, because of the financial crisis years of pent-up demand comprehensive release, Asia international engineering contracting market has resumed growth, but there are still risks. Have a far-reaching impact is bound to insufficient power, economic development of regional instability, shrinking foreign labor policy and other factors on the international project contracting market. China has maintained steady growth at the same time to West Asia project contracting business, in the face of changes of the new market, the urgent need to take measures to deal with and risk prevention.

**Key Words:** West Asia; Construction Market

# Ƴ.18
# 2012 年西亚国家的对外贸易

周 密[*]

**摘 要:**

西亚国家[①]的国际贸易和区内贸易从危机中迅速复苏并已经超过危机前水平，但不利因素也不可忽视。地区局势更为复杂，不利于贸易发展的内外部因素进一步增加，而美国大量开采使用页岩油为西亚国家的国际贸易带来更多不确定性。但中国与西亚国家的双边贸易发展良好，资源禀赋和产业结构互补性强，双边贸易增长空间广阔，通过双方共同努力和积极协作，有望共同应对外部挑战，实现互利共赢和共同发展。

**关键词:**

西亚 国际贸易

近年来，西亚地区的局势日趋复杂。既有美军撤出伊拉克、伊朗核问题引发担忧、叙利亚内战等不利因素，又有巴勒斯坦建国和巴以重启和谈等利好消息，也有美国能源政策转变对西亚能源优势的不确定影响；中国与西亚国家通过自贸区建设方式创造贸易发展良好环境的努力持续推进，双边贸易发展空间广阔。

## 一 西亚国家的国际贸易

西亚国家石油资源丰富，出口额与国际油价和需求密切相关，而进口则较多

---

[*] 周密，管理学博士，复旦大学博士后，美国斯坦福大学访问学者，商务部研究院对外投资合作研究所副主任，研究员，主要研究对外投资合作、服务贸易、国际经贸协定等问题。

[①] 本文所指西亚国家，包括伊拉克、沙特、阿联酋、伊朗、也门、阿曼、叙利亚、约旦、卡塔尔、科威特、以色列、黎巴嫩和巴林共计 13 个国家。

取决于本国财力，受外部环境变化影响相对较小。尽管受到全球经济危机冲击而在2009年出现大幅下降，但复苏迅速。货物贸易顺差和服务贸易逆差持续增长，但显性竞争力指数绝对值相对稳定。西亚国家货物贸易商品结构特色鲜明且亚洲仍是主要贸易伙伴。各种区内局势冲突将对西亚地区的对外贸易造成较大影响。

**1. 货物贸易进出口双双达到历史高点**

西亚国家的国际贸易从危机中快速恢复。根据WTO统计，2012年的进出口额双双达到历史最高点。如图1所示，按照当期美元计算，西亚国家的出口在2009年为7152亿美元，比上年降低了3189亿美元。2011年，西亚国家的出口额在2008年之后第二次突破1万亿美元关口，达到1.25万亿美元，2012年进一步增至1.29万亿美元。与此相似，西亚地区的进口也在2011年达到6842亿美元，继2008年后第二次超过6000亿美元，并在2012年继续增长至7214亿美元。从年变化率来看，西亚国家的出口自2002年基本保持增长，且出口增速总体快于进口。2001~2011年，西亚国家货物出口的增速为年均16.5%，进口增速则为13.7%。受危机冲击的2009年，西亚国家进出口均陡降，且幅度较大。出口下降了30.8%，进口也下降了15.3%。2010~2012年，出口快速增长，同比增速分别达到27.3%和37.4%；进口增幅虽略缓，也达到13.6%和17.8%。2012年，受经济危机影响，西亚国家对外贸易放缓，出口和进口年增长分别降至2.9%和5.4%。

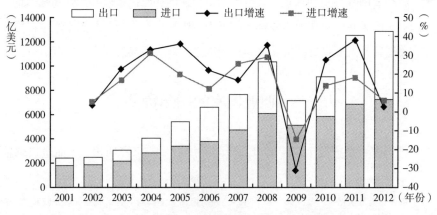

**图1 2001~2012年西亚国家进出口额及增速**

数据来源：WTO统计。

**2. 货物贸易优势与服务贸易劣势并存**

近十多年来，西亚国家的货物贸易保持顺差，服务贸易保持逆差。如图 2 所示，2001~2008 年，西亚国家的货物贸易顺差呈现逐渐扩大态势，从 647 亿美元增至 4307 亿美元，年均增幅 31.1%，尽管危机冲击使得西亚国家的货物贸易顺差在 2009 年骤降至 2039 亿美元，随后两年的贸易顺差年均增幅则高达 66.7%，到 2011 年实现货物贸易顺差 5664 亿美元。西亚地区的服务贸易竞争力有限，规模相对较小。尽管在 2001~2011 年，服务贸易出口保持了 13.4% 的年均增速，占货物贸易出口额的比重却从 13.6% 逐渐降至 9.2%；而西亚国家对服务进口的需求不断增长，占货物贸易进口额的比重也从 2001 年的 27.4% 增至 2012 年的 33.0%。西亚国家同期在服务贸易领域则始终处于逆差状态，但规模变化不大。2001 年为 153 亿美元；2009 年西亚国家的服务贸易逆差从上年的 911 亿美元降至 806 亿美元，但随后有所增长，到 2011 年首次超过千亿美元关口，达到 1112 亿美元。按照显性比较优势指数，西亚国家的货物贸易优势总体变化不大，在 0.2~0.3 波动；而服务贸易的劣势则随时间推进愈发明显，从不足 -0.2 减少到将近 -0.4。

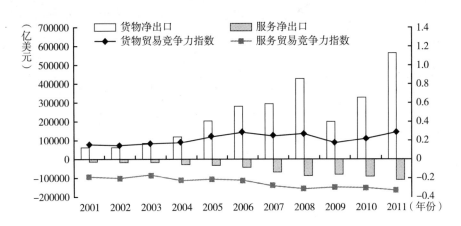

**图 2　2001~2012 年西亚国家货物贸易和服务贸易不平衡度**

数据来源：WTO 统计。

**3. 少数国家的贸易规模较大**

西亚国家的贸易集中程度较高。货物贸易出口方面，2011 年，沙特阿拉

伯继续保持第一，货物出口额为 3647.4 亿美元，占西亚国家出口总额的29.2%；阿联酋和伊朗分列第二和第三位，2011 年出口额分别占西亚国家总量的 22.8% 和 10.5%。这三国的出口额合计占到西亚国家总出口的 62.5%。沙特的出口额在当年全球出口排名中列第 15 位，占全球货物贸易出口总额的2.0%。货物贸易进口方面的贸易集中度略低。2011 年居西亚地区货物贸易进口前三位的分别为阿联酋、沙特阿拉伯和以色列，三国的进口额分别占西亚国家当年进口总额的 30.0%、19.2% 和 11.0%，合计占 60.2%。阿联酋的进口额在全球进口中排名第 25 位，占全球进口总量的 1.1%。

服务贸易出口方面，表现突出的国家有以色列、阿联酋和沙特阿拉伯，2011 年的服务贸易出口均超过 100 亿美元，分别达到 268.4 亿美元、120.6 亿美元和 111.2 亿美元。服务贸易进口量较大的国家为沙特阿拉伯和阿联酋，2011 年的进口额分别达到 549.6 亿美元和 487.8 亿美元，而以色列、科威特和卡塔尔的服务贸易进口也均超过 100 亿美元。

**4. 工业制成和能矿分占进出口七五成**

能源和矿产品是西亚国家出口的主要商品。2011 年，西亚国家出口农产品 242.8 亿美元，出口工业产品 2334.1 亿美元，出口能源和矿产品 8422.3 亿美元。三类商品分别占到西亚国家出口商品总额的 2.2%、21.2% 和 76.6%。2007～2011 年，能源和矿产品在西亚国家出口中的比重曾经在 2008 年达到80.9% 的高位，危机后下滑至 74.8%，随后缓慢上升。工业制成品则是西亚国家进口的主要商品。2011 年，西亚国家进口工业制成品 4375.9 亿美元，占当年进口总额的 74.8%。2007～2011 年，工业制成品在西亚国家进口中的比重保持稳定，在 75% 上下波动。2011 年，西亚国家进口的工业制成品中，机械和运输设备为 2020.4 亿美元，占总进口的 46.2%，其他还包括化学品541.3 亿美元，钢铁制品 397.1 亿美元，服装 106.2 亿美元，纺织品 100.3 亿美元。

**5. 亚洲是最大的贸易目的地和来源地**

亚洲是西亚国家货物贸易出口的最主要目的地。2011 年，西亚国家向亚洲出口商品 6600 亿美元，占其出口总量的 52.8%；向欧洲出口 1580 亿美元，占 12.6%；向北美出口 1070 亿美元，占 8.6%。亚洲出口占全球各地区进口总量的 7.0%。从占该地区进口的比重来看，西亚地区的出口在亚洲进口中的占比仅超过 10%，达到 12.9%；出口占非洲进口的比重为 7.0%；在其余地区的进口占比较小，只占欧洲进口的 2.3%、北美进口的 3.7%。亚洲也是西亚国家进口的主要来源地。2011 年，西亚国家从亚洲国家进口商品 2420 亿美元，占其进口总量的 36.0%；从欧洲进口 1940 亿美元，占 28.9%；从北美进口 630 亿美元，占 9.4%。

#### 6. 政治局势紧张不利于国际贸易发展

长期以来，西亚地区存在巴以冲突、阿拉伯民族与犹太民族的冲突等各种复杂的矛盾，而原本已不稳定的政治环境在北非"茉莉花革命"的冲击下又呈现更多不确定性。就伊拉克而言，到 2011 年 12 月，经过 7 年零 5 个月作战，4000 多名军人丧生，10 万伊拉克平民死亡，美军从伊拉克撤出最后一批作战部队。但伊拉克自身的安全部队还相对弱小，不仅因缺乏足够的资金无法形成武器优势，而且在人员队伍、经验积累和组织协调上还有很多不足，难以保障经济发展所需的稳定形势。针对炼油、输油设施的破坏影响了伊拉克对外贸易的稳定性。伊朗核问题一直以来受到各方关注，其重要的地理位置和在铀浓缩工作上的强硬态度引发全球关注。温和保守派候选人鲁哈尼在 2013 年 6 月 15 日当选总统，包括联合国、欧盟、美国在内的各方希望以此为契机推动地区安全和国际社会稳定，但目前尚未有明显迹象表明会出现这种改变。叙利亚受北非"茉莉花革命"波及，局势逐渐走向激烈。政府军与反政府武装直接激烈交火，导致基础设施大量毁损，经济运行停滞。由于叙利亚与伊拉克、约旦、黎巴嫩和以色列等国均接壤，其战事势必导致西亚地区贸易受到较大影响。

## 二 西亚国家的区内贸易

西亚国家的区内贸易受经济危机的冲击较小，但恢复存在一定滞后期。区内贸易额占西亚国家全部对外贸易额的比重呈现上升态势，且资源禀赋和产业基础决定了区内贸易的发展空间较大。在巴以局势改善预期增强的情况下，西亚地区的区内贸易有望获得更好的政治保障，从而实现进一步的发展。

### 1. 区内贸易受经济危机冲击相对较小

西亚国家的区内贸易也受到经济危机的冲击，但受冲击情况与西亚国家整体对外贸易相比存在滞后期。如图3所示，2009年，受经济危机的影响，西亚国家的区内贸易额从上年的122.1亿美元降至当年的107亿美元，下降了12.3%；2010年又降至89亿美元，同比又下降了16.8%；2011年，区内贸易额快速反弹，同比增长23.5%，达到110亿美元。2009年，与西亚国家全部对外贸易额下降30.8%相比，区内贸易额降幅较小，说明西亚国家间的贸易联系相对更为稳定，抵御外部冲击的能力更强。值得注意的是，西亚国家区内贸易的恢复速度慢于其全部对外贸易恢复速度，在2009年下降后于2010年依旧下行，2011年的复苏速度也相对较慢，且仍未恢复到危机前的2008年的贸易额。

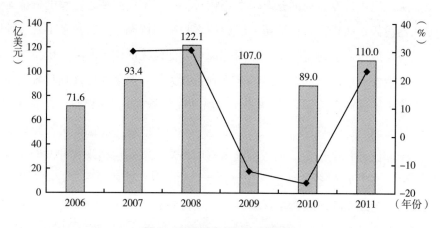

图3　西亚国家的区内贸易额

数据来源：WTO统计。

### 2. 区内贸易占整体对外贸易的比重上升

西亚国家的区内贸易在其对外贸易中所占比重总体呈现上升趋势。如图4所示，在经济危机爆发前的2006~2008年期间，区内贸易占出口的比重从11.1%上升至12.0%；在外部需求快速萎缩的2009年，占比快速上升至15.5%；随着全球需求的快速复苏，占比又在2010年和2011年分别连续降至9.9%和8.8%。区内贸易在西亚国家进口中占比的变化趋势与在出口占比的规律相似。不同在于，区内贸易额在进口中的占比明显高于在出口中的占比，其占比在 2006～2009 年，以及从危机复苏的 2010～2011 年均呈现阶段性的上升，说明区内贸易在西亚国家出口中作用相对较弱，却是西亚国家进口的相对稳定的来源。

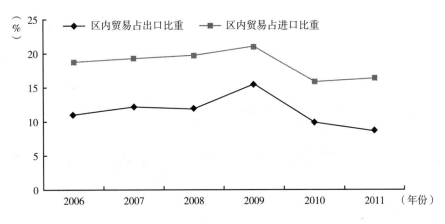

**图 4　西亚国家区内贸易占其出口和进口总额的比重**

数据来源：WTO 统计。

### 3. 资源禀赋和产业结构决定区内贸易模式

西亚国家因资源禀赋和经济发展水平不同，其消费者的购买力差别悬殊。例如，较为富裕的卡塔尔人均年收入为较为贫困的叙利亚人均水平的 40 倍以上。高收入国家的消费者在选择优质产品和知名品牌方面能力更强，更注重生活的品质；而中低收入国家的消费者则更注重经济实用的商品。尽管海湾国家委员会（GCC）成立时间较早（1981 年），但在促进内部成员间经济贸易协调发展、开展对外集体谈判方面的作用并不明显。随着越来越多的西亚国家加入 WTO 或正在进行入世谈判，GCC 确定于 2003 年起实施的关税同盟在促进区内商品要素流动、形成贸易转移效应方面理应发挥重要作用。农业在西亚国家普遍较为重要，且受气候制约无法大量供应出口；区内人口规模不大，能源需求量相对有限；工业体系相对不完善，加工制成品也难以在区内实现自给自足。

### 4. 巴以两国局势发展面临历史性契机

巴以两国间的领土纠纷长期影响着西亚地区的政治稳定。阿拉伯国家

（包括北非的埃及）与以色列这个区内唯一的非阿拉伯国家之间的宗教信仰差异也使得区内贸易发展并非基于良好的政治环境。2012 年 11 月 29 日的联合国大会上，巴勒斯坦国升格为"非会员观察国"的提案获得通过。2013 年，以色列总理发言人马克·雷格夫表示，"以政府将为一劳永逸结束与巴勒斯坦的冲突而做出历史性妥协，以建立一个与以色列为邻的非军事化的巴勒斯坦国"。尽管巴以双方尚未就相关进程达成一致，但国际社会对巴勒斯坦国的认可，以及以色列"不以承认以色列国为开始谈判条件"的明确表态，使得各方对于两国通过谈判而非对抗解决双边关切的信心有所提升。如果两国能够就安全形势达成一致，各种对抗会大幅下降，以色列在 2012 年暂停向巴方移交代征关税和在以工作巴人所得税的做法也不会继续，两国间贸易以及以色列这个区内经济发展水平最高的国家与其他阿拉伯国家间的贸易都将获得较大利好支持。

## 三　中国与西亚国家的双边贸易

中国与西亚国家的贸易发展基础条件好，双边贸易发展较为稳定。由于存在资源禀赋和经济结构差异，中国在双边贸易中处于逆差地位。双边贸易的国别集中度较高，中国与少数国家间的贸易额占到中国与西亚国家间贸易总额的 2/3 强。中国—海合会自贸区谈判的推进将为双边贸易发展提供良好的外部环境。

### 1. 双边贸易在危机后恢复迅速

中国与西亚国家的双边贸易受经济危机的影响，从 2008 年的 1382 亿美元降至 2009 年的 1053 亿美元，减少了 23.8%，但随后即开始反弹，在 2010~2012 年同比分别增长了 24.9%、62.6% 和 7.9%。中国对西亚国家的出口受危机影响相对较小，2009 年的出口仅减少了 15.8%，进口却下降了 29.6%。2012 年，中国对西亚国家的出口为 856 亿美元，从西亚国家的进口为 1451 亿美元。2008~2012 年间，中国对西亚国家的出口在中国对亚洲和对全球出口中的比重基本保持稳定。其中，对西亚的出口在对亚洲出口中的比重保持在 8.5% 上下，在对全球出口中占比则在 4% 上下。同期对西亚的进口占从亚洲国家进口的比重为 9% ~ 14%，占所有进口的比重则为 5.5% ~ 8%。

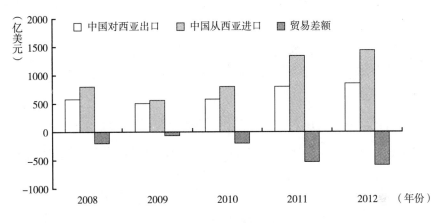

图 5　中国与西亚国家的贸易额

数据来源：WTO 统计。

### 2. 中国对西亚国家逆差在扩大

中国与西亚国家经济互补性强，但中国长年保持贸易逆差。西亚国家能源资源丰富，是当前全球最重要的石油供应地区，也是中国能源最主要的进口来源地，而西亚国家所需要的机械设备则是中国的优势所在。如图 5 所示，2008 年中国对西亚国家的贸易逆差为 215 亿美元，在危机影响下减少至 71 亿美元，随后又快速恢复至危机前的水平并继续增加。2010 ~ 2012 年，中国对西亚国家的贸易逆差分别达到 246 亿美元、544 亿美元和 594 亿美元。西亚国家从中国进口商品需求相对平稳，而中国对其能源商品的依赖性较强。因此，中国在与西亚国家的国际贸易中处于竞争劣势，且变得越来越明显。如表 1 所示，2008 年中国的竞争力指数为 - 0.16，2009 年提高至 - 0.07，但 2010 ~ 2012 年又再度降至 - 0.19、 - 0.25 和 - 0.26。

### 3. 中国与西亚贸易国别集中度较高

2012 年，中国向阿联酋出口商品价值 296 亿美元，向沙特和伊朗分别出口 185 亿美元和 116 亿美元，向其余国家出口较少。这 3 个国家占当年中国对西亚出口总额的 69.6%。中国在西亚的进口来源集中度略低。2012 年，中国从沙特进口商品价值 548 亿美元，从伊朗、阿曼、伊拉克和阿联酋的进口额均超过百亿美元，分别为 249 亿美元、170 亿美元、127 亿美元和 109 亿美元，前三位合计占中国从西亚国家进口总额的 66.6%。2012 年，中国从沙特、伊朗、阿曼、伊拉克和阿联酋的进口占这些国家出口的比重差别很大。在占比最高的伊朗，中国的进口占其出口的 26.0%，在沙特和伊拉克当年外贸出口总量中的占比也都超过 10%，分别达到 14.2% 和 13.4%。中国对石油输出国处于国际贸易劣势地位。如表 1 所示，2012 年，中国在对阿曼、卡塔尔、科威特和沙特的贸易中的劣势最为明显，显性竞争力指数分别为 -0.81、-0.71、-0.67 和 -0.50，对叙利亚、黎巴嫩、约旦和巴林的显性竞争力指数最高，分别为 0.98、0.98、0.82 和 0.55。

表 1　中国与西亚国家的贸易显性竞争力指数

| | 2008 年 | 2009 年 | 2010 年 | 2011 年 | 2012 年 |
|---|---|---|---|---|---|
| 西亚所有国家 | -0.16 | -0.07 | -0.19 | -0.25 | -0.26 |
| 巴林 | 0.67 | 0.38 | 0.52 | 0.46 | 0.55 |
| 伊朗 | -0.42 | -0.25 | -0.24 | -0.35 | -0.36 |
| 伊拉克 | -0.07 | -0.28 | -0.27 | -0.46 | -0.44 |
| 以色列 | 0.40 | 0.41 | 0.23 | 0.38 | 0.41 |
| 约旦 | 0.87 | -0.97 | -0.01 | 0.81 | 0.82 |
| 科威特 | -0.49 | -0.39 | -0.44 | -0.62 | -0.67 |
| 黎巴嫩 | 0.98 | 0.98 | 0.98 | 0.97 | 0.98 |
| 阿曼 | -0.87 | -0.76 | -0.82 | -0.87 | -0.81 |
| 卡塔尔 | -0.10 | -0.22 | -0.48 | -0.59 | -0.71 |
| 沙特阿拉伯 | -0.48 | -0.45 | -0.52 | -0.54 | -0.50 |
| 叙利亚 | 0.99 | 0.99 | 0.97 | 0.98 | 0.98 |
| 阿联酋 | 0.67 | 0.76 | 0.65 | 0.53 | 0.46 |
| 也门 | -0.47 | -0.03 | -0.39 | -0.48 | -0.30 |

数据来源：中国海关统计。

### 4. 自贸区建设有助于保障贸易

与中国双边贸易额排名靠前的西亚国家中，除伊拉克外均为海合会成员。早在 2004 年，中国就与包括沙特、阿联酋、科威特、阿曼、卡塔尔和巴林 6 个成员的海合会启动了自贸区谈判。经济危机爆发前，双方已举行了 4 轮谈判，在货物贸易的大多数领域达成了共识，并启动了服务贸易谈判。经济危机及随后的迪拜债务危机对自贸区谈判进度产生了一定影响。2009 年，谈判重启后，双方除就货物贸易主要关切和服务贸易初步出价进行磋商外，还就原产地规则、技术性贸易壁垒、卫生和植物检疫措施与经济技术合作等议题进行交流。如果各方能够就各自关切进行有效交流和沟通，对当前谈判中存在的搁置问题进行沟通协调，从大局出发尽快建成自贸区，将对双边贸易环境的改善提供良好支撑，有利于降低包括美国开采页岩油对石油输出国组织的冲击，实现互利共赢。

## 四 中国与西亚国家双边贸易的趋势展望

中国与西亚国家双边贸易发展空间广阔，但不利因素也不容忽视，双方应共同努力，加强高层对话和自贸区平台建设，积极探索创新经贸合作方式，以货币互换降低贸易风险。

### （一）双边经贸合作存在巨大发展空间

作为历史上丝绸之路的必经之地，西亚国家很早就从东西方经贸和文化交往中获益了。在全球经济发展的周期过程中，西亚有可能再次发挥重要作用。如前所述，中国与西亚国家在资源禀赋和经济产业结构方面互补性强。西亚国家需要质优价廉的生活用品和生产资料，从中国经济的稳定发展和稳定的商品价格中获益；而中国维系庞大工业体系的运转、服务全球消费者和生产者持续需要大量的能源，西亚地区正拥有巨大的能源储量和产量，有积聚并使用石油美元的丰富经验。美国加大对页岩油的开发并在短期内大幅增加原油库存，不仅使得美国对西亚地区的石油依赖程度大幅降低，而且对全球油价造成冲击，挑战了石油输出国组织（OPEC）的"高产量、高油价"策略。中国拥有稳定的能源进口需求，除了需要为工业化进程的推进提供能源保障外，还需要满足由于城镇化和消费水平提升带来的越来越大的能源消费需求。对于西亚国家而言，由中国弥补失去的美国市场需求，既现实又重要，符合双方的共同利益。不仅是产油国，西亚地区的非产油国与中国也可在石油冶炼、石化等能源相关

产业，以及企业农业、工业或服务业领域开展合作，为双边加工贸易或一般贸易关系的发展创造更多机会。

### （二）贸易稳定发展面临众多不利因素

然而，必须看到，中国与西亚国家双边贸易的发展并非一帆风顺，各种不利因素依然构成严峻挑战。安全风险是最大的威胁。西亚国家区内的外交、政治、宗教和经济冲突不仅存在而且在一些国家还较为激烈，短期内难以平复，不仅影响了西亚国家的支付能力和需求规模，还对贸易的物流运输和资金交割造成不确定。标准差异影响了贸易的正常进行，海合会曾就中国商品标准无法满足其成员国国内标准为由提出新的要价，如果难以找到合适的解决方案，谈判难以继续推进，甚至造成中方企业其他领域在西亚的利益也会相应受损的情况。双边贸易商品运输安全性风险有所提升。受伊朗局势紧张、南海局势紧张、缅甸局势紧张和印度洋海盗猖獗等诸多因素影响，中国与西亚国家的海上运输通道安全可能受到波及。汇率波动和欧债危机等经济影响也会对双边贸易造成影响。

### （三）对话机制与自贸区平台提供保障

中国与西亚国家对话与沟通渠道畅通，中国与海合会领导人均对双边经贸合作的持续推进表达了期许。尽管双边自贸区谈判回合频率不高且受经济危机影响，谈判仍然保持推进。必须承认，在经过几轮沟通后，双方已经认识到主要的障碍点，要达成自贸协定，可以有两个选择：一种选择是通过由上而下的推动，进行利益互换，分别解决各自重大关切，按照权利义务对等的方式，达成自贸区协定；另一种选择是双方均列出相应保留和市场开放例外，从而在较短时间达成一致，签署自贸区早期收获协定，为双方企业尽早获益提供协议支撑。

### （四）经贸合作需要因地制宜与时俱进

促进双边贸易应在立足现状的基础上根据内外部形势的变化积极探索，勇于创新。在传统的石油冶炼、机械设备制造等优势产业以投资促贸易，通过资源布局和产业链整合，实现生产加工环节和市场销售环节的前置，调整双边贸易标的，提升贸易环节附加值。为了降低单一企业风险，实现企业间有效配合，可以探索由西亚国家以产业园的形式鼓励企业集群式发展，增加配合机会，降低企业经营成本。国际经贸合作愈发复杂，传统的贸易理论难以完全解释现有的要素流动方向复杂、资源整合方式多样的全球产业分工和组织模式。为充分发挥各方优势，应积极探索贸易与投资、工程承包、劳务合作等国际经济合作业务互动的模式，以国际贸易服务我国国际经济合作企业的发展，以国际经济合作业务促进国际贸易效率的提升。

### （五）货币互换或可降低双边贸易风险

经济危机的影响仍远未结束，虚拟经济对实体经济的影响力和破坏力已然被人们认知。在日本"安倍经济学"提出超宽松货币政策、美联储祭起量化宽松大旗（QE13）的政府干预下，以美元衡量商品价值必然存在潜在的巨大风险。为了避免受单一美元价值体系左右，西亚国家应探索国际贸易的多元化。人民币国际化稳步推进，已经从贸易领域向投资领域发展。在长期稳定的贸易基础上，探讨通过货币互换，甚至直接采用人民币结算，在美元走软的情况下有助于降低西亚国家出口贸易风险，也符合人民币国际化的目标。西亚石油输出国在过去几十年积累的丰富的石油美元运作经验的基础上，开展人民币的投资业务也具备较为有利的条件。

# Foreign Trade in West Asian Countries

*Zhou Mi*

**Abstract**: The foreign trade and intra-regional trade of the Western Asian countries has recovered quickly from the economic crisis and overpassed the level before the crisis. The situation of the West Asia has become even more complicated, with more internal and external adverse factors for the trade. The exploitation of shale oil in US also brings more uncertainty to the foreign trade of the West Asia.

中东黄皮书

The bilateral trade between China and Western Asian countries is well-developed and further space is expected due to the complementary of the resource endowments and industrial structure. But there are also some adverse factors. With the joint efforts and active cooperation of both parties, China and the Western Asian countries may face the external challenges together and achieve mutual benefits and common development.

Key Words: West Asia; Foreign Trade

# 资料文献

Documentation

## $\mathbb{Y}.19$
## 国内外中东研究的新进展

唐志超*

**摘 要：**

　　三年来，中国中东研究和中东学科建设成绩斐然。研究队伍壮大，科研成果丰硕，智库的作用得到提升。围绕"阿拉伯之春"、伊朗核问题、伊斯兰主义与民主、中国与中东关系等重大理论与现实问题展开研究是这一时期国内外中东研究的主要特色。我国一大批基础性、理论性、应用性、战略性的重大研究课题纷纷立项，出版近百部学术专著，并在研究理论与方法、研究体制、学术观点等方面有所创新。中东研究日益靠近国际前沿，与国际中东学界保持同步，中国学者在国际中东学界话语权增大。

**关键词：**

　　中东研究　学科建设　进展

* 唐志超，博士，中国社会科学院西亚非洲研究所中东研究室主任，研究员。主要从事中东政治、外交与安全问题研究。

2010～2012 年，国际国内中东学界在中东研究和学科建设方面取得重要进展。中国中东学界围绕当前中东地区热点问题以及重大基础性、理论性和前沿性课题进行了很有价值的研究探索，并取得了丰硕成果，其中包括推出近百部专著，并在理论、观点以及研究体制和方法创新等方面进行了积极探索，中国社会科学院西亚非洲所实施的"创新工程"在此方面迈出了很大步伐，独树一帜。

# 一　学科发展的总体状况

## （一）历史沿革

自新中国成立以来，我国中东研究迄今已有 60 余年历史，是一个从无到有的发展过程，大致可分为三阶段：起步初始（1949～1978 年）、恢复发展（1979～1999 年）和快速发展（2000 年以来至今）。20 世纪五六十年代，随着亚非拉地区民族民主运动的蓬勃展开以及在中国对外战略中的地位不断提高，中国领导人决定加强与亚非拉国家的关系，并开展相关研究。根据毛泽东主席关于加强非洲研究的指示，1963 年周恩来总理专门召集人员讨论如何加强国际问题研究，并向中央提交了《关于加强研究外国工作的报告》。[①] 随着报告得到中央批准，我国第一批专门的中东研究机构开始成立，其中包括今天的中国社会科学院西亚非洲研究所（1961 年 7 月 4 日成立，原名中国科学院哲学社会科学部亚非研究所）、北京大学亚非研究所（1964 年）、西北大学亚非所（1964 年，初名伊斯兰研究所）、云南大学西南亚研究所（1964 年）。此外，军事、外事、安全和外贸等一些中央政府部门也设立了相应的中东研究机构。上述研究机构迄今仍是我国中东研究领域的中坚力量和主力军。同时，北京大学、外交学院、北京外国语大学、对外经贸大学和上海外国语大学等 8 所高校开始设立阿拉伯语、波斯语、土耳其语和希伯来语专业，培训专门人才。在此

---

① 赵宝煦：《关于加强外国问题研究的一点史料》，《国际政治研究》2004 年第 4 期，第 142～143 页。

基础上，中国亚非学会于 1962 年成立，并成为国内从事亚非研究人员的主要交流平台。可惜，"文革"期间，包括中东研究在内的我国国际问题研究受到严重冲击，许多研究和教学机构被迫停办，人才大量流失。改革开放后，我国中东研究迎来"春天"，各机构纷纷恢复重办，人员回归，并成立了一批新的中东研究机构，如中国现代国际关系研究所（1980 年）、上海外国语大学中东研究所（1980 年）、上海犹太研究中心（1988 年）、南京大学犹太文化研究所（1992 年）等。值得一提的是，1982 年 7 月中国中东学会正式成立，这是我国中东学界具有里程碑意义的大事，对中国中东学科的繁荣发展起了巨大推动作用。进入 21 世纪以来，随着我国改革开放的不断深入、对外交流的迅猛发展，中国与中东关系的日益加深，中东研究开始走上发展快车道。原有的机构开始焕发青春，新机构如雨后春笋般出现，中东研究队伍得到大规模扩充，学科研究领域扩大，研究日益深入和专业化，并取得大批重要成果。这期间，大批高校纷纷开设中东地区和国别研究中心，如河南大学犹太研究所（2002 年）、山东大学犹太教与跨宗教研究中心（2003 年）、武汉大学阿拉伯研究中心（2005 年）、兰州大学伊斯兰文化研究所（2006 年）、浙江师范大学非洲研究院（2007 年）、北京大学伊朗文化研究所以及希伯来—犹太文化研究所。

## （二）队伍和机构建设

近三年来，我国学科队伍建设取得新进展，又成立了一批新机构，其中有：中国—阿拉伯国家合作论坛研究中心（2010 年成立，挂靠上海外国语大学中东所）、北京大学中东研究中心（2010 年）、对外经济贸易大学"中国与阿拉伯国家经济贸易关系研究中心"（2011 年）、西北民族大学中东文化研究所（2011 年）、宁夏大学阿拉伯学院（2011 年）、兰州大学伊斯兰文化研究所。值得一提的是，2011 年 11 月教育部决定建设 3 个阿拉伯研究基地（北京语言文化大学、北京第二外国语学院和宁夏大学）和 3 个非洲研究培育基地（北京大学非洲研究中心、浙江师范大学非洲研究院和上海师范大学非洲研究中心），以推进区域和国别问题研究，提升高校为国家决策提供咨询的能力。

据不完全统计，截至 2012 年年底，中国的中东研究机构已达 20 余家，遍布全国 16 个省、市、自治区。20 多家高校设有阿拉伯语教学单位。中国中东

学会的注册成员单位与会员数量大幅增加，截至 2012 年年底，学会会员规模近 300 人。随着中东研究队伍的日益壮大，以北京、西安、上海、云南为中心的传统地域分布格局逐步被打破，呈四面开花、多点分布发展态势，并形成各自的特色和优势。

### （三）研究成果

60 多年来，中国的中东学科研究取得了累累硕果，出版了大量专著、译著、学术论文、研究报告、教材、工具书等。成红编著的《中国的中东文献研究综述（1949~2009）》（社会科学文献出版社，2011）和中国社会科学院西亚非洲研究所编的《中国的中东非洲研究（1949~2010）》（社会科学文献出版社，2011）对此有全面而系统的总结。据不完全统计，截至 2012 年年底，改革开放以来国内用中文发表的中东问题著作有 1300 余种，论文近 12000 篇。

值得一提的是，2010~2012 年国内学者出版的中东问题学术专著达 80 多部，无论是在数量上，还是质量上都有很大飞跃。其中，突出的成果有下述一些。

中东政治方面，有杨光主编《中东发展报告 No. 14（2011~2012）：中东政局动荡的原因和影响》（社会科学文献出版社，2012）、刘中民与朱威烈主编《中东地区发展报告：中东变局的多维透视（2012 年卷）》（时事出版社，2013）、马晓霖主编《阿拉伯剧变：西亚、北非大动荡深层观察》（新华出版社，2011）、王京烈著《解读中东：理论构建与实证研究》（世界图书出版公司，2011）、刘中民著《民族与宗教的互动：阿拉伯民族主义与伊斯兰教关系研究》（时事出版社，2010）、王铁铮著《世界现代化历程·中东卷》（江苏人民出版社，2010）等。

经济与能源方面，有杨光主编《中东非洲发展报告（2009~2010）：国际金融危机对中东非洲经济的影响》（社会科学文献出版社，2010）、杨言洪著《海湾油气与我国能源安全》（对外经济贸易大学出版社，2010）、舒先林著《美国中东石油战略研究》（石油工业出版社，2010）、姜英梅著《中东金融体系发展研究——国际政治经济学的视角》（中国社会科学出版社，2011）、李若晶《失衡的依赖：美国对中东石油外交的国际政治经济学解读（1945~

1975）》（中国社会科学出版社，2012）、郭依峰著《世界能源战略与能源外交·中东卷》（知识产权出版社，2011）。

国际关系和地区热点问题方面，有汪波著《欧盟中东政策研究》（时事出版社，2010）、尹斌著《软实力外交——欧盟的中东政策》（光明日报出版社，2010）、李意著《海湾安全局势与中国的战略选择》（世界知识出版社，2010）、李荣建著《阿拉伯的中国形象》（人民出版社，2010）、杨光主编《中东非洲发展报告 No.13（2010～2011）：解析中东非洲国家的"向东看"现象》（社会科学文献出版社，2011）、钮松著《欧盟的中东民主治理研究》（时事出版社，2011）、李兴刚著《阿以冲突中的犹太定居点问题研究》（云南大学出版社，2011）、杨明光著《利益集团与美国中东政策》（云南大学出版社，2012）、冀开运著《伊朗与伊斯兰世界关系研究》（时事出版社，2012）、王新刚和王立红著《中东和平进程》（时事出版社，2012）。

安全方面，主要有朱威烈著《中东反恐怖主义研究》（时事出版社，2010）、邓红英著《困境与出路——中东地区安全问题研究》（湖北人民出版社 2011 年）、赵伟民著《中东核扩散与国际核不扩散机制研究》（时事出版社，2012）。

伊斯兰研究方面，主要有唐宝才主编《伊斯兰世界的今天和明天》（中国社会科学出版社，2010）、马丽蓉著《中东国家的清真寺社会功能研究》（时事出版社，2011）、刘月琴著《伊斯兰文化与社会现实问题的考察》（中国社会科学出版社，2012）、王宇洁著《宗教与国家——当代伊斯兰教什叶派研究》（社会科学文献出版社，2012）、吕耀军著《全球化背景下伊斯兰人权思潮及现状研究》（中国社会科学出版社，2012）。

社会与文化方面，主要有仲跻昆著《阿拉伯文化通史》（译林出版社，2010）、陈万里编著《阿拉伯社会与文化》（上海外语教育出版社，2011）、徐新著《犹太文化史》（北京大学出版社，2011）、郭依峰著《外交的文化阐释·阿拉伯国家卷》（知识产权出版社，2012）。

（四）优势与问题

自改革开放以来，中东学科发展迅猛，呈现百花齐放、百家争鸣的大繁荣、大发展局面，累积了诸多优势。一是当前中华民族正处于走向民族伟大复兴与和平发展的历史最佳战略机遇期，中国与中东国家的全方位关系加速发展，中国在中东的利益和影响不断扩大，这既为开展中东研究提供了强大的精神和物质支持，也对中东研究提出了更高要求。二是中东在我国总体对外开放格局和国家安全战略中的地位不断提高，各级政府对中东的重视程度和投入大幅提高，社会各界对中东的兴趣增大。三是长期以来我国中东研究的一个突出优势是紧密联系实际，紧扣国家发展需求，突出现实问题研究，为中国外交和国家发展提供服务。四是60年多来的发展为中东学科奠定了良好的研究基础，研究人员和机构日益增多，形成了良好的学风。五是国内外交流平台和机制基本建立。

中国中东学会会长杨光先生指出，60余年来中国的中东研究取得了很大成绩，如科研队伍不断壮大、科研成果丰硕、人才培养成果显著、智库作用得以发挥、国内学术交流活跃、国际学术交流频繁等；① 同时也存在一些不足，如学科发展不平衡、创新性不足、国际影响力小、人才素质不高等。②

## 二 三年来国内外学科前沿动态、最新理论观点与方法

2010 年以来，中东地区动荡的原因及影响、未来发展趋势成为国内外中东学界研究的热点和重中之重。同时，奥巴马政府的中东政策、中美与中东三角关系、伊朗核问题、中东和平进程、国际与中东能源格局变化等问题也是研究的重点内容。围绕上述内容，国内外学界紧密跟踪动态，取得了一系列重要成果。

从国内看，中东学界紧密围绕中东剧变原因及其影响、中东转型及民主化挑战、伊斯兰主义的崛起、中国与阿拉伯世界关系、美战略东移及中国如何应对、西方新干涉主义的发展、伊朗核问题进展、全球能源格局转换对中东及中国的影响、国际金融危机对中东的影响、中东国家"向东看"等学科前沿动

---

① 杨光：《中国的中东研究述要》，《中国的中东非洲研究（1949～2010）》，社会科学文献出版社，2011，第7～8页。

② 杨光：《中国的中东研究六十年》，《西亚非洲》2010年第4期，第37页。

态举行了大量研讨和深入研究，成果丰硕。同时，在研究观点、理论和方法创新上都有一些新突破。具体体现在以下几个方面。

第一，中东研究日益靠近国际前沿。与国际中东学界几乎同步，一大批基础性、应用性、理论性、战略性的重大研究课题立项。据不完全统计，目前在研国家社科基金资助项目以及中央部委级课题有近30个，其中主要有：中国社会科学院西亚非洲研究所主持的三大创新研究项目（杨光主持的"中东国家与中国经贸及能源关系研究"、王林聪主持的"中东热点问题跟踪研究"和王京烈主持的"中国对中东战略和大国关系"）。国家社科基金资助项目有：樊为之的"美国国会中东北非战略与中东、阿拉伯地区政治格局研究"、高祖贵的"大变局下美国中东战略的调整、影响与我国对策研究"、车效梅的"中东城市化与社会稳定研究"、哈全安的"中东现代化进程中的世俗政治与宗教政治研究"、赵文亮的"阿以冲突与中东恐怖主义关系研究"、敏敬的"中东库尔德问题研究"、余建华的"中东剧变研究"、马丽蓉的"新中国对中东伊斯兰国家人文外交及对策研究"、王泽壮的"十月革命与中东社会主义运动的兴起（1917~1924）"、范宏达的"美国的伊朗政策研究"、谢立忱的"当代中东国家边界与领土争端研究"、王树英的"世界民族——亚洲"、张金平的"国际恐怖主义与反恐策略"、王志军的"20世纪上半期哈尔滨犹太人的宗教生活与政治生活研究"、王铁铮的"非洲阿拉伯国家通史研究"、李秉忠的"土耳其库尔德问题及其对我国的启示研究"、陈天社的"哈马斯的社会基础与影响研究"、潘光的"来华犹太难民研究"、华涛的"中古时代阿拉伯波斯等穆斯林文献中有关中国资料的整理与研究"、王一丹的"波斯文《五族谱》整理与研究"、杨兴礼的"新时期中国与伊朗关系研究"等。此外，教育部人文社会科学重点研究基地重大项目有汪波的"欧盟中东政策研究"、马丽蓉的"中东国家的清真寺社会功能研究"、朱威烈的"中东反恐怖主义研究"、钱学文的"中国在中东地区的国家利益研究"以及刘鸿武的"新时期中非合作关系"、丁士仁的"中国伊斯兰文献挖掘与抢救工程"，等等。此外，还有一大批省级以及校级重要研究课题。

第二，抓住"阿拉伯之春"这一热点开展深入研究，取得重大成绩。中国中东学会会长杨光指出，这次全世界始料不及的动荡，给中东政治发展研究、经济发展研究、国际关系研究、伊斯兰教研究、社会文化研究，提出了大量值得研究的课题，为中东研究的发展提供了新的动力。它也为中东问题研究学者发挥基础研究优势，解读重大现实问题，以及通过研究重大现实问题加强基础研究，都提供了又一次良好的机遇。① 三年来，中东学界相继推出了一系列重要研究成果，其中包括 3 本专著（《中东发展报告 No. 14（2011～2012）：中东政局动荡的原因和影响》《中东地区发展报告：中东变局的多维透视（2012 年卷）》和《阿拉伯剧变：西亚北非大动荡深层观察》），还有近百篇学术论文以及大量时事评论。中国学者对该事件爆发的原因及影响进行了广泛探讨，普遍认为这场危机的爆发有其必然性，复杂多重的内部问题是根本因素，外因起了推波助澜的作用，但性质上绝不是"阿拉伯之春"，而是意味着地区动荡和地区转型。从发展趋势看，这一进程目前远未结束，可能是一个延续多年乃至数十年的长期动荡过程。未来，中东将在相当长时期内处于动荡、曲折、漫长的转型期。从影响看，不仅将给中东地区带来剧烈动荡、地区格局的重新洗牌，也将对其外部关系带来深远影响，尤其给中国、美国的中东政策带来很大挑战。

第三，中阿关系面临机遇与挑战。主要涉及中东国家"向东看"政策这一新动向和中东剧变对中阿关系的影响两大主题。杨光主编《中东非洲发展报告 No. 13：解析中东非洲国家的"向东看"现象（2010～2011）》黄皮书敏锐地抓住了"向东看"这一主题，从政治、经济和国际关系等方面，分析了中国对中东非洲国家的战略意义，比较全面地解析了中东非洲"向东看"这个新现象。② 关于"阿拉伯之春"给中国外交带来的挑战与机遇，国内学界讨论更为激烈、广泛、深入，指出中东剧变给中国与阿拉伯国家的关系提出了大量新挑战，涉及政治、经济、能源和安全等诸多方面，并提出了大量政策建议。

第四，针对美国战略东移，提出了"战略西进"重要观点。2009 年奥巴

---

① 摘自杨光在 2011 年 4 月在河南郑州举行的"中东问题高层论坛——中东局势动荡的原因与影响"会议上的讲话。《中东问题高层论坛举行》，人民网，2011 年 4 月 9 日，http://news. ifeng. com/gundong/detail_ 2011_ 04/09/5643031_ 0. shtml。
② 《中东国家"向东看"给中国带来新机遇》，光明网，2011 年 7 月 21 日，http://world. gmw. cn/2011 -07/21/content_ 2321064. htm。

马总统提出"再平衡战略",其实质是美全球战略重心由"大中东"(从包括阿富汗、巴基斯坦的西南亚到西亚)向亚太转移,由此引起地缘政治的一系列重大变化。针对美国的战略东移对中国的影响,国内学术界进行了深入研究,并积极探讨中方的回应途径。其中,北京大学国际关系学院院长王缉思教授提出了"战略西进"的观点。① 这一战略设想甫一提出,就在国内外政府、学术界引起广泛反响和热烈讨论。美国布鲁金斯学会专家发表文章称,这是中国对美国再平衡战略的回应和反击。② 有评论称,中国战略界正进行一场事关外交主攻方向的大辩论。这场辩论将影响今后十年的外交方略,因此格外引人关注。③

第五,在中东研究的内容、理论和研究方法上有所创新、突破。从内容上看,一些新的研究领域被纳入研究视野,学科发展不平衡性有所打破,如中东核不扩散体制研究、中东清真寺功能研究、伊斯兰人权研究、阿拉伯外交文化、中国在阿拉伯世界形象研究等,并取得了重要成果。从理论研究看,如"不稳定结构理论"、阿拉伯民族与伊斯兰教的互动关系、中东民主与现代化、伊斯兰主义、民族国家构建等都有进一步发展。从研究方法上看,也日益多元,向实证主义和理论方向发展。

从西方国家看,三年来欧美中东学界围绕"阿拉伯之春"爆发的原因及其影响、奥巴马政府的中东政策、中东和平进程、伊朗核问题、伊斯兰主义和能源安全等问题展开研究,取得了一大批重要成果。"阿拉伯之春"方面,主要有《阿拉伯觉醒:美国和中东转型》④、《工作、正义和阿拉伯之春》⑤、《反抗中的阿拉伯

---

① 王缉思:《"西进",中国地缘战略的再平衡》,《环球时报》2012 年 10 月 17 日。

② Yun Sun, "March West: China's Response to the U. S. Rebalancing", *Brookings Institute*, Jan. 31, 2013. http://www.brookings.edu/blogs/up-front/posts/2013/01/31-china-us-sun.

③ 《中国面临南进与西进之争》,中国香港《太阳报》2012 年 11 月 1 日。

④ Akram Al-Turk, Pavel K. Baev, Daniel L. Byman, Michael Doran, Khaled Elgindy, Stephen R. Grand, Shadi Hamid, Bruce Jones, Suzanne Maloney, Jonathan D. Pollack, Kenneth M. Pollack, Bruce Riedel, Ruth H. Santini, Salman Shaikh, Ibrahim Sharqieh, Ömer Taşpınar, Shibley Telhami and Sarah Yerkes, *The Arab Awakening: America and the Transformation of the Middle East*, Brookings Institution Press, 2011.

⑤ John Page, *Jobs, Justice and the Arab Spring: Inclusive Growth in North Africa*, Brookings Institution Press, 2012.

社会：西方的地中海挑战》①、《阿拉伯民主化：从全球看前景与教训》②、《新阿拉伯反抗》③、《阿拉伯世界的未来：人口与经济趋势的影响》④、《阿拉伯起义：每个人都需了解的事情》⑤、《阿拉伯之春：中东的变化与抵抗》⑥、《春天之后：阿拉伯世界的经济过渡》⑦、《伊斯兰与阿拉伯觉醒》⑧、《阿拉伯之春：后殖民主义的终结》⑨、《阿拉伯起义：新中东未完成的革命》⑩、《阿拉伯终身总统的兴衰》⑪、《阿拉伯之春的战斗：革命、反革命和新世纪形成》⑫、《阿拉伯反抗：民主起义的十大教训》⑬、《2.0 革命：人民的力量大于掌权者》⑭、《后卡扎菲时代利比亚的过渡：国家构建挑战》⑮、《悬崖边的沙特》⑯、《埃及

---

① Cesare Merlini and Olivier Roy, eds., *Arab Society in Revolt：The West's Mediterranean Challenge*, Brookings Institution Press, 2012.

② Larry Hanauer, Jeffrey Martini, Omar Al-Shahery, *Managing Arab-Kurd Tensions in Northern Iraq After the Withdrawal of U. S. Troops*, Rand Corporation, 2011.

③ *The New Arab Revolt：What Happened, What It Means, and What Comes Next*, Council on Foreign Relations, 2011.

④ Keith Crane, Steven Simon, Jeffrey Martini, *Future Challenges for the Arab World：The Implications of Demographic and Economic Trends*, Rand Corporation, 2011.

⑤ James L. Gelvin, *The Arab Uprisings：What Everyone Needs to Know*, Oxford University Press, 2012.

⑥ David W. Lesch, Mark L. Haas, *The Arab Spring：Change and Resistance in the Middle East*, Westview Press, 2012.

⑦ Magdi Amin, Ragui Assaad, Nazar al-Baharna, Kemal Dervis, Raj M. Desai, Navtej S. Dhillon, Ahmed Galal, Hafez Ghanem, Carol Graham, *After the Spring：Economic Transitions in the Arab World*, Oxford University Press, 2012.

⑧ Tariq Ramadan, *Islam and the Arab Awakening*, Oxford University Press, 2012.

⑨ Hamid Dabashi, *The Arab Spring：The End of Postcolonialism*, Zed Books, 2012.

⑩ Marc Lynch, *The Arab Uprising：The Unfinished Revolutions of the New Middle East*, Public Affairs, 2012.

⑪ Roger Owen, *The Rise and Fall of Arab Presidents for Life*, Harvard University Press, 2012.

⑫ Alex Warren, *The Battle for the Arab Spring：Revolution, Counter-Revolution and the Making of a New Era*, Yale University Press, 2012.

⑬ Jean-Pierre Filiu, *The Arab Revolution：Ten Lessons from the Democratic Uprising*, Oxford University Press, 2011.

⑭ Wael Ghonim, *Revolution 2. 0：The Power of the People Is Greater than the People in Power：A Memoir*, Houghton Mifflin Harcourt, 2012.

⑮ Christopher S. Chivvis, Keith Crane, Peter Mandaville, Jeffrey Martini, *Libya's Post-Qaddafi Transition：The Nation-Building Challenge*, Rand Corporation, 2012.

⑯ Thomas W. Lippman, *Saudi Arabia on the Edge：The Uncertain Future of an American Ally*, Council on Foreign Relations Books, 2012.

的斗争：从纳赛尔到解放广场》①、《沙特青年：解开变革力量面纱》②、《叙利亚反抗》③。大国与中东关系方面，主要有《中国和伊朗：经济、政治和军事关系》④、《重要三角关系：中国、美国与中东》⑤、《中国与海湾：对美国的影响》⑥、《透视转型中的埃及与美国政策选择》⑦、《美以战略伙伴关系的未来》⑧、《资产检验：美国何以从与以色列结盟中受益》、《奥巴马与中东：美国时代的终结?》⑨。地区热点问题方面，有《未竟的事业：美国在伊拉克前行战略》⑩、《伊拉克影响：伊拉克战争后的中东》⑪、《伊朗：核挑战》⑫、《伊朗与原子弹：解决波斯谜题》⑬、《第六次危机：伊朗、以色列、美国和战争传言》⑭、《阻止伊朗核突破：美以协调》⑮。在政治伊斯兰和恐怖主义方面，有

---

① Steven A. Cook, *The Struggle for Egypt: From Nasser to Tahrir Square*, Oxford University Press, 2011.

② Edit Schlaffer and Ulrich Kropiunigg, *Saudi Youth: Unveiling the Force for Change*, Publisher CSIS, 2011.

③ Fouad Ajami, *The Syrian Rebellion*, Hoover Institution Press, 2012.

④ Scott Warren Harold, Alireza Nader, *China and Iran Economic, Political, and Military Relations*, Rand Corporation, 2012.

⑤ Jon B. Alterman, *The Vital Triangle*, Paper presented at the Woodrow Wilson International Center for Scholars, July 12, 2010, http://csis. org/publication/vital - triangle - 0.

⑥ Bryce Wakefield and Susan Levensteinn, *China and the Gulf: Implications for the United States*, Woodrow Wilson International Center for Scholars, 2011.

⑦ Jon B. Alterman, *Egypt in Transition: Insights and Options for U. S. Policy*, Publisher CSIS, 2012.

⑧ Haim Malka, *Crossroads: The Future of the U. S. -Israel Strategic Partnership*, Publisher CSIS, 2011.

⑨ Fawaz A. Gerges, Obama and the Middle East: The End of America's Moment?, Palgrave Macmillan, 2012.

⑩ Frederick W. Kagan, J. Scott Carpenter, Kenneth M. Pollack, Raad Alkadiri and Sean Kane, *Unfinished Business: An American Strategy for Iraq Moving Forward*, Brookings Institution Press, 2011.

⑪ Frederic Wehrey, Dalia Dassa Kaye, Jessica Watkins, Jeffrey Martini, Robert A. Guffey, *The Iraq Effect: The Middle East After the Iraq War*, Rand Corporation, 2010.

⑫ Elliott Abrams, Robert D. Blackwill, Richard A. Falkenrath, Meghan L. O'Sullivan, Ray Takeyh, Matthew H. Kroenig, *Iran: The Nuclear Challenge*, Council on Foreign Relations Press, 2012.

⑬ Gideon Rose and Jonathan Tepperman, *Iran and the Bomb: Solving the Persian Puzzle*, Council on Foreign Relations, 2012.

⑭ Dana H. Allin and Steven Simon, *The Sixth Crisis: Iran, Israel, America and the Rumors of War*, Oxford University Press, 2010.

⑮ Patrick Clawson *and* David Makovsky, *Preventing an Iranian Nuclear Breakout: U. S. -Israel Coordination*, the Washington Institute for Near East Policy, 2012.

《阿拉伯之春之后：伊斯兰分子是如何劫持中东反抗的》①、《伊斯兰分子来临：他们到底是谁》②、《城堡摇晃：伊斯兰世界的愤怒与反抗》③ 等。

## 三 国内外学科前沿的主要代表人物及代表作

中国中东学会会长杨光主编的"中东发展报告"系列丛书。其中，《中东非洲发展报告（2009～2010）：国际金融危机对中东非洲经济的影响》，以"国际金融危机对中东非洲国家的影响"为专题，分析了2008年爆发的国际金融危机对中东非洲宏观经济形势、主要产业和主要国家的影响，介绍了中东非洲国家为应对国际金融危机而采取的对策，对国际金融危机给非洲经济发展带来的教训进行了思考。《中东非洲发展报告No.13（2010～2011）：解析中东非洲国家的"向东看"现象》以"中东非洲国家'向东看'"为主题，从政治、经济和国际关系等方面，分析中国对中东非洲国家的战略意义，比较全面地解析"中东非洲国家'向东看'"这个21世纪以来在中东非洲国家对华关系中日益引人注目的新现象。④《中东发展报告No.14（2011～2012）：中东政局动荡的原因和影响》，以"中东政局动荡的原因与影响"为主题，具体剖析了2010年年底以来突尼斯、埃及、利比亚、巴林、阿曼、也门、叙利亚等国局势动荡的原因以及影响。⑤

王京烈著《解读中东：理论构建与实证研究》。该书基于从"三大要素说"到"不稳定结构理论"，对错综复杂的中东问题的起源、发展、变化，大国与中东国家的关系，中东国家所处历史的发展阶段和社会发展变化，以及中

① John R. Bradley, *After the Arab Spring*: *How Islamists Hijacked the Middle East Revolts*, Palgrave Macmillan, 2012.

② Robin Wright, *The Islamists Are Coming*: *Who They Really Are*, United States Institute of Peace, 2012.

③ Robin Wright, *Rock the Casbah*: *Rage and Rebellion Across the Islamic World*, Simon & Schuster, 2011.

④ 杨光主编、王林聪副主编《中东非洲发展报告No.13（2010～2011）：解析中东非洲国家的"向东看"现象》，社会科学文献出版社，2011。

⑤ 杨光主编、王建副主编《中东发展报告No.14（2011～2012）：中东政局动荡的原因和影响》，社会科学文献出版社，2012。

东诸多热点和重大问题进行了有很高理论价值和学术价值的探索与研究，在实证研究的基础上对上述问题进行了理论解读，构建了分析中东问题的理论体系。姚大学教授称该书为"构建中国中东问题研究理论体系的代表性著作"，填补了我国宏观中东研究领域的一项空白。①

刘中民、朱威烈教授主编《中东地区发展报告：中东变局的多维透视（2012年卷）》，以中东变局为基本线索，以2011年全年和2012年上半年的中东形势为观察与分析对象，通过一个总报告、三个专题报告，共18个分报告，在宏观认识中东变局性质、特点、原因、影响的基础上，围绕中东主要国家发展现状、地区格局变动、大国中东战略调整、中国与中东关系等方面，对中东地区的发展态势与走向进行了分析和预测。

刘中民著《民族与宗教的互动：阿拉伯民族主义与伊斯兰教关系研究》，对阿拉伯民族主义与伊斯兰教关系做了探索，指出阿拉伯民族主义的兴起和发展对伊斯兰教产生了强烈冲击，伊斯兰教则以伊斯兰主义为主要表现形式对阿拉伯民族主义发起了全面的挑战，二者矛盾突出表现为民族认同与宗教认同、国家主权与真主主权、世俗化与伊斯兰化的矛盾。阿拉伯民族主义与伊斯兰复兴思潮之间的复杂关系，不仅对阿拉伯国家的政治现代化进程产生了深刻影响，也是影响阿拉伯世界国际关系分化组合的重要因素。

朱威烈教授著《中东反恐怖主义研究》。该书立足理论梳理，对恐怖主义概念及其相关问题进行了主体性探讨，深入地剖析了中东地区国际恐怖主义的政治、经济和社会根源。运用多学科的研究方法，总结出中东恐怖主义的人员流动、资金流动、武器流动和信息流动的形成发展、组织机理及运行机制，形成了有别于其他同类著作的鲜明特色。

赵伟民著《中东核扩散与国际核不扩散机制研究》。中东一直是全球核不扩散的重要地区，其中尤以伊朗核问题最为突出，对全球以及地区安全具有重大影响。该书是国内第一部关于中东核不扩散问题的专著，具有开拓性意义。

马丽蓉著《中东国家的清真寺社会功能研究》，运用宗教学、社会学、传播学、历史学等多学科知识来研究和剖析中东国家清真寺的社会功能，对伊斯

---

① 姚大学：《构建中国中东问题研究理论体系的探索》，《西亚非洲》2012年第1期。

兰文明核心价值观、全球化中穆斯林的现实境遇和利益诉求、国际热点问题和
"中国清真寺发展观"等作深度解读。

王铁铮著《世界现代化历程·中东卷》，对中东现代化模式进行了梳理，
总结出埃及、土耳其、利比亚、伊朗、海湾国家、摩洛哥和以色列等多种现代
化发展模式，并分析了其历史演变，最后对中东国家现代化的特点、障碍及走
向进行了总结，是近年来国内学界关于中东国家现代化的重要著述。

马晓霖主编的《阿拉伯剧变：西亚、北非大动荡深层观察》，是一部及
时、全面、深刻剖析 2011 年阿拉伯国家政治社会动荡的著作。该书从政治、
经济、文化、社会、军事、新媒体等不同维度和多个层次，剖析了这场地区世
纪剧变的动因、走势和影响。

美国布鲁金斯学会主编的《阿拉伯觉醒》。该书收集了 18 位顶级中东问
题专家关于"阿拉伯之春"的分析文章，分别对中东动荡的形成机制、过渡
中和危机中的国家、新媒体的作用、伊斯兰主义的崛起、民兵的作用、改革的
紧迫性和必要性以及阿拉伯觉醒对地区以及地区外国家（美国、欧洲和中国）
的影响等进行了分析。该书认为，当前中东剧变性质上属于"阿拉伯觉醒"，
对阿拉伯世界具有划时代的深远意义，也是 21 世纪全球最重要的发展之一。①

兰德公司专家斯考特等著《中国和伊朗：经济、政治和军事关系》指出，
过去几十年来，中伊已发展成广泛而深入的伙伴关系，对美国的利益和目标构
成了挑战，中国的政策妨碍了美国阻止伊朗发展核武器的努力。报告的结论
是，尽管美国从根本上重塑中伊关系的能力有限，但美应继续削弱伊朗取得核
武器能力，并向中国施压，要求其削减与伊朗的联系。②

美国著名外交官、美驻沙特前大使傅立民（Charles W. Freeman）著《美
国在中东的厄运》。该书讨论了当前中东诸多热点问题如巴以冲突、伊拉克、

---

① Akram Al-Turk, Pavel K. Baev, Daniel L. Byman, Michael Doran, Khaled Elgindy, Stephen
   R. Grand, Shadi Hamid, Bruce Jones, Suzanne Maloney, Jonathan D. Pollack, Kenneth M. Pollack,
   Bruce Riedel, Ruth H. Santini, Salman Shaikh, Ibrahim Sharqieh, Ömer Taşpınar, Shibley Telhami
   and Sarah Yerkes, *The Arab Awakening*: *America and the Transformation of the Middle East*,
   Brookings Institution Press, 2011.
② Scott Warren Harold, Alireza Nader, *China and Iran Economic*, *Political*, *and Military Relations*,
   Rand Corporation, 2012.

伊朗、阿富汗以及中国在中东的作用。作者对美国在中东的作用进行了批判性分析，指出美在中东缺乏大战略，已失去作为调解人的资格。批评美错误地认为中美在中东是零和游戏。强调美中东政策应基于国家利益，而非朋友或喜欢的国家，强调对军事行动和干预要谨慎。①

美国"战略与国际研究中心"（CSIS）中东项目主任乔恩·阿尔特曼主编的《重要三角关系：中国、美国与中东》是一部关于中美在中东关系的重要研究报告。报告指出，中国、美国和中东组成了一个重要的三角关系，三方都珍视中东地区的稳定和能源安全，每一方都需要与另外两方建立牢固的关系。针对一些美国人担忧中国可能成为美在中东的竞争者，作者提出，美国、中国和中东三方在维护海湾稳定及保障能源畅通方面存在共同利益。美国的目标"应该不是拒绝三角"，"而是接受它"，中美可以在中东开展紧密合作。②

美国对外关系学会（CFR）主编《新阿拉伯反抗》和《伊朗：核挑战》。前者收集了马丁·英迪克、伯纳德·刘易斯等著名中东问题专家撰写的 60 余篇关于"阿拉伯之春"的论文，是关于"阿拉伯之春"研究的一本重要论文集。③ 后者亦为多名顶级伊朗问题专家撰写，是迄今为止对伊朗核问题描绘最清晰的著作，分析了应对伊朗核问题的目标、工具和战略。该书得到了美国前国家安全助理斯蒂芬·哈德利和塞缪尔·伯杰的高度评价。④

伍德罗·威尔逊学者中心（Woodrow Wilson Centre for Scholars）学者著《中国与海湾：对美国的影响》。该书指出，中国崛起的中心因素是能源，中国超过 42% 的原油进口来自波斯湾，北京把该地区视为经济发展的关键，中国在该地区的影响力不断上升。该书强调，尽管中国在海湾的经济利益不断增长，但北京无意与美国在该地区开展军事竞争。相反，尽管双方在制裁伊朗问题上存在不和，中国仍竭力避免与美在该地区进行对抗，中美在该地区稳定上

① Chax W. Freeman Jr. , *America's Misadventures in the Middle East*, Just World Books, 2012.

② Jon B. Alterman, *The Vital Triangle*, Paper presented at the Woodrow Wilson International Center for Scholars, July 12, 2010, http: //csis. org/publication/vital – triangle – 0.

③ *The New Arab Revolt*: *What Happened*, *What It Means*, *and What Comes Next*, Council on Foreign Relations, 2011.

④ Elliott Abrams, Robert D. Blackwill, Richard A. Falkenrath, Meghan L. O'Sullivan, Ray Takeyh, Matthew H. Kroenig, *Iran*: *The Nuclear Challenge*, Council on Foreign Relations Press, 2012.

有共同利益，这为双方开展合作提供了机遇。此合作不仅有利于中东安全，也为中美在世界其他地方开展安全合作提供了范例。[①]

华盛顿近东政策研究所学者帕特里克·克劳森和戴维·马科夫斯基著《阻止伊朗核突破：美以协调》。该报告称，尽管美国和以色列都认为伊朗不能获得核武器，但双方在如何阻止上存在分歧。特别是双方在终止伊朗核计划的"红线"和最后期限上的分歧日益扩大。这不仅使美以关系复杂化，还会使伊朗继续开展核计划而不必担心受到打击。为此，美以必须加强战略协调，以阻伊取得核突破。

和平研究所（USIP）的《伊斯兰分子到来：他们到底是谁》，是"阿拉伯之春"背景下第一部考察政治伊斯兰崛起的著作，主要对阿尔及利亚、埃及、约旦、黎巴嫩、利比亚、摩洛哥、巴勒斯坦、叙利亚和突尼斯的伊斯兰政党及伊斯兰领袖进行了全面分析。该书指出，伊斯兰分子已成为执政联盟的一部分，它们不得不超越宗教来应对现实，尤其是经济问题。西方常常将伊斯兰主义与极端主义相联系，但其实伊斯兰势力也是多元化的，应区别对待。该书认为，美国与那些伊斯兰政党势力很大的国家的关系将变得困难。[②]

## 四　本所学科发展水平及在国内外相关领域的地位和作用，目前本所学科（研究室）学者主持的研究项目与主要学术成果

三年来，中国社会科学院西亚非洲研究所（下文简称本所）作为全国中东研究学界的"重镇"和"标杆"，继续在开展学术研究、充当政府智囊团和智库、引导学术研究方向和研究创新、组织和推动国内外学术交流等方面，扮演了主力军的角色。本所系根据毛泽东主席的指示于1961年7月4日成立的，

---

① Bryce Wakefield and Susan Levenstein, *China and the Gulf: Implications for the United States*, Woodrow Wilson International Center for Scholars, 2011.

② Robin Wright, *The Islamists Are Coming: Who They Really Are*, United States Institute of Peace, 2012.

是多学科综合性的研究所，研究领域包括中东、非洲 73 个国家和地区，以该地区和国家的当代政治、经济发展和国际关系为研究重点，同时开展对该地区历史、社会、文化、民族、宗教、法学等领域的研究。近 40 年来，本所已成为国内中东研究领域的学术中心。中东研究室主要从事中东政治、经济、国际关系等领域的研究，并兼顾历史、社会文化等方面的研究。在中东地区性综合研究的框架体系、政治制度、大国与中东关系、阿以冲突与中东和平进程、中东经济、石油和能源安全，以及国别经济等的研究方面具有优势，并将逐步扩大对中东国家历史、社会、文化等方面的研究，加强跨学科的综合性研究。本所举办的《西亚非洲》月刊是国内唯一以中东和撒哈拉以南非洲为研究对象的权威学术刊物。本所图书馆和资料室是全国最大的中东非洲专业性图书馆和资料室，藏书约 2 万多册，订阅外文刊物 70 多种，中文刊物近 100 种。本所主管两个全国性的民间学术团体：中国亚非学会和中国中东学会，协调所内外中东非洲研究领域的科研项目和学术交流，经常性举办各类学术研讨会、报告会，并与国际学术界有长期的接触与交流合作。

多年来，本所中东学科研究人员参与、主持了上百项国家级、院级重点研究项目或所级重点研究项目，为中国的中东研究事业贡献了一批有理论基础、比较系统且在学术界有较大影响力的研究成果。目前，本所在研的重要课题主要有三大创新工程项目（"中东国家与中国经贸及能源关系研究""中东热点问题跟踪研究""中国对中东战略和大国关系"）；其他中国社会科学院重大课题有：《列国志》系列丛书、阿拉伯对外政策、中东伊斯兰国家民主化问题研究、阿拉伯政治研究、西亚非洲重点国家跟踪研究以及中国社会科学院重点学科建设工程"西亚非洲社会发展研究"等。此外，还承接了多项来自外交部、商务部、教育部、中国进出口银行、中石油等政府、企业的委托课题，如杨光主持的《中国与海合会经贸合作规划纲要（2010~2015)》。

三年来，本所学者在紧密跟踪形势、加强基础性和理论性研究的同时，积极开展动态和应用对策研究，推出了一大批重要学术成果和内部报告，发挥了学术机构和中央智囊团的双重作用，受到中央以及社会各界的好评。其中突出的成果有："中东发展报告"系列黄皮书、"中东学科发展报告"系列、《马克思、恩格斯、列宁、斯大林论西亚非洲》、《解读中东：理论构建与实证研究》、《犹太文化与以色列社会政治发展》、《伊斯兰文化与社会现实问题的考察》、《伊拉克——伊甸园的故乡》（刘月琴著，香港城市大学出版社 2010年）、《伊斯兰世界的今天和明天》、《中东金融体系发展研究：国际政治经济学的视角》、"列国志"系列丛书（《巴勒斯坦》《突尼斯》《沙特阿拉伯》《阿曼》）、《中国的中东非洲研究（1949～2010)》和成《中国的中东文献研究综述（1949～2009)》等。此外，还有数百篇学术论文和时事评论。

三年来，本所国内外学术交流频繁，是我国中东学界对内对外主要交流平台，主办或联合举办了一系列重要的中东学术研讨会。国际交流方面，本所与美国、英国、法国、德国、俄罗斯、瑞典、荷兰、西班牙、日本、韩国以及中东等国家和地区的外交、智库、学者和外交官交流频繁，并建立了多样化的交流与合作关系。

本所取得的成绩得到了国内外同行的认可。根据美国宾夕法尼亚大学所属"智库与公民社会项目"（TTCSP）研究小组 2013 年 1 月发布的《2012 年全球智库报告》，在政府所属的全球 41 个最佳智库排名中，中国社会科学院西亚非洲研究所排名第 38 位。

## 五　本学科的发展方向与发展规划

中东学科未来五年学科发展规划的总体思路是，以中共十八大精神为指引，以服务国家战略为目标，瞄准世界学术发展前沿，加强基础性、理论性、战略性和政策性研究，健全学科体系，创新研究理论和方法，进一步提升中东学科的水平，推进中国特色的中东学科体系建设。

就中东政治学科而言，未来五年规划的重点如下。

（1）提高主动服务意识，加强战略性、涉我性和应用对策性研究，服务国家发展战略和对外战略，进一步发挥党中央的智囊团和智库的作用。紧密联系实际，加强与中央有关政府部门的沟通，建立交流机制；确定更加贴近现实，服务国家发展战略和国计民生的重点课题；加强国情调研和考察，走出书斋；提高对策建议水平。

（2）夯实基础研究，加强理论研究，突出重点，突破难点，形成各研究室优势学科和特色学科。

（3）健全学科体系建设，促进学科的平衡发展。继续做好政治、历史和国际关系研究，同时加强经济、能源、社会、宗教、文化等领域的研究。既要重视现状和动态研究，又要加强基础和理论研究。重视宏观和战略研究，也要重视微观和基础研究。

（4）确定一批基础性、前瞻性、战略性的重大理论和现实问题为重点研究课题，如新型大国关系构建与中东角色定位、当代中东政治思潮演变与社会变革、中东新政治行为体研究、中东政治稳定和治理研究、中东国家的民族国家构建问题、海湾君主制国家的政治改革问题、中东非传统安全研究、中东经济社会发展体制与模式研究、中东剧变对中国的挑战与机遇、中国与伊斯兰世界关系构建、中东与中国能源安全等。

（5）进一步发挥和挖掘创新工程优势和潜力，推动研究理论、观点、机制、方法以及内外交流、队伍建设等方面的创新。

（6）加强人才和队伍建设，提高人才素质和研究水平，发挥团队作用，打造全国一流团队和核心机构。扩大研究人员队伍，引进一批高素质的复合型人才。

（7）加强国内和国际交流，紧密跟踪国际学科发展前沿，继续保持在国内的学术领军地位，并提升在国际中东学界的中国声音。加强与国内各机构的合作；扩大对外交流，与西方主要学术机构、智库以及驻华使领馆建立交流合作关系。

# New Developments in Middle East Studies（2010 −2012）

*Tang Zhichao*

**Abstract**：During last three years，China Middle East studies team and the Middle East disciplines made a big success. Focusing on "Arab Spring"，the Iranian

中东黄皮书

nuclear issue, the Islamism and democracy , the relationship between China and the Middle East , and other major theoretical and practical issues of Middle East studies at home and abroad, are the main research topics. There are a large number of fundamental, theoretical, applied and strategic research programs, nearly 100 academic books and monographs published, and there were many innovative in the theory, methods, mechanism of research, and academic point of view, etc.. China's Middle Eastern Studies are increasingly close to the international disciplines frontier, to keep pace with the international scholars, and the voice of Chinese scholars in the international academic discourse increased greatly.

Key Words: Middle East Studies; Discipline Building; Progress Development

# Ⅴ.20
# 2012 年中东地区大事记

成 红*

## 1 月

**1 月 2 日**　突尼斯新当选总统蒙塞夫·马祖吉抵达的黎波里，开始对利比亚进行国事访问。

**1 月 3 日**　巴勒斯坦和以色列在约旦首都安曼举行直接谈判。对于此次会谈，巴以均不认为它标志着双方和谈的重启。

**1 月 7 日**　苏丹总统巴希尔抵达的黎波里开始对利比亚进行为期两天的访问。

**1 月 8 日**　也门过渡政府同意给予总统萨利赫赦免权，为也门与海合会达成的调解协议的落实进一步打下基础。1 月 21 日，也门议会投票通过赦免总统萨利赫的法案，并同意副总统哈迪作为合法候选人参加 2 月 21 日举行的总统大选。

德国外长韦斯特韦勒访问利比亚。

**1 月 12 日**　中共中央委员、中央对外联络部部长王家瑞率中共代表团应邀对南苏丹和苏丹两国进行友好访问。

**1 月 13 日**　中共中央政治局委员、中央书记处书记、中央组织部部长李源潮率中共代表团抵达南苏丹，对南苏丹进行友好访问。

**1 月 13 ~ 14 日**　中共中央政治局委员、中央书记处书记、中央组织部部长李源潮对苏丹进行访问。14 日，李源潮出席在苏丹首都喀土穆举行的首届

---

\* 成红，毕业于北京师范大学图书馆学系，中国社会科学院西亚非洲研究所图书资料室主任、研究馆员。

中国共产党—苏丹全国大会党高层对话开幕式,并做了题为"深化两党合作,携手共谋发展"的讲话。

**1月14~19日** 中国国务院总理温家宝对沙特阿拉伯、阿联酋、卡塔尔三国进行正式访问。访问期间,温家宝总理出席了在阿联酋阿布扎比召开的第五届"世界未来能源峰会"开幕式,还出席在阿联酋沙迦举行的中阿合作论坛第四届企业家大会暨投资研讨会开幕式并发表主旨演讲。

**1月15日** 叙利亚总统巴沙尔发布法令,宣布对自2011年3月15日至今参与骚乱的犯罪人员予以大赦,将释放被关押的示威者;对非法携带武器弹药者和军队逃兵也予以赦免,但要求其于1月31日前自首。

**1月16日** 俄罗斯向联合国安理会提交了关于叙利亚问题的草案,这是继2012年12月15日之后,俄罗斯第二次向安理会提交涉叙草案。这份草案呼吁叙冲突各方停止暴力,叙政府应着手所承诺改革并履行阿拉伯国家联盟和平倡议涉及条款。

**1月18日** 巴勒斯坦伊斯兰抵抗运动领导人哈尼亚在加沙宣布,将与伊斯兰圣战组织"融为一体",成立一个统一的组织共同应对挑战。

**1月19日** 泰国外交部宣布,泰国已经承认巴勒斯坦为一个独立国家。

**1月21日** 也门议会投票通过赦免总统萨利赫的法案,并同意副总统哈迪作为合法候选人参加2月21日举行的总统大选。

**1月23日** 欧盟外长会议达成对伊朗制裁决议,禁止成员国从伊朗进口石油,并对伊朗中央银行进行制裁。

埃及新一届人民议会举行首次会议,经过全体议员投票表决,自由与正义党总书记穆罕默德·萨阿德·卡塔特尼当选为人民议会议长。

**1月24日** 中国国家主席胡锦涛与以色列总统佩雷斯互致贺电,热烈庆祝两国建交20周年。

**1月25日** 为纪念大规模抗议活动爆发一周年,埃及多个省市的民众纷纷走上街头举行游行集会。

**1月27日** 法国总统萨科齐会见到访的阿富汗总统卡尔扎伊后宣布,法国决定于2013年年底完成从阿富汗撤军。

1 月 29 日　第三届中阿民间友好合作对话会暨中东新形势下的中阿合作关系研讨会在开罗举行。

## 2 月

2 月 2 日　科威特举行新一届国民议会选举，3 日公布选举结果，伊斯兰派候选人共获得议会全部 50 个议席中的 34 个。

2 月 4 日　伊朗伊斯兰革命卫队开始在伊朗南部举行代号为"拥护监护者"的军演。

联合国安理会就西方国家以及阿盟提出的谴责叙利亚的决议草案进行表决。表决结果为 13 票赞成，2 票反对，零票弃权。由于常任理事国俄罗斯和中国行使否决权，决议未获通过。

2 月 6 日　巴勒斯坦民族解放运动与伊斯兰抵抗运动在多哈就组建联合过渡政府等问题签署协议。协议主要内容包括：组建由阿巴斯领导、具有独立职能的联合过渡政府，负责筹备大选和启动加沙地带重建；支持巴勒斯坦解放组织在重组巴民族委员会中发挥作用等。

2 月 7 日　韩国总统李明博结束对土耳其的访问。访问期间，双方就重启土耳其核电站建设项目谈判达成一致。

俄罗斯外交部部长拉夫罗夫和俄对外情报总局局长弗拉德科夫抵达叙利亚首都大马士革，就叙利亚问题展开新一轮斡旋。

2 月 10 日　在非盟苏丹问题高级别委员会的调解和斡旋之下，苏丹和南苏丹在亚的斯亚贝巴签署一份"互不侵犯条约"。根据这项协议，苏丹和南苏丹承诺，互相尊重对方主权和领土完整，互不侵犯，互不干涉内政，并共同致力于发展平等互利、和平共处的关系。

2 月 13 日　阿盟秘书长阿拉比在开罗阿盟总部会见了到访的中国外交部大使李华新，双方重点就叙利亚局势交换了意见。

2 月 13 ~ 22 日　中国国家副主席习近平应邀对美国、爱尔兰、土耳其三国进行正式访问。20 日，习近平副主席抵达安卡拉，开始对土耳其进行正式访问。访问期间，习近平副主席同土耳其总统居尔、总理埃尔多安举行了会

谈，与土耳其副总理巴巴詹共同出席中土经贸合作论坛并发表讲话。

**2月16日** 联合国大会通过一项有关叙利亚问题的决议草案。俄罗斯、中国、委内瑞拉、白俄罗斯、玻利维亚等12个国家投了反对票，17个国家投了弃权票。

**2月17~18日** 中国政府特使、外交部副部长翟隽访问叙利亚。访问期间，翟隽会见了叙总统巴沙尔·阿萨德，同叙外长穆阿利姆，副外长梅克达德、阿尔努斯会谈、会见，并会见了叙有关反对派组织负责人，与有关各方就叙当前局势深入交换看法。

**2月18日至3月1日** 中国全国人大常委会副委员长韩启德率全国人大代表团赴沙特出席第三届二十国集团议长大会并对约旦和阿曼进行友好访问。

**2月19日** 正在以色列访问的中国中东问题特使吴思科在耶路撒冷分别会见以副总理兼外交部部长利伯曼和以总理以巴和谈特使莫尔霍，就共同关心的重大问题交换了意见。

伊朗石油部门宣布，停止向英国和法国企业出售石油，以此作为欧盟对伊朗石油禁运的报复。

**2月20日** 中国中东问题特使吴思科访问巴勒斯坦，与巴勒斯坦民族权力机构主席阿巴斯举行会谈。

**2月21日** 中国中东问题特使吴思科在安曼会见约旦外交大臣朱达，双方就巴以和谈、叙利亚等地区热点问题交换了意见。

**2月24日** 也门最高选举委员会宣布，也门副总统哈迪在2月21日举行的总统大选中获得超过600万张选票，以99.8%的得票率当选为新总统。2月25日，也门新当选总统哈迪在议会宣誓就职。

有关叙利亚问题的"叙利亚之友"会议在突尼斯首都突尼斯城举行。来自阿盟、欧盟、非盟、伊斯兰发展组织、联合国、美国、法国、德国、土耳其等60多个国家和国际、地区组织的外长或代表出席。叙反对派"叙利亚全国委员会""叙利亚库尔德全国委员会""叙利亚解放军"出席了会议，另一反对派组织"民族协调机构"以会议不能满足其要求拒绝与会。

**2月26日** 叙利亚开始新宪法草案公投。新宪法草案删除了原宪法中饱受反对派诟病的第八条，即"阿拉伯复兴社会党是叙利亚国家和社会的领导者"，宣布国家建立在政治多元化原则之上，同时还规定总统由人民直选产生，任期为 7 年，且只能连任一次。2 月 27 日，叙利亚内政部公布的统计数据显示，叙利亚全国共有 1458 万多人符合参加公投资格，其中 837 万多人参加了 26 日的公投，投票比例为 57.4%；749 万多人支持新宪法草案，赞成率达到 89.4%。

**2 月 27 日** 欧盟外长会议通过了对叙利亚政权新的制裁方案。措施包括冻结多名叙政府官员的财产，并对叙利亚中央银行实行制裁。欧盟还禁止成员国从叙利亚进口黄金、贵金属和钻石，同时禁止叙利亚货机在欧盟国家机场起降。

中国外长杨洁篪在北京与来访的苏丹外交部部长卡尔提举行会谈。双方就中苏关系以及共同关心的国际和地区问题交换了意见。

**2 月 27~28 日** 中国外交部部长杨洁篪分别同阿拉伯国家联盟秘书长阿拉比、埃及外长阿姆鲁、沙特阿拉伯外交大臣费萨尔和阿尔及利亚外长迈德勒西通电话，主要就叙利亚问题交换意见。

**2 月 28~29 日** 首次中国、阿富汗、巴基斯坦三方对话在北京举行。

# 3 月

**3 月 1 日** 联合国人权理事会第 19 届会议通过了谴责叙利亚的决议。俄罗斯、中国和古巴对此决议投了反对票。

**3 月 2 日** 在布鲁塞尔举行的欧盟春季峰会通过决议，要求叙利亚总统巴沙尔·阿萨德辞职，为叙"和平过渡"铺平道路。

**3 月 4 日** 中国外交部负责人发表谈话，阐述中方对政治解决叙利亚问题提出的六点主张。同日，中国外长杨洁篪同阿拉伯国家联盟秘书长阿拉比通电话，向阿盟介绍了中方提出的六点主张。

**3 月 6 日** 利比亚东部拜尔盖地区召开会议，宣布将在拜尔盖地区实行联邦自治。会议结束后发布的公报说，利比亚"国家过渡委员会"委员艾哈迈德·祖贝尔·塞努西被任命为自治政府主席。此举遭到不少利比亚人的反对，首都的黎波里以及第二大城市班加西等地爆发了规模不等的游行，抗议拜尔盖

的"自治"要求。

**3月6~7日** 中国外长杨洁篪的代表李华新大使对叙利亚进行访问。访问期间，李华新大使分别会见了叙外长穆阿利姆、副外长阿尔努斯和叙有关反对派组织负责人，与有关各方就叙当前局势深入交换意见，探讨解决叙问题的出路。

**3月9日** 以色列开始对加沙地带进行一系列空袭，截至11日已导致17名巴勒斯坦人死亡，30多人受伤。以色列军方称巴勒斯坦方面向以色列境内发射了超过100枚火箭弹，造成4人受伤。此次交火是巴以双方近三年来发生的最严重冲突。

中国政府决定通过红十字国际委员会向叙利亚人民提供200万美元的紧急人道主义现汇援助。

**3月10日** 阿拉伯国家联盟在开罗总部就叙利亚问题再次举行外长级会议。会后举行联合新闻发布会宣布，俄罗斯与阿盟已就解决叙利亚问题达成若干共识，其中包括支持呼吁叙总统巴沙尔移交权力的阿拉伯倡议。

**3月11日** 中国政府特使、外交部部长助理张明在利雅得会见海湾阿拉伯国家合作委员会秘书长扎耶尼。

中国政府非洲事务特别代表钟建华大使在喀土穆与苏丹总统巴希尔举行会谈。双方在会谈中就双边关系和共同关心的国际和地区问题交换了意见。

**3月15日** 阿富汗塔利班在其网站发表声明称，决定自当日起中断正在卡塔尔与美国进行的和谈，以抗议美国未能明确在释放塔利班囚犯等问题上的立场。2013年1月，塔利班首次宣布在卡塔尔设立谈判办公室，与包括美国政府在内的国际社会进行接触。

**3月15~22日** 以色列副总理兼外交部部长阿维格多·利伯曼应邀对中国进行正式访问。

**3月19日** 数十万名伊拉克民众在伊南部城市巴士拉游行集会，纪念伊拉克战争爆发9周年，并要求政府改善民生。

**3月20~22日** 埃及外长穆罕默德·阿姆鲁应邀对中国进行正式访问。

**3月21日** 联合国安理会通过关于叙利亚问题的主席声明，支持叙利亚危机联合特使安南提出的解决叙利亚问题的六点建议，要求叙政府与反对派在联合国监督下停止一切暴力行为。

**3月23日** 欧盟 27 国外长在布鲁塞尔召开会议，决定进一步扩大对伊朗制裁，并将制裁时限延长至 2014 年 4 月。

**3月24日** 联合国与阿盟叙利亚危机联合特使安南抵达莫斯科，开始就叙利亚问题对俄罗斯进行为期 3 天的访问。

埃及人民议会和协商会议举行联合会议，从 2000 多名候选人中选出 100 人组成制宪委员会。3 月 25 日，埃及议会正式公布制宪委员会选举结果，并定于 3 月 28 日举行制宪委员会首次会议。根据埃及议会公布的选举结果，新组成的制宪委员会成员中，有 37 人来自人民议会，13 人来自协商会议，另有 50 人来自司法、工会、宗教、文化艺术和体育等领域。新选出的 50 名议员成员中，包括穆斯林兄弟会下属的自由与正义党议员 25 名，萨拉菲派下属的光明党议员 11 名，独立或其他政党议员 14 名。4 月 10 日，埃及行政法院宣布，新选出的埃及制宪委员会无效。

**3月25日** 中阿合作论坛第二届中国艺术节开幕式在麦纳麦巴林文化中心举行。

**3月27日** 阿拉伯国家联盟经济社会委员会部长级会议在巴格达召开。此次会议讨论的经济文件包括三个重要战略：一是"阿拉伯旅游经济战略"及其实施措施，二是"面对未来挑战和可持续发展要求的阿拉伯地区水资源安全战略"，三是"阿拉伯国家抵御危机战略"。

**3月27~29日** 阿拉伯联合酋长国阿布扎比酋长国王储穆罕默德应邀对中国进行正式访问。

**3月29日** 第 23 届阿盟首脑会议在巴格达召开，共有包括 10 国元首在内的 21 个阿拉伯国家代表团与会，叙利亚被排除在外。此次会议是伊拉克 22 年来第一次举办阿盟峰会。叙利亚问题是此次峰会的重点。会后发布了《巴格达宣言》。

# 4 月

**4月7日** 伊朗议员米斯巴希·穆加达姆说，伊朗已经掌握制造核武器的

知识和技术，能够"轻而易举地"生产制造原子弹所必需的高浓缩铀；但他同时强调"伊朗政府不会走这条道路"。这是伊朗官方"第一次承认伊朗有制造核武器的能力"。

**4月8~11日** 土耳其共和国总理雷杰普·塔伊普·埃尔多安应邀对中国进行正式访问。访问期间，胡锦涛主席会见了埃尔多安总理，埃尔多安总理出席了中国—土耳其商务论坛并致辞。

**4月12~21日** 中国国务委员刘延东应邀访问英国、欧盟总部、比利时和塞浦路斯。4月20日，塞浦路斯总统赫里斯托菲亚斯在尼科西亚会见了刘延东。

**4月14日** 中断近15个月的伊核问题六方会谈在伊斯坦布尔开始新一轮会谈。

**4月17日** 叙利亚外交与侨民事务部部长瓦利德·穆阿利姆应邀开始对中国进行工作访问。

**4月18日** 苏丹总统巴希尔在喀土穆举行的苏丹全国大会党成员集会上誓言推翻苏丹人民解放运动所领导的南苏丹政府。苏丹与南苏丹之间的紧张关系因边界问题急剧升温。双方均声称对哈季利季油田拥有主权，并爆发武装冲突。5月2日，联合国安理会通过决议，要求苏丹、南苏丹立即停止一切武装冲突，双方军队无条件撤回各自边境线内。

**4月23~28日** 南苏丹共和国总统萨尔瓦·基尔·马亚尔迪特应邀对中国进行国事访问。访问期间，胡锦涛主席与基尔总统举行会谈，两国签署了中南两国政府经济技术合作协定等合作文件。

**4月24日** 由中国国务院新闻办公室和阿拉伯联盟秘书处共同主办的第三届中国—阿拉伯国家新闻合作论坛在广州开幕。

# 5 月

**5月4~9日** 阿盟秘书长阿拉比应邀对中国进行访问。访问期间，中国国家副主席习近平会见了阿拉比，中国外长杨洁篪与阿拉比举行了会谈。

**5月5日** 伊朗公布第九届议会选举最终结果，支持最高领袖哈梅内伊、代表伊朗强硬派宗教力量的"原则主义者团结阵线"赢得了绝大多数席位。

**5月6日** 中国中东问题特使吴思科在约旦首都安曼会见约旦外交部秘书长塔希尔，双方就地区热点问题深入交换了意见，并达成了广泛共识。

**5月7日** 叙利亚举行人民议会选举。5月24日，新选出的叙利亚人民议会在大马士革举行第一次会议。会议选举穆罕默德·拉哈姆为新一届议长，选举法赫米·哈桑为副议长。

**5月8日** 以色列总理内塔尼亚胡和最大的反对党前进党主席莫法兹联合举行新闻发布会，宣布两党"联姻"，共同组成政府，本届政府将执政至2013年10月。

**5月7~28日** 约旦和美国等17国在约旦举行大规模联合军事演习。

**5月10日** 阿尔及利亚举行新一届国民议会选举，由44个政党或政党联盟、183名独立人士组成的2037名候选人参与竞争462个议员席位。5月11日，阿尔及利亚内政部部长在新闻发布会上正式公布国民议会选举结果：执政的"民族解放阵线"获得220席，占47.6%，保持了议会第一大党的地位；参与联合执政的"全国民主联盟"获得68个席位，以14.7%的比例位居第二；"绿色阿尔及利亚联盟"，仅获得48席，位居第三。

**5月12日** 阿尔及利亚内政部部长在新闻发布会上正式公布前一天举行的国民议会选举的初步计票结果。在总共462个议席中，执政的"民族解放阵线"获得220席，占47.6%，比上一次选举多出12.6个百分点，保持了议会第一大党的地位。

**5月14日** 海湾阿拉伯国家合作委员会在利雅得召开首脑会议，此次会议的重要议题是如何加强自身建设，将成员国关系由"合作"变成"联合"。

**5月15~17日** 第18届国际农业科技博览会在以色列特拉维夫举行。

**5月21日** 国际原子能机构总干事天野之弥开始访问伊朗，这是天野之弥自2009年12月担任这一职务以来的首次访问伊朗。

**5月23日** 埃及举行为期一天的总统选举。经过两轮投票，6月24日，埃及最高选举委员会主席苏尔坦宣布，穆斯林兄弟会候选人穆尔西成功赢得总

统选举决胜轮，将成为新任埃及总统。6月30日，埃及总统穆尔西在埃及最高宪法法院宣誓就职，随后穆尔西在开罗大学发表演讲阐述其内外政策。6月25日，中国国家主席胡锦涛致电穆尔西，祝贺他当选埃及总统。

**5月25日** 叙利亚霍姆斯省胡拉镇发生屠杀事件，共有108名平民遇害。

**5月29日** 巴勒斯坦两大政治派别巴民族解放运动和巴伊斯兰抵抗运动的高级代表在开罗就进一步推进民族和解进程、组建联合政府、顺利进行大选等事宜进行会谈。

北南苏丹在亚的斯亚贝巴重启谈判。为期10天的谈判无果而终。

**5月31日** 中国—阿拉伯国家合作论坛第5届部长级会议在突尼斯的哈马迈特市举行。中阿双方签署了"会议公报"和"2012~2014年行动执行计划"。中国外长杨洁篪率团出席论坛开幕式并作大会发言，宣布了中方今后两年将要努力完成的4项具体举措。6月1日，杨洁篪外长开始对突尼斯进行访问。

**5月31日至6月1日** 由联合国与土耳其联合举办的索马里问题国际会议在伊斯坦布尔召开。联合国秘书长潘基文、土耳其总理埃尔多安、索马里政府领导人及各派代表，50多个国家和国际组织的代表与会，会议讨论了过渡期结束后索马里经济和政治建设议题。

# 6月

**6月1日** 联合国人权理事会在日内瓦举行关于"叙利亚人权状况恶化和胡拉镇屠杀"的特别会议并通过决议，认为叙利亚政府和亲政府民兵对胡拉镇屠杀事件负有责任。

**6月2日** 埃及前总统穆巴拉克案正式宣判。穆巴拉克和前内政部部长阿德利被判处终身监禁，穆巴拉克的两个儿子及6名前高级警官等，则被判无罪。

**6月5日** 以色列国防军开始在该国南部的内盖夫沙漠展开大规模军演。

**6月5~8日** 应中国国家主席胡锦涛邀请，阿富汗伊斯兰共和国总统卡尔扎伊出席上海合作组织成员国元首理事会第12次会议并访华。

**6 月 8 日**　中国国家主席胡锦涛在北京同来华访问并出席上海合作组织峰会的伊朗总统艾哈迈迪－内贾德举行会谈。

**6 月 6 日**　叙利亚总统巴沙尔颁布第 194 号法令，任命利亚德·法里德·希贾布为新总理，并授权他重组政府。

**6 月 9 ~ 10 日**　叙利亚反对派"叙利亚全国委员会"在伊斯坦布尔召开会议，选出了新一届主席，唯一的候选人库尔德人阿卜杜勒巴塞特·西达当选，接替前主席加利温。

**6 月 9 ~ 13 日**　利比亚外交部部长阿舒尔·本·哈伊勒应邀对中国进行访问。

**6 月 11 日**　突尼斯首都突尼斯城所在的大突尼斯地区和部分省市发生了一系列打砸抢烧的暴力事件。6 月 13 日，突尼斯内政与国防部发表公告宣布，在该国 8 个省市实施宵禁。

**6 月 14 日**　埃及最高宪法法院裁定，2013 年 1 月成立的新人民议会为非法。7 月 8 日，埃及总统穆尔西下令恢复此前被解散的人民议会。同日，埃及最高宪法法院召开紧急会议后发表声明表示，将于 7 月 10 日审议总统恢复议会的有关事宜。声明还同时强调，最高宪法法院此前认定人民议会构成违宪的裁决是"最终的、不可上诉的"。

**6 月 18 ~ 19 日**　伊朗核问题会谈在莫斯科举行。参加本次会谈的中方代表、外交部部长助理乐玉成会谈后接受媒体采访时评价这次会谈"取得了积极进展"，主要表现在：对巴格达会议上双方提出的建议都作出了回应；各方作出了成立专家组的决定；第一次触及实质性问题。

**6 月 19 日**　中国国家主席胡锦涛特使、全国人大常委会副委员长司马义·铁力瓦尔地离京前往沙特阿拉伯吊唁沙特王储纳伊夫逝世。

**6 月 23 日**　叙利亚总统巴沙尔颁布法令，宣布由新任总理里亚德·法里德·希贾卜领导的新内阁名单，包括外交部部长穆阿利姆、国防部部长拉杰哈和内政部部长沙阿尔等在内的 10 位前内阁成员留任。

**6 月 25 日**　塞浦路斯向欧盟正式提出资金援助要求，成为欧债危机中第五个寻求援助的国家。

科威特内阁集体向科威特埃米尔谢赫萨巴赫·艾哈迈德·萨巴赫递交了辞

中东黄皮书

呈。本月20日，科威特宪法法院作出终审判决，裁定今年2月举行的新一届议会选举无效，恢复已经解散的前届议会。该事件被认为是内阁集体辞职的导火索。

# 7 月

**7月6日** "叙利亚之友"第三次会议在巴黎召开。美国国务卿希拉里·克林顿等100多名西方国家和阿拉伯国家、叙利亚反对派及国际组织的代表参加了本次会议。

**7月7日** 利比亚国民议会选举正式开始。7月17日，利比亚最高选举委员会主席努里－阿拉巴尔宣布议会选举最终结果，前过渡委执行委员会主席贾布里勒领导的"全国力量联盟"获得了80个党派候选人席位中的39席，居第二的穆斯林兄弟会所属的"公正与建设党"获得了17席，全国阵线党位列第三，获3席。

**7月8日** 联合国—阿盟叙利亚问题联合特使安南抵达大马士革，就叙利亚局势展开新一轮斡旋。

**7月11日** 埃及总统穆尔西抵达沙特阿拉伯西部城市吉达，开始对沙特进行国事访问。

**7月15日** 阿拉伯联合酋长国一条石油管道启动仪式在该国东部富查伊拉港举行。该管道的竣工投产，标志着阿联酋已经有能力突破伊朗可能对霍尔木兹海峡的封锁，将国内原油通过印度洋直接向外出口。

**7月17日** 俄罗斯总统普京在莫斯科会见来访的联合国和阿盟联合特使安南。

**7月18日** 中国国家主席胡锦涛在北京会见应邀来华出席中非合作论坛第5届部长级会议开幕式并访华的联合国秘书长潘基文。

**7月19日** 联合国安理会就英国等国提交的含有威胁制裁干涉叙利亚内容的叙利亚问题决议草案进行表决，俄罗斯和中国投了否决票，决议草案未获通过。

**7月20日** 中国国家主席胡锦涛在北京会见来华出席中非合作论坛第5


386

届部长级会议开幕式的埃及总统特使、外交部部长阿姆鲁。

联合国安理会以协商一致的方式通过决议，决定将联合国叙利亚监督团的任期最后延长 30 天。

**7 月 23 日** 中国国务委员兼国防部部长梁光烈在北京与来访的阿富汗国防部部长瓦尔达克举行会谈。

**7 月 24 日** 埃及总统穆尔西任命原灌溉与水资源部部长希沙姆·甘迪勒为总理，负责组建内阁。

**7 月 30 日** 美国国会参、众两院就一项旨在进一步限制伊朗石油收益的制裁法案达成一致。新制裁法案将伊朗能源部门以及与其进行交易的实体和个人列入黑名单，制裁涉及任何与伊朗石油和天然气领域进行交易的金融机构、运输公司和保险公司。新法案的制裁范围还包括任何与伊朗一起开采铀矿的实体或个人，以及向伊朗出售、出租或提供油轮的实体或个人。

**7 月 31 日** 叙利亚反对派在开罗举行大会，就政治过渡、成立过渡管理机构进行协商。

# 8 月

**8 月 2 日** 联合国秘书长潘基文宣布，联合国阿盟叙利亚危机联合特使安南表示将在本月底辞去联合特使一职。

**8 月 4 日** 非盟苏丹问题高级别执行小组领导人、南非前总统姆贝基表示，苏丹与南苏丹已就石油收入分配等问题达成协议，南苏丹将逐步恢复石油生产与出口。

**8 月 7 日** 北约秘书长拉斯穆森任命来自荷兰的外交官毛里茨·约亨为北约驻阿富汗高级民事代表。根据北约芝加哥峰会的决议，新高级代表将在主权、安全和民主等领域帮助阿富汗国家建设。

**8 月 12 日** 埃及总统穆尔西发表声明，宣布包括国防部部长在内的一系列人事任命。声明还宣布任命马哈茂德·马基为副总统，这是 30 年来埃及首次任命副总统。

**8 月 14 日** 叙利亚总统特使、总统政治与新闻顾问夏班应邀对中国进行

访问。

**8月21日** 联合国秘书长发言人在联合国总部宣布,原叙利亚危机副联合特使基德瓦被任命为联合国—阿盟叙利亚危机副联合特别代表,继续其斡旋叙利亚危机的工作。

**8月28~30日** 埃及总统穆罕默德·穆尔西应邀对中国进行国事访问。访问期间,胡锦涛主席、吴邦国委员长、温家宝总理、习近平副主席分别与穆尔西总统举行了会谈和会见。两国签署了有关经济、技术、信息、环境、旅游、金融等的多项合作协议。

**8月30日** 第16届不结盟运动首脑会议在德黑兰开幕,共有来自100多个国家的元首、政府首脑或代表参会。本届峰会的主题是"联合全球治理,促进世界和平"。为期两天的峰会主要围绕叙利亚局势、削减核武器、巴以冲突以及伊朗核计划等议题进行讨论。

# 9月

**9月9日** 中国全国人大常委会委员长吴邦国抵达德黑兰,应邀开始对伊朗进行正式友好访问。伊朗是吴邦国委员长亚太四国之行的第一站。此后他还将访问缅甸、斯里兰卡和斐济。访问期间,吴邦国委员长分别与艾哈迈迪-内贾德总统、拉里贾尼议长、拉希米第一副总统等伊朗领导人举行了会见会谈。

**9月16~20日** 叙利亚"全国民主变革力量民族协调机构"总协调员阿济姆一行应邀对中国进行访问。

**9月17日** 由美国牵头的近30国海军参与的名为"国际鱼雷反制措施—2012"大规模扫雷军演在海湾水域正式拉开序幕。

**9月22日** 中共中央政治局常委、中央政法委书记周永康抵达喀布尔,应邀开始对阿富汗进行正式友好访问。

**9月27日** 苏丹总统巴希尔和南苏丹总统基尔在亚的斯亚贝巴就两国边界安全和重启石油合作等达成协议。同时,双方还签署了有关经济合作、石油合作、贸易合作、人员交流等的8个重要文件。

# 10 月

**10 月 8 日** 因遭国民议会的不信任投票，利比亚总理沙古尔被迫辞去总理职务。

**10 月 8 ~ 10 日** 伊拉克总理马利基应邀对俄罗斯进行工作访问。

**10 月 14 日** 叙利亚政府决定，从 10 月 14 日零时起，禁止土耳其民航飞机在叙领空飞行，以作为对土政府决定禁止叙民航客机在土领空飞行的回应。

利比亚国民议会举行过渡政府总理选举投票，阿里·扎伊丹获 93 票，成功当选。10 月 31 日，利国民议会投票通过总理阿里·扎伊丹提出的内阁名单。该名单包括 27 名部长、两名国务部长以及 3 名副总理，包括全国力量联盟、正义和建设党在内的全国主要政党以及独立派人士。

**10 月 15 日** 欧盟外长会议在卢森堡召开，宣布对伊朗实施更加严厉的制裁。会议发表的声明称，欧盟禁止从伊朗进口天然气，并禁止一切欧洲与伊朗银行间的交易，加大了对伊朗的出口限制，禁止向伊朗出口石墨、金属、工业进程中使用的软件，并对伊朗造船业进行了限制。

**10 月 16 日** 亚洲合作对话首次首脑会议在科威特开幕，各成员国国家元首、政府首脑或代表，以及部分国际和地区组织领导人出席了会议。

**10 月 20 日** 巴勒斯坦举行 7 年来首次地方议会和行政机构领导人选举。

**10 月 21 日** 叙利亚总统巴沙尔在大马士革会见来访的联合国—阿盟叙利亚危机联合特别代表卜拉希米。

**10 月 30 ~ 31 日** 联合国—阿盟叙利亚危机联合特别代表卜拉希米应邀对中国进行访问。10 月 31 日，中国外长杨洁篪同来访的联合国—阿盟叙利亚问题联合特别代表卜拉希米举行会谈时提出了中国政府关于推进叙利亚问题政治解决进程的四点倡议。

# 11 月

**11 月 4 日** 叙利亚各大反对派首脑齐聚卡塔尔首都多哈，举行"自去年 3

月开始的叙利亚'革命'以来最大规模的会议"。会议有两个议程，一是各方协商建立新的领导机构，其总部将设在约旦首都安曼，并研究筹建"过渡政府"的可能性和具体步骤；二是"叙利亚全国委员会"自身将选举产生新的领导人。

**11 月 11 日**　叙境内外反政府组织联合成立"叙利亚反对派与革命力量全国联盟"（全国联盟）。

**11 月 12 日**　伊朗陆军和伊斯兰革命卫队开始在伊朗东部展开持续 7 天的大型联合防空演习。

**11 月 17 日**　巴勒斯坦前领导人阿拉法特棺木的挖掘工作正式开始。11 月 27 日，阿拉法特的灵柩被打开并提取尸骨样品。阿拉法特死因调查委员会主席提拉维对新闻界说，阿拉法特的尸骨样品已转交给法国、瑞士和俄罗斯的专家。

**11 月 21 日**　中共宁夏回族自治区党委副书记、秘书长崔波率中共友好代表团应邀前往黎巴嫩、巴林、科威特三国进行友好访问。

**11 月 23 日**　中国外长杨洁篪在北京与来访的巴勒斯坦总统特使、巴勒斯坦人民党总书记萨利希举行会谈。

**11 月 26 日至 12 月 8 日**　《联合国气候变化框架公约》第 18 次缔约方会议和《京都议定书》第八次缔约方会议在多哈举行。来自 194 个国家和地区的代表团、学者及非政府组织代表出席。此次会议被认为是一次里程碑式的会议，重要性在于其结束了 5 年前启动的巴厘路线图进程，开启了旨在 2015 年达成所有缔约方均参与的新的协议谈判。

**11 月 29 日**　联合国"声援巴勒斯坦人民国际日"纪念大会在纽约总部召开。中国国务院总理温家宝致电祝贺。在此次大会上，巴勒斯坦向联大提交了有关成为联合国观察员国的决议草案。同日，第 67 届联合国大会通过决议将巴勒斯坦目前在联合国享有的观察员实体地位，提升为观察员国地位。

**11 月 30 日**　中国人民对外友好协会、中国阿拉伯友好协会在北京举行招待会，纪念"声援巴勒斯坦人民国际日"，并庆祝"中阿友好日"。

# 12 月

**12 月 8 日**　巴勒斯坦哈马斯领导人迈沙阿勒参加在加沙城举行的哈马斯

成立 25 周年庆祝大会，这也是其首次访问加沙。

**12 月 11 日** 中联部副部长李进军率中国共产党友好代表团离京，出席 12 月 12 日在阿联酋阿布扎比举办的"中国—海湾阿拉伯国家可持续发展论坛"，随后应邀对南苏丹、苏丹、摩洛哥进行友好访问。

**12 月 12 日** 中国—海湾阿拉伯国家可持续发展论坛在阿布扎比开幕。

第 4 届"叙利亚之友"会议在摩洛哥马拉喀什举行。130 多个国家和组织的代表出席，会议讨论了向叙利亚反对派组织"全国联盟"提供进一步的政治和财政援助的问题，并承认其为叙利亚人民的唯一合法代表。12 月 11 日，美国总统奥巴马正式宣布，承认"全国联盟"为叙利亚人民的合法代表。

埃及总统穆尔西签署总统令，埃及宪法草案的境内公投在 12 月 15 日和 22 日按地域分两个阶段举行，各持续一天。新宪法草案全民公投最终阶段于 12 月 22 日结束。埃及官方称将于 12 月 29 日前后公布正式统计结果。

**12 月 27 日** 联合国—阿盟叙利亚危机联合特别代表卜拉希米结束对叙利亚的访问。在当日的新闻发布会上，卜拉希米提出叙利亚危机解决新建议，即在叙利亚组建一个过渡政府，直到进行全国大选为止。

**12 月 28 日** 伊朗海军即日起在伊南部霍尔木兹海峡附近海域进行为期 6 天的军事演习。

**12 月 29 日** 埃及检察总署总检察长塔拉特·阿卜杜拉签署法令，禁止包括前总统穆巴拉克在内的 26 名前政府高级官员和家属离境，并且他们的全部资产也被暂时冻结，以便最高公共资金检察署对其进行有关调查。

**12 月 30 日** 由埃及总统穆尔西亲自主持的第六次"民族和解"会议在埃及总统府"团结宫"举行。此次会议旨在化解各派分歧，使埃及局势尽快摆脱眼下的困境。

# 皮书数据库

中国社会科学院 社会科学文献出版社

首页　数据库检索　学术情报群　我的文献库　皮书全动态　有奖调查　皮书报道　皮书研究　联系我们　读者咨询　搜索报告

权威报告　热点资讯　海量资源

## 当代中国与世界发展的高端智库平台

皮书数据库 www.pishu.com.cn

皮书数据库是专业的人文社会科学综合学术资源总库,以大型连续性图书——皮书系列为基础,整合国内外相关资讯构建而成。包含七大子库,涵盖两百多个主题,囊括了近十几年间中国与世界经济社会发展报告,覆盖经济、社会、政治、文化、教育、国际问题等多个领域。

皮书数据库以篇章为基本单位,方便用户对皮书内容的阅读需求。用户可进行全文检索,也可对文献题目、内容提要、作者名称、作者单位、关键字等基本信息进行检索,还可对检索到的篇章再作二次筛选,进行在线阅读或下载阅读。智能多维度导航,可使用户根据自己熟知的分类标准进行分类导航筛选,使查找和检索更高效、便捷。

权威的研究报告,独特的调研数据,前沿的热点资讯,皮书数据库已发展成为国内最具影响力的关于中国与世界现实问题研究的成果库和资讯库。

---

## 皮书俱乐部会员服务指南

### 1. 谁能成为皮书俱乐部会员?

- 皮书作者自动成为皮书俱乐部会员;
- 购买皮书产品(纸质图书、电子书、皮书数据库充值卡)的个人用户。

### 2. 会员可享受的增值服务:

- 免费获赠该纸质图书的电子书;
- 免费获赠皮书数据库100元充值卡;
- 免费定期获赠皮书电子期刊;
- 优先参与各类皮书学术活动;
- 优先享受皮书产品的最新优惠。

社会科学文献出版社 SOCIAL SCIENCES ACADEMIC PRESS (CHINA) 皮书系列

卡号: 6202490650735660

密码:

(本卡为图书内容的一部分,不购书刮卡,视为盗书)

### 3. 如何享受皮书俱乐部会员服务?

#### (1) 如何免费获得整本电子书?

购买纸质图书后,将购书信息特别是书后附赠的卡号和密码通过邮件形式发送到pishu@188.com,我们将验证您的信息,通过验证并成功注册后即可获得该本皮书的电子书。

#### (2) 如何获赠皮书数据库100元充值卡?

第1步:刮开附赠卡的密码涂层(左下);

第2步:登录皮书数据库网站(www.pishu.com.cn),注册成为皮书数据库用户,注册时请提供您的真实信息,以便您获得皮书俱乐部会员服务;

第3步:注册成功后登录,点击进入"会员中心";

第4步:点击"在线充值",输入正确的卡号和密码即可使用。

---

皮书俱乐部会员可享受社会科学文献出版社其他相关免费增值服务

您有任何疑问,均可拨打服务电话:010-59367227　QQ:1924151860

欢迎登录社会科学文献出版社官网(www.ssap.com.cn)和中国皮书网(www.pishu.cn)了解更多信息

社会科学文献出版社

**皮书系列**

"皮书"起源于十七、十八世纪的英国，主要指官方或社会组织正式发表的重要文件或报告，多以"白皮书"命名。在中国，"皮书"这一概念被社会广泛接受，并被成功运作、发展成为一种全新的出版形态，则源于中国社会科学院社会科学文献出版社。

皮书是对中国与世界发展状况和热点问题进行年度监测，以专家和学术的视角，针对某一领域或区域现状与发展态势展开分析和预测，具备权威性、前沿性、原创性、实证性、时效性等特点的连续性公开出版物，由一系列权威研究报告组成。皮书系列是社会科学文献出版社编辑出版的蓝皮书、绿皮书、黄皮书等的统称。

皮书系列的作者以中国社会科学院、著名高校、地方社会科学院的研究人员为主，多为国内一流研究机构的权威专家学者，他们的看法和观点代表了学界对中国与世界的现实和未来最高水平的解读与分析。

自 20 世纪 90 年代末推出以经济蓝皮书为开端的皮书系列以来，至今已出版皮书近 800 部，内容涵盖经济、社会、政法、文化传媒、行业、地方发展、国际形势等领域。皮书系列已成为社会科学文献出版社的著名图书品牌和中国社会科学院的知名学术品牌。

皮书系列在数字出版和国际出版方面成就斐然。皮书数据库被评为"2008~2009 年度数字出版知名品牌"；经济蓝皮书、社会蓝皮书等十几种皮书每年还由国外知名学术出版机构出版英文版、俄文版、韩文版和日文版，面向全球发行。

2011 年，皮书系列正式列入"十二五"国家重点出版规划项目；2012 年，部分重点皮书列入中国社会科学院承担的国家哲学社会科学创新工程项目；一年一度的皮书年会升格由中国社会科学院主办。

# 法 律 声 明

　　"皮书系列"（含蓝皮书、绿皮书、黄皮书）由社会科学文献出版社最早使用并对外推广，现已成为中国图书市场上流行的品牌，是社会科学文献出版社的品牌图书。社会科学文献出版社拥有该系列图书的专有出版权和网络传播权，其 LOGO（ ）与"经济蓝皮书"、"社会蓝皮书"等皮书名称已在中华人民共和国工商行政管理总局商标局登记注册，社会科学文献出版社合法拥有其商标专用权。

　　未经社会科学文献出版社的授权和许可，任何复制、模仿或以其他方式侵害"皮书系列"和 LOGO（ ）、"经济蓝皮书"、"社会蓝皮书"等皮书名称商标专用权的行为均属于侵权行为，社会科学文献出版社将采取法律手段追究其法律责任，维护合法权益。

　　欢迎社会各界人士对侵犯社会科学文献出版社上述权利的违法行为进行举报。电话：010-59367121，电子邮箱：fawubu@ ssap. cn。

社会科学文献出版社